문화적 맑스주의와
제임슨

문화적
맑스주의와
제임슨

세계 지성
16인과의
대   화

프레드릭 제임슨
지음

신현욱 옮김

창비

나의 학생들에게

> 당신은 작품을 전체로서 받아들여야 하며, 판단을 내리기보다 작품을
> 따라가려고 노력하면서 그것이 어디서 다른 방향으로 가지를 뻗어나가는
> 지, 어디서 옴짝달싹 못하다가 앞으로 나아가 돌파구를 만드는지 보아야
> 한다. 당신은 작품을 전체로서 받아들이고 환영해야 한다. 그렇지 않으면,
> 정말이지 당신은 작품을 전혀 이해하지 못할 것이다.
> ── 질 들뢰즈(Gilles Deleuze) 『협상들』(*Pourpalers 1972-1990*)

프레드릭 제임슨이 중요한 문학작품들은 모두 읽은 듯하다는 테리
이글턴(Terry Eagleton)의 재치있는 말은 비교문학자로서 제임슨의 성
취를 단지 부분적으로만 인정한 것이어서 다음과 같이 덧붙일 필요가
있다. 그는 중요한 영화를 모두 보았고 중요한 음악작품을 모두 들었으
며 주요 도시들을 모두 방문하고 게다가 주요 건축물들을 모두 살펴보
았다고 말이다.[1] 아마 제임슨에게 적절한 유일한 찬사는 그에게는 "문
화적인 것이라면 그 어떤 것도 이질적이지 않다"고 한 콜린 매케이브
(Colin MacCabe)의 말일 것이다.[2]

---

1 Terry Eagleton, "Making a Break," *London Review of Books* 9 (March 2006) 25~26면;
  "Sport" issue, *South Atlantic Quarterly* 95권 2호(1996) 참조. 이 '스포츠' 특집호 편집
  자들은 특집호 필자들이 뭔가 스포츠맨다운 행동을 하고 있는 것을 그려넣었다. 여
  기서 제임슨은 '영화 마라톤 선수'(movie marathoner)로 묘사되었는데, 그의 영화
  관람능력은 실로 일종의 지각(知覺)운동열(perceptual athleticism)이라 할 만하다.

2 Colin MacCabe, "preface," Fredric Jameson, *The Geopolitical Aesthetic: Cinema and
  Space in the World System* (London: British Film Institute 1992) ix면 참조. 〔콜린 매케

6

그러나 제임슨을 비교문학자로 부르는 것이 의미있으려면, 무엇보다도 우선 그가 역사적 유물론자라는 점과 예술·영화·문학에서의 비교연구가 역사적 변화의 지도를 작성하는 수단이라는 점을 이해해야 한다. 변화를 추적하는 그의 수단은 오늘날 우리가 알고 있는 이 거대한 전지구적 생산문화가 계속 뱉어내는 새로운 것들 전부를 모두 끊임없이 나열하는 것으로 보일 때도 있지만, 사실은 그렇지 않다. 이야기가 나와서 하는 말이지만 오늘날 세계에서 작동하는 문화생산에 대해 제임슨만큼 폭넓게 인식하거나 민감하게 반응하는 이는 없다. 말해지고 행해진 사례들을 켜켜이 쌓아올린다고 역사가 이해되지는 않는다. 그것은 단지 생산·축적된 묘사만을 우리에게 전달해줄 뿐이며, 여기에는 그 카테고리들 아래 무엇이 포함되어야 하는지 혹은 포함되지 말아야 하는지를 유용하고도 분석적으로 판별할 방법이 없다. 예컨대, 새로운 모든 것이 포스트모던하거나 포스트모더니즘의 기호라면 그 특정 시기를 구분하는 범주의 효력은 무효가 된다. 그 결과는 제임슨이 경고하는 '파편더미'로, 우리에게는 신발더미만큼이나 판독하기 어렵다. 그렇게 하는 대신 제임슨은 무언가 빠진 것을 삼각기법으로 측량하려 한다. 여기서 빠진 것이란 구체적으로, 어떤 밝혀지지 않은 이유로 역사와 어긋나서 우리 시대에는 말하고 쓰고 그리고 조각하고 영화화할 수 없는 것이다. 그는 텍스트를 읽는다기보다는 진단한다.

나는 제임슨이 이룬 최상의 성취는 바로 변증법적 비평의 발전이라고 주장하고 싶다.[3] 그의 주장에 따르면, "변증법은 과거의 것이 아니라 오히려 아직 실현되지 않은 미래에 대한 어떤 생각을 이론적으로 설명

이브는 영국의 작가이자 영화 제작자로 영미에서 영문학과 영화 등의 분야 교수로 있다 — 옮긴이.)

3 Ian Buchanan, *Fredric Jameson: Live Theory* (New York: Continuum 2006) 참조.

하는 것이다. 하버마스(Jürgen Habermas)식으로 표현하자면 끝나지 않은 기획이라고 할 수 있다. 변증법은 집단적인 습관에 상응하는 구체적 형태의 사회적 삶이 아직 도래하지 않았기 때문에 아직은 그런 집단적인 습관으로 존재하지 않는 상황과 사건 들을 파악하는 방법이다."4 제임슨이 정의하는 변증법적 비평의 이중의 목적은, 현재 대체로 완전히 전지구화한 문화가 미래에 대한 생각들을 살아 있게 하는 동시에 그 전략적 이해관계를 은폐하는 방식들을 밝혀내는 것이다. 이 임무를 실천적인 용어로 구체화하여 명기하자면 서로 다른 두가지 종류의 상상력의 실패를 추적해 진단하는 것이 당장 필요하다는 점일 것이다. 첫번째는 현재의 이용 가능한 재현, 즉 우리로 하여금 현재의 강점뿐만 아니라 그 한계를 볼 수 있게 해주고, 더 중요하게는 현재의 깊은 체계적 성격을 인식할 수 있게 해주는 그런 재현을 발전시키지 못한 것이다. 두번째는 현재의 연장(延長)도 그 묵시론적 종말도 아닌 형태의 미래를 상상하는 데 있어서의 실패이다.

변증법적 비평에 단 하나의, 혹은 최종적인 형태가 있는 것은 아니다. "따라서 변증법적 용어는 어떤 더 낡은 분석적 의미나 데까르뜨적인 의미에서 결코 정적이지 않다. 변증법적 용어는 변증법적 텍스트가 발전해가는 과정에서 그 자신의 유용성을 쌓아간다. 처음의 잠정적인 형식들을 사다리로 이용해 딛고 올라서서 텍스트에 이른 뒤 나중 '순간들'에는 그 사다리를 차버리거나 끌어올리거나 하면서 말이다."5 맑스주의는 "체계적 철학이라기보다 비판적 철학"이라고 제임슨은 주장한다. 왜냐하면 그것은 언제나 "다른 입장들의 정정" 혹은 "기존의 어떤 현상을

---

4 Fredric Jameson, "Persistencies of the Dialectic: Three Sites," *Science and Society* 62권 3호(1998) 359면 참조.
5 이 책의 그린(Leonard Green) 등과의 인터뷰 참조.

변증법적으로 교정한 것"이라는 형태로 등장하기 때문이다. 따라서 우리는 그것이 자기충족적이거나 형식에 얽매인 이론의 형태를 띨 것이라고 기대해서는 안 된다. "이 말은 맑스의 유물론이 무엇에 맞서 방향을 잡고 있는지, 그것이 무엇을 교정하려는 의도를 띠고 있는지를 우리가 이해하기 전에는 그의 유물론을 온전히 이해할 수 없다는 뜻이다. 또한 유물론적 변증법이 기본적으로 하나가 아닌 두 철학적 적(敵)을 두고 있다는 점은 지적할 만한 가치가 있는데" 이 둘은 고전적 혹은 철학적 의미로 이해된 관념론(예측으로서의 역사)과 실재론(상식)이다.[6] 이두 적은 상황에 대한 적응력이 있고 바이러스처럼 공격을 받아도 복원력이 있다. "문제는 두 철학적 태도 중 어느 것이 중산계급의 주된 이데올로기적 도구라 할 수 있으며, 또 어느 쪽이 특히 맑스주의적 비판의 대상이 되는 대중현혹(mystification)의 근원인지를 결정하는 일이다"(421면). 제임슨의 결론은 다음과 같다. "서구 국가의 지배적 이데올로기는 분명히 영미의 경험적 실재론이다. 이는 모든 변증법적 사고를 위협으로 간주하며, 또 본질적으로 경제적인 문제에 법률적·윤리적 해답을 부여할 수 있게 하고, 경제적 불평등을 정치적 평등의 언어로, 자본주의 자체에 대한 의심을 자유에 대한 고려로 바꾸어놓음으로써, 사회의식의 저지를 돕는 것을 그 과제로 한다"(423면). 잘 보려고 눈을 가늘게 뜰 필요도 없이 30년 전에 나온 이런 언급은 오늘날 우리가 직면한 정치적 상황을 섬뜩할 정도로 정확하게 묘사한다. 같은 곳에서 표현된바, 그와 같은 상황에서 "계속해서 내부와 외부 및 실존과 역사를 비교하고, 계

6 Fredric Jameson, *Marxism and Form: Twentieth-Century Dialectical Theories of Literature* (Princeton: Princeton University Press 1971) 420면 참조. 〔한국어판『맑스주의와 형식: 20세기의 변증법적 문학이론』, 창작과비평사 1984; 개정판 창비 2013. 이하 이 책의 인용면수는 한국어판의 것이다——옮긴이.〕

속해서 현재 삶의 추상성을 심판하며, 구체적 미래라는 이념을 살려나가는 일"(474면)이 문학과 문화 비평에 주어진 짐이라는 제임슨의 확신은 당시와 똑같이 오늘날에도 빛이 바래지 않는 시급함을 지니고 있다. 이 때문에 제임슨의 작업은 매우 중요하다. 우리의 시대는 여전히 "변증법적 사유가 무엇인지, 또는 변증법이 처음에 왜 등장했는지 더이상 이해하지 못한 채, 변증법을 포기하고 그보다 보람이 덜한 니체적 입장들을 택하는"[7] 시대처럼 보인다.

현대이론에서 변증법의 운명을 통찰한 최근의 글에서 제임슨은 다음과 같이 적고 있다. "나는 변증법을 세가지 다른 방식으로 특징짓는 것이 유용하다는 것을 알게 되었다. 이외에 다른 방식이 없다는 것은 분명 아니지만, 이 세가지 방식은 적어도 논의를 분명하게 만들어줄 뿐만 아니라 일어날 수 있는 혼란이나 범주상의 실수들, 그리고 범주 사이의 마찰에 주의를 기울이게 해줄 수 있다."[8] 변증법을 특징짓는 세가지 방식에는 다음의 관점들이 있다. 첫째, 성찰성(reflexivity)의 관점으로, 이때 성찰성이란 분석자 자신이 사용하는 분석적 장치의 바로 그 용어와 개념에 필수적으로 뒤따르는 사후비판과 재고이다. 둘째, 인과성과 역사적 내러티브에 대한 문제제기의 관점이다. 셋째, 모순의 생산이라는 관점이다. 제임슨 저작에서 가장 많이 탐구된 것이 세번째 형태인데, 이는 그가 '메타비평'(metacommentary)이라고 부른 것을 설명하는 대목에서 가장 정교하게 표현된다. 여기서 그는 하나의 방법을 제시한다고 볼 수 있다(하지만 이는 그가 다루는 특정한 사례의 요구에 맞추어 수정된

---

7 Fredric Jameson, "Interview with Fredric Jameson," Eve Corredor, *Lukács After Communism: Interview with Contemporary Intellectuals* (Durham, NC: Duke University Press 1997) 93면 참조.

8 Fredric Jameson, "Persistencies of the Dialectic: Three Sites," 앞의 책 360면 참조.

방법이다). 말할 필요도 없이, 변증법을 인식하는 이 세가지 방법은 어떤 경우든 상호배타적인 것으로 여겨서는 안 된다. 그것들을 한 삼각형의 세 변으로 보는 것이 더 적합할 것이다.

제임슨이 변증법적 비평을 위해 제시해온 모형에 가장 가까운 글은 「메타비평」(metacommentary)으로, 현대어문학협회(Modern Language Association)의 1971년 학술대회에서 처음 발표되었다. 때마침 이 대회에서 그 글은 협회가 주는 윌리엄 라일리 파커상(William Riley Parker Prize)을 받기도 했다. 그는 당시의 허위적인 문제와 맞대면하는 전형적인 방식을 통해 자신과 관련된 전반적인 이론적 문제에 접근한다. 여기서 허위적 문제란 추정컨대 이제는 해석이 종말을 고했다거나 혹은 더 구체적으로 내용이 종말에 이르렀다는 것으로, 전자는 후자를 조건으로 하는데, 이런 사항과 관련된 것이 1965년 쑤전 쏜태그(Susan Sontag)가 쓴 영향력있는 에세이 「해석에 반대한다」(Against Interpretation)이다. 제임슨이 지적하듯, 쏜태그의 글은 이런 비평적 전환의 가장 최근의 유형이었을 뿐이다. 이를테면 논리실증주의와 실용주의에서 실존주의, 러시아 형식주의와 구조주의에 이르기까지 20세기의 문학·철학사상을 형성한 모든 위대한 학파의 사상은 "내용의 폐기를 공유"하며 "실질적 내용과 인간본성에 대한 모든 전제를 거부하고 형이상학적 체계 대신 방법론을 쓰는 형식주의에서 자신들의 성취를 발견"[9]하고 있는 것이다.

이런 논쟁에 대한 제임슨의 응답은 삼중의 반전을 수행하는 것이었다.

1. 지엽적 차원, 즉 상당히 관례화된 텍스트 해석행위의 차원에서는

---

9 Fredric Jameson, *The Ideologies of Theory: Essay, 1971-1986*, 1권 *"Situations of Theory"* (Minneapolis: University of Minnesota Press 1988) 3면 참조.

(텍스트를 해석하는 게 불가능하기 때문이 아니라) 이미 그 텍스트들이 해석되어 우리에게 오기 때문에 텍스트를 해석할 필요가 없다고 제임슨은 주장한다.

2. 텍스트 해석을 어느 선까지 밀고가야 하는가, 텍스트를 해석하는 것이 과연 가능하기나 한가라는 문제와 관련된 더 넓은 차원에서는, 비평양식의 논리 자체에 앞서 이 문제가 언제나 미리 결정된다고 제임슨은 주장한다. 따라서 중요한 문제는 텍스트를 어떻게 해석해야 하는가가 아니라 우선 왜 해석하고 싶어 하는가이다.

3. 담론의 차원 혹은 사회성 자체의 차원에서 이 질문들은 둘 다 역사적 필연성의 시각에서 재점검할 필요가 있는데, 달리 말해 한 종류의 비평적 실천이 다른 것보다 우세할 수 있는 이유가 무엇인지 재점검할 필요가 있다고 제임슨은 주장한다.

이 세 주장을 합치면 제임슨이 잠정적으로 메타비평이라고 명명한 방법의 기본 구조가 된다.

텍스트들이 이미 해석되었기 때문에 해석할 필요가 없다는 첫번째 주장의 근거는 다음과 같다. 대개 내용이라고 불리는 텍스트의 원료는 "결코 처음부터 형태가 없지는 않고 다른 예술의 무정형의 내용들과는 달리 처음부터 불확정적이지는 않으며 오히려 그 자체가 처음부터 이미 의미를 띠는 까닭에, 단어, 생각, 사물, 욕망, 사람, 장소, 활동 등과 같이 우리의 구체적 삶을 구성하는 바로 그 요소들과 다르지 않은 것이다."[10] 예술작품이 텍스트의 원료를 의미있게 만들어주는 것이 아니다. 그것들은 이미 의미를 지닌다. 오히려 예술작품은 원료의 의미를 변형

---

10 같은 책 14면.

12

하거나 그 의미성을 고양하고 강조하기 위한 방식으로 텍스트의 원료들을 재배열한다. 그러나 이런 과정은 자의적이지 않으며 추상화할 수 있는, 즉 텍스트 자체로부터 독립적으로 생각되고 고려될 수 있는 어떤 내적 논리를 따른다. 제임슨의 전제는 이 논리가 검열의 형태, 즉 어떤 것을 말하지 않는 대신 다른 것들을 말하려는 필요, 내적으로 모순이 없으며 마음속으로 느껴지는 필요의 형태를 띤다는 점이다.

  제임슨이 기꺼이 인정하듯, 이런 점에서 메타비평은 "(프로이트 해석학의 특정한 내용, 즉 무의식과 리비도의 본성 등에 관한 위상이 제거된 것은 분명하지만) 프로이트적 해석학과 다르지 않은 모델을 함축하며, 징후와 억압된 이념, 명백한 것과 잠복된 내용, 드러난 메시지와 위장된 메시지 사이의 구별에 바탕을 둔다."[11] 그 게임의 목표가 억압된 내용을 되찾거나 복구하는 것이 아니라 그런 억압의 논리를 밝히는 것이라고 이해한다면, 이런 이미지는 메타비평이 하는 일이 무엇인지에 대한 속기(速記)로 유효할 수 있다. 슬라보예 지젝(Slavoj Žižek)이 유익하게 상기시켜주듯 프로이트의 해석모델의 구조는 사실 흔히 전제되듯 이중이 아니라 삼중이다. 작용하는 그 세가지 요소는 (1) 명백한 내용 (2) 잠복된 내용 (3) 무의식적 욕망이다.

  이 욕망은 꿈에 들러붙고, 잠복된 생각과 명백히 드러나는 내용 사이의 공간에 자신을 끼워넣는다. 따라서 이 욕망은 잠복된 생각보다 '더 은폐되고 더 깊은' 것이 아니고, 분명히 더 '표면상에' 위치하며, 완전히 기표의 메커니즘, 즉 잠복된 생각이 내맡겨지는 표현방법으로 이뤄져 있다. 달리 말해, 욕망의 유일한 자리는 '꿈'이라는 **형식**에 존재한다. 꿈(무

11 같은 책 13면.

의식적인 욕망)의 진정한 내용은 꿈의 작업, 즉 그 '잠재된 내용'의 정교화를 통해 스스로를 분명히 표현한다.[12]

의미가 있기는 명백한 내용뿐 아니라 잠재된 내용도 마찬가지인데, 그렇지 않다면 정말 그런 프로이트 해석학 전체는 무력해지고 말 것이다.

따라서 결과적으로 근본적인 변증법적 문제는 글을 쓰는 과정에서 무엇이 억압됐는가가 아니다. 비록 이 질문도 중요하기는 하지만 말이다. 또 마찬가지로 중요하지만, 왜 그것이 억압됐는가도 근본적인 변증법적 문제는 아니다. 오히려 근본적인 변증법적 문제는 그런 억압이 어떻게 작동하는가이다. 나중에 나온 '문화논리'라는 개념뿐만 아니라 '정치적 무의식' '야생의 사고'(pensée sauvage)라는 유사한 개념들은 모두 근본적으로 이런 과정을 지칭하는 것이지, 텍스트에 깊이 묻힌 어떤 비밀스러운 의미의 저장소를 가리키는 것이 아님을 덧붙여야 한다. '왜'라는 질문에 대한 답으로 제임슨은 프로이트가 1908년에 쓴 짧은 글 「창조적 작가들과 백일몽」(der Dichter und das Phantasieren)에서 자신에게 상당히 흥미로운 점을 발견한다.[13] 프로이트의 기본적 주장은—물신(fetish)과 강박관념을 포함해서—다른 사람들의 환상은 날것의 형태로 전달될 때 실제로는 지루한 편이고 심지어 약간 거부감을 주기도 한다는 것이다(이것은 바로 그런 지루하고 거부감 드는 이야기들을 종종 듣는 것이 본연의 일이나 다름없는 정신분석가들에게조차

---

12 Slavoj Žižek, *The Sublime Object of Ideology* (London: Verso 1989) 13면 참조. [한국어판 『이데올로기라는 숭고한 대상』, 이수련 옮김, 인간사랑 2002—옮긴이.]

13 Fredric Jameson, *The Political Unconscious: Narrative as a Socially Symbolic Act* (London: Routledge 1981) 175면; *The Ideologies of Theory* 76~77면; *Archaeologies of the Future: The Desire Called Utopia and Other Science Fictions* (London: Verso 2005) 45~47면 참조.

도 그렇다). 만일 작가가 우리를 피할 작정이 아니라면, 달리 말해 작가가 자신의 독자들을 제대로 주목한다면, 작가는 자신의 숭배의 대상들을 위장시켜 또다른 형식을 부여하는 방법을 찾아내야 한다. 프로이트의 제안에 따르면 이것이 미학의 기본적인 임무이며, 우리가 느끼는 독서의 즐거움은 작가가 자신의 텍스트를 난처한 사적 요소들에서 벗어나게 하는 동시에 우리가 그의 상상력의 충만한 힘에 이르게 하려고 발휘하는 기술을 감상할 때 나온다.

하지만 억압된 메시지 자체의 성격을 확정하지 않는다면 우리는 이 임무를 만족스러운 방식으로 완수할 수 없다. 제임슨에게 있어 이 억압된 메시지는 사적인 환상이나 물신의 문제가 아니라 오히려 살아진 (lived) 경험 자체의 성격과 특질에 대한 공적인, 즉 집단적인 불안인데, 이 살아진 경험을 제임슨의 저작에서는 내내 역사라고 약칭한다. 사적인 환상과 물신은 앞서 생산양식으로 묘사된 더 깊은 현실에 대한 징후적 반응일 뿐이며, 성적 기능장애의 정신병리학이 아니라 역사의 결핍이라는 관점에서 해석되어야 한다. 더 정확히 말하자면, 그것들은 변화된 형태의 삶, 즉 특정한 만족들이 기꺼이 제공되고 우리 자신의 도덕적 세계가 배척되는 상황을 겪지 않으며 이런 의미에서 유토피아적이라고 볼 수 있는, 그런 삶에 대한 갈망을 나름의 왜곡된 방식으로 표현한다.

하지만 그런 경험의 내용은 결코 미리 결정될 수 없다. 그 경험의 내용은 가장 웅장한 형태의 행동에서부터 특화된 의식이 작동하는 가장 미세하고 제한된 감정과 인식 들에 이르기까지 다양하다. 이 현상의 속성들은 무엇이다가 아니라 무엇이 아니다 식으로 차라리 거꾸로 표현하는 것이 더 쉬울 것이다. [대문자] 경험이라는 개념은 언제나 그 반대, 즉 판에 박힌 일상, 공허, 시간의 경과 같은 무위도식의 삶을 전제한다.[14]

예술작품은 삶의 경험을 그 기본 내용으로 재현하는 것과, 의미있는 〔대문자〕'경험'이 예술작품의 형식이 될 가능성이 있느냐는 함축적 질문을 재현과 나란히 놓는다.

따라서 그것〔예술작품〕은 이중의 충동에 복종한다. 한편으로 그것은 주체와 진정한 삶의 단속적 접촉을 유지해주고, 그녀 또는 그의 보고(寶庫)인 〔대문자〕 경험의 훼손된 파편을 위한 저장소로 기능한다. 그러는 동안 작품의 메커니즘들은 검열로 기능하면서 결과적으로 나타날 빈곤화를 주체가 의식하지 못하게 하는가 하면, 그 빈곤화와 훼손이 사회체제 자체와 연관된다는 점을 그 또는 그녀가 식별하는 것을 막는다.[15]

우리가 타협할 수단을 찾으려 애써야 하는 것, 이를테면 궁극적인 외설은 역사 자체이지 우리가 텍스트북에서 마주치는 메마르고 활력없는 '사실들'의 목록과 가짜 내러티브들이 아니다. 제임슨에게 역사는 살아 있는 것이며, 그 고동치는 심장이 어떻게 **모든** 형태의 문화생산에 활력을 불어넣는지를 보여주는 것이 비평가의 임무이다. 여기서 우리는 역사가 문화적 텍스트들이 그에 비춰 읽혀야 하는 콘텍스트일 뿐이라는 퇴행적인 생각으로 빠져들지 않도록 주의할 필요가 있다.

『정치적 무의식』(*The Political Unconscious*, 1981)을 여는 유명한 구절이자 제임슨의 구호인 '언제나 역사화하라'(Always historicize)는 단순히 텍스트를 그 역사적 콘텍스트에서 읽는다는 것 이상을 의미하지만,

---

14 *The Ideologies of Theory* 16면 참조.
15 같은 곳.

매우 자주 그렇게 이해되곤 한다. 그의 목적은 예컨대, 다른 누구보다도 스티븐 그린블랫(Stephen Greenblatt)과 월터 벤 마이클즈(Walter Benn Michaels)가 시작한 신역사주의와는 비교도 양립도 불가능하다. 비록 얼핏 보면 몇몇 유사점들이 분명히 드러나기는 하지만,[16] 이들의 차이는 매우 커서 역사에 대한 상대적인 개념이 완전히 서로 어긋난다. 신역사주의는 주체 중심의 역사관에 몰두한다. 그것은 특정한 삶들이 지닌 흥미로운 짜임새에 관심을 둔다. 그것은 영화의 방식과 매우 흡사하게 내재성의 환상을 통해 우리에게 그 인물이 되는 것이 필시 어떤 기분일지 생생한 감각을 전해주는 (제임슨의 말을 빌리면) 디테일의 '몽따주'를 만들어내기 위해, 먼 과거의 대상들과 서류들, 공적 기록과 사적 회고록을 발굴한다. 하지만 그것은 환상이다. 예컨대 셰익스피어나 말로우(C. Marlowe) 같은 이런저런 역사적 인물이 필시 둘러싸여 있었고 일상적으로 활용하거나 생각했을 것이 틀림없는 일상생활의 품목들을 모음으로써 역사가의 눈은 마치 주체로서의 '나'(I)를 흉내내는 듯 보이기 시작하고, 그렇게 환상이 형성된다. 우리는 마치 그들과 똑같은 방식으로 '그들의' 세계를 보고 있는 듯이 느낀다. 그 결과 그들은 언제나 우리가 기대하는 것보다 더 모던하게 보인다.

이와 대조적으로 제임슨은 객체 중심의 역사관에 몰두해 있는데, 이때 개인의 사적인 삶들은 사회적 차원에서 부를 생산하고 분배하는 방식과 수단을 가리키는 것이자 맑스주의에서는 생산양식이라고 부르는 것의 더 깊은 드라마에 직면한 채 영위된다. 그는 (신역사주의가 대놓고 그러듯이) 사회적·문화적 변화가 단 한 사람의 개인의 시각에서 현

---

16 제임슨은 자신의 저서에서 신역사주의에 대한 응답을 길게 설명하고 있다. Fredric Jameson, *Postmodernism, or, The Cultural Logic of Late Capitalism* (Durham, NC: Duke University Press 1991) 181~217면.

상학적으로 파악될 수 있다고 계속 믿고 있는 역사적 태도들을 거부하고, 언제나 바깥에서 감각을 넘어선 형태로 오는, 그가 사회적·문화적 변화의 '추문'(scandal)이라고 부르는 것과 정면으로 맞붙어 씨름하는 역사철학을 옹호한다.[17] 그런 요구를 만족시킬 수 있는 유일한 역사철학이 맑스주의라고 제임슨은 주장한다.

텍스트상에서 단어들로 이뤄진 미시적 경험의 영역이든 아니면 다양한 개별 종교들이 제공하는 황홀경과 강렬함의 영역이든, 역사의 편재성과 사회의 확고한 영향으로부터 벗어난 자유의 영역이 이미 존재한다고 상상하는 것은 필연성의 장악력을 강화할 뿐이다. 그 장악력은 순수하게 개인적이며 단지 심리적일 뿐인 구원 프로젝트를 찾아 개인이 도피하는 사각지대에까지 미친다. 그런 구속에서 벗어나게 해주는 유일하게 효과적인 해방은 사회적·역사적이지 않은 것은 존재하지 않으며, 실로 모든 것은 '최종적인 분석에 있어서' 정치적이라는 인식과 함께 시작된다.(20면)

"맑스주의만이 문화적 과거의 근본적인 미스테리를 우리에게 적절하게 설명해줄 수 있다. 과거 문화의 이러한 미스테리는 피를 마시는 테이레시아스(Teiresias)처럼[18] 완전히 낯선 환경에서 순간적이나마 생명의 온

---

17 *Political Unconscious* 26면 참조. 〔이하 면수는 이 책의 것이다——옮긴이.〕
18 테이레시아스는 그리스 신화에 등장하는 테베(Thebes)의 장님 예언자로, 여성으로서의 경험, 죽음의 경험 등 여러 극적인 일들을 겪었다. 그로 인해 신과 인간, 남성과 여성, 현재와 미래, 눈멂과 통찰, 지상세계와 지하세계 사이를 매개하는 것으로 여겨지며 그리스 비극들에도 자주 등장한다. 제임슨은 이 대목에서 『오디세이아』 11권의 내용을 염두에 둔 것으로 보인다. 여기에서 오디세우스는 지하세계로 여행하여 혼령들로부터 이야기를 듣는다. 이때 등장한 혼령 중에 테이레시아스는 오디세우스

기를 띠고 한번 더 언어를 통해 오랫동안 잊혀졌던 자신의 메시지를 전달해주는 것이 허락된다"(19면)고 제임슨은 쓰고 있다.[19] 맑스주의만이 개인의 삶을 "단일하고 거대한 집단적 이야기의 통일성 내에," 다시 말해 "필연성의 영역으로부터 자유의 영역을 노력해 얻어내는 집단적인 투쟁"(19면) 속에 위치시킨다. 따라서 그의 저작에서 보이는 논쟁의 주요 목적은 "맑스주의적 해석틀의 우선성을 주장하는"(10면) 것이지만, 사람들이 기대하듯이 전투적 경쟁심에서 다른 해석틀에 맞서 주장을 펼치거나 그것들을 맹렬히 공격해 논쟁에서 밀어내는 것은 아니다(그가 이런 일을 하지 않는다는 것이 아니라, 즉 다른 해석틀에 맞서 논쟁을 벌이지 않는다는 말이 아니라, 이런 일이 그의 주요 목표가 아니며 실상 그의 주요 전략도 아니라는 것이다). 그의 전략은 오히려 그보다 더 대담하고 사실 오히려 더 전투적이다. 제임슨은 다른 모든 해석틀을 다름 아닌 맑스주의라는 "초월 불가능한 지평"(10면) 아래 포괄함으로써 그것들을 모두 포섭하려 계획한다. 『맑스주의와 형식』이 알려주듯, 그의 초점은 "맑스주의란 단지 또 하나의 역사이론이 아니며 반대로 그런 역사이론의 '종언' 내지 폐기라는 점이다."[20]

이언 부캐넌(Ian Buchanan)

가 바친 제물의 피를 마신 뒤 오디세우스에게 경고와 예언 등을 말해준다──옮긴이.

19 *The Ideologies of Theory* 158면에도 같은 이미지가 사용되었다.

20 『맑스주의와 형식』 374면 참조.

서론:
인터뷰를 하지 않는 것에 대해

이 인터뷰들에 대해 내가 느끼는 엇갈린 감정은 그 질과는 그다지 관계가 없다. 사실 어떤 때는 내가 말한 내용뿐만 아니라 어떤 경우에 그 말을 했는지, 애초에 어떤 질문을 받았는지 잊고 있었기 때문에 내가 한 대답에 빠져들어 감탄하게도 된다. 그런데 가장 자주 감탄하는 것은 인터뷰 진행자의 기술이다. 그 기술은 자체의 전략과 전술을 지닌 섬세하고 까다로운 형식을 띠고 있어서 진행자가 인터뷰 대상 못지않게 빛나게 될 기회도 있다. 따라서 인터뷰는 두 목소리가 이루어낸 작품으로, 최상일 때 〔질문자의〕 호기심과 〔답변자의〕 언명 사이의 멋진 대비를 드러내며, 이따금 의견을 같이할 때의 열광, 기지 넘치는 변조(變調)와 함께 양측의 단호한 입장 피력, 거듭되는 재고(再考), 체계적 정리에서 오는 만족, 그리고 대체로 주고받는 대화 템포에서의 생생한 변화를 제공해준다.

이런 상황에서 인터뷰 대상자가 취할 수 있는 만족은 자신의 작업 내에서의 상호관계, 한 종류의 생각이나 관심이 다른 종류의 생각이나 관심과 맺는 연관, 종종 기억되지도 않고 자명하지도 않은 연관을 확인하게 되는 것이다. 초기의 입장이나 관심이 훨씬 뒤의 그것과 유사함을 발견하는 것은 분명 전혀 만족스러운 일이 아니다. 마치 처음의 그 지점에서 결국은 움직이지 않았거나 계속 그 지점으로 되돌아간 듯하니 말이다. 예컨대 장 뽈 싸르트르(Jean Paul Sartre)의 철학을 통해 처음에 내가 형성된 양상은 오늘날에도 종종 반복되는 습관과 함께 고집스럽게 남아 있다. 이것은 아마도 휴머니즘, 페미니즘, 맑스주의, 엘리뜨주의, 전체화 등 온갖 종류의 이유로 싸르트르가 여전히 거대한 구름 아래 가려진 역사의 특정 시기에는 틀림없이 당혹스러울 것이다. 분명히 말하자면, 나는 나 자신에게나 남들에게 실존철학이 여전히 꽤 생산적이며, 오늘날의 사상이 소홀히 하거나 망각한 강조점에 있어서는 특히 더 그렇다고 입증할 수 있다.

그러나 나는 다른 방식으로 그러한 문제들에 접근하여 마치 하나의 약호나 언어를 배우는 사람처럼 그러한 체계와 자신의 관계를 파악하는 것이 최상이라고 느낀다. 그 관계를 영향이라는 표현으로 이야기하는 것은 분명 어리석다. 오히려 이를 뒤집어 필요, 실로 새로운 언어의 필요라는 관점에서 묘사해야 한다. 하나의 철학이 우리를 사로잡는 까닭은 그것이 불시에 우리 질문에 대한 답변과 우리 문제에 대한 해결책을 제공해주기 때문이다. 그러나 그것은 대수롭지 않은 일이며 그 해답과 해결책만큼 빠르게 시대에 뒤떨어지는 것도 없다. 따라서 그보다는 오히려 질문과 문제 같은 필요를 갑작스레 가시화하는 새로운 언어를 맞닥뜨리면 설레게 된다. 이제 이 새로운 언어의 통사체계는 난데없이, 마치 낡은 상식의 아지랑이가 이미 사그라지기라도 했듯, 새로운 생각과 완전히 새로운 상황의 지형을 인식하게 해준다. 간추려 말하면, 새로 배운 흥미진진한 독일어 때문에 먼저 배운 프랑스어가 사라지지는 않는 것처럼 우리가 처음에 그토록 열정적으로 배운 개념적 언어는 그 다음에 추가되는 새로운 언어들로 진정으로 대체되지는 않는다는 것이다. 잘해야 프랑스어 억양으로 독일어를 말하고, 심지어 영어 자체로 되돌아올 때는 독일어가 낯선 부족의 언어인 듯 여겨진다.

아마 이런 입장이 자신의 직무를 수행하고 있는 철학자들에게 위안이 되지는 않을 것이다. 왜냐하면 이런 입장은 어떤 언어 이전에 거대한 '세계 내 존재'(In-der-Welt-sein, being-in-the world)가 존재하는 상황을 전제하기 때문이다. 우리는 이 '세계 내 존재'에, 근본적으로 개념적이기보다 재현적인 체계의 철학용어를 통해 때에 따라 이런저런 방식으로 형태를 부여할 수 있다. 안경사가 사람의 시야에 번갈아 끼우는 렌즈들처럼 한 무리의 철학적 명명체계는 저 바깥에 볼 수 있게 놓인 영역들, 그 명명체계에 의해 구성된다고 말할 수 있는 영역들 전체를 초점을 맞춰 똑똑히 보여주고는 다시 흐릿하게 만든다. 이것은 한 언어가 (아무리 통사적 세계를 미묘하게 기록한다 하더라도) 말할 수 없는 것을 다른 언어는 말할 수 있는 것과 같다.

모든 개념이 지닌 특성이 비유적이며 철학은 단지 또 한 형태의 문학이라는 말인가? 얼핏 봐도 사소하고 환원적인 생각을 끝까지 밀어붙일 때에는 그럴 것이다. 다시 말해, 비유 자체에 개념성이 내재한다고 주장하면서 '문학' 자체가 우리가 현실에 대해 행하는 하나의 작용이며 그 작용방식이 철학자들(혹은 더 선호할 만한 이름으로는 이론가들)의 용어·개념과 꼭 마찬가지로 확실하게 현실을 불러낸다고 주장하는 경우에만 그렇다. 맞다. 그런 경우에 문학은 철학적 텍스트와 다름없이 분명 이론이 된다. 하지만 철학과 문학이 세상을 기록하는 동시에 세상을 구성하기 위한 기제들임을 파악하려면 철학과 문학 각각의 인쇄물들을 열심히 탐구해야 한다.

그러나 이것은 나 자신의 입장일 뿐이며, 이로 인해 나는 대개의 철학자들이 달려들어 싸우곤 하는 종류의 차이들에 대해 상당히 무심한 위치에 서 있다. 정말 예리하고 강인한 사상가 겸 작가가 사제의 논쟁적 열정이나 상대를 움츠러들게 만드는 전문가의 냉정함으로 일종의 목록을, 이를테면 이쪽의 관념론과 저쪽의 유물론 사이의 양립 불가능한 점들에 대한 목록을 만드는 것은 분명 언제나 도움이 된다. 하지만 내게 이 목록은 무엇보다도 주어진 체계의 구성적·개념적 강점과 약점을 측정하게 해주는 방식 때문에 가치가 있다. 우리 모두는 관념론자이기도 하고 유물론자이기도 한데, 최종 판단이나 명칭은 오로지 이데올로기, 혹은 이렇게 부르기를 원한다면, 정치적 참여의 문제다.

처음에 싸르트르적 경향(그리고 의심할 바 없이 파운드E. Pound식 경향)의 특징을 얼마간 띤 이래 일종의 언어변환을 겪어온 나의 경우에 그 목록을 적자면 상당히 길 것이다. 구조주의, 그레마스(Algirdas-Julien Greimas) 기호학, 프랑크푸르트학파의 변증법적이면서도 프루스뜨식의 문장들, 하이데거주의, 들뢰즈주의, 말라르메(Stephane Mallarmé)를 포함한 라깡주의…… 이것들이 전부 흔히 말하는 스타일이 아님은 분명하다. 예컨대 그레마스의 문장들은 정신 자체를 형성해준 것은 아니나 그것을 시각적 도표로 번역해주었다고는 말할 수 있을지 모른다. 또한 레비-스트로스(Claude Lévi-Strauss)는 훌륭한 작가지만 이제는 아무도 더이상 모방하고 싶어하지 않는 낡은 순문학적 유형이다. 하지만 이 목록은 보이는 것과는 달리 실제로는 무슨 무원칙적인 다원주의를 전달하고 있지는 않다. 왜냐하면 다른 개념언어들에 대한 나의 관용이 무한하지는 않고 주로 프랑스-독일계에 한정되기 때문이다. 나는 영국의 경험주의 혹은 비트겐슈타인적 경향을 비롯해 대부분의 영미권 학풍에 대해서는 선을 긋고 있지만, 훨씬 더 근본적인 선은 맑스주의와 정치, 혹은 맑스주의 또는 정치와 관계가 있다. 또한 나는 알랭 바디우(Alain Badiou)의 네가지 진리조건, 절대성에 대한 네가지 접근양식인 정치, 예술, 사랑(바디우에게는 성, 젠더, 정신분석을 의미한다), 과학(수학)을 기꺼이 받아들일 것이다. 이 중에서 과학을 뺄 수만 있다면!

하지만 여전히 이런 것들 사이의 연속성들은 탐구되어야 한다. 예컨대, 그렇게나 많은 싸르트르주의자들이 그레마스의 기호학으로 전환한 이유가 무엇이었는가? 이 신비한 친화성은 분명 현상학이 이데올로기의 편재성을 감지할 어떤 최초의 공간을 제공한 방식과 관계가 있는데, 당시에 그레마스의 분석(예컨대 기호학적 사변형)도 이데올로기를 그 구성부분과 메커니즘으로 분류하려 했다. 변증법을 좇아 이렇게 당혹스러울 정도로 다른 언어들을 번갈아 거치며 그들의 매력, 즉 그 안에 있는 이용 가능하고 생산적이며 (내게는) 힘이 되는 비밀스러운 작용들이 언어들과 어떤 관계를 맺는지 알아보는 일은 생산적일 것이다.

따라서 나는, 이 모든 관심사 사이에 어떤 내적 통일성의 실마리를 주는 정도에 따라 해당 인터뷰에 흥미를 느낀다. 그 인터뷰가 지적·미학적인 일시적 유희에서 나온 것이든 더 깊은 열정과 참여에서 나온 것이든 관계없이 말이다. (때때로 관심사들 사이의 관계들은 너무 깊어서 자기 스스로도 알아보지 못한다. 예컨대 덕 켈너Doug Kellner는 한때 나의 『맑스주의와 형식』에 카를 코르슈Karl Korsch의 영향이 편재한다고 지적했다. 나는 그 영향이 너무 분명하므로 굳이 언급할 필요가 없다고 생각했던 게 틀림없다. 『정치적 무의식』에도 마찬가지로 페르낭 브로델Fernand Braudel의 영향이 편재한다.)

그러나 "왜 당신은 당신의 생각들을 정돈하고 싶어하는가?"라고 무솔리니(Benito Mussolini)가 한때 파운드에게 물었듯이, 어떤 내적 통일성에 대한 관심은 그 자체로 문제일 수 있다. 푸리에(J. B. Joseph. Fourier)식의 긴장된 불안의 정서가 만연한 시대에 우리가 여전히 품고 있으리라고는 더이상 여겨지지 않는 개인적 정체성과 개인적 주체의 통일성에 긍정을 표하자는 게 아니라면, 자기 관심사 저변에 자리한 통일성에서 이런 만족을 취하는 것이 무슨 의미가 있겠는가? 다수의 주체위치, 구획화, (이상적인 유형의) 정신분열적 파편화 때문에 동일성(identity)에서 차이(difference)로 강조점이 이동하고 우리가 추구한 주제적 혹은 개념적 통일 등이 의심받는 듯하다. 어쩌면 나는 이 문제를 미학적 관점, 양식적 다양성의 관점에서 생각하고 싶어하는지도 모른다. "모든 페이지에 먹고 마실 무엇인가가 있어야 한다"던 귀스따브 플로베르(Gustave Flaubert)의 말은 할 수 있는 한 많은 불협화음과 이질성을 포함시키는 데에는 탁월한 규칙이다. 푸리에가 사람들이 단일한 행동에 두 시간 이상을 집중할 수 없다고 말했을 때 아마 그는 무엇인가에 골몰해 있었던 것 같다. (적어도 유성영화 시대 이래) 영화에서는 이제 일반적인 길이가 됐지만 강의나 인터뷰, 대화의 경우 50~60분까지 줄어든 그 두 시간을 설명하는 일에 말이다.

이제 인터뷰라는 형식에 존재하는 구조적 결함(그것을 모순이라고 부르고 싶은지는 모르겠다)에 대해 이야기하는 것이 좋겠다. 그것은 개념(concept)이 의견(opinion)으로 바뀌는 과정, 즉 인식(episteme)이 (플라톤의 용어를 쓰자면) 억견(doxa)이 되는 과정과 관계가 있으며, 지적 참여가 그렇게나 많은 선택 가능한 사상이나 '이념'(idea)으로 변형되어 같은 유형의 다른 사상이나 이념과 비교 혹은 대조 가능해지는 방식과 관계가 있다. 사람들은 이것을 우표나 야구카드처럼 맞바꾸거나 아니면 좋아하는 옷차림이나 헤어스타일처럼 열렬히 옹호하게 된다. 정말이지 예전에는 선생이나 뉴스 논평자, 문화 해설자에게 가장 중요한 자질은 어떤 경우에나 자랑삼아 꺼내 보여주고 강하게 피력해서 학생, 소비자, 또는 대중을 겁먹게 할 수도 있을 강력한 의견을 지니는 것이었다. 그런 이들이 모든 것을 알고 있거나 그런 체했다고 말하는 것은 맞지 않다. 그렇지만 그들은 모든 것에 대해 의견을 지니고 있었고 결코 당황해하는 법이 없었다. 이 유행은 대학 강단에서는 지나갔고 같은 종류의 언론 또한 사라졌다고 생각한다. 하지만 그런 풍토는 여전히 의견이 감탄의 대상이 되는 대담프로그램에서는 아직도 살아 있다.

그러나 의견의 반대는 무엇인가? 플라톤은 그것이 진리라고 생각했지만 오늘날 의견만을 내세우는 비평가들은 아마도 포스트모던 시대에 플라톤의 이런 점을 따르기를 원치 않을 것이다. 이 시대에는 '진리'가 너무나 자주 또 하나의 독단적 의견의 형태를 취하는 것으로 보이기 때문이다. 나는 '지적인 참여'에 대해 이야기함으로써 이 문제를 다루는 토론을 미뤄왔는데, 이제 순전한 의견보다 더 깊은 뿌리(어쩌면 심지어 완전히 다른 토양이나 원천)를 지니는 것이 무엇인지 이야기하려고 노력해야만 하겠다. 실용주의자들은 이것을 믿음(belief)이라 불렀지만 이러한 명명 또한 이 문제를 다른 방식으로 미루는 것처럼 보인다. 한편 '이데올로기'라는 마찬가지로 손쉬운 대안은 다시, 의견 자체는 아니지만 실수와 더 유사한 무엇인가를 생각하도록 함으로써 이 문제를 제쳐둔다(여기서 의견은 무의식에 하부구조──묻혀 있음과 깊이의 이미지들을 이 특정한 맥락에서 피할 수는 없어 보인다──를 둔 의견이기는 하다). 하지만 또한 내가 이전에 그런 확신을 '흥미'라고 부를 때 생각한 것은 『파우스투스 박사』(*Doktor Faustus*, Thomas Mann, 1947)에서 차이트블롬이 아드리안에게 던진 질문, 즉 사랑보다 더 강한 것을 아느냐는 질문에 "그렇소, 흥미지요"라는 대답을 얻는 핵심적인 순간이었다. 따라서 주의와 호기심, 그리고 시간과 활력을 투자하는 것이 어떤 이익배

당을 가져올 것인가 하는 점보다는 이들에 담긴 흥미 자체가 지닌 함의가 어쩌면 '근원적 기획'에 대해 실존적으로 더 만족스러운 설명을 제공해주는 듯하다. 흥미는 존재와 참여에 대한 내 선택에 있어서도 마찬가지로 더 만족스러운 설명을 제공하며, 나의 이 선택에 따라 '진리' 또는 플라톤적 '지식'의 문제는 활동(실천─옮긴이)의 방향으로 향하고 뿌리박음이나 무의식이라는 심상(心象)은 존재(being) 자체와의 관계로 전환된다. 이것이 여전히 상대주의일지라도 그 상대주의는 절대적인 것들 사이, 그리고 존재론적 참여들 사이의 상대주의이지, 의견들 사이 혹은 심지어 이데올로기적 징후들 사이의 상대주의가 아니다.

어쨌든 인터뷰라는 형식은 불가피하게 전자를 후자로 바꾸어놓고 흥미와 참여를 평면화해 간헐적으로 유쾌한 (혹은 지루한) 생각들의 흐름으로 바꾼다. 인터뷰는 분명 그 자체의 자격을 지닌 형식이며, 솜씨있게 실행되면 (아리스토텔레스주의자들이 표현했듯) 특유의 즐거움을 제공한다. 하지만 이 즐거움은 그 실천과 기획보다는 호기심이나 잡담과 더 긴밀히 연관된다. 이렇게 말하는 이유는 하이데거(M. Heidegger)가 잡담에 대해 얘기할 때처럼 단지 즐거움의 종류를 구체적으로 분별하기 위해서지 훈계를 늘어놓기 위해서가 아니다. 사실 나 자신이 어디선가 마르셀 프루스뜨(Marcel Proust)에 대해 얘기하다가 잡담을 유토피아적인 것이라고 특징짓기까지 했다. 아무튼 잡담은 분명 집단적이다.

그러나 이런 은은한 즐거움에 대해 치러야 할 댓가는 언어 자체의 악화(품질 저하)이다. 비록 어떤 사람들은 성급하게 결과는 마찬가지라고 말할지 모른다. 하지만 이런 언어의 악화현상은 내 생각에는 인식이 억견으로 변질될 때 일어나는 그 어떤 현상보다 더 심각하다. 언어의 악화는 진술이라는 바로 그 과정을 슬로건이라는 최종형태로 정식화하는 것으로, 다시 말해 의견-상품(opinion-commodity)을 어떤 맥락에서나 호소력을 발휘할 수 있고 최종적으로는 눈에 띄는 어떤 소모도 없이 계속해서 재사용될 수 있는 기발한 문구로 결정화(結晶化)하는 것이다. 개별 인터뷰에서 이런 과정은 의기양양하며, 결정적인 무엇인가가 나타나는 진정한 발견과정이다. 불행하게도 이런 일을 여러번 겪고 나면 그 발견이 지루한 반복이 되어버려서, 우리는 잘해야 처음에 글을 쓰던 순간으로 되돌아가거나 최악의 경우에는 어떤 얼빠진 자기만족의 징후에 그치고 말지 모른다.

어쨌거나 인터뷰를 받는 이에게 이런 형식적 요구는 정말이지 안 좋은 버릇을 부추기고 정신을 정식화에 집중하는 쪽으로 향하게 하는데, 사유는 최선의 경우에라도 오직 천천히 이 방향을 벗어나 회복할 뿐이다. 양식상의 **진품**의 논리는 분명 상품화와 패션 그 자체와 일치하며, 이것이 모던, 모더니즘과 갖는 관계가 종종 주목되었다. 하지만 그 이상으로 이것을 물화의 형식(또는 더 최근의 표현을 쓰자면 주제화의 형식)과 동일한 것으로 볼 수 있는데, 이 과정에서 이전의 이념(idea)은 이념-대상(idea-object)으로, 혹은 실제로 단어나 주제로 바뀌어버린다. 주제라는 말은 진리에 대한 비트겐슈타인(L. Wittgenstein)의 최종적 표현인데, 오늘날 우리는 이런 표현을 그만 쓰자는 데 동의한다.

불행하게도 지적 물신화의 리듬은 공적인 영역 자체의 리듬과 일치한다. 공적 영역은 이념이라고 부르는 징표들을 통해 지속적으로 교섭하기를 요구한다. 인터뷰가 이념이라는 것을 피하도록 기획되는 목적은 무엇일까? 다양한 형태의 화폐 자체처럼 이름이 붙은 이념들은 공적 영역의 유통에서 없어서는 안 될 단위이다. 공적 영역은 상당 부분 교육기관을 포함하는데, 교육학을 둘러싼 이 기관들의 논쟁이 학생들을 '생각하게'(think) 만드는 문제, 즉 우선적으로 바로 그와 같이 이미 주제화된 의견과 상투성, 바로 그와 같이 내면화된 편견과 상식을 피하는 문제와 관련해 끊임없이 진행된다. 그러나 이 논쟁이 해결될 수 없는 긴장, 즉 정신의 끊임없는 유동과, 문체와 언어의 정지상태 사이의 끊임없는 교대라고 이해된다면, 적어도 이 사회에서는 없앨 수 없기 때문에 교묘하게 활용해야 하는 무엇으로서 차라리 그것들을 영속적으로 교대되도록 하고 그 과정 전체를 지속시키는 방법을 찾는 것이 관례적인 해결책의 모색이 될지도 모른다.

아직 주제화되지 않은 이념에라도 그에 상응하는 익명의 주체들이 있을 것이므로, 사람들은 다음과 같이 미루어 짐작할지 모르겠다. 공적 영역이 하나의 분리된 영역으로서는 완전히 빛을 잃고 다시 흡수되어 순전히 내재하는 것으로 된 것만큼 지적 유토피아라는 이념이 지적 사유재산의 폐지를 일궈냈으리라고. 이것이 지식인들이 입맛을 다시며 즐겁게 공상을 펼치는 전망일지 아닐지에 대해서는 내가 탐구하기보다 지식인들을 위해 마련된 자리에 점잖게 남겨두겠다. 그 자리에서는 반지성적이거나 대중에 영합하는 어조는 분명 배은망덕한 일이 되리라.

이런 인터뷰들의 내용이 끊임없이 변화하는 것을 보면 나 자신의 저작이나 적어도 내 최근 글의 이런저런 서로 다른 대목에 모호한 점이 있음을 알 수 있는데, 이를테면 내 글은 맑스주의에 대한 관심과 맑스주의가 나중에야 묘사하기 시작한 포스트모더니티(postmodernity) 현상에 대한 호기심 사이에서 오락가락하는 것으로 보인다. 『다이어크리틱스』(Diacritics)에서 조너선 컬러(Jonathan Culler)와 그의 동료들이 진행한 첫번째 인터뷰는 주로 맑스주의 자체에 관심을 두고 그 문학비평의 가능성, 방법론에 대한 기여, 그리고 내 나름의 맑스주의가 함축한 듯 보이는 종류의 정치를 다룬다. 이런 주된 관심사가 어떤 직접적인 힘으로 되돌아온 것은 백낙청(白樂晴), 그리고 싸브리 하피즈(Sabry Hafez)와 그의 동료 아바스 알톤시(Abbas Al-Tonsi), 모나 아부제나(Mona

Abousenna)에 의해 진행된 비서구권 인터뷰에서였는데, 표준적인 서구 상황에서는 쓸모없어진 가능성들이 이들의 상황에서는 감지되는 것 같았다. 중국과 브라질의 경우는 (매우 만족스럽게도) 내 작업이 언제나 가장 커다란 관심을 불러일으킨 두 지역인데, 유감스러운 점은 '대안적 모더니티들'이라는 바로 그 개념을 버린 『단일한 모더니티』(Singular Modernity, 2002)의 출판 이후 중국과 브라질의 내 독자들이 나를 세계의 여타 지역에 서구이론을 강요하려는 또 하나의 서구적 혹은 제1세계적 이론가라고 비난하면서 나와 갈라선 듯 보인다는 점이다. 불행히도 나는 아직도 오늘날 우리에게 유일하게 가능한 '대안적 모더니티'를 사회주의라고 부른다고 생각지 않을 수 없다. 또한 이런 형태의 차이를 단지 문화적으로 바꾼 형태들은 그다지 도움이 되지 않는다고도 느낀다. 하지만 어쩌면 내 작업의 비평가들을 더 괴롭힌 것은 그들에게 서구사상을 강압하려는 나의 시도라기보다는 오히려 서구 혹은 제1세계의 우리에게 다시 활력을 불어넣어줄 대안들을 그들이 발전시키리라는 나의 기대──그에 맞춰 살기에는 너무나 어려운 기대──였을 것이다.

문화적 대안들에 대해 말하자면, 이에 대한 기본 입장들은 나로서는 스튜어트 홀(Stuart Hall)과 맞물려 놀라울 정도로 잘 극화된 듯한데, 나는 그의 지적인 관용에 감사하고 있으며 그가 고집스럽게 이런 문제들을 특정한 국가적 상황에 재정위하려는 점을 높이 평가한 바 있다. 이런 본질적인 참여는 싸브리 하피즈와의 인터뷰에서 내가 꽤나 요령부득으로 설명하려고 애쓴 경제와 정치 사이의 대립에서 다른 방식으로 전개됐다. 나는 다른 자리에서 또 한번 시도해서 결국에는 이 '설명'을 제시할 수 있기를 희망한다. 쎄라 대니어스(Sara Danius)와 스테판 욘슨(Stefan Jonsson)과의 인터뷰 또한 끝나지 않은 의제를 제기한다. 인식의 지도 작성, 내러티브, 알레고리라는 개념들을 다루는 의제는 10년이나 지난 지금도 내게는 여전히 진행 중인 작업이다.

　포스트모더니즘과 포스트모더니티에 관해 말하자면, 그에 관한 질문들이 가장 광범위하게 제시된 것이 예술의 맥락이라는 점은 전혀 놀랍지 않다. 그 대표적인 예는 (국제적인 시각예술잡지『플래시 아트』 *Flash Art*에 실린) 앤더스 스테판슨Anders Stephanson과의 인터뷰, 그리고 (저명한 건축잡지『아상블라주』*Assemblage*에 실린) 마이클 스픽스Michael Speaks와의 인터뷰이다. 포스트모더니즘이 끝났다(또는 9·11과 함께 종결되었다)는 식의 일부 지역에서의 다소 경박한 합의에도 불구하고, 나는 포스트모더니즘적 질문들이 고갈될 가능성은 매우 희박하다고 믿는다. 하지만 나의 이론은 한편으로는 포스트모더니즘에서 지금 당장 나타나는 즉각적인 스타일상의 특징들, 그리고 다른 한편으로는 문화 자체의 지위나 미학의 역할 같은 다양한 사회적 현상들 전체가 인식 불가능할 정도로 수정된 포스트모던한 상황의 특징들을 언제나 구별했다. 어떻게 후자가 다른 형태의 자본주의가 (혹은 정말로 완전히 새로운 경제적 하부구조의 재구조화가) 자리잡지 않은 상태에서 종결될 수 있을 것인지 알기는 매우 어렵다. 예술운동 혹은 일종의 계기(moment)로서의 포스트모더니즘과 관련해 보자면, 내가 20년 전에 열거한 특징들이 딱히 폐기되었다고는 볼 수 없다. 어떤 경우든 내가 받아들이기를 거부하는 것은 구식 모더니즘 같은 것이 회귀한다는 식의 이야기이다. 구식 모더니즘의 씨뮬라크르 형식이라면 모르겠지만 말이다. 여하튼 그 점에 대해서 이 책의 인터뷰 대부분보다 나중에 출간된『단일한 모더니티』가 제시한 입장을 나는 여전히 강하게 지지한다.

　장 쉬둥(張旭東)과의 광범위한 인터뷰로 우리는 맑스주의와 포스트모더니즘 문제로 되돌아왔는데, 이 문제는 현재 한편으로는 맥락과 역사에 대한 맑스주의적 전념으로서, 다른 한편으로는 고급문화와 대중문화의 포스트모던적 융합을 인정하는 형태로서 '문화연구' 개념 안에 요약, 포함되어 있다. 지금 나는 이후 미국에서 대학 내 학문으로 제도 화된 문화연구와 관련해 내가 나 자신을 그런 문화연구의 권위있는 대 변자로 여기고 있다는 식의 인상을 바로잡고 싶다. 인터뷰에 대해서 그 렇듯, 학문적 제도화에 대해서도 나는 수없이 생각해봤다. 내 입맛에는 둘 다 약간 지나치게 물화된 구석이 있다. 하지만 그런 제도들을 권력과 적법화의 원천으로 붙잡아두지 못하면 우리는 거의 제 역할을 하기가 어렵다. 이렇게 말하면 학계가 자신이 흡수한 모든 것에 대해 벌이는 일 들에 대해 으레 하는 또 하나의 불평일 게 틀림없다. 그러나 문화연구에 대한 물음은 문학 자체가 당면한 미래와 그 효용성에 대한 걱정뿐만 아 니라 비판적 사고 전반의 미래에 대한 해결하지 못한 우려를 함축하기 도 한다.

스리니바스 아라바무단(Srinivas Aravamudan)과 란자나 칸나 (Ranjana Khanna)와의 마지막 인터뷰는 이 책의 출간과 가장 가까운 시기에 이루어졌는데, 여기서 나는 오래된 주제들에 대해 이렇게 의견 을 교환하면서 전지구화(globalization)하는 새로운 상황의 관점에서 다 시 정리할 기회를 얻어 반가웠다. 전지구화를 나는 이제 포스트모더니 티와 동일한 것, 혹은 달리 표현하자면 포스트모더니티의 하부구조의 다른 얼굴이라고 이해하고 있다. 전지구화로 인한 사실, 즉 전지구화가 새로운 힘들을 폭발적으로 해방하고, 전지구화가 소름끼칠 정도로 새 롭고 명징하게 미국의 권력과 미국 자본주의를 폭로하고, 전지구화가 '문화와 사회'에 대한 모든 낡은 이론들에 대해서, 그리고 정말이지 '서 구문명' 자체에 대해서 생산적으로 다시 사고할 것을 요구하고 있기 때 문에, 흥미진진한 지적 임무들이 새로이 열리고 지식인의 소명 자체가 새롭게 다시 창안되고 있다. 그런 흥미진진한 전망을 끝으로 잠정적으로 이야기를 끝맺는 것이 좋겠다.

나는 이언 부캐넌에게 큰 빚을 졌다. 그는 묵은 텍스트들을 모으고 편집하는 데 따르는 온갖 노력을 기울여주었다. 그의 열정과 헌신이 없었다면 이 책은 나오지 못했을 것이다. 또한 롤런드 보어(Roland Boer), 피터 피팅(Peter Fitting), 군용 김(Koonyong Kim), 레이놀즈 스미스(Reynolds Smith), 란자나 칸나, 스리니바스 아라바무단이 원래의 인터뷰 진행자들로서 준 자극은 물론이고 기타의 도움과 격려에도 감사드린다.

2006년 3월
노스캐롤라이나의 더럼에서

레너드 그린 · 조너선 컬러 · 리처드 클라인과의 인터뷰*

그린 『침략의 우화들』(*Fables of Aggression*, 1979) 혹은 『정치적 무의식』 같은 책이 지닌 정치적 중요성이 무엇이라고 생각하십니까? 맑스주의자로서 그런 저서들의 주요 기능이 비판과 해석이라고 보시는지요? 나는 포이어바흐(Ludwig Feuerbach)에 관한 맑스의 열한번째 테제 '철학자들은 오로지 다양한 방식으로 세상을 해석해왔을 뿐이다. 중요한 것은 세상을 변화시키는 것이다'를 생각하고 있습니다. 또 나는 테리 이글턴의 최근 글도 염두에 두고 있는데요, 그 글에서 이글턴은 다음과 같은 문제를 제기합니다. "맑스주의적 성향을 띤 제임슨의 독자에게 제기되는 피할 수 없는 문제는 간단히 말해 '발자끄의 대수롭지 않은 소설에 대한 맑스주의적-구조주의적 분석이 자본주의의 기반을 뒤흔드는 데 어떤 도움이 되는가'라는 것이다."

제임슨 주의 깊게 읽어보면 테리 이글턴의 질문은 내 저작에 대한

• 이 인터뷰는 Leonard Green, Jonathan Culler, and Richard Klein, "Interview: Fredric Jameson," *Dialectics* 12권 3호(1982) 72~91면에 처음 실렸다.

논평이라기보다는 맑스주의적 문화비평 분야에 종사하는 모든 이들이 특히 과거를 연구할 때 느낄 수밖에 없는 고민의 표현입니다. 그 고민은 중요해서 어느정도 자세히 살펴보아야 합니다.

그 질문에 대해, 다른 모든 작가들보다도 발자끄가 맑스주의적 미학의 전통적인 논쟁에서 특권적이고 상징적인 자리를 차지하고 있는 만큼, 그에 대해 새로운 읽기를 제안하는 일 자체가 바로 그와 같은 논쟁들을 수정하는 것과 다름없다고 답할 수도 있겠습니다. 하지만 나름의 찬사를 그런 식으로 되돌려주면 (잘못이랄 것은 없어도) 너무 손쉬운 답변이겠지요(그런 논쟁은 다른 경우보다 맑스주의에서 상징적으로 훨씬 더 중심에 자리하며, 정치적이고 인식론적인 결과들을 함축하고 있는데, 이에 대해서는 당신의 두번째 질문에 대한 답변에서 더 실질적으로 상세히 언급하는 편이 좋겠습니다). 이와 같은 작업에서 도출되는 정치적 결과의 한 유형이 맑스주의 내에 맑스주의 재정의, 자기정의 등의 일부로 위치할 수 있는데, 이는 당신의 독자들에게는 딱히 흥미롭지 않을 수도 있을 겁니다.

그런데 또다른 차원에서 '고전적' 텍스트들에 대한 그런 연구는, 알뛰세르(Louis Pierre Althusser)의 유용한 개념을 써서 말하자면, 소위 표준적인 대학 '정전' 교육에 대한 개입의 형식을 취해야 합니다. 따라서 이 지점에서 그 질문은 맑스주의적 교육학의 더 일반적인 문제로 확장됩니다. 나는 이런 이유로 대학원과 학부교육의 기능을 개략적으로나마 구별짓는 편이기 때문에, 실용적인 이중기준과 같은 관점에서 이러한 문제에 대한 입장을 묘사하고 싶습니다. 문화적 동력의 연구에 있어서 대학원 교육은 실험실에서의 실험과 같은 면을 함축하며, 이것이 느슨하게나마 '과학적 연구'와 유사한 한에서는 즉각적인 '정합성'이라는 면에 대해 특별히 해명이 필요하지 않습니다(하지만 이런 유형의 연구를 나중에 살펴볼 수는 있겠지요). 그런데 그런 대학원 연구는 (신속히 진행되는) 형식의 교육학으로 묘사할 수 있을 터인데, 이는 학부 고유의 것이라고 보면 맞을 내용 지향과는 상반됩니다.

이 마지막 사항에 대해 간략히 설명하자면, 금방 떠오른 상투적 표현이긴 하지만, 실제로 이런 대립은 이론 대 실제비평 식의 대립이 아닙니다. 오히려 학부의 학업에서 진정으로 '텍스트'를 마주한다고는 절대 말할 수 없지요. 학업의 주요 목표는 텍스트에 대한 해석이며 바로 이 해석에 대해서 학부교육에서 교육학적 고투가 벌어집니다. 여기에서의 전제는 더 순진하거나 무반성적인 독자(우리들 역시 상당 기간 동안 이러합니다)로서 학부생은 결코 그 모든 물질적인 신선함을 함축한 그대로의 텍스트를 대면하는 게 아니라는 점입니다. 오히려 그들은 미리 습득되고 문화적으로 용인된 해석기제 일습을 텍스트에 끌어들입니다. 그들은 이 사실을 모른 채 이 기제들을 통해 자신들에게 제시된 텍스트들을 읽지요. 이것은 딱히 개인적인 문제는 아닙니다. 이전의 독서 및 제도화된 해석이 남긴 침전물인 이런 상투성은 학생의 마음이나 전체적인 문화풍토, 혹은 텍스트 자체 그 어디에서 찾아내든 큰 차이가 없습니다. 그런 해석을 하나의 대상으로, 눈에 안 띄게 내버려두기보다는 하나의 장애물로서 가시화되도록 하고, 그렇게 함으로써 우리가 전통적으로 이데올로기라고 부르는 부지불식간에 작용하는 기제의 힘을 학생들이 자각하도록 북돋우는 것이 해야 할 일입니다. 따라서 『어둠의 속』(*Heart of Darkness*, Joseph Conrad, 1902)이나 제인 오스틴(Jane Austen), 보니것(Kurt Vonnegut), 헤밍웨이(Ernest Hemingway) 같은 작가들의 고전을 학생이 처음으로 대면할 때 그 대면은 실은 결코 대상 자체와의 매개되지 않은 접촉이 아니라 그럴 것이라는 환상일 뿐이며, 그러다보니 그 종착지는 종착지가 아니라 전체적으로 실존적인 것(인간조건의 부조리)에서 신화비평을 거쳐 더 심리학적인 형태(자아의 통합)를 지나 윤리학(선택과 가치, 주인공의 성숙, 선과 악에 대한 수련)에 이르는 해석적 선택이 되고 맙니다. (이것들이 이 분야를 모두 망라하는 것은 분명 아니지만) 이러한 다양한 자유주의 이데올로기들은 모두 사회성과 역사성을 억압하고, 인간 삶과 사회관계에 대한 영원불변의 비역사적인 관점을 지속시키는 데 유용하게 기능합니다. 따라서 이런 자유주의 이데올로기들에 도전하는 것은 어느정도 정치적인 행위입니다. 소설을 읽는 것은 분명 전문적이고 심지어 엘리뜨적인 활동입니다. 하지만 문제는 사람들이 소설을 읽고 해석할 때 훈련받는 이데올로기들은 전혀 전문적이지 않으며, 오히려 개념적으로 이 사회를 정당화하는 데 기능하는 태도와 형식 들이라는 점입니다. 물론 사람들이 더 구체적인 정치적 (혹은 경제적) 상황에서 이런 이데올로기들을 접할 수도 있습니다. 하지만 얼핏 보기에는 정치와 동떨어져 있으며 정치의 영향을 받지 않는 듯한 문화교육 영역에서 그 못지않게 효과적으로, 그리고 때때로 훨씬 더 두드러지게 이 이데올로기들을 탐지하고 직면하기도 합니다.

이런 얘기는 과거의 문학·문화 고전들을 가르치고 공부하는 영역에 대한 정치적 개입을 더 일반적으로 묘사하고 옹호하는 게 되겠지요. 분명 그런 일이 내 본업이라 할 때, 발자끄를 선택한 것은 영미권 대중들에게는 이상하고도 무익한 일일지 모릅니다. 이런 경우에는 다른 종류의 학교 고전이나 정전이 훨씬 더 중요한 전략적 지형일 테니 말입니다. 하지만 구체적으로 전공 언어를 꼽자면 프랑스어가 내 전공이라서, 영문학과에의 개입이라는 사명이 그 자체로는 매우 중요해도 개인적으로는 다른 사명들보다 덜 흥미롭습니다. 답변이 벌써 꽤 길어졌지만 다른 사명들로 어떤 것들이 있는지 간략하게나마 구체적으로 설명해볼까 합니다.

나는 이 나라에서 최소한 사회민주주의운동의 첫 단계라도 이뤄내지 못한다면 진정한 체제변화는 불가능하다고 생각합니다. 내가 볼 때는 심지어 그 첫 단계마저도 (근본적으로는 같지만) 다른 두가지 전제 조건, 즉 맑스주의적 지식인의 창출, 그리고 맑스주의적 문화의 창출이 없이는 불가능합니다. 이 말은 맑스주의적 지성이 존재해야 한다는 것이고, 다시 말하자면 (세계 대부분의 나라들과는 달리) 맑스주의적 담론을 그 자체로 인정해본 적이 없는 나라에서, 바로 그 맑스주의적 담론이 '현실주의적인' 사회적·정치적 대안으로 정당화되어야 한다는 것입니다. 나는 내 노력이 바로 이런 시각에 따라 이해되기를 바랍니다. 그런 발전에 내가 구체적으로 기여한 바는 주로 맑스주의가 '부르주아' 사상과 이론의 가장 선진적인 흐름을 포용할 줄 아는 능력이 있음을 보여주었다는 데에 있을 것입니다. 하지만 그것은 여러 임무들 중 하나일 뿐이지요.

'정전'의 문제에 대해 마지막으로 언급할까 합니다. 특히 1960년대 중반에 유럽의 급진주의자들은 대학이 '이데올로기적 국가장치'임을 점점 더 강조하면서 정치적 개입을 위한 입장을 공식화하게 되는데요. 이때 문학은 그 자체가 하나의 기관으로서, 적절한 비판대상이자 의식 각성의 계기이기도 했습니다. 이와 같은 조류는 이곳 미국에서도 전개되었지만 반지성주의 혹은 '모르쇠주의'(know-nothingism)라는 오래된 미국적 전통에 흡수되었습니다. 이 미국적 전통은 역설적으로 결코 진정으로 좌파인 적이 없었으며, 단지 문화 전반에 대해 비즈니스 중심 사회가 지닌 전반적인 태도를 복제할 뿐이었습니다. 생각건대, 고전적 국민국가의 틀에서는 문화와 국민적 '정전'이 어떤 중심적인 합리화의 역할을 정말로 담당하지만, 이런 역할에 정확히 상응하는 것이 초강대국, 즉 근본적으로 탈식민적인 사회에서는 있을 수 없다는 게 분명하다는 점을 지적할 필요가 있습니다. 미국문학은 그런 의미의 국민문학이었던 적이 결코 없었습니다. 왜냐하면 미국문학의 가장 강력한 순간들은 언제나 미국의 문화가 우선 무엇일 수 있을지, 또 미국인 '임'의 의미가 무엇일지처럼, 어떤 유럽인도 국민국가의 맥락에서 제기할 생각을 하지 않았을 고뇌에 찬 문제를 중심으로 전개되었기 때문입니다. 따라서 일반적으로 '고전'과 문화제도들에 대한 우리의 비판적 관계는 다양한 유럽 좌파들의 경우와는 같을 수 없고, 유럽의 좌파들이 자기 자신의 엘리뜨적 국민문화를 다룰 때 취하는 비판적 거리를 단순히 재생산하기만 하는 것이 아닌 신선한 사고를 요구합니다.

하지만 이 모든 것은 이 토론을 시작할 때 내가 일깨운 것이자 내게는 근본적인 문제, 즉 과거에 대한 관계 자체라는 더 전체적인 문제의 일부입니다. 내가 이미 암시했듯, 우리가 미국인으로서 우리 자신의 과거에 대해 지니는 관계는 (이를테면 프랑스의 대혁명이나 빠리꼬뮌 같은 여전히 활력있는 신화, 혹은 '영국 노동계급의 형성'과 같은 역사적 순간이 현재에 지니는 강렬한 의미 등) 국민적 역사가 현재의 정치적·이데올로기적 투쟁 속에 여전히 살아 있는 유럽인들의 경우와는 필연적으로 매우 다르며, 훨씬 문제적입니다. 나는 미국의 과거 전체가 사라진 이상한 현상에는 그럴만한 사유가 있다고 생각합니다. 미국의 과거는 지금 우리 앞에 비현실적인 의상을 입고 있으며, 노스탤지어 예술에서 거짓 이미지들을 띠고 나타납니다. 여기서 프랭클린 루스벨트(Franklin Roosevelt)는 조지 워싱턴(George Washington)이나 코튼 매서(Cotton Mather)와 마찬가지로 죽어 있고, 비현실적입니다. 이 사라짐은 미국의 과거, 그리고 가장 구체적으로 보자면 과거의 위대한 급진적 전통들을 거의 매 세대마다 짓밟아 좌절시키는 데 성공한 체계적인 방식과 관계가 있습니다. 위대한 전투성의 시기들이 망각되어 어떤 살아 있는 집단적인 의식에는 흔적도 남아 있지 않은데, 그중 1930년대는 가장 최근의 사례일 뿐입니다(그 결과 1960년대의 투사들 역시 아직도 활력있는 급진적 전통을 이루건만 그 의미를 효과적으로 거부당했지요). 그러나 또 하나의 혼란스럽고 의미심장한 요인을 지금의 논의에 끌어올 필요가 있습니다. 이 요인은 소비사회, 미디어 사회, 다국적 사회, 탈산업 사회, '호화로운 구경거리의 사회' 등으로 다양하게 불리는, 가장 근래의 자본이 지닌 독특한 동력입니다. 이것의 특징은 역사의 망각, 즉 과거와 상상 가능한 미래의 억압인데, 이런 양상은 인간 역사상 그 어떤 다른 사회형태에서보다도 훨씬 더 강렬합니다. 따라서 만일 급진주의자들이 발자끄 같은, 또한 호손(Nathaniel Hawthorne)이나 디킨스(Charles Dickens) 같은 과거의 문화적 산물을 가지고 행한 연구가 효과적이지 않다면, 그것은 어쩌면 우리의 개인적 결함이나 문제라기보다는 오늘날 사회의 체제적 결함이나 문제이며, 병리학적 특징입니다.

여기서 내가 개인적으로 타겟이 되고 있다면, 나는 그저 『정치적 무의식』이 내 작업에 대해 매우 불완전한 상을 제공하고 있으며, 죽은 고전들에 대한 고고학적 분석이 이 책에서 하는 역할은 내가 분석할 사례들을 선별하는 행위를 통해 암시하려는 것들보다 덜 중요하다는 점을 언급하고 싶습니다. 윈덤 루이스(Wyndham Lewis)[1]에 관한 책 『침략의 우화들』은 '원파시즘'(proto-fascism)에 대한 것으로 꽤 현재적인 주제라고 생각됐을지도 모릅니다. 하지만 사실 루이스는 (그의 수많은 동시대인들과는 달리) 당대 문화에 생생하게 영향을 끼친 인물 중 하나라고 하기에는 어렵지요. 아무튼 나는 루이스에 대한 내 열광적 관심을 다른

---

1 윈덤 루이스(Wyndham Lewis, 1882~1957)는 영국의 비평가이자 화가, 작가이다— 옮긴이.

누구에게도 전달할 수 없었고, 그 이유도 확실히 모릅니다.

　그러나 그 책의 독자들이 이런 점을 의식하지 못할 수도 있겠지만, 나의 작업은 점점 더 오늘날의 문화에 대한 평가라는 문제를 맴돌면서 미디어, 영화, 대중문화, 공상과학소설, 유토피아 내러티브, 포스트모더니즘 등 분명 오늘날 자본주의의 문화적·이데올로기적 기반을 이루는 모든 요소를 연구대상으로 삼아 달려들고 있습니다. 이 요소들을 분석한다고 오늘날 자본주의의 문화적·이데올로기적 기반을 뒤흔들 수 있을지 어떤지는 모르지만 말입니다.

　그린　그와 같은 취지에서 당신은 다음과 같이 쓴 바 있습니다. "우리가 사회계급 같은 범주들을 계속 믿고자 한다면, 실체도 없고 밑도 끝도 없는 문화적·집단적 환상의 영역에서 그런 범주들을 찾아 파고들어야 할 것이다. (…) 그리고 난 다음에 정치성의 우선성을 강조하고 싶다면 그렇게 하도록 하자. 왜냐하면 이 사회에서 문화의 편재성이 희미하게나마 감지될 때까지는 오늘날의 정치적 실천의 성격과 기능에 대한 현실주의적 인식들은 거의 형성될 수 없을 것이기 때문이다." 그런 정식화에 어떤 위험은 없나요? 좀더 구체적으로 말해보지요. 당신은 그런 이론적 입장이 '정치성'에 대한 논의를 깊고 끝없는 지연(遲延)의 심연으로 빠뜨려버릴 가능성이 있다고 생각하는지요? 당신의 저작이 가장 잘 읽힐 법한 강단의 전문지식인들 사이에서 당신은 독자들이 '문화의 편재성'을 인식하도록 하는 것이 가장 시급한 일이라고 믿으십니까? 나라면 그와 반대로 '정치성', 특히 맑스주의적 정치성의 편재성을 받아들이는 데 가장 큰 저항이 있으리라고 생각했을 겁니다.

　제임슨　이 질문과 앞의 질문과 관련해 내가 느끼는 문제는 엉뚱한 전제들에 대해서입니다. 두 질문을 보면 내게는 그다지 분명치 않은 정치성과 정치적 행동('맑스주의적 의미의 정치성'은 말할 것도 없고)에 대한 어떤 인식이 당연한 것으로 간주되고 있습니다. 지금의 질문에서도 당신이 인용한 바로 그 구절이 개진하는 특정 문화 개념이 문제가 되고 있습니다. '정치성'과 관련된, 어떤 단발성의 단일 기능에 맞춘 정의는 호도의 여지가 있는 이상으로 좋지 않은데, 무력한 상태를 야기하기 때문입니다. 우리는 결국 파편화된 존재로 수없이 분리된 현실의 구획에서 동시적으로 살아갑니다. 이 현실의 **구획** 각각에서 일정한 종류의 정치가 가능하고, 만일 우리가 충분한 활력을 지니고 있다면 그런 모든 형태의 정치적 활동들을 동시에 수행하는 것이 바람직하겠지요. 따라서 여기에서 정치란 무엇인가라는 '형이상학적' 문제가 나옵니다. 권력쟁취? 가두투쟁? 조직화? 사회주의 설파? 위계질서와 권위에 대한 저항? 군축시위 혹은 이웃을 구하기 위한 노력? 시청과의 논쟁? 정치가 무엇인가라는 문제는 가능한 모든 선택들을 열거하는 데까지 이를 때에만 가치가 있지, 단 하나의 위대한 전략적 개념이라는 신기루를 좇도록 유혹한다면 가치가 없습니다. 그럼에도 불구하고 우리는 이런 형태의 정치적 개입 각각에 대해 따로따로 이야기해야 합니다. 따라서 가장 피해야 할 오해가 있는데, 그것은 대학의 지식인들이 참여할 수 있는 특정 형태의 정치적 행위에 대해 품위있게 개요를 말하면서 이런 '프로그램'이 의도된 이유는 바로 이 프로그램만이 참여해야 할 유일한 종류의 정치임을 제시하기 위한 것이라는 식의 착각입니다. 앞에서 내가 문학교육에 있어서 특정한 종류의 정치적 개입을 제안했는데, 우리가 내내 그것만 해야 한다는 의미라고는 생각하지 않기를 바랍니다. 한편, 위대한 단일 기능의 정치 '노선'이나 전략이라는 신기루가 그 힘을 어디서 끌어오는지 자문할 가치는 있습니다. 내 생각에 특히 지식인들의 경우 이런 신기루는 매개된 것, 그리고 장기적인 것을 참지 못하는 데서 나옵니다. 그 신기루가 힘을 얻는 것은 즉각적인 결과를 내고, 에고의 만족을 얼마간 느끼며, 당장 만져지는 표지를 만들려는 (기업사회에도 아주 딱 맞는) 욕망으로부터입니다. 그 신기루는 즐거운 사치, 놀라운 만족이지만 우리를 위한 것은 아닙니다.

정치를 한가지 의미로만 (또는 목적론에 더 치우친 좌파들이 표현하듯 일신론적으로) 생각하는 경향은 그밖의 다른 분야에서도 재생산되어, 예컨대 문화라는 단어가 미리 할애된 고정된 의미를 지닌다고 느끼는 경우에도 나타납니다. 그러나 나는 인용된 텍스트의 요점이 우리에게는 문화에 대한, 그리고 이 사회에서의 문화의 영역이나 기능에 대한 새로운 인식이 필요함을 제시하려 한 것이란 점을 지적하고 싶습니다. 더 조심스럽게 말하자면, 나는 문학연구에 종사하는 사람들의 탐구대상을 '문학'이 아니라 '문화'라고 부르자는 제안이 이미 전복적이고 해방적인 자리바꿈이었다고 느낍니다. 고급문화의 걸작뿐만 아니라 대중문화도, 인쇄되거나 말로 된 텍스트뿐만 아니라 문화생산 전반도, 그리고 끝으로 그런 문화생산의 형식적 특성만이 아니라 그것과 사회적 생산 전반의 관계도 탐구대상에 포함시켜야 합니다. 레이먼드 윌리엄스(Raymond Williams)는 이 특정한 움직임, 이 특정 자리바꿈을 체계적으로 옹호한 바 있는데, 이런 움직임은 영국에서보다 '문화'가 하나의 개념으로서 아직 정합성을 갖추지 못한 미국에서 훨씬 더 큰 반향을 일으킬지도 모르겠네요. 한편, 문화라는 용어가 그런 전환을 전달하지 못하며 용어상의 이러한 대체효과에 대한 내 판단이 틀리다면, 그리고 당신의 독법이 내가 쓴 것에 대한 대부분의 사람들의 반응을 특징적으로 보여주는 것이라면 아마도 그 구호는 일종의 오발탄으로, 이 모든 것은 다른 방식으로 말해져야 하며 우리는 문화라는 말을 완전히 포기하고 어떤 다른 더 예리한 정식화를 찾아야 한다고 결론지어야 할 것입니다.

하지만 문화라는 용어에 대해 조금 더 오래 생각해보면, 사실 그 효과는 바로 그 애매성(또는 '다의성')에 있어야 할 것입니다. 어쩌면 다른 의미들도 많겠지만 우리는 서로 뚜렷이 구별되는 세가지 의미를 곧바로 가려낼 수 있습니다. (1) 첫째는 인류학적 개념으로, 이에 따르면 체계적인 특정 문화조직(하나의 '패턴', 하나의 '스타일', 그리고/또는 하나의 성격상의 구성 등)은 특정 사회구성체의 다양한 요소들을 함께 묶고 실제적으로 상호 연관짓는 일을 자신의 기능으로 삼고 있습니다. 일반적으로 이런 문화 개념은, 비록 우리가 아직도 독일 혹은 러시아의 국민적 특성이나 오늘날 미국의 '나르시시즘 문화' 등의 개념에서처럼 '선진적인' 사회들에도 그 쇠락한 편린들을 적용해볼 수 있기는 하지만, 더 단순하거나 전(前) 자본주의적인, 혹은 유기적 부족사회들에 해당하는 듯이 보입니다. 그러나 한 사회의 경제가 결정되는 문제는 소위 원시사회들과 연관된 특정한 힘과 연관되고, 원시사회들과 관련된 '문화'는 언제나 그 중심에 종교를 포함하고 있으므로, 이 첫번째 의미의 문화에 대한 인식은 체계성을 띱니다. 이 경우의 문화적 사례는 근대사회에서의 경우보다 훨씬 더 모든 곳에 파급력을 미칠 뿐 아니라 사회재생산 자체의 중심적인 기제가 된다고 파악해야 합니다.

(2) 두번째 의미는 **문화적**이라는 용어를 특정 맑스주의적 전통, 가장 두드러지게는 쏘비에뜨적 전통에서 구체적으로 사용하는 것입니다. 여기에서 문화는 일상의 삶과 일상의 실천 전반을 지칭합니다. '상부구조적인 것' 전반이라고 해도 좋겠지요. 물론 이 영역은 혁명 이후의 사회에 즉각적으로 중심이 되는 영역입니다. 왜냐하면 여기서 지칭된 문화는 집단의식의 차원, 교육과 사회재생산의 문제, 가장 중요하게는 이데올로기적 태도들이라고 부름직한 것들, 즉 읽고 쓸 줄 아는 능력, 농부와 산업적·기술적 현상의 관계, 지금까지 지배를 받은 계급들이 권위의 이미지에 대해 갖는 관계, 가족의 위치 등을 포함한 성정치와 젠더 태도

등이기 때문입니다. 이 간략한 리스트만으로도 다음과 같은 점이 충분히 암시됩니다. 즉 레닌 등이 이런저런 문제들을 '문화적 문제'라고 명했을 때, 그 명명을 통해 그들이 의도한 것은 이 문제들을 주변화하거나 하찮게 만들려는 것이 아니라 반대로 이 문제들이 핵심적으로 중요한 영역임을 명시하고 이에 대해 확장된 개념의 정치적인 작업과 집단적인 재교육이 창안되어야 한다는 의미였습니다. 헤게모니를 잡기 위한 투쟁이라는 그람시(Antonio Gramsci)의 개념, 또는 더 정확하게 말해 반(反)헤게모니 구축을 위한 투쟁이라는 그람시의 개념은 내가 볼 때는 아주 분명하게 이와 똑같은 영역을 지칭하는 것으로 보이며, 이 문제틀은 오늘날에는 확장되어 사회혁명 이전에 이 혁명을 준비해야 할 '문화적' 투쟁들을 포함합니다. 한편으로 중국의 '문화혁명' 개념 역시 단도직입적으로 말해 이 전통에서 전개되는 것이 분명합니다만, 이 자리에서 그것을 논의하면서 이 개념의 독창성이 혁명기 중국의 제한된 역사적 경험과도 지금은 구별될 수 있다는 점을 보여주기에는 너무 많은 시간이 걸리겠지요.

(3) 마지막으로 세번째는 가장 협소한 문화 개념인데, 이는 쇼(George Bernard Shaw)의 한 인물이 "삶이란 게 온통 연극과 시는 아니라오, 옥타비우스"라고 언급할 때의 진의에, 또 주저됩니다만 당신 질문의 진의에도 담겨 있습니다. (맑스와 엥겔스를 비롯해, 똘스또이L. N. Tolstoy를 높이 평가할 때의 레닌, 루카치G. Lukács, 마오 쩌둥毛澤東, 심지어 그 통제하거나 억압한 정도를 볼 때 문화탄압자라 할 스딸린I. V. Stalin 본인을 포함해) 여타 맑스주의 전통이 이런 가장 협소한 의미의 문화에 대해서도 일정한 가치를 부여했다는 것은 실제 역사적 사실인데, 이런 점은 우리의 비즈니스 사회와는 상당한 거리가 있습니다. 그러나 당신이 인용한 대목의 초점은 고급 또는 엘리뜨 문화에 대한 이런 낡은 맑스

주의적 '존경'을 다소 향수어린 채 되살리자는 것과는 관계가 없었습니다. 오히려 그 대목에서 내가 의미했던 것은 오늘날의 사회에서 문화와 그것의 위치를 역사적·체계적·근본적으로 변형할 수 있는 가능성을 시사하자는 것이었습니다. 이 기획이 상대적으로 추상적이고 교조적이며 '역사주의적' 혹은 '목적론적'(아래 참조) 기술에 해당하는 면이 있는 게 분명합니다. 하지만 근대 자본주의에 있어서 단계들이라는 개념, 가장 구체적으로 보자면 오늘날의 제1세계 사회의 바로 그 구성이 관례적으로 '고전적'〔자본주의―옮긴이〕 혹은 시장 자본주의와 '제국주의 시대' 혹은 독점자본주의로 지칭되는 단계를 넘어서 세번째 계기라고 부를 수도 있을 자본주의의 새롭고 독창적인 계기로 생각되어야 한다는 개념을 고집하는 것이 도움이 된다는 것을 나는 알게 되었습니다. 이 논쟁을 자세히 전개하지는 않았지만, 에르네스트 만델(Ernest Mandel)의 『후기자본주의』(*Der Spätkapitalismus*, 1972) 같은 작업들은 특정한 맑스주의적 방식으로 시기구분 개념을 재전유하는 것이 가능할 수도 있음을 제시합니다. 이에 따르면 맑스의 주장과는 달리 현대 혹은 탈현대사회는 더이상 자본, 생산, 사회계급들과 그들의 투쟁 등에 관한 고전적인 법칙을 따르지 않습니다('풍요사회'나 대니얼 벨Daniel Bell의 '탈산업사회' 등의 개념들, 미디어 사회, 정보사회라는 개념들, 심지어 기 드보르Guy Debord의 스펙터클 사회처럼 유사존재론적 색채를 띠지만 맑스주의적이라 할 개념들도 이런 최초의 변화를 지칭한 예로 볼 수 있습니다). 만델 같은 이들이 보여준 것은 새로운 또는 세번째의 자본운동이 맑스의 『자본』(*Das Kapital*, 1867~94) 자체가 행한 분석으로부터 일탈해 이론화되지 못한 채 있기는커녕 오히려 그 반대로 자본의 가장 순수한 실현, 즉 맑스주의적 동력이 이전의 다른 어떤 단계에서보다도 더 전지구적이고 훨씬 더 고전적인 방식으로 작동하는 계기로서 이론화될 수 있다는 것입니다.

문화의 영역에서 세번째 자본운동의 결과는 서로 다른 두가지 정식화로 기술될 수 있습니다. '문화산업'에 대한 프랑크푸르트학파의 원래의 설명을 따르자면, 문화산업은 (고전미학이 우리에게 가르쳐주었듯 '목적 없는 목적성'에 의해 지배되는) 자본이 자신의 논리에 저항하는 듯 보이는 정신의 가장 멀리 떨어진 부분, 즉 미학을 식민화하는 과정에 있다고 말할 수 있습니다. 따라서, 만델의 설명에 따르면 소비자사회는 문화, 무의식, 혹은 당신이 무엇이라고 부르든 정신이라는 영역 안으로까지 철저히 밀고 들어가서 거기에 살아남아 존재하던 비자본주의적 혹은 전 자본주의적 고립영역을 최종적으로 합리화, 근대화, 산업화, 상품화, 식민화하는 것이 되겠지요.

그러나 그것이 문화의 '종말'을 의미하는 것은 아닙니다. 오히려 그 반대의 주장, 즉 문화와 그것의 전통적 공간들, 그리고 기구들이 자본에 의해 정복된 상황이 이제 문화 본령의 엄청난 팽창조건이 된다고 주장하는 것이 그 못지않게 그럴듯할지도 모릅니다. 다시 말해, (칸트 Immanuel Kant가 실천도 지식도 아니라고 부를 만큼) 예전의 반(半) 자율성을 상실한 채 독자성은 과거의 일이 된 문화는 이제 사회 전체와 인접하게 되었고 정치, 경제, 법, 이데올로기, 종교, 일상생활, 성, 주체, 공간 등등 모든 것이 그런 의미에서 '문화적'이 되었습니다.

당신이 의문을 느낀 언급들에서 나는 이와 같은 실제적인 계기에 위치한 자본의 구조를 고려하지 않는다면, 다시 말해 정치와 문화 둘 다에 대한 우리의 낡은 모델이 더이상 완벽하거나 적절하지 않을 수 있다는 점을 적어도 잠정적이고 실험적으로나마 고려하지 않으려 든다면 대체 어떤 정치를 기획하거나 구상할 수 있겠는가 하는 점을 제시하고 싶었습니다. 내가 특정한 모델의 문화정치를 들이대고 있는 것은 아닙니다만, 만일 오늘날 문화의 변화하는 지위와 기능의 문제가 고려되지 않는다면 정말이지 효과적인 문화정치는 거의 고안될 수 없을 것으로 보입니다. 이 전체적인 상황을 더 꼼꼼히 살펴보면서 나는 오늘날 우리 사회에서 계급의식이 약화되고 있다고 개탄하는 것은 시기상조라고 제안하려 했습니다. 오늘날의 사회는 계급사회입니다. 따라서 '정의상' 계급투쟁은 마치 기나긴 '역사의 악몽' 전체를 가로지르듯 매순간 계속됩니다. 그러므로 문제는 우리가 엉뚱한 곳에서, 디오게네스(Diogenēs)의 경우처럼 술통 아래에서 계급의식을 찾고 있는 것일지 모른다는 점입니다. 분명 계급의식은 집단적 환상에서, 사람들이 역사에 대해 스스로 말하는 계속되는 이야기들과 이미지들에서, 자신들의 미래와 과거에 대한 사람들의 서사적 불안에서 생생하고 온전하게 발견될 수 있습니다. 따라서 계급의식은 계급사회 자체의 고동치는 경정맥(頸靜脈), 즉 우리가 계속 엉뚱한 곳에서 찾고 있는 정맥이요, 경시되지만 중심적인 투쟁지대입니다.

그린 루이 알뛰세르는 당신 자신의 저작에서 스스로 인정하고 있는 많은 이론적 영향들 중의 하나입니다. 널리 읽히는 당신의 글 「라깡에서 상상적인 것과 상징적인 것: 맑스주의, 정신분석학적 비평, 그리고 주체의 문제」(Imaginary and Symbolic in Lacan: Marxism, Psychoanalytic Criticism, and the Problem of the Subject)에서 알뛰세르는 중추적인 역할을 하고 있습니다. 정말이지, '실재계'(the Real), '역사적 중층결정, 응축, 전치(轉置)' '이데올로기'에 대한 알뛰세르의 개념들은 '정치적 무의식' 이론의 씨앗을 이미 품고 있는 듯 보입니다. 당신은 알뛰세르가 당대 프랑스의 여타 이론적 전위와 관련해 받아 마땅한 주목을 미국의 독자들 사이에서 받고 있다고 생각하는지요?

알뛰세르에 대한 질문을 더 구체적으로 할 수도 있겠습니다. 『자기비판의 요소들』(*Eléments d'autocritique*, 1974)에서 정식화된 알뛰세르의 입장, 즉 역사는 '주체나 목적이 없는 과정'이라는 입장은 주체의 현존과 목적론적 변증법이라는 인류학적이고 인본적인 범주들에 문제를 제기하고 있습니다. 연구 초기에 알뛰세르는 중층결정, 응축, 전치라는 정신분석학의 개념들을 명시적으로 활용하면서 역사를 발화된 텍스트로 읽어내는 방법을 적시했지요. '구조적 인과성' 개념은 한 사회를 하나의 사회구조로 나타내주는 차이들을 명확하게 표현할 것을 강조합니다. 알뛰세르적 사유가 탈중심화, 중층화 작용을 강조한다고 본다면,『정치적 무의식』에 표현된 당신의 가장 최근의 입장은 바로 알뛰세르적 사유로부터 출발한 것이라고 보는지요? '단일하고 위대한 집단적인 이야기'로서의 역사적 서사를 당신이 강조하면서 목적론적이라는 비판에 스스로를 열어두되 알뛰세르의 작업의 도움을 받아 그런 비판에 대한 조치도 미리 강구한 게 아닌지요?

제임슨　그 질문은 다른 인물들, 가장 두드러지게는 루카치에 대해서도 제기될 수 있었을 겁니다. 하지만 이에 대해 장광설을 펼쳐봐야 우리가 (대개는 대륙의) 이론가들과 맺는 관계를 설정하는 용어들이 못마땅해 정말로 안달하고 있음을 표현하는 것밖에는 안 될 겁니다. 유럽의 이론적 산물에 대한 미국의 편협한 환상은 젖혀두겠습니다. 지금은 유럽 자체가 미국적인 것들, 캘리포니아 등에 대해 유사한 환상을 키우는 것으로 보이기 때문에, 지금 우리는 틀림없이 라깡(Jacques Lacan)의 거울단계라는 다용도의 공간에서 직접 공급받은 고유하게 뒤틀린 거울들을 통해 범대서양적 담론을 수행할 수 있습니다. 맑스주의적 전통을 다룰 때 나를 괴롭히는 것은 알뛰세르나 루카치뿐만 아니라 그람시, 벤야민(Walter Benjamin), 브레히트(Bertolt Brecht), 윌리엄스, 톰슨(E. P. Thompson) 등 다양한 사상가들이 자율적인 철학체계를 가리키는 유명상표로 탈바꿈되었다는 것입니다. 이 과정에서 맑스주의 전통 자체가 상품문화논리 일반에 감염되었습니다. 유명상표를 둘러싼 소비조직이 유사종교적 개종을 결정할 때 사람들은 우선 프루스뜨, 로런스(D. H. Lawrence), 포크너(William Faulkner) 혹은 싸르트르 등 유명한 근대작가 쪽으로 개종하게 되는데, 이 작가들은 모두 양립 불가능하건만 사람들은 매번 너무나 자주 종교를 바꿉니다. 그리고 나중 단계에서는 하이데거, 리꾀르(Paul Ricoeur), 데리다(Jacques Derrida), 부스(Wayne Booth), 가다머(Hans-Georg Gadamer), 드만(Paul de Man) 등의 이론가 쪽으로 개종합니다. 이런 '집착'이 내포한 사회적 내용은 아마도 일상적인 상품소비의 경우보다 조금 더 눈에 띄며, 이데올로기인 것만 아니라 현실입니다. 다시 말해 특정 제품의 자동차에 리비도적으로 헌신한다고 해서 그 차량의 다른 소비자들과 집단적인 유대가 진정으로 결정되지는 않습니다. 그러나 한 '이론가'에 대한 문화적 헌신은 정말로 소집단적 제휴관계의 상징이 됩니다. 여기서 우리는 정치성이 다시 밀려들어 흐르기 시작하는 사회적 역동성을 접하게 되지요. 이런 유형으로 사적이고 원자화된 사회에서는 신념, 광신, 청교도주의, 이론적 금욕주의, 다양한 적들에 맞선 논쟁적 자기정의 등의 현상들이 수반되는 소집단 형성이야말로 집단성의 견인력이 감지되는 매우 매력적인 방식이며, 개체의 소외에서 벗어날 구원을 약속해줍니다. 알뛰세르학파에서 이런 종류의 매력이 가장 분명하게 나타납니다. 알뛰세르학파는 최근 좌파 중에서 가장 의기양양하고 적극적인 소집단 진영들 중 하나입니다(하지만 『뗄껠』*Tel Quel*, 『스크린』*Screen*, 그리고 기타 성공적인 이론적 소집단 진영을 잊지는 말아야겠지요. 미국에서는 그런 충동들이 주로 이를테면 뜨로쯔끼주의자, 마오주의자 등과 같은 더 전통적인 종파적 소집단으로 흡수된 듯합니다).

이제 당신의 질문에 답하자면, 알뛰세르 현상이 지닌 그런 특징에 내가 정말로 매력을 느낀 적은 결코 없었습니다. 어쨌든 그랬더라도 더이상 실천적 목적에 부합하지 않아 1968~69년에는 정리가 되었다고 말할 수 있습니다. 내게 어떤 의미가 있는 알뛰세르는 소규모 '혼성집단', 혹은 이론적 게릴라부대의 집결지가 아니며, 그 자체가 완전히 새로운 이론에 대한 유명상표도 아닙니다. 오히려 알뛰세르는 맑스에 대한 흥미롭고 파편적이며 산발적인 주석자입니다. 출간된 그의 저서 중 어느 것도 정말 체계적이지는 않습니다. 대부분은 특별한 목적을 위해 개입한 결과이거나 진행 중인 세미나 작업의 요약들입니다. 그의 생각은 이 가운데 주로 세미나와 관련된 형태를 통해 표출되었습니다. 따라서 알뛰세르의 이론은 '체계'라는 말의 어느 면을 보더라도 엄격한 철학적 '체계'가 아닙니다. 그의 이론은 맑스와 맑스주의의 전통을 통해 접근되어야 하는데, 그는 이 전통에 대해 어떤 것은 중요하게 어떤 것은 더 논쟁적으로 조화롭게 기여한 표본이 되고 있습니다. 하지만 알뛰세르를 그 자체로 한 사람의 철학자로, 즉 새로운 철학체계를 하나 더 세운 이로 보고 접근하는 것은 어느정도는 프로이트를 거치지 않고 라깡에 접근하는 것과 같습니다. 그럴 경우, 결국 기괴하고 실체가 없는 유사체계가 출현하여 지적 실체를 불필요하게 배가시킵니다. 이렇게 말하고 나면, 분명한 것은 알뛰세르의 작업에서 맑스주의적 전통이 삐걱거리며 전면에 등장하는 까닭에 그가 '고구조주의'(high structuralism)의 큰 주제들과 그것이 열중해 있는 상당수의 문제를 함께 끌어들여 폭발적으로 종합해낸 점이 때때로 무시되었다는 점입니다. (비록 파편적이거나 구술적인 성격 때문에 라깡의 텍스트를 읽는 어려움이 가중되지만) 우리는 지금 프로이트주의가 충분히 퍼져 있는 분위기에 있기 때문에 라깡이 단속적으로 프로이트적 실천을 행하고 있음을 알아보고 즐길 수 있습니다. 하지만 맑스주의적 문화가 전무한 경우 알뛰세르가 열중한 문제들은 먼 얘기처럼 보입니다. 지금 그 이야기로 자세하게 들어갈 계제는 아닙니다만, 알뛰세르와 그 학파가 기여한 가장 흥미로운 것들로는 (때때로 '구조적 인과성' 혹은 '지배적인 구조'로 불리는) 사회적 삶의 '층위들' 사이의 관계에 대한 탐구, (라깡에서 중요하게 이끌어낸) 전혀 새로운 이데올로기론, 사회적 기관들과 이데올로기 사이의 관계(소위 '이데올로기적 국가장치들')에 대한 성찰, '개입' '문제틀'을 포함한 새로운 개념들, 끝으로 맑스 문헌학의 입장에서 보자면 초기와 후기 맑스 사이의 관계에 대한 도발적인 착상 등을 꼽을 수 있으리라고 생각합니다. 초기와 후기 맑스의 관계에 대한 그의 생각은 이데올로기와 '과학' 사이의 복잡하지만 중요한 구분에 바탕을 두고 있습니다. (여기서 알뛰세르는 이데올로기라는 말로 '인간주의', 즉 '인간의 본성'에 대한 전제들을 포함한 인류학을 가리키며, '과학'이라는 말로는 이데올로기적 주장을 배제하고 심지어 주체의 입장들 자체를 배제할 정도로 잘 조직된 담론을 가리킵니다. 후자는 다름 아닌 『자본』의 문제이기도 했지요. 또 알뛰세르에서 '과학'의 구상은 그 주제에 대한 라깡 자신의 풍부한 사고와 공통되는 울림이 상당히 많습니다.) 또한 알뛰세르는 과학사의 재료들(특히 프랑스 근대의 중요한 과학사가들)을 꽤 두드러지게 활용했다고도 할 수 있습니다. 하지만 내게는 그것이 알뛰세르 유산 중에서 가장 의심스러운 부분이기도 한데, 아무튼 나는 알뛰세르의 ('이론적 실천' '지식생산' 등) 인식론 전체에 문제가 있고 불만족스럽다고 생각하는 편입니다.

그러나 나는 또한 헤겔(G. W. F. Hegel)적으로 사고하는 경향이 있어서 알뛰세르적인 사고를 완전히 거부하기보다는, 끝까지 죽 거쳐가서 반대편으로 빠져나오는 편입니다. (반면, 톰슨은 『이론의 빈곤』*The*

Poverty of Theory and Other Essays (1978)에서 알뛰세르식 사고를 거부함으로써 '알뛰세르주의'를 하나의 체계로 되돌려버리고 그 과정에서 알뛰세르주의에 어떤 악마적 권위를 부여해주고 말았지요.) 만일 '알뛰세르주의'를 하나의 체계로 본다면 나 자신의 과정은 쉽게 절충주의라는 말을 들을 수도 있습니다. 그런데 이것이 (이를테면 루카치의 작업 혹은 실존적 맑스주의의 작업 같은 '적대적 형제들'의 경우와 마찬가지로) 맑스주의의 한 계기라면 아마 더 선택적으로 접근하는 것이 타당할 겁니다.

어쩌면 이 문제를 달리 표현할 수도 있겠습니다. 즉 맑스주의에는 순수하게 자율적인 '이념의 역사' 혹은 '철학의 역사'가 없다는 점입니다. 개념적인 작업은 또한 내재적으로 구체적인 상황과 국면에 대한 반응입니다. 이 상황과 국면 중 국가적 상황은 우리가 처한 다국적 시대에조차 매우 의미심장한 틀로 여전히 남아 있습니다. 따라서 알뛰세르를 이해하는 것은 최우선적으로 1960년대 프랑스에서 그 개념적 수단과 조치의 의미와 기능을 이해하는 것을 의미합니다. 하지만 그 점을 이해할 때에도 당시 상황에 대한 알뛰세르의 이전의 생각들을 1980년대 미국이라는 우리 자신의 국가적 상황과 같이 다른 국가적 상황에 적용하는 것이 가능할지는 문제적인 임무가 됩니다. 이 점에 대해 말하는 것이 당신의 다음 질문으로 옮겨가는 좋은 방법이겠습니다.

분명 내가 '단일하고 위대한 집단적인 이야기'에 대해 말했을 수도 있습니다. 만일 이와 함께 국면의 우선성, 즉 역사적 상황의 구체적 독특함을 강조하지 않으면 '단일하고 위대한 집단적인 이야기'란 꽤나 신화적인 개념이 될 겁니다. 반대로 역사적 상황의 구체적 독특함만 강조하면 〔대문자〕 '역사'를 일련의 단속적인 계기들로 쪼개는 것으로 보일 테지요. 내가 생각하기에 이 문제는 역사에 대한 (재현적 혹은 서사적인) 이런저런 비전의 관점에서보다는 변증법의 자체 특성의 관점에서 더 잘 조명됩니다. 정말이지 이 문제는 변증법적 언어를 통해서 가장 잘 논의될 수 있을 텐데, 변증법적 언어는 동질성뿐만 아니라 차이도 기록할 수 있도록 용어를 확장하려는 시도이기 때문입니다. 가장 진부한 예가 사회계급이라는 용어의 예일 겁니다. 맑스주의에는 엄격한 의미에서 단 하나의 (자본주의라는) 사회적 구성이 존재하는데, 여기서는 사회적 계급들이 그 자체로 모습을 드러냅니다. 또한 한층 더해 극히 엄격한 의미에서 보자면 실제로는 단지 두개의 사회계급, 즉 부르주아지와 프롤레타리아만이 존재할 뿐입니다. 종종 다른 생산양식에서 사회계급으로 지칭되는 것들, 예컨대 봉건제 아래의 귀족과 소작농은 실제로는 카스트에 더 가까운 것입니다. 하지만 『공산당선언』(*Manifest der kommunistischen Partei*, 1848)은 모든 역사를 계급투쟁의 역사라고 주장하지요. 따라서 용어상의 이런 불일치가 말해주는 요지는 다른 생산양식에도 유추 적용되는 동력을 주장하는 한편, 우리가 근대사회로 넘어오면 다른 역사적 근거에 따라 그 용어를 재정의할 여지를 남긴다는 점입니다. 따라서 변증법적 용어는 예전의 분석적이거나 데까르뜨적인 의미로 정적인 것이 결코 아닙니다. 변증법적 텍스트의 발전과정에서 그 자신의 활용에 기반하여 처음의 잠정적인 정식화를 사다리로 사용하는데, 이 사다리는 이후 텍스트상의 '계기들'에 따라 올라가고 난 뒤 걷어차버리거나 끌어올릴 수 있습니다. 이런 식으로 파악할 때 역사에 대한 변증법적 '서사'는 나 자신의 구호가 암시했을 법한 것보다는 훨씬 더 복잡하고 성찰적입니다.

그린 하지만 목적론에 대해서는 어떤가요?

제임슨 오, 그래요. 역사적으로 독특한 알뛰세르주의의 그 흥미로운 특징을 잊고 있었네요. 목적론은 '엄정한' 유사종교적인 의식 성찰로서 소위 이데올로기적 차원의 '새해 다짐'으로 불릴 수 있을 겁니다 ("나는 목적론, 역사주의, 재현적 사고 등등의 모든 흔적을 나 자신으로 부터 근절하겠다고 다짐합니다. 하지만 특히 그것들이 다른 사람들에게서 목격될 때마다 규탄하겠다고 약속합니다"라는 식의 다짐 말이지요). 나는 목적론의 문제가 역사주의의 문제와 밀접하게 결부되어 있다고 여기는데, 얼마나 꼼꼼하게 대상을 파악하느냐에 많은 것이 달려 있다고 봅니다. 내가 제대로 이해하고 있다면 이 시각에서 보는 '역사주의'는 '단계들'로 파악하는 역사이론에 대한 믿음을 지칭하려는 의도에서 나왔는데, 대개 이 이론 자체가 치명적으로 다윈(Charles Darwin)적이거나 진화론적인 함축 혹은 저의를 지닌 것으로 이해되고 있습니다. 이에 대해서는 다소 길게 내 입장을 설명했으니 당장 이 자리에서 다시 설명하지는 않겠습니다. 다만, 내게는 '단계론'이 함축하는 역사적 계기들 사이의 질적이고 체제적인 차이들이 분명히 존재한다는 점을 말하고 싶습니다(달리 말해 나는 **진정** 역사주의자입니다). 이에 덧붙여 (특히 때때로 '생산양식'론으로 불리는 맑스주의적 이론인) 단계론에 정치적으로 현저하게 이익이 되는 경우가 아니면, 실천의 목적을 위해서는, 어쩌면 단계론과 관련된 사항은 잊으려고 노력해야 한다는 점을 말하고 싶습니다. 그래야 근본적으로 다른 미래의 사회구성체가 어떠할지 상상하도록 자극을 받게 되지요. 나는 이 상상력의 노력을 마르쿠제(Herbert Marcuse)와 블로흐(Ernst Bloch)를 따라 유토피아적 충동이라고 불러오곤 했습니다. 이런 충동이 없으면 정치적 실천은 불가능해 보입니다(오늘날 좌파의 유토피아적 상상력의 실패, 가능하고 바람직한 '사회주의' 혹은 '공산주의'의 성격이 어떠할지에 대한 문제를 비껴가는 사람들의 신경과민이 내게는 정말 아주 커다란 실패로 보입니다).

그러나 '맑스주의적 역사주의'와 예전의 갖가지 관념론적·독일적인 것을 손쉽게 동일시하는 제반 경향을 바로잡기 위해 과거에 대해 달리 언급해야 할 사항도 있습니다. 예전의 다양한 독일 관념론의 입장에서 볼 때, 인류의 과거와 인류문화의 엄청난 다양성은 (그들의 서재 내에서는) 기운을 북돋아주고 신이 나게 하는 전망이었습니다. 그러나 조이스(James Joyce)의 구절을 빌리면 맑스주의에는 역사가 긴 "악몽"이며, 과거, 특히 이데올로기적인 고고학적 오지그릇의 파편더미에 싸여 있는 텍스트적·문서적 과거는 역겨움 없이는 마주할 수가 없는 것입니다. (이제 협의의 미학적 의미로 받아들여지는) '문화적' 과거는 이런 정서적 요소가 축소된 채 받아들여지는 경향이 매우 큽니다. '문화적' 과거에 대한 가장 강력한 우려는 어쩌면 '비전'이니 '가치'니 하면서 구태의연한 정치체제들을 이데올로기적으로 질질 끌어 연장하는 죽은 법률체계들의 잔재를 들여다볼 때 찾을 수 있을 겁니다. 그러나 우리가 이런 과거의 관 뚜껑을 다시 열 때 우리를 '잿빛 공포'로 '타들어가게 하는' 죽음의 악취는 우리 체제의 과거라고 해서 예외는 아니며, 이 악취는 (부르주아 계몽주의의 정치적 비전을 포함해) 정치적 비전의 지나친 보편화 어조와 다수 대중 사이에 존재하는 엄청난 괴리와 분명 관계가 있습니다. 다수 대중에게 그 슬로건들은 결코 '이념들'이 아니며 배제와 권위의 공허한 기호, 경계선, '출입금지' 경고입니다. 그 모든 이들, 지구에 거주해온 절대다수의 인간들에게 그런 '이념들'은 정말 허위의식이라는 의미에서 이데올로기에 지나지 않습니다만, 심지어 이렇게 매우 협소하고 부정적인 이데올로기 개념에서도 긍정적인 측면을 강조하는 것이, 다시 말해, 그와 같이 죽은 언어들을 혐오한다는 것 자체에는 역설적으로 진정으로 인간적인 사회에서라면 살아 있는 이념과 담론이 어떠할지에 대한 전망이 담겨 있다고 강조하는 것이 좋을지도 모릅니다. 진정으로 인간적인 그런 사회에서는 그람시가 말한 것처럼 모든 이가 '지적'이며 모든 이가 '이념'의 '생산'의 중심에 자리하는데, 왜냐하면 모든 이가 이 이념들이 검토하거나 분석하려고 시도하는 상황에 대해 얼마간 통제력과 생산력을 느낄 것이기 때문입니다.

목적론에 대해 말하자면, 나는 그것이 대개 역사의 예측가능성에 대한 믿음, 혹은 같은 얘기가 되겠지만 (포퍼Karl Popper가 금지한) 역사의 불가피성에 대한 믿음을 지칭하는 것으로 이해되고 있다고 생각합니다. 나는 지금까지 그런 것들을 믿은 사람은 아무도 없으며, 역사의 예측가능성이니 불가피성이니 하는 것들은 안간힘을 써서 붙잡으려는 이데올로기적인 지푸라기 혹은 도깨비라고 생각한다는 점을 말해야겠습니다. (사실, 헤겔주의는 과거를 사후에 '불가피'했다고 여기는 독특한 과정이지만 그것은 역사학을 구성하는 하나의 방법이지요.) 맑스주의자들은 상황에 따라 낙관적이거나 비관적이었습니다만, 그들이 목적론 같은 독특한 '신념'(faith)을 가졌다고 간주하는 것이야말로 독특하게 부정직한 망상에 빠져 그들에게 타자의 관념을 투사하는 것입니다. 권위있는 인용문을 들자면 역사를 계급투쟁으로 묘사한 『공산당선언』의 마지막 구절, 즉 "때로 감춰지고 때로 공개된 싸움, 매번 사회 전체의 혁명적 재구성, 아니면 싸우는 계급들의 공도동망(共倒同亡)으로 종결되는 싸움"이라는 구절을 생각해보는 게 좋겠습니다. 맑스주의에 '목적론적인 것'이 있다면 사실 다음의 의미에서 '반목적론적'이라고 부르는 게 더 나을 겁니다. 즉 자본주의로부터 '사회주의'가 승리를 거두며 일어나는 게 불가피한 것이 아닙니다. (이 승리가 어찌 될지에 대해서는 오늘날 누구도 분명한 생각이 없다고 다름 아닌 우리가 방금 이야기했지요.) 불가피한 점은 다름 아니라 (이전의 생산양식들이 그랬던 것처럼) 자본주의의 자기파괴가 내적 모순으로 인해 일어나리라는 것입니다다. 많은 이들이 정말 그렇게 '믿고' 있습니다만, 그들이 모두 맑스주의 자들이 아님은 분명합니다(사실 그들 중 많은 이들은 사업가들입니다). 그러나 모순 개념 자체에 대해 한마디 덧붙이고자 하는데요, 그래야 알 뛰세르주의 본령의 가장 취약한 요소를 정확히 가려낼 수 있을 것이기 때문입니다. 즉 헤겔 변증법의 폐기는 유물론적 변증법의 평판을 떨어 뜨리는 듯 보이는 애매한 효과를 낳아서 알뛰세르 추종자들 다수가 그 딱지를 떼고 곧장 포스트맑스주의로 넘어갔다는 겁니다. 알뛰세르 자 신은 (이를테면 루치오 꼴레띠Lucio Colletti식으로) '모순' 개념을 근 본적으로 관념론적이라고 거부하는 정도까지 나아간 적은 결코 없습니 다만, 사람들은 개인적인 고백을 가지고 그가 이런 방향으로 나아가고 있었다고 이해하고 있지요. 따라서 나 자신의 느낌을 표현하자면 근본 적으로 다른 미래에 대한 전망이 없다면 어떤 맑스주의도 불가능하듯 이, 모순 개념이 없다면(즉 변증법이라는 개념이 없다면) 어떤 맑스주 의도 불가능합니다.

그러나 지금 나는 프톨레마이오스(Klaudios Ptolemaios)의 천동설 적 혹은 스콜라철학적 미묘함을 무릅쓰면서 제3의 방식으로 당신의 질 문에 답하고 싶습니다. 이는 '역사에 대한 전망' 같은 맑스의 '거대서 사'의 제대로 된 활용에 주목하면서 그것을 융(Carl Jung)이나 프라이 (Northrop Frye) 식의 '원형들'과 구별하기 위해 고안된 방법론적 답변 이 되겠지요. 나는 통시적인 틀(즉 '보편적 역사'라는 서사)과 텍스트 자체를 분석하는 순간을 구별해야 한다고 생각합니다. 전자의 통시적 틀에서는 분석의 근본적인 범주들, 특히 생산양식이라는 범주들을 펼 쳐 설명합니다. 반면, 텍스트 자체를 분석하는 순간은 **공시적**이며 여기 에서는 그런 '서사' 범주들이 공시적 겹침, 긴장, 모순 등의 형식으로 불 러들여져 활용됩니다. 작동하는 이 두 계기들이 분리되지 않을 경우 그 결과는 유형화하여 분류하는 작업으로 귀결되고 말며, 그러면 우리의 주요 업무는 텍스트를 적당한 상자나 역사적 '단계'에 집어넣는 일로 되어버리는 듯 보입니다. 이런 일이 내게는 전혀 흥미가 없어 보입니다. 만일 '역사주의'라는 말로 사람들이 의미하는 것이 그것이라면 역사주의를 기꺼이 팽개칠 수 있겠지요.

클라인 『정치적 무의식』의 첫 장「해석에 대하여」에서 당신은 다음과 같이 쓴 바 있습니다. "텍스트 속 말의 미세한 경험이든 다양한 사적 종교의 엑스터시와 강렬함이든, 역사의 편재성과 누그러뜨릴 수 없는 사회성의 영향으로부터 비껴난 자유의 영역이 이미 존재한다는 상상은 개인주체가 순수하게 개인적인, 순전히 심리학적인 구원의 기획을 좇아 도피해 들어가는 모든 맹목적 지대에 대해 필연성이 행사하는 속박을 강화해줄 뿐이다." 그 앞쪽의 각주에서는 맑스에서 인용한 필연성, 즉 '자연의 맹목적인 힘' 영역에 관한 긴 인용문이 다음과 같이 끝납니다. "(자연, 그리고 자연과 인간의 사회적 상호작용 둘 다를 포함하는 필연성의 영역) 너머에서 그 자체가 목적인 인간 에너지, 곧 필연의 영역을 기반으로 해서야 꽃필 수 있는 자유의 진정한 영역이 발전하기 시작한다."

(1) '자유의 진정한 영역'은 그 자체 내에 목적을 지님으로써 자율성과 독립성을 띠는데, 이 자율성과 독립성은 보통 당신이 부르주아적·개인주의적 맹목성과 동일시하는 미학원칙과 연관됩니다. 맑스가 그런 의미의 '자유의 진정한 영역'을 상상했을 가능성에 대해서는 어떻게 보시는지요?

(2) '분리되는 만큼 연관된다'는 구조적 층위들의 '반자율성'은 무슨 뜻인지요?

(3) 표현적 인과성의 유기적 연속성에 맞서 주장을 펼치려면 알뛰세

르를 따라 한 사회구성의 모든 요소들 사이의 상호연관성, 즉 동질성이나 상동의 연관성이 아니라 차이의 상호연관성을 주장할 필요가 있습니다. 당신은 "따라서 여기서의 차이는 무연관적 다양성의 단순하고 비활성적인 목록이 아니라 관계적 개념으로 이해된다"고 쓰고 있습니다. 그런데 어떻게 차이라는 것이 바로 그 개념 안에 포함된 분리, 고립, 독립 등의 힘을 잃지 않으면서도 관계적인 것으로 생각될 수 있는지요?

제임슨 내가 느끼기에 '개인주체'의 관점에서 이 논의의 틀을 설정하면 오해가 생깁니다. 근래에 우리는 이중적으로 속박당하고 있는데, 이 속박 안에서는 개인주체에 대한 서로 다른 두가지 개념이 지닌 가능성이 고갈됩니다. 두 개념 중 하나는 후기자본주의에 의해 소외되고 물화되었으나 짐작건대 고전적 자본주의 시기에는 건강하게 살아 있던, 예전에 프랑크푸르트학파가 내세운 자율적 주체, 강한 자아 또는 개성이라는 개념입니다. 다른 하나는 탈구조주의적 이상인 탈중심적 주체, 무질(Robert Musil)의 '특징 없는 인간', '성격갑옷' 없는 라이히(Wilhelm Reich)적 주체, 들뢰즈의 정신분열적 주체입니다. 사람들은 처한 상황에 따라 이 개념들 중 어느 하나에 이끌릴 수도 있고 혐오감을 느낄 수도 있습니다만, 제3의 용어가 도입되면 모든 것이 달라진다고 생각합니다. 즉 진정한 집단적 삶의 재창출 같은 것이 새로운 용어가 될 수도 있을 겁니다. 여기서는 원한다면 개인주체가 다른 사람들에 의해 치료적으로 '탈중심화'되면서도 집단적 삶 자체는 사람들이 살 수 있는 전혀 새로운 존재양태에 이르지요. 지금 문제가 된 인용문이 지칭하는 맑스주의적 자유의 영역은 집단적 영역으로, 여기에서는 전체 공동체가 '필연'을 정복하고 그 자신의 집단적 우선 과제를 설정할 수 있습니다.

여기서 조금 더 나아가 철학적인 (따라서 이데올로기적인) 주장을 제기해보겠습니다. 이 주장은 맑스에게서는 찾아볼 수 없습니다. 하지만 내 생각에는 내가 상당히 동질감을 느끼는 오늘날의 몇몇 맑스주의 사상가들의 정신에는 이 주장이 담겨 있습니다. (서로 다른 방식이긴 합니다만 레이먼드 윌리엄스나 에른스트 블로흐에게 이 정신이 가장 두드러지고, 싸르트르 작업의 몇몇 특징에서도 이 정신이 드러납니다.) 이 주장에 함축된 것은 현재 매우 인기가 없고 '존재론'으로 낙인이 찍힌 것들입니다. 달리 말해서, 나는 개인주체가 순전히 개인적인 관계에서 집단, 집합체, 공동체의 역동성과 같이 매우 다른 역동성으로 이동할 때 발생하는 존재(being)의 진정한 변화라는 관점에서 생각하는 것이 생산적이리라고 느낍니다. 싸르트르는 『변증법적 이성 비판』(*Critique de la raison dialectique*, 1960)에서 이런 방향으로 나아가면서도 이러한 사색적 결론에 대해 단정적인 정식화를 제안하지는 않았습니다. 그러나 존재의 변화는 어떤 종류의 집단적 실천에든 참여함으로써 ('입증' 까지는 몰라도) 경험적으로 체험될 수 있습니다. 이런 경험은 1960년 대 이전만이 아니라도 여전히 드물어서 진정한 존재론적 충격을 줄 정도의 경험이기 때문에, 개인주체의 단자화된 존재(근본적으로는 여전히 사회에서 지배적인 경험)를 지배하는 여러 종류의 사적 불안을 일시적으로나마 재조정하고 전혀 새로운 시각으로 자리매김하게 해줍니다. (다소 다른 이유에서이지만) 싸르트르처럼 나도 이 새로운 형태의 집단 존재를 (여전히 분석적 범주로 남아 있는) 사회계급의 범주에 갖다 붙이기는 주저됩니다. 그럼에도 최소한 우파 전유물로 악명 높은 집단성의 긍정을 되찾아오는 일은 중요해 보입니다.

그러나 이전의 질문과는 달리 (차이에 관한) 이 질문은 미학과 매우 관계가 깊습니다. 이 질문에 대한 최상의 접근방법은 적어도 미학적인 것을 경유해야 한다는 말입니다. 그중에서도 가장 두드러진 경로가 포스트모더니즘 미학인데, 이와 관련하여 차이에 의한 관계가 구성적인 특징들을 지녔다고 주장하고 싶습니다. (3)항에서 제기된 질문 자체가 실은 그 질문에 대한 답임을 깨닫자는 뜻입니다. 이렇게 약술된 특징들은 '차이가 거리를 유지하는 힘을 잃지 않은 채 관계적이 되는 방식으로 생각하거나 인식하라'는 하나의 정언명령이 됩니다. 이런 입장의 유지는 분명 어렵고 불안정한데, 본격 모더니즘처럼 표면상의 차이를 기저의 동질성으로 슬며시 흡수하는 일을 피해야 하고, 이와 동시에 '관계적 차이'를 느슨하게 해서 단순하고 굼뜬 차이와 마구잡이식 이질성으로 만들어버리는 일도 막아야 하기 때문입니다. 앞서의 질문에서 낙인찍힌 개념들의 목록 중 **총체성**과 **총체화**라는 단어들을 우리는 잊고 있는 겁니다. (루카치에서와 같은) 초기의 총체화·총체성 개념이 본질적으로 다른 분야를 본격 모더니즘식으로 싸잡아 단일화하려는 시도였는지는 논쟁의 여지가 있다고 생각합니다. 루카치가 그런 경우였다고 생각하지는 않습니다. 아무튼 그 못지않게 강력한 주장을 (알뛰세르의 '구조적 총체성' 개념을 비롯해) 우리 시대의 다른 총체성 개념에 대해 펼칠 수는 있겠습니다. 이 총체성 개념의 두드러진 특징은 물신화와 파편화의 극복입니다. 그런데 이 극복은 후자 특유의 문제로 차이들을 삭제해버림으로써가 아니라, 그 근본적 차이를 사상하지 않으면서 파편들을 단일한 정신적 행위 안으로 결합해낼 수 있는 개념적 혹은 미학적 긴장을 통해서 이루어집니다. 세가지 예를 들 수 있는데, 그중 하나가 알레고리적인 것에 대한 현재의 관심입니다. 이것은 유기적 통일성을 지닌 '상징'의 미학을 명시적으로 거부하고 근본적 단절과 수렴불가능성을 바로 그런 '차이들'을 제거하지 않은 채 함께 붙잡아둘 수 있는 형식에 대한 명칭을 찾고자 하는 거지요. 그런 과정을 더 시각예술적으로 구현한 예를 휘트니 미술관(Whitney Museum)에서 최근에 열린 백남준(白南準) 회고전에서 찾아볼 수 있습니다. 여기서는 ('자율적' 이미지들을 보여주는 '단절적' 텔레비전 수상기들을 쌓아올려) 큰 무리를 이룬 닫힌 틀들이 동시에 살아나지요. 이렇게 그와 같은 '텍스트들'은 새롭고 불가능한 유형의 인식을 투사합니다. 그저 하나의 비디오 이미지만을 좇으며 나머지들을 무시할 수는 없고, 그렇다고 (영화 「지구에 떨어진 사나이」The Man Who Fell to Earth (1976)의 데이비드 보위David Bowie처럼) 그것들을 한꺼번에 다 볼 수도 없습니다. 그 두가지 시각의 어떤 불가능한 종합이 텍스트가 요구하는 동시에 억제하는 것인데, 이는 '차이는 관계한다'(Difference relates)는 모토에 대한 알레고리적 표상으로 꼭 알맞습니다. 생각나는 세번째 예는 좌파 미세정치와 연합정치의 정치적 실천의 문제로, 근본적으로 다른 관심과 구호를 중심으로 조직된 수많은 집단들 사이에 차이에 의거한 관계를 형성하는 문제입니다. 이 관심과 구호들은 낡은 유형의 정치적 '노선' 아래 포섭될 수는 없지만 에너지의 연합을 추구하면서 정신적으로 서로 실감나게 연결됩니다.

하지만 어떤 독자들은 이 말을 내가 유행에 따라 근래의 포스트모더니즘 형식을 추천해주는 것으로 들을지 모릅니다. 따라서 아주 다른 말로, 즉 내게는 늘 매우 중요한 의미를 가져온 텍스트인 「예술작품의 기원」(Der Ursprung des Kunstwerkes)이라는 하이데거의 에세이의 언어로 그 얘기를 하고 싶습니다. 「예술작품의 기원」에서 하이데거는 '진품' 예술작품의 효과와 기능을 그가 '세계'와 '대지'라고 부르는 것 사이의 '균열'을 새로 여는 것이라고 묘사합니다. 그의 '세계'와 '대지'를 다른 말로 풀면 한편은 '역사'와 '사회기획', 다른 한편은 지리적·환경적 제약에서 개인의 육체에 이르는 '자연' 혹은 물질의 차원이 될 것입니다. 하이데거의 묘사가 지니는 힘은 이 두 차원의 차이가 유지되는 방식에 있습니다. 그의 묘사에는 우리 모두가 동시에 두 차원에서, 두 차

66

원의 화해 불가능한 동시성 속에서 살아간다는 의미가 함축되어 있습니다(나는 그의 구분이 '공적' '사적' 같은 전통적인 범주들을 포함하면서도 대개는 초월한다고 생각합니다). 우리는 매순간 역사와 물질 속에 있으며 역사적 존재이자 동시에 '자연적' 존재입니다. 역사적 기획을 유의미하게 부여받았으나 [그 자체 외에 달리] 의미가 없는 유기적 삶을 살아갑니다. 이 두 차원의 어떤 궁극적인 '종합'은 가능하지 않거나 생각될 수 없습니다. 하이데거의 정식은 먼저 ('형이상학'이라 불리는) [대문자] 역사와 자연의 있음직한 종합을 거부하는 동시에, 자연에 의한 역사의 억압 혹은 그 반대의 상황에서 둘의 상징적 결합을 목표로 삼는 예술작품의 개념을 거부합니다. 따라서 예술작품은 이 근본적인 '거리'를 치유할 수 없으나 그밖의 다른 뭔가 더 나은 것을 할 수 있습니다. 두 차원 사이의 바로 그 긴장을 우리가 그 긴장 안에서 살면서도 그 현실을 긍정하게 되는 방식으로, 탁월하게 보여줄 수 있는 것이지요. 예술에 대한 이런 시각은 언제나 내게는 새로 여는 '시적' 행동이라는 개념을 띤 것으로 보였는데, 이 개념은 예외적으로 암시적입니다. 계속해서 하이데거는 예술의 이 행동을 (존재의 드러남이라는) 비교 가능한 철학적 행동 및 새로운 (사회의 열림, 근본적으로 새로운 사회적 관계의 생산 내지 창안 같은) 정치적 행동과 융합합니다. 그가 드는 예는 (그리스 사원, 뫼리케Eduard Mörike[2]의 시, 반 고흐Vincent van Gogh의 그림 등) 전통적인 것입니다. 하지만 타락한 사회에서 이에 상응하는 현대적인 예들을 아주 예기치 못하게 참작하기도 합니다. 예컨대 위대한 미국 시인 윌리엄 칼로스 윌리엄스(William Carlos Williams)의 『패터슨』(*Paterson*, 1946~58)은 하이데거의 기획을 거꾸로 수행하여 미국

---

2 에두아르트 뫼리케(Eduard Mörike, 1804~75)는 독일 낭만주의 시인이다──옮긴이.

적 서사시가 불가능함을 체계적으로 입증함으로써 미국적 서사시라는 '개념을 만들었습니다.' 내 생각에 이것은 여전히 차이가 관계를 이룰 수 있다는 개념이 가져오는 더 자극적이고 용이한 결과를 파악하는 데에 종국적으로 한결 더 유용할 것 같습니다.

그린 당신은 역사적 서사에서 통일성과 단일성을 감지하지만, 그런 통일성과 단일성에 의구심을 느낄 이들은 당신의 비평체계에서 또 하나의 중심범주를 이루는 '실재계'(the 'Real')에 대해서도 유사한 의심을 품을지도 모르겠습니다. 이 범주가 당신의 사고에서 갖는 필연성과 중요성에 대해 말해주시겠습니까? 다른 한편으로는, '실재계'를 유물론적 범주로 생각해야 한다는 당신의 주장 뒤에는 라깡과 알뛰세르가 중심에 있는 듯합니다.

(1) '실재계'에 대한 분명한 비판 하나는 초월적 기의(記意)에 대한 불신에 기인합니다. '실재계'가 '상징화에 절대적으로 저항하는' '부재원인'이어서 텍스트의 효과를 통해 이해되어야 하는 것일지라도, 이는 단순히 있는 그대로의 사물들, 즉 물자체에 대한 향수에 속한다는 비판에 노출되어 있는 게 아닌지요? 또한 텍스트 이전의 역사, 풍부함으로서의 역사를 상정한다는 비판에 노출되어 있는 게 아닌지요?

(2) 또다른 시각에서 보자면 당신이 실재계와 텍스트, 역사와 그 서사들이라는 충위를 설정한 것이 다른 진영의 비판을 받은 바 있습니다. '실재계'를 '부재원인'으로 따로 떼어놓는 것이 편리한 면도 있지만 위험천만한 측면은 없는지요? 실제로, 역사의 '지시대상', 즉 '실재'의 유예가 유물론적 '실재계'를 특별보류지역에 영원히 붙잡아둔다는 이유로 가장 최근의 경우와 같은 착잡한 수사적 비판을 허용한 게 아닌지요?

제임슨 두 질문이 서로를 상쇄한다고 생각할 수도 있겠습니다. 첫 번째 질문을 통해 내가 마주하는 것은 ('지시대상'은 존재하지 않는다는) 탈구조주의자들의 전형적인 반대입니다. 한편, 두번째 질문이 내게 하는 비난은 바로 그 똑같은 탈구조주의적 입장과 관련해 내가 위험천만할 만큼 자기만족적이라는 것입니다. 사실, 여기서의 '모델'은 원래 이 용어가 나온 라깡의 대목이 암시하듯 분석적 상황의 모델입니다. '실재계'는 정신분석 대상자가 자기 상황의 고통스럽고 원치 않는 진실에 다가가는 진리의 순간, 불안의 순간입니다. 정신분석 대상자가 완전히 재현적인 방식으로 진실을 갑자기 힐끗 보거나 '발견'하기 때문이 아니라 방어, 성격방호, 자기기만(mauvaise foi), 합리화 등이 점차 약화되기 때문입니다. 이 과정에 상응하는 것이 정치적 영역, 이데올로기 영역에도 있습니다. 여기에서는 하나의 국면(그리고 중심에서 멀어진 영역에서는 양극화하는 혁명적 상황)이 (대개는 자유주의적인) 이데올로기적 방어체계가 무너지게 만들고 우리로 하여금 선택과 참여의 불안에 직면하게 합니다. "'실재계'에 대한 점근적 접근"이라는 불완전한 언어가 의미하는 바는 바로 이런 과정입니다. 정신분석가가 '실재계'를 추상적으로 (혹은 '과학적으로') 묘사할 수 있는 것과 마찬가지로 역사가나 정치분석가도 (물론 추상적 분석도 잘못되거나 불완전할 수 있으며) 개념적·추상적 약술과 과정 자체에 대한 **경험** 사이에 광대한 간극이 있다는 것을 이해하기만 한다면 그렇게 할 수 있습니다.

　　그린　당신의 또 하나의 중심주제인 '유토피아적인 것'에 대해 질문을 하나 하겠습니다. 〔대문자〕역사로서의 역사가 회복되어야 한다든지, '투명성' '치유' '충만' 등의 표현에 분명히 보이는 듯한 초월주의적 특성에 문제를 제기할 수밖에 없는 사람들로서는 질문할 수밖에 없을 텐데요, 이들에게 어떻게 대답하시겠습니까? '유토피아적인 것'은 또 하나의 초월적 비전이자 유물론적 이질성, 집단적 통일성, 자기투명성 등의 안식처입니까? 기원의 안전성이나 거울에 비친 기원의 충족에 대한 이론적 불신이 지배적인 것을 감안할 때, 유토피아가 당신의 연구에서 그렇게 핵심적인 주제로 남아 있는 까닭이 무엇인지요? 그것이 충족해주는 시급함이란 어떤 것인지요?

(1) 나는 조금 다른 각도에서 이 질문에 접근하고 싶습니다. 당신은 과학과 이데올로기에 대한 알뛰세르식 이분법을 불신하는 듯합니다. 그런데 알뛰세르의 과학 개념에 문제를 제기하면서도 당신은 자신의 인식론적 닻, 일종의 인식론적 보증서를 유토피아의 형태로 끌어들이는 것이 가능한 일인지요? "간섭받지 않는 서사의 흔적을 찾아내고 억압되어 묻힌 이 근본적 역사의 현실을 텍스트의 표면에 되살려내는 데에 정치적 무의식이라는 이론의 기능과 필연성이 있다"고 당신은 말하고 있습니다.

(2) 아마 좀더 실천적인 관점이 문제일지 모르겠는데요, 유토피아적 통일성이 문화적 차이를 위해 어떤 여지를 남겨두나요? 그 총체화된 비전에서 인종적·성적·소수민족적 다양성은 얼마나 용인될 수 있는지요?

우리 자신의 황폐한 시기의 역사, 스딸린이나 폴 포트(Pol Pot) 같은 이름들이 연상시키는 모든 것들의 역사를 겪고 난 후여서, 혁명이 유토피아적 양상을 띤다면 그 혁명은 그 자체의 부정, 죽음본능, 지배의지 등에 의해 강력하게 지탱되는 것이라고 맹렬히 주장하는 이가 있을지도 모릅니다. 유토피아라는 로맨스를 믿으려는 당신의 의지를 지탱해주는 것은 무엇인지요? 이런 점에서 맑스주의는 불가능한 정치의 유물이라거나 '생산양식' '계급투쟁' 같은 범주들의 통일성을 더이상 믿을 수 없다고 주장하는 이가 있을 수도 있겠지요.

제임슨 조금 전의 답변을 그 질문으로 시작했는데요. '맑스주의의 위기'라는 요즘 유행하는 구호가 전반적으로 오도됐다는 얘기로 좀더 일목요연하게 답변을 계속하지요. (비록 '과학'에 대한 알뛰세르의 설명이 '이데올로기'에 대한 그의 설명만큼 강력하거나 설득력이 있다고 늘 느껴지는 않지만) 알뛰세르적 의미로 '과학'과 '이데올로기'라는 말을 사용하기를 꺼리지는 않습니다. 사람들이 으레 사실로 받아들이는 것과는 달리, (심지어 '생산양식'이나 '계급투쟁' 같은 범주들이 살아남을지에 대해 의문을 제기하는 당신의 질문이 함축하는 보통의 생각과도 정반대로) 맑스주의의 '과학적' 측면이 지금보다 더 풍부하고 더 창조적인 경우는 없었습니다. 그래서 이 말을 하는 겁니다. 여기서 '과학적'이라는 말은 사실에 입각한 현재나 과거의 국면 분석을 가리킵니다. (아주 구체적인 예로 계급분석 등의 경우에서처럼) 이 말은 맑스주의가 분석방법으로서 지닌 설명력을 함축한 표현이기도 합니다. 세계적·국가적 경제위기의 와중에, 이데올로기로서의 '자유주의'가 거의 완전히 붕괴한 오늘날, 이런 주장을 공들여 옹호할 필요는 없어 보입니다. 내 생각에 오늘날에는 예를 들어 10년 전의 경우보다 더 많은 사람들이 현재의 위기에 대한 맑스주의 특유의 설명을 받아들이는 것으로 보입니다. 당신의 질문과 연관된 예를 들자면, 캄푸치아(Kampuchea)[3]나 아프가니스탄의 경우와 같은 시기상조의 혹은 실패한 혁명에 대해서뿐만 아니라 스딸린주의에 대해서도 본격 **맑스주의적** 분석이 존재합니다. (후자에 대한 연구로 샤를 베틀랭Charles Bettelheim의 쏘비에뜨 혁명사를 추천하고 싶습니다.) 이런 분석들이 다른 어떤 자유주의적 분석들보다 더 강력한 것은 이들이 액턴 경(Lord Acton)[4]의 언명, 즉 죄로

---

3 1975~88년 무렵 캄보디아(Cambodia)의 정식명칭이었음 — 옮긴이.
4 영국의 가톨릭계 역사가·정치가·작가였던 존 에머리치 에드워드 달버그-액턴 (John Emerich Edward Dalberg-Acton, 1834-1902) 남작으로 '액턴 경'으로 불렸다 — 옮긴이.

가득 찬 인간본성이라는 신학적 개념, 혹은 '권력'이나 '관료제' 같은 현상의 물신화에 의존하지 않고 오히려 극악무도한 스딸린주의가 발생할 객관적 가능성의 조건을 경제적 토대에 위치시키는 사회적 구성모델들을 하나의 전체로서 총체화하고 있기 때문입니다. 따라서 '맑스주의의 위기'는 그것이 지닌 분석방법들과 독특한 설명력이 상실되거나 신빙성이 떨어진 문제가 아니라 오히려 맑스주의적 이데올로기상에 발생한 위기의 문제로서, 근본적으로 다른 사회는 어떠해야 하며 그런 체제에서 상상할 수 있는 새로운 사회관계의 성격은 어떠할지에 대해 정말 유토피아적인 개념을 창안해내는 것과 관련해서의 위기입니다.

이러한 노력이 내가 유토피아라는 용어를 확보하며 기울인 것인데, 나는 이 용어를 맑스와 엥겔스가 원래 그랬듯 그 정체를 폭로하는 의미에서가 아니라 대안적 형태의 사회적 삶을 논의하려는 진정 맑스주의적인 노력의 의미로 사용하였습니다. 사실 다른 무엇보다도 대안적 형태의 사회적 삶에 대한 논쟁은 우리들 사이에서보다는 페미니스트들 사이에서나 환경운동 내에서 훨씬 더 정력적으로 이뤄졌는데, 이는 '현존사회주의'에 대한 극단적 신경과민, 그리고 강제노동산업(Gulug Industry)과 후기 맑스주의 전반이 유발한 극도의 위협 때문입니다. 한편, 유토피아라는 용어에 여전히 오해의 소지가 있다면 다른 것으로 바꿔보겠습니다. 하지만 당신이 질문할 때 쓴 몇몇 용어들은 그런 '유토피아적 사고'는 이미 끝났으며 그 부적절함을 드러내기 위해 이를테면 '인종적·성적·소수민족적 다양성'과 같은 영역에서 비밀스러운 청사진을 찾아볼 수 있을지 모른다고 암시하고 있습니다. 그러나 청사진은 존재하지 않습니다. 그런 문제들이 의제의 맨 위에 있는 것은 분명합니다만 지금 드는 느낌은 어떤 매우 분명한 사실들, 예컨대 (루돌프 바로 Rudolf Bahro[5]가 명명한 '현존사회주의'로 귀결된) 저개발국가의 혁명은 (그런 혁명이 결코 일어난 적이 없는) 선진산업국가에 대해 상상할 수 있는 것과는 매우 다른 모순을 띨 수밖에 없다는 점을 말해야 합니다. 혁명운동의 폭력성은 역사적으로 볼 때, 그것이 내부에서 발생하든 아니면 외부, 즉 고립된 혁명이 전개된 주변의 세계체제에서 오든 간에, 항상 반혁명적 폭력에 대한 대응이었습니다(이런 점은 현대의 사회주의혁명들뿐만 아니라 위대한 부르주아혁명들의 경우도 마찬가지였습니다). 하지만 이런 맥락을 계속 이야기할 필요는 없겠습니다.

　여기서 결론적으로 강조하고 싶은 것은, 비록 내가 볼 때 아주 큰 관심을 끈 것 같지는 않지만, 뭐랄까 유토피아에 대한 두려움이나 불안 같은 것이 존재했고 이는 오늘날의 사회에도 매우 흔하다는 사실입니다 (심지어 꽤 이해되기까지 하지요). 유토피아에 대한 '지금의'(current) 공격이라고 말할 때 나는 그 공격을 이론적인 논쟁으로 여기지는 않습니다. (이 모든 개념형성이 1950년대나 심지어 그전의 아주 고색창연한 냉전문헌들로 거슬러가는 만큼 이 '지금'이라는 표현부터가 단지 의례적으로 붙은 말이기도 하고요.) 어쨌든 이런 입장들은 억견이자 일반에 받아들여지는 견해가 되었으나 사유라고 할 수는 없습니다. 오히려 나는 이것들이 어떤 근본적으로 뿌리 깊은 변화나 전환이 일어나는 경우에 모두가 당면할 수밖에 없는 깊은 공포의 표현이자 징후라고 여깁니다. 지금 개인적 경험의 차원에서 그냥 말을 해보자면 우리의 모든 습관과 가치가, 다른 어디가 아니라 바로 이 사회의 구속과 소외 안에서 형성됐다는 점은 분명합니다. 심지어 개인이 그런 구속들에 의식적으로 저항하는 경우에도 그렇습니다. 어쩌면 이 경우에 특히 그럴지도 모르지

5 루돌프 바로(Rudolph Bahro, 1935~97)는 동독의 반체제인사로 후에 서독의 녹색당 지도자가 되었고 녹색당에서 멀어진 뒤에는 지속가능성의 문제를 정신적 측면에서 탐구한 철학자이자 작가이다——옮긴이.

요. 우리가 불안에 의해 형성되고 정의되는 정도는 우리가 생각하고 싶어하는 것보다 정말 훨씬 더 치명적입니다. 불안은 우리의 개인적·사적 존재와 관련된 가장 소중한 모든 것들을 포함해서 우리 삶의 결 자체를 구성하고 있으니까요(아주 구체적으로 보자면 여기에는 '사적' '개인적'이라는 범주 자체, 또는 '경험' 그 자체의 범주가 포함됩니다). 이 불안을 그 엄청난 규모 그대로 파악한다는 것은 도시의 감성적 충격과 보들레르(Charles Baudelaire)적 모더니즘의 관계에 대해 벤야민식으로 분석을 심화함을 의미합니다. 그러고 나면 한편으로는 파괴적이거나 부정적인 충동과 다른 한편으로는 그 충동을 '쾌락' 혹은 '전율'로 탈바꿈시키는 문화적 작업 사이에 존재하는 후기자본주의에 만연한 공생관계를 한층 심란한 마음으로 깨닫게 됩니다. 이런 공생관계가 점차 삶의 방식이 되고 있어서, 인간유기체는 위험천만할 정도로 비인간적인 환경에서 생존하면서도 이것을 살 만하게 만드는 일이 가능하다고까지 생각하게 됩니다. 따라서 그와 같은 환경의 제거란 후기자본주의의 개인주체가 자신의 '정체성'을 규정하는 강렬함과 만족 등의 익숙한 용어와 관점을 전범위에 걸쳐서 제거한다는 것을 의미합니다.

이 모든 불안의 상실을 상상하는 것은 두려운 정적(靜寂)을 앞에 두고 상상력을 발동시키는 것입니다. 내 생각에 윌리엄 모리스(William Morris)가 『어디에도 없는 곳으로부터 온 소식』(*News from Nowhere*, 1890)에 '휴식의 시대'(An Epoch of Rest)라는 계시적인 부제를 붙였을 때 의미한 바가 바로 그 두려운 정적이 아닌가 싶습니다. 모든 분야가 근본적으로 달라서 돈, 실직, 주거, 의료에 대한 물질적 불안이 사라지며 느닷없고 영문을 알 수 없게 상품이라는 형태가 없어지고 '공적' '사적' (그리고 '노동'과 '여가') 사이의 분리가 폐지되는가 하면 육체 자체의 리비도적 변형이 일어나는 상황에서 오늘날 우리가 지닌 열정 중 무엇이 살아남을지 상상하기란 실로 어렵습니다.

따라서 사물화(私物化)된 개인주체에게는 '유토피아'라는 말이 필연적으로 커다란 불안의 계기가 됩니다. 오늘날 반유토피아적 이데올로기를 평가할 때뿐만 아니라 더 실제적으로는 진보적인 정치적 실천에 있어서 분명히 이 점을 고려해야 합니다.

그린 당신의 작업에서 '물화'라는 주제를 빼놓을 수는 없는데요. 『미학과 정치』(*Aesthetics and Politics*, Ronald Taylor, ed. 1977)의 후기에서 당신은 물화를 다음과 같이 부르고 있습니다. "[물화는] 개인주체가 자기 자신을 집단성 안으로 던져넣어 맞추어가는 데 필요한 지도 그리기 기능상의 질병이다. (…) 후기자본주의의 물화는 인간의 관계를 사물의 관계로 보이도록 만들어버림으로써 사회를 불투명하게 만든다. 이데올로기가 기반해 있는 것이자 지배와 착취를 적법화하는 것이 바로 경험된 신비화의 원천이다." 물화가 하나의 질병, 이데올로기의 불투명성을 결정짓는 질병이라면, 치료책은 무엇입니까? 이데올로기를 허약하게 만들고 실재계, 역사, 진리를 투명하게 전유하지 못하게 하는 것은 다름아닌 이데올로기 자체의 불가피한 재현적 성격이 아닌지요?

다음의 구절에 담긴 당신의 의도를 분명히 해줄 수 있는지를 묻고 싶은 겁니다. 우선 "총체성의 재현불가능성은 그것이 어떤 궁극적 진리의 형식 혹은 절대정신의 계기로 접근 가능하지 않은 것과 마찬가지이다"라는 구절하고요. 또 하나의 구절은 다음과 같습니다. "진단이 정확하다면 계급의식의 강화는 단 하나의 계급이 저 혼자 대중주의적으로 혹은 육체노동을 신봉하면서 의기양양해하는 문제라기보다는 사회를 총체적으로 인식하는 통로를 다시 힘써 여는 문제이며, 사회현상을 계급간 투쟁의 계기로서 다시 한번 투명해지게 할 인식과 지각의 가능성들을 재창안하는 문제이다."

제임슨 나는 물화라는 단어를 좀 특이한 방식으로 사용하는데, 이게 분명하지 않을 수도 있겠습니다. 그 용어는 일반적으로 루카치의 『역사와 계급의식』(*Geschichte und Klassenbewußtsein*, 1923)과 연관됩니다. 사회적 관계가 사물들 사이의 관계로 느껴지게 되었다는 맑스의 용어보다 훨씬 더 광범위한 범주이자 특히 루카치의 베버(Max Weber)적 유산과 본격 맑스주의적 유산의 어떤 종합의 지점으로 해석될 수 있다고 생각합니다. 적어도 이런 점이 내가 그 말을 사용하는 맥락이며, 따라서 그 말은 근본적으로 전문화, 노동분업, (테일러주의나 포드주의 같은) 노동과정 자체에 깔린 사회적·심리적 파편화를 상징합니다. 그러면서도 그 용어는 또한 격자 형태로 이뤄지는 데까르뜨적 확장, 데까르뜨적 공간의 추상화를 상징합니다. 데까르뜨적 공간의 추상화에 동반되는 여러 종류의 인식적 전문화과정은 말할 것도 없지요. 게다가 심리가 새롭게 분할되고, 그에 따라 육체 자체와 그 감각기관이 새롭게 분할되어 완전히 새로운 차원의 개념적 추상화가 일어남을 의미합니다. 푸꼬(Michel Foucault)가 한 것과 같은 무한히 분할 가능한 격자구조의 권력에 대한 묘사를 여기에 추가할 수 있습니다. 푸꼬식의 묘사는 또한 이 과정 전반에 아주 잘 부합하며 이런저런 국지적 방향에서 그 과정을 깊이 이해하는 데 도움을 줍니다. 이 과정은, 바로 내가 긍정적인 용어로 묘사하긴 했으나 부정적이고 격렬한 것이기도 합니다. 여기에는 공동체 공간의 해체, 사유재산의 등장, 옛 형태, 특히 시골식 집단적 삶의 파괴, 시장에 던져진 사람들의 원자화 등이 동반됩니다. 이런 묘사는 이분법적인 만큼 베버와 루카치에게 일정한 영향을 미친 공동체사회 게마인샤프트(Gemeinshaft)와 이익사회 게젤샤프트(Gesellshaft) 간의 해묵은 구분과 상응합니다. (앞서의 질문에서 제기된 문제를 더 구체적으로 여기에서 꺼낸 셈인데) 안 좋은 의미에서 향수적이거나 유토피아적인 것으로 보일지도 모르겠습니다. 만약 이것이 두개의 생산양식, 즉 자본주의와 그 이전의 (주로 전前 자본주의로 뭉뚱그려지는) 것 전체만의 문제라면 그럴 수도 있겠지요. 그러나 생산양식 개념의 유용성은 이 개념이 어떤 특정한 유토피아적 특권이 없는 서로 다른 다양한 전 자본주의적 형태 전체를 지칭할 수 있다는 겁니다. 그 모든 생산양식을 통해 우리 자신의 특정한 소외와 물화, 우리 자신의 집단성의 상실에 대해 더 많은 것을 배울 수 있습니다. 그런 한편, 다양한 전 자본주의적 생산양식은 순전히 물리적인 종류의 착취와 억압을 포함해서 자본주의 자체보다 훨씬 더 직접적으로 폭력적입니다. (자본주의 역시 엔클로저부터 제국주의시절 사용된 첨단기술적 고문에 이르는 특별한 공포 리스트를 지니고 있지만 말입니다.) 따라서 '물화'라는 더 보편적인 범주가 꼭 반사적으로 향수에 젖는 반응을 촉발하지는 않는다고 생각합니다.

질문의 방향을 제대로 따라가고 있는지 모르겠는데 나는 '재현'이 이데올로기 일반, 그리고 가장 중요한 이데올로기적 죄악에 대한 근본적인 열쇠라고 느끼지는 않습니다. (하지만 이 논쟁을 끝까지 하자면 '서사'narrative라는 또다른 문제를 꺼낼 수밖에 없을 겁니다. 사람들이 탈구조주의적인 '재현 비판'을 읊조릴 때 염두에 두고 있는 것이 대개 그것이 아닐까 싶습니다.) 문제는 재현이 유해하냐 아니냐가 아니라 오히려 그것이 대체 가능하기는 한 것이냐, 그렇다면 어떤 조건에서 가능하냐는 것입니다. 당신이 인용한 구절에서 내가 언급하려던 게 그 문제였지요. 물화, 즉 사회적 관계, 공간, 의식 (그리고 무의식) 자체의 무한분할 가능성과 파편화에 의해 식민화된 사회에서, 또한 매체의 이미지와 씨뮬라크라를 통해 물화의 양태가 변증법적으로 강화되고 완전히 새로운 수준에 이른 사회에서, 인식상으로든 상상에 있어서든 **총체화하려는** 시도는 미학적 생산이나 이론적 분석에 있어서는 말할 것도 없고 **정치적**

행동의 전제조건 중 하나가 되었습니다. 그런 시도는 특정 형식의 재현을 다시 회복하는 일을 포함합니다. 그런 한편, '차이'에 대한 앞서의 언급에서 암시되듯이 내가 딱히 틀에 박힌 방식으로 이해되는 낡은 유형의 루카치식 리얼리즘으로 돌아가자고 제안하는 것은 아닙니다.

그린 이렇게 생각하는 이가 나뿐만이 아닐 듯합니다만,『침략의 우화들』이나『정치적 무의식』을 읽다보면 당신의 글에서 어떤 밀도있는 고집스러움을 느끼지 않을 수 없습니다. 게다가 어떤 때 당신의 작업을 보다보면 독자들이 그 속에서 거의 백과사전적으로 축적되는 지식을 맞잡고 씨름하고 있는 듯한 느낌도 듭니다. 이렇듯 문장이 촘촘한데다 다루는 지식의 양이 방대하다보니 읽으면 보상이 없지는 않으나 읽기가 참 고됩니다. 당신의 작업을 물리적으로 뒷받침해주는 제도적 기관들과 당신의 관계에 대해 당신의 글쓰기 방식이 드러내주는 게 있다면 그게 무엇이라고 생각하시는지요? 또 청중의 성격에 대해 말해주는 것은 무엇인지요? 이로써 우리가 처음에 질문한 당신 작업의 정치성에 대한 문제로 되돌아온 것 같기는 한데, 질문의 범위를 확장해 당신의 작업을 가능하게 하는 제도들의 정치적 공간의 문제를 포함하게 된 셈이네요.

제임슨 내가 다른 것도 아니고 나 자신의 저술작업의 난해성을 판단하거나 그 형식적 특성들을 옹호하기는 좀 그렇지요. 시간과 공을 더 들였다면 틀림없이 가장 복잡한 생각들도 더 용이하게 이해되게 할 수 있었을 테니까요. 미리부터 난해함을 옹호한다면 온갖 종류의 자기만족에 대한 불길한 평계로 이어질 수 있습니다(나도 이따금 그렇게 되고요). 그러나 대체로 늘 놀라운 것이 다른 학문분야의 수많은 사람들이 문화의 문제에 대해 아직도 상대적으로 순문학적인 견해를 취하면서 핵물리학, 언어학, 상징논리, 도시계획 등의 분야에서는 결코 하지 않을 법한 가정을 하고 있다는 것입니다(이런 가정을 나는 하지 않아요). 그게 어떤 가정이냐면, 그런 문제들이 아직도 탁상용 호화잡지의 그 모든 한가로운 우아함을 통해 상세히 설명될 수 있다는 거지요. (현재 미미한 수준이지만 좋은 문화를 지향하는 신문이나 잡지를 폄훼하겠다는 것은 아닙니다.) 하지만 문화이론이 다루는 문제들로는 이를테면 의식과 재현의 관계, 무의식, 내러티브, 사회의 모태기반, 상징적 구문과 상징자본 등이 있는데, 이런 문제들이 생화학 문제들보다 덜 복잡하다고 느낄 이유가 어디 있습니까? 앞에서 이미 제시했듯 이에 대한 내 생각은 대학원 수업과 학부수업을 구분하는 것처럼 이중의 기준이라는 형태를 띱니다. 아마도 이게 제도의 역할이라는 말로 당신이 의미한 바이겠지요(으레 '강단적'이라고 꾸짖는 것보다는 더 괜찮은 방법입니다). 나는 '내용' 교육이라고 부름직한 것과 함께 형식적인 '실험실 실험'이나 이론적 탐구를 위한 공간이 있다고 믿습니다. 이런 종류의 탐구를 포함한 텍스트는 그 자신의 특정한 독서대중이 있게 마련인지라, 전반적인 관심을 끌어야 한다고 생각할 이유는 없지요.

그리고 오늘날 소위 '이론'이라고 불리게 된 것의 문제가 있습니다. 전혀 다르고 전문화된 약호들의 폭발적 확산인데 이것을 무시하면서 언급을 피할 수는 없지요. 이 약호들 중 어느 단일한 하나 안에 머무는 데 만족할 경우, 적어도 그 전문화된 사적 언어와 일정한 친숙성을 띨 수는 있습니다. 반면 그 약호들 전범위를 다루어야 할 경우, 소위 '참조' (reference)의 문제가 상당히 불거져서 당신은, 아니 내 경우를 얘기하는 게 더 낫겠는데요, 나는 때때로 우스운 처지에 놓이곤 합니다. 그게 뭐냐면, 하나의 이론을 상세히 설명하면서 그 이론에 대해 어느정도 관심과 열의를 일깨우는 게 우선이고, 그것에 대한 논쟁적이고 비판적인 거리는 나중에 취해야 한다는 것이지요. 여기에 다음과 같은 사실도 덧붙여야 할 텐데요. 이 자리에서 우리가 느슨하게 '변증법적'이라고 부른 나 자신의 약호는 모든 것들 사이에서 연관을 찾아내기로 악명이 높습니다. 그러다보니 불행한 정신적 습관이 생기는데, 먼저 미리 모든 것을 말해보기 전에는 아무 말도 할 수가 없다는 거지요. 그러나 **정말이지** 변증법은 사물에 대한 다른 방식의 사유이기 때문에, 그 문제들은 (기호학·현상학 등과 같은) 다른 전문화된 약호에서처럼 전문화된 어휘를 배우는 것에 국한되지는 않습니다. 조금 전에 물화 및 파편화에 대해 이야기했습니다만, 물화나 파편화의 정도가 물화·파편화된 것들을 다시 연관짓는 작업의 어려움을 측정하는 척도가 됩니다.

다시 내 얘기로 돌아오면, 나는 더 대중적인 글도 썼고 강연도 해왔다고 말하고 싶습니다. 성공적이었는지 아닌지를 내가 판단할 수는 없지만 말이지요. 하지만 대중적인 교육이나 언론이라는 게 결국은 기술적인 문제라고 보면, 모든 사람이 그 특정한 기술을 가질 필요는 없다고 봅니다. 또 한때 창작이 그랬던 것만큼 오늘날의 비평과 이론이 '창조적'이라는 식의 널리 퍼진 자족적 태도를 공유하고 싶지는 않습니다만, 이런 글을 쓸 때 내가 사적으로 느끼는 즐거움의 문제가 있다는 점도 밝히고 싶습니다. 그리고 그 즐거움은 나의, 정확한 표현인지는 모르겠습니다만 '난해한' 스타일의 독특함과 긴밀하게 엮여 있지요. 나 자신에게 최소한의 만족도 없다면 쓰지 않을 겁니다. 한때 수공품이 주는 만족에 내주었던 작은 여지를 추상적 이론을 쓸 때조차 내주지 못할 정도로 우리가 소외되었거나 제도화된 건 아니기를 바랍니다. 내 글 같은 '이론적인' 텍스트들이 사회의 비위에 거슬린다면 그것은 텍스트들의 내재적 어려움 때문이 아니라 그것들이 풍기는 고등교육의 표지들, 즉 계급적 특권 때문이겠지요.

그린 오늘날 미국의 대학에 있는 맑스주의자들에게 '현장'(field)은 어떤가요? 직업은 있나요? 젊은 맑스주의자들이 정년보장을 받고 있나요? 대학 내 맑스주의적 연구자들의 어떤 '공동체' 같은 것이 미국에 존재한다고 믿습니까?

제임슨 내 생각에 대학 내 맑스주의적 혹은 급진적 연구자들이 현재 처한 상황은 세가지 매개변수에 의해 결정됩니다. 재정과 예산상의 위기 자체는 분명 그 상황에 대한 외부적 요건이므로 제외하고요. 우선, 베트남전쟁의 실패 이후 매카시즘적 유형의 숙청 분위기를 정말로 다시 조장하는 것은 (아직까지는) 불가능했던 것으로 보입니다(앞으로도 계속 불가능할 것이라는 말은 아닙니다). 둘째, 의식적이든 무의식적이든 대체로 대학 행정 담당자들은 결정을 내릴 때 1960년대가 다시 오지는 않을 것이라는 데에 중요한 관심을 기울인다는 점입니다(이것이 지칭하는 것은 명백하지요). 그런데 1960년대는 ("당신은 …의 일원이거나 그랬던 적이 있습니까?" 따위의) 전통적인 이데올로기 지표가 적용되지 않는 방식으로 전개되었습니다. 캠퍼스에서 '분열을 책동하던' 급진적 문제아들은 구식 이데올로기 기관과 아무런 연관도 없고 그런 기관에 별 관심도 없었으니까요. 이 때문에 오늘날 어떤 모호함이 생기는 것이고, 아마 이런 사정이야말로 단순한 구식 매카시즘적 해결책이 먹혀들지 않는 부분적 이유가 아닐까 합니다. 그러나 탐탁하지 않은 이들은 그 정치적 의도를 알 길 없는 온갖 행정적 이유에 의해 (법적으로) 해고될 수 있습니다. 그러나 셋째, 적어도 대학원 수준에서는 모든 분야에서 맑스주의에 대한 관심이 다시 크게 일고 있습니다. 이는 근본적으로 엄청나게 많은 형식주의들에 대한 조바심과 피로를 반영하며, 뉴딜 정책 이후 우리 곁에 있어온 지배적인 자유주의 이데올로기가 해체되고 있음을 드러냅니다. 대학의 상당히 많은 학과들이 이 분야에 대한 학생들의 요구에 압력을 느끼고 있습니다(그러니 마침내 대학 내에서 잘

나가는 시장이 되었다고나 할까요!). 그런데 이를 해결하기 위해 실제 돌아가는 방식은 학생의 관심을 충족시키기 위해 연배가 어린 교수들을 임용했다가 정년보장 시기에 해고하는 양상으로 보입니다. 이것이 여러 분명한 이유로, 또 재정적으로도 매력적인 해결책일 겁니다.

나는 지금까지 주도적 이데올로기, 즉 자유주의의 '정당화 위기'를 언급한 바 있습니다(그 위기는 케인스주의의 소진에서 뉴딜동맹의 정치적 해체에까지 걸쳐 있으며 지금까지 점검되지 않은 모든 종류의 전제와 가치를 그 폐허 속으로 끌고 들어갑니다). 이런 상황이 분명 모든 종류의 우파 이데올로기가 왕성하게 일어날 공간을 열어주었지요. 여기에서 다시 활력을 찾은 협동조합주의가 나오리라 기대할 수도 있겠습니다만, 잊지 말아야 할 것은 그것이 또한 맑스주의에 매우 의미심장한 새 공간을 열어주었다는 점입니다. 하지만 자유주의 비판과 자유주의적 동맹들에 대한 공격, 그리고 한때 '중간계급의 진보적 요소'라고 불린 것을 혼동하지 않는 것이 중요합니다. 여기에는 역사적인 격차가 있고, 정부 관리에서 모든 종류의 민주당 선거원에 이르기까지 이 나라 사람들의 생각이 형성되는 것은 아직까지도 주로 뉴딜 전통의 이상에 의해서입니다. 이 점은 군축이나 반핵운동, 페미니즘, 미국의 해외 군사 개입에 대한 저항 등에서 여전히 계속해서 활력을 유지하고 있는 일종의 대중전선동맹에서 여전히 분명하게 나타납니다. 그런 이상을 고수하는 것에 대해 사람들이 보여주고 싶어하는 것은 그것들이 '잘못된' 것이고 이데올로기적이며 쁘띠부르주아적이라는 것 따위가 아니라 뭔가 다른 점, 즉 그것들이 다국적 자본주의 내에서는 **실현 가능하지 않다**는 점입니다.

이렇게 말하고 나면 (맑스주의만 아니라면 어떤 것에도 감탄할 정도로) 관용적인 자유주의와 다원주의에 기반해 미국의 대학체계에서 맑스주의의 위치를 옹호하는 것이 실수일지 모른다는 생각이 듭니다. 맑스주의의 지적인 역할을 위해 이보다는 훨씬 더 강력하게 내세워야 할 정당한 근거가 있는데, 그것은 이 인터뷰의 앞부분에서 정의한 물화, 즉 분과학문들의 점증하는 전문화·파편화와 관계됩니다. 많은 지식인들은 현실이 점점 더 작게 파편화되어 전문화된 약호나 사적 언어의 영역이 되는 되돌릴 수 없는 상황전개를 개탄합니다. (전문적 약호나 사적 언어의 영역에서 자기들만이 쓰는 특수한 용어나 어휘 자체는 어쩌면 그렇게 접근 불가능하다고 볼 수는 없을 텐데, 반면 각 분과학문들의 전통에 축적된 주요 텍스트와 주요 문제들의 역사는 일반인들은 도저히 터득할 시간이 없을 정도로 엄청나게 큰 부피가 되었지요.) 이런 위기에 대한 학계의 주요 '해결책'은 어떤 구호를 내세웠든 간에 '간학문적' 프로그램이라는 개념이었으나, 지금까지 그 결과는 참으로 실망스럽기 짝이 없습니다. 이런 상황에 맞서서 맑스주의는 오늘날 살아 있는 유일한 철학으로서, 학과와 제도의 낡은 구조들을 가로지르며 경제적·정치적·문화적·정신분석학적 분야에 대한 언뜻 보기에 서로 구분된 질문들을 뒷받침하는 보편적 연구대상이라는 개념을 회복하는 방식으로 지식의 통일성, 그리고 '분과학문' 분야의 통합이라는 개념을 간직하고 있으며, 이러한 사실을 주장하는 것이 핵심적입니다. 이것은 독단적인 견해가 아니라 단지 경험적인 사실일 뿐입니다. 중산계급적 사상으로부터 더 나은 것을 바라지도 않지만, 그것이 그저 다른 것이기만 할지라도 뭔가 지식의 통일성에 대한 활기찬 이상을 내놓는다면, 좋습니다. 그렇게 해도 좋겠지요. 그러나 그렇게 하지 못했죠. 실증주의도 그렇고 미국의 실용주의도 그랬고, 기호학이 가장 최근의 예가 되겠습니다만 이 방면의 역사적 노력들은 끝에 가서는 그렇게 깊은 인상을 남기지는 못했습니다. 스티븐 툴민(Stephen Toulmin)이 몇해 전에 『뉴욕서평』(*New*

York Review of Books)에 쓴 글이 생각나는데요. 그 한 대목에서 그는 레프 비고쯔끼(Lev Vygotsky)나 기타 쏘비에뜨 과학자들 저작의 영문번역에서 '맑스주의'라는 구절을 미용효과를 위해 제거한 것에 대해 개탄했지요. 그에 따르면 그 구절들은 체제에 대해 단지 이데올로기적으로 입에 발린 말을 한 게 아니라 해당 과학 텍스트에서 통합적인 부분을 이루고 있었습니다. 그리고 그가 한 이런 말은 지금 우리 토론에 상당히 적절해 보입니다. 우리가 원하든 원치 않든, 과학자들 입장에서는 연구하고 실제 조사할 때 대체로 서방사회에서 이용 가능한 것들보다는 맑스주의가 이데올로기적으로나 개념적으로 더 나은 틀일 수도 있다는 것을 우리는 고려해야 한다는 거지요. 아무튼 내게는 그런 입장이 대학에서 자비나 관용 또는 죄의식에 호소하는 것보다는 맑스주의의 중요성을 주장하기 위한 더 강력하고 덜 수세적인 틀처럼 보입니다.

맑스주의적 지식인들의 '공동체'에 대한 당신들의 질문에는 국가적이면서 또한 국제적인 차원이 있습니다. 답하자면 그런 공동체가 아직은 여기에 정말 존재하지는 않는다고 해야겠죠. 여러 이유가 있는데, 두 가지만 언급할까 합니다. 우선, 대체로 더 급진적인 공동체를 전체로 놓고 볼 때 스스로를 맑스주의자라고 여기는 지식인들은 단지 작은 부분에 불과합니다. 그리고 이 두 범주의 집단들 사이에 적잖은 긴장이 존재하는데, 특히 1960년대의 '맑스주의' '맑스-레닌주의'와 연관된 것들 때문입니다. 둘째, 맑스주의적 학자들도 비맑스주의자와 마찬가지로 파편화되어 있고 학과의 전문화과정에 대해 취약합니다. 언어적 맥락은 말할 것도 없고, 인문학자 대 사회과학자, 라틴아메리카 대 북아메리카, 유럽 대 탈식민 등으로 나뉘어 있다보니 다른 누구의 학문을 파악하는 게 점점 더 어려울뿐더러 그 이상으로 분과학문 간에 어느정도 경쟁이나 몰이해가 작용합니다. 이런 부정적 양상이 우리에게 되돌아올 때 늘 가장 심하게 타격을 받는 것이 '문화'입니다. 그렇지 않아도 실업계에서는 정치적이든 어떤 다른 관점에서든 '학문들' 중에서 가장 경박한 것이라고 한결같이 입을 모으는 대상이 문화니까요.

컬러　문학비평 내에서 정치적으로 가장 효과적인 운동을 전개한 것은 페미니스트 비평이었으며, 페미니즘이 폐쇄적인 문학정전을 열어젖히고 여성작가들에 대한 새로운 교육과정을 무척 다양한 교육제도 안에 도입함으로써 소위 연구대학의 전문가들을 뛰어넘는 사유를 촉발했다고 주장할 수 있을 것 같습니다. 이와 관련해 세가지 질문을 하고 싶습니다.

(1) 페미니스트 문학비평의 실제적·잠재적 영향력에 대해 어떻게 생각하십니까?

(2) 정치적으로 영향을 미치고자 하는 다른 종류의 비평들이 이 점에서 배울 게 있습니까? 이론적인 담론 차원에서 보자면 페미니스트 비평은 극단적으로 이질적입니다. 이것이 페미니즘이 제도권에서 성공을 거둔 것과 관계가 있을까요?

(3) 페미니스트 비평이 자신이 자리한 제도권에 영향을 미친 유토피아적 차원을 지닌 비평적 사유의 예라 할 수 있다면, 그에 견주어 당신 자신의 비평양식은 무엇을 성취할 것이라고 그려볼 수 있을까요?

제임슨　우리가 페미니즘에서 많은 것을 배운 것은 분명합니다만, 페미니즘 운동 자체가 발생한 배경이 된 사회적 온도상의 바로 그 변화에 의해서 사람들이 변화하기도 합니다. 가려내기는 힘들지요. 여기서 언급할 필요가 있는 것은 페미니즘이 지닌 정치력의 상당 부분이 그것의 집단적인 차원에서, 즉 하나의 진정한 사회적 집단의 문화와 이데올로기라는 지위에서 나왔다는 점입니다. 또한 페미니즘의 정치력은 오늘날 미시집단이나 소집단 정치의 역동성이 제기하는 정치적 문제들

주변으로 결집합니다. 이런 집단적인 현실에 대해 맑스주의적 지식계급이 갖는 약점은 잘 알려져 있듯 '자유롭게 유동하는' 지식인으로서의 고전적인 약점입니다. 이들은 '정의상' 아무런 집단적인 연계가 없거나 애초의 집단적 연결을 상실한 이들이지요. 이것을 더 강령적으로 표현한다면 동성애적이지 않은 백인 남성 지식인이 특정한 친연성을 갖는 유기적 사회집단이 어떤 것인지 물어볼 수 있겠지요. 수식어를 조금 바꾼다면 지식인이면서 **동시에** (동성애자, 흑인, 여성, 소수인종 등의) 집단적 정체성을 지닐 가능성을 아주 조금은 찾을 수 있을 겁니다. 그렇다 하더라도 어떤 경우든 '지식인'이라는 그 오랜 고질병이 결국 정말로 고쳐지지는 않겠지만 말입니다. 어쨌든 하나의 이데올로기(혹은 철학이나 방법 그 어떤 것이든)가 갖는 효력이나 권력의 문제는 그것의 집단적인 원동력 및 토대의 문제와 결코 분리될 수 없습니다. (그런 지식인을 위한 다른 해결책은 분명 이데올로기 '노선들'을 따라 조직된 작은 종파적 집단을 형성하는 것인데, 이 집단들이 실종된 '인식 가능한 공동체'를 대신합니다.)

문화사와 관련, 여러 다양한 페미니즘이 기획한 몇몇 새로운 프로그램에 나 자신도 특히 관심이 있습니다. 그런 과정에서 맑스주의와 그같은 특정 페미니즘 사이의 꽤 긴장된 '대화'가, 궁극적으로 결정적인 '진정한' 요소가 뭐냐 (계급이냐 성이냐) 식의 아무짝에도 쓸모없는 질문으로 떨어지지 않게 주의를 기울여왔습니다. 예컨대 문화사의 어떤 순간들은 적어도 부분적으로는 남성 전체의 반발과 본능적 특권옹호에 의해, 즉 페미니즘에 대한 두려움으로 인해 그 사회적 위협에 맞서 새로운 종류의 다양한 이데올로기적 방어기제들을 만들어냄으로써 결정되는 일도 있음직해 보입니다(남성들의 이데올로기적 방어기제에는 물론 '여성의 위치'는 무엇이어야 하며 그 안에 안주하는 데에 왜 만족해

86

야 하는지에 관한 새롭고 더 매력적인 이미지들이 포함됩니다). 이런 종류의 역사적인 패러다임은 문화적 과거(그리고 현재)에 대해 이전에 우리가 보지 않은 (남성으로 한정하자면 이전에는 보고 싶어하지 않던) 많은 것을 보여주었습니다. 여기에 이것들이 단발성이거나 단일 원인의 모델일 필요는 없음을 되새기자고 덧붙이고 싶습니다(알뛰세르적 중층결정!). 특정 순간의 문화적 생산이 젠더적 특권의 상실에 대한 불안에 의해 지배되는 것이 매우 그럼직하게 보이는 것과 마찬가지로, 그 나름의 환상, 재현, 상징적 표현이나 집착 등을 지니고 있을 그런 불안을 다목적 '장치', 즉 이를 통해 다른 많은 불안들이 마찬가지로 자기 표현을 발견하는 그런 '장치'로 파악할 수 있다는 점도 내게는 똑같이 그럴듯해 보입니다. 더 나아가 이런 불안에는 계급적 불안, 미래에 대한 불안, 계급투쟁의 무의식적인 '관리' 등도 포함되겠지요. 다른 역사적 순간에는 불안의 '투자'에 있어서 위계질서가 달리 조정되는 게 당연합니다. 계급을 중심에 두고 재현할 경우 순간적으로 더 약화된 젠더적 (혹은 인종적) 불안을 중층결정된 방식으로 명확히 표현하도록 요청받는 게 당연할 수도 있습니다. 지배집단 역시 그 약화를 느낄 테고요. 때때로 내가 '정치적 무의식'이라고 부르는 것은 이런저런 특수한 역사적 국면에 이 모든 복합적인 결정들을 탐구할 것을 요구합니다. (정말 이런 말을 할 필요가 있는지 모르겠습니다만) 탐구의 의도가 (젠더나 인종 같은) 그러한 어떤 것이라도 그 탐구를 배제하거나 제한하여 사회계급이라는 기조에 맞추려는 것은 아니었습니다. 그러므로 페미니즘의 주제를 대안적인 해석코드로 받아들일 필요는 없습니다. 우리가 미래의 유토피아 공동체에 대한 어떤 비전을 성취하지는 못했지만, 적어도 그것을 발전시킬 필요로 뭉칠 경우에는 말이지요.

앤더스 스테판슨과의
인터뷰*

스테판슨 포스트모더니즘에 대한 당신의 주장에는 두가지 차원이 있습니다. 한편으로는 구성적 특징들을 목록화한 차원이 있고, 다른 한편으로는 이 특징들이 표현한다고 언급된 커다란 현실을 설명해준 차원이 있지요.[1]

제임슨 그 착상은 어떤 매개적인 개념을 만들기 위해, 즉 일련의 상이한 문화적 현상들 전체를 통해 분명히 표명되고 또 그 현상들을 묘사할 수도 있는 모형을 구성하기 위한 겁니다. 따라서 이 통일성 혹은 체계는 후기자본주의의 하부구조적 현실과 일정한 관계에 놓여 있습니다. 달리 말해, 내 목적은 두 방향에 면해 있을 수 있는 뭔가를 마련하는

● 이 인터뷰는 Anders Stephanson, "Regarding Postmodernism: An Interview with Frederic Jameson," *Social Text* 17 (1987) 29~54면에 처음 실렸다. 더 짧은 인터뷰는 "An Interview with Frederic Jameson by A. Stephanson on Postmodernism," *Flash Art* 131 (1986) 69~73면이다.

1 Fredric Jameson, "Postmodernism, or, The Cultural Logic of Late Capitalism," *New Left Review* 146 (1984) 52~92면 참조. 이 글은 후에 증보되어 같은 제목으로 출간된 책의 첫 장에 실렸다(Duke University Press 1991).

것입니다. 즉 문화적 텍스트 분석을 위한 원칙이자 이 모든 특징들이 합쳐져 행하는 전반적인 이데올로기 작용을 보여줄 수 있는 작동체계를 마련하자는 것이죠. 내 분석이 모든 근본적인 사항들을 포괄한다고 장담할 수는 없겠지만, 시각적인 것에서 출발해 시간적인 것을 거쳐 다시 공간 자체에 대한 새로운 개념으로 돌아가면서, 질적으로 다르지만 하나의 묶음을 이루는 것들을 살펴보려고 노력했습니다.

포스트모더니즘에 대한 처음의 개념들은 포스트모더니즘은 이게 아니다 저게 아니다 모더니즘을 이뤘던 일련의 것들 전체와 다르다 등과 같이 '무엇이 아니다'식의 진술 일색이었기 때문에, 나는 모더니즘과 포스트모더니즘을 비교하는 일부터 시작합니다. 하지만 궁극적인 목표는 '무엇이다'식의 묘사입니다. 따라서 포스트모더니즘이 모더니즘보다 '더 낫다'는 식으로 가치의 차원에서가 아니라 포스트모더니즘을 그 자체 권리를 지닌 새로운 문화논리로, 〔기존의 것에 대한—옮긴이〕 단순한 반발 이상의 무엇으로 파악한다는 차원에서 묘사하겠다는 겁니다. 물론 역사적으로 보면 포스트모더니즘은 대학, 박물관, 연주회 홀 등에서 드러난 모더니즘의 제도화에 맞서, 또 특정 종류의 건축을 정전(正典)화하는 것에 맞서 반발하면서 시작한 것이 사실입니다. 모더니즘의 공고한 진지 구축은 대략 1960년대에 성년에 이른 세대에게는 억압적으로 느껴졌습니다. 따라서 이 세대가 모더니즘의 가치들을 거부하면서 자신들이 숨 쉴 공간을 만들려고 체계적으로 노력하는 것이 놀랄 일은 아닙니다. 문학적인 맥락에서 볼 때 이렇게 포스트모더니즘에 의해 거부당한 가치들에는 언어의 복합성과 모호성, 아이러니, 구체적 보편, 정교한 상징체계의 구축 등이 포함됩니다. 물론 세세한 특징들은 여타 예술에서는 달랐지요.

스테판슨 당신은 그 탐구를 회화의 심층과 표면에 대한 분석으로 시작했습니다.

제임슨 내가 초점을 맞추고 싶었던 것은 어떤 평면성인데요, 잘 알려졌듯 이것을 모더니즘 회화가 회화의 표면을 재정복한 방식과 혼동해서는 안 됩니다. 나는 이 평면성을 어떤 깊이의 사라짐이라는 말로 묘사하는데, 나는 이 말이 의도적으로 애매한 방식으로 작용했으면 싶었습니다. 내가 의도했던 것이 단지 시각적 깊이만은 아니었습니다. 이것은 모더니즘 회화에서도 사라지고 있었으니까요. 나는 해석적 깊이, 즉 대상이 매혹적인 것은 농밀한 비밀 때문이며, 이 비밀이 드러나는 것은 해석에 의해서라는 개념 역시 사라지고 있다고 말하고 싶었지요. 이 모든 것이 사라집니다. 그런데 해석적 깊이라는 개념은 예술상의 포스트모더니즘과 오늘날의 이론 사이의 관계에 있어서 하나의 하위주제입니다. 따라서 더이상 깊이에 대한 **철학적인** 개념들을 함축하지 않는, 즉 하나의 현상을 어떤 심층적 현실의 관점에서 해석하고 이 현실을 다시 이 철학들이 풀이하는 식의 다양한 해석학을 함축하지 않는 새로운 종류의 개념화와 함께, 그와 유사하게 그 관계가 어떻게 진행되는지 보여주려고 했지요. 결국, 역사의식이나 과거에 대한 의식이라고 불렸던 역사성과 역사적 깊이는 폐기됩니다. 한마디로 대상들은 세상 속으로 다시 떨어져 장식이 되는 거지요. 시각적 깊이와 해석체계들은 사라지고, 뭔가 특이한 일이 역사상의 시간에 일어납니다.

그런 다음 여기에 수반되는 것이 심리적 **정서**(affect)의 깊이가 변화한다는 점인데, 이는 세상에 대한 특정한 종류의 현상학적 또는 감정상의 반응이 사라진다는 거지요. 이때 모더니즘의 지배적인 감정 혹은 정서인 불안이 다른 체계로 넘어갔다는 점이 징후적인데, 이 체계의 주요 개념은 정신분열적이거나 마약에 취한 언어로부터 옵니다. 내가 지금 지칭하는 것은 프랑스에서 (감정상의) 기복의 **강도**(intensities)라고 부르기 시작한 것들입니다. 이것들은 불안과 같은 방식으로 의미상의 실마리를 제공하는 '감정들'(feelings)과는 관계가 없습니다. 불안은 해석학적 감정으로 세계의 근저에 자리한 악몽의 상황을 표현합니다. 반면 감정상의 기복은 어떤 경우에나 느껴질 수 있기 때문에 세계에 대해서는 정말 의미하는 바가 없습니다. 그것들은 더이상 인식과 관계가 없습니다.

스테판슨   당신이 여기서 말하고 있는 것이 '히스테리적 숭고'와 '빛나는 표면의 명랑'일 텐데요. '모든 모던한 문화에서는 자기지시성이 변증법적으로 강화되기 때문에' 정서가 극단적으로 강렬한 순간들에 의해 구멍이 나서 결국 완전히 결여되고 마는 현상에 맞닥뜨리게 된다는 거지요.

제임슨   변증법적으로 볼 때 의식상의 숭고에서 극단에 접촉하는 것은 자아입니다. 한편, 히스테리적 숭고에서 그 극단들에 접촉하고 있는 것은 육체인데 이렇게 이미지를 경험할 때 육체는 '휘발되어버려' 제 모습이 아니거나 아예 그 자신을 잃을 지점에 이릅니다. 이때 경험하는 것은 이 모든 것이 매우 강렬하게 최종적으로 경험하는 과정상의 한순간으로 시간이 축소되는 것입니다. 그러나 이 경험은 더이상 예전과 같은 의미로 주관적이지는 않은데, 이를테면 한 개인이 알프스를 마주해서 개인주체와 인간 자아의 한계를 아는 그런 식이 아니라는 것입니다. 그와 반대로 이 경험은 한계에 대한 일종의 비인본주의적 경험으로, 그 한계를 넘어서면 당신은 해체되고 말지요.

스테판슨   이렇게 해서 시간성의 양상에 대한 논의에 이르렀네요.

제임슨   그렇습니다. 시각적·은유적 깊이는 예컨대 존 케이지(John Cage)의 음악에 구현된 것 같은 시간적 단절과 파편화에 자리를 내줍니다. 소리와 시간 상의 단절은 따라서 역사와 과거에 대한 관계들의 사라짐을 상징하는 것으로 볼 수 있습니다. 유사하게 그것은 우리가 오늘날의 텍스트를 큰 통일적 형식이 없는 단절적 문장들의 생산으로 묘사하는 것과도 연관됩니다. 텍스트의 수사는 이런저런 형식에 따라 구성된 작품이라는 옛 개념을 대신합니다. 정말이지 형식이라는 말 자체가 사라집니다.

스테판슨 1960년대에 한때 내가 들은 얘기가, 보통 30초짜리 광고에서 장면전환, 영상의 확대나 축소, 카메라의 상하좌우 이동 등 카메라의 평균 이동동작이 7.5초당 한번 이하로 내려가지 않는데, 그 이유는 이 정도가 인간의 지각이 감당할 수 있는 최적으로 간주되기 때문이라는 것이었습니다. 그런데 지금은 3.5초 이하로까지 내려갔습니다. 실제로 광고를 재보았더니 2초마다 변화가 생겨서 30초짜리 광고의 경우 15회나 바뀝니다.

제임슨 바로 그 점에서 우리는 잠재의식의 논리에 대한 문제에 접근하게 됩니다. 당신이 든 사례는 우리가 길들여지고 있는 차이에 대한 그와 같은 새로운 논리를 효과적으로 보여줍니다. 이런 것들이 우리 시대에 점증하는 빠르고 공허한 단절들입니다. 증가된 템포에 적응하는 각각의 훈련은 이것에서 저것으로 전환하는 것이 자연스럽다고 느끼는 감정상의 훈련이기도 한 것이죠.

스테판슨 당신이 말하듯 백남준의 비디오 예술은 포스트모더니즘의 시각에서 이 문제를 탐구하는 가치있는 위치에 있습니다.

제임슨 차이의 새로운 논리에 대한 일종의 훈련으로서 그렇지요. 차이를 인식하는 새로운 방식에 대한 공허한 훈련, 혹은 길들이기지요.

스테판슨 차이를 인식하는 새로운 방식이라는 것이 정확히 무엇인지요?

제임슨 나는 그것을 '차이는 관계한다'는 구호로 표현하려고 했습니다. 단절과 차이 들에 대한 바로 그 인식 자체가 하나의 의미가 됩니다. 그러나 그 의미는 내용을 가진 의미가 아니라 의미가 있으면서도 새로운 통일의 형식인 듯 보이는 그런 의미이지요. 이런 관점은 '우리가 어떻게 저것들을 관계짓는가, 어떻게 저것들을 연속성 혹은 유사성으로 되돌려놓는가?' 하는 문제를 제기하지는 않습니다. 다만 "차이를 기록할 때, 적극적인 뭔가가 당신의 마음에서 일어나고 있다"고만 할 뿐이지요. 그것은 내용을 제거하는 하나의 방법입니다.

스테판슨　당신은 시간성의 진단에서 공간에 대한 것으로 나아가는데요.

제임슨　나는 이 두 세트의 특징들, 즉 표면과 파편화를 시간의 공간화라는 말로 연결짓고 있습니다. 시간이 영원한 현재로, 따라서 공간적인 것으로 되었지요. 과거에 대한 우리의 관계는 이제 공간적인 것이기도 합니다.

스테판슨　왜 그것이 필연적으로 공간적으로 되는지요?

제임슨　마르셀 프루스뜨나 토마스 만(Thomas Mann)의 언어를 예로 들자면, 모더니스트의 언어에 있어서 하나의 특권적 과제는 늘 시간적인 묘사를 함축했습니다. 베르그송(Henri Bergson)의 시간 개념인 '깊은 시간'은 오늘날 우리의 경험에는 근본적으로 맞지 않아 보입니다. 우리의 경험은 영원한 공간적 현재의 경험이니까요. 또한 우리의 이론적 범주들이 공간적으로 되는 경향이 있어요. 구조분석은 공간적으로 연관된 것들의 공시적 복합성의 그래프를 포함합니다(이는 이를테면 변증법과 그 시간적 계기들과는 대비되지요). 푸꼬식의 언어는 자르고 분류하고 수정하는 공허한 수사를 구사하는 일종의 공간언어인데, 이것을 가지고 커다란 덩어리와 같은 데이터를 다양한 방식으로 쪼개지도록 구성합니다. 정말 이런 일은 내가 푸꼬를 '이용'하는 방식에서도 일어나는데 나의 재단이 그의 제자들을 격앙시킬지 모르겠습니다. 푸꼬가 한 말의 상당 부분은 기존에도 이미 낯선 것이 아니었습니다. 중심과 주변 간의 이항대립은 싸르트르의 『성 주네』(*Saint Genet, comédien et martyr*, 1952)에서 충분히 개진되었지요. 권력 개념은 많은 곳에서 나타났지만 원래 무정부주의 전통에서 나왔습니다. 그의 다양한 체계가 행하는 총체화 전략 역시 베버 이래 유사한 예들이 많습니다. 그런 것들과 비교할 때 오히려 내가 푸꼬를 바라보려는 관점은 권력을 놓고 인식의 **지도 작성**(cognitive mapping)을 시도했다든지, 공간적인 그림모형들을 만들었다든지, 사회 권력과 그 형태들을 강력한 공간적 도형들로 옮겨 보았다든지 하는 것들입니다. 하지만 물론, 그렇게 표현하고 나면 예컨대 '격자' 같은 푸꼬 자신의 도형은 완전히 상대화되어 보통 말하는 이론은 아니게 되지요.

스테판슨　어느 지점에서 '초공간'(hyperspace)이 공간에 대한 논의에 들어오나요?

제임슨　보통의 공간은 사물로 이뤄졌거나 사물에 의해 구성됩니다. 지금 우리는 사물의 와해에 대해서 이야기하고 있습니다. 이 마지막 순간에는 더이상 구성요소들에 대해 말할 수가 없지요. 전에는 이것을 주체-객체 변증법의 관점에서 이야기했습니다. 그러나 주체와 객체가 와해되는 상황에서는, 비록 우리에게는 더이상 주체와 객체가 없지만, 초공간이 궁극적인 객체-극(極)이고 강도(强度)가 궁극적인 주체-극이 됩니다.

어쨌든 시간화를 대신하는 공간화의 움직임은 건축, 그리고 공간에 대한 새로운 경험에 다시 다다르는데 이 경험들은, 한 예를 들자면 도시 공간에 대한 이전의 어떤 순간들과도 매우 다르다고 생각합니다. 예컨대 빠리 주변에서 총체적으로 연출되는 새로운 도시적 효과에서 두드러지는 것은 원근법적 조망이 전혀 존재하지 않는다는 점입니다. 모더니즘의 임무대로 길거리가 사라졌을 뿐만 아니라 측면(側面)도 마찬가지로 모두 사라졌습니다. 당혹스럽지요. 이 새로운 포스트모더니즘의 공간에서 겪는 존재론적인 당혹감을 들어 내가 최종적으로 분석하려는 것이 이 공간 내에 우리를 위치짓고 그것을 인식적으로 지도화하는 우리의 능력이 상실되었다는 사실입니다. 그리고 이런 양상은 정치적·다국적 문화의 등장에 다시 투사됩니다. 이 문화는 중심이 없고 시각화할 수 없으며 자신을 위치지을 수 없는 그런 문화입니다. 그게 결론입니다.

스테판슨 더 구체적으로 보자면, 아주 멋지게도 당신은 로스앤젤레스에 있는 존 포트먼(John Portman)의 보나벤처 호텔(Bonaventure Hotel)을 하나의 예로 들었습니다. 이 호텔은 자신의 방위를 파악하기 불가능한 자기폐쇄구조로서 거울 같은 정면을 하고 있습니다. 그런 한편, 로데오 거리 주변의 새로운 상업공간들은 당신이 묘사하는 바와 정반대로 물건들이 아주 분명하고 관례적인 방식으로 구매되는 것이 확연히 들여다보이는 특이한 정방형의 공간들입니다.

제임슨 그러나 그것은 디즈니판의 포스트모더니즘 건축으로 예전의 광장이나 네거리를 디즈니랜드식으로 혼성모방한 것이지요. 나는 상징적인 것들을 선별해 다루었지만 그런 경향으로 분석될 수 있을 것들을 모두 다룬 것은 결코 아닙니다. 당신이 든 다른 예들은 초공간을 예증하지는 않으나 분명 씨뮬라크르적 생산의 예이기는 합니다. 디즈니의 엡콧(EPCOT)[2]은 또 하나의 두드러진 예지요.

스테판슨 달리 말하면 당신이 언급하는 것은 디즈니식의 축소판 세상입니다. 대체 어디가 어딘지 알 수 없는 작은 장난감 나라들 말이지요.

---

2 미국 플로리다 소재 디즈니랜드의 네개 테마파크 중 두번째 공원 ─옮긴이.

제임슨 보도(步道)가 있으니 자신의 방위를 찾을 수야 있겠지요. 하지만 정말 문제는 당신이 실제로 어디에 있는가입니다. 왜냐하면 실제로는 플로리다 에버글레이즈에 있으니 습지(濕地)에 있는 셈인데, 이 경우에는 그뿐만 아니라 지리적으로 전혀 다른 복합공간이라는 가상 속에 있기도 하니까요. 전반적으로 디즈니랜드는 이렇게 전환하고 해체되는 다수의 공간 차원들을 예언하며 그 전형을 보여주는 최고의 사례입니다.

스테판슨 당신의 분석에서 포스트모더니즘의 등장은 미국의 자본이 전지구적 규모로 부상하는 현실과 물질적으로 연결돼 있고, 이 현실은 1950년대 말과 1960년대 초로 거슬러올라갑니다. 하지만 실제로 당시 미국은 전후 지배에 있어서 상대적인 쇠퇴를 경험하고 있었습니다. 반면 다른 나라들이 경제적으로 복귀하고 있었고, 제3세계 해방운동이 급부상하는가 하면 제1세계에서는 심층모델에 기반해 형성된 저항 이데올로기들이 회귀하고 있었습니다. 예를 들면 맑스주의처럼요.

제임슨 문화와 경제 상의 단절 개념으로 그런 점들을 부분적으로 설명하는 것이 가능합니다. 미국의 권력이 자리를 잡은 것과 그 권력을 반영하고 영속시키는 문화의 발전은 다소 다른 문제입니다. 낡은 문화적 판이 먼저 깨끗이 닦여야 했고, 이것이 유럽보다 미국에서 가능했던 것은 여기 미국에는 구체제 문화의 끈질긴 배경이 상대적으로 부재했기 때문입니다. 일단 모더니즘이 무너지자 전통적 형식의 문화가 없던 미국에서는 완전히 새로운 문화생산을 위한 장이 전면적으로 열렸습니다. 개별적인 것들이야 유럽에서도 선구적으로 개척될 수 있었지만 하나의 문화체계가 등장할 수 있었던 것은 바로 이런 미국의 가능성 때문이었습니다. 미국의 권력이 의심받기 시작하는 순간 그것을 강화해줄 새로운 문화적 장치가 필요해지지요. 포스트모더니즘 체계는 새로운 종류의 이데올로기적 헤게모니를 위한 도구로 등장하는데, 예전이라면 이것이 필요하지 않았을 수도 있을 겁니다.

스테판슨 이런 관점은 직설적인 기능주의나 도구주의와 가까운 것이 아닌지요?

제임슨 그렇기도 하고 아니기도 합니다. 미국의 텔레비전 쇼들, 무엇보다도 '미국적' 소비의 논리와 행태 자체가 소위 고급문화가치 지역들로 수출되는 것을 볼 때, 이 체계는 한때의 종교만큼이나 탈정치화의 효과적인 도구인 측면이 분명 있습니다. 여기에는 전달통로가 있어야 했는데, 그 전달통로는 커뮤니케이션 체계, 텔레비전, 컴퓨터 등으로 마련됩니다. 전세계적으로 그런 수단이 정말 이용 가능했던 것은 1960년대였습니다. 권력엘리뜨가 다음과 같이 말하기만 하면 되었지요. "자, 이런 상황이니 사람들의 삶에서 일어나는 변화에 반대하면서 어떤 내용을 제공해줄 문화체계가 필요해"라고 말입니다. 포스트모더니즘에서 구체화된 새로운 삶의 경험이 매우 강력한 것은 그것이 존재론적 문제들에 대한 해결책으로 보이는 내용을 상당히 많이 지니고 있기 때문입니다.

여타의 단속적인 체계들도 상당수 여기에서 작동하지요. 미국의 헤게모니가 미친 사회적 영향 중 어떤 것은 1960년대가 되기 전에는 감지되지 않습니다. 예컨대 농업에서의 녹색혁명이 그렇지요. 그러니 이것을 단지 정치권력의 관점에서만 보는 것은 잘못입니다. 1960년대에 상당한 사회적 저항이 대두한 것은 예컨대, 농민 같은 사람들이 비록 이전에도 착취를 받기는 했지만 상대적으로 손상되지 않은 채로 남겨졌던 삶의 방식들에 신식민지체제들이 무슨 일을 자행하는지 깨닫기 시작한 때입니다. 저항의 발생이 꼭 미국의 영향에 대한 저항만을 의미하지는 않습니다. 저항의 발생은 미국의 영향력이 정치적인 삶보다 더 깊은 수준의 사회적 삶에 끼친 해체적인 영향들을 보여주는 하나의 징후일 수 있습니다.

스테판슨 반 고흐가 그린 농부 구두의 세계와 하이데거의 시골길을 자본주의가 파괴했다고 묘사할 때, 당신의 관점은 따푸리(Manfredo Tafuri)[3]가 건축에서의 모더니즘 기획이라고 설명한 것과 같은 맥락입니다. 즉 건축 모더니즘 기획의 목표는 놀라움 없는 미래를 확보한다는 것이었고, 그 이상은 '체계적인 계획수립'과 미래위험의 제거였다는 거지요. 이는 타당한 지적으로 보입니다. 하지만 당신은 맑스주의 자체의 근대화 지향적 요소들을 꽤 쉽게 지나쳤습니다. 그런 요소들이 쏘비에뜨 사회의 분별없는 환경파괴를 낳았다는 것이 명약관화한데 말이지요. 마치 양심을 품은 듯 맹렬히 진행된 계획화가 실제로는 미래의 파국을 위한 토대를 준비한 셈이지요. 따라서 하이데거의 시골길의 말살은 모든 근대화 윤리에 내포된 요소로 볼 수 있겠습니다.

제임슨 분명 선진사회에서는 기술적 진보를 제어하자는 논의가 저항적으로 벌어지기 십상입니다. 그런데 가난한 사회가 늘 그런 선택을 할 수 있는지는 의문입니다. 모스끄바 같은 도시들에서 벌어지고 있는 일입니다만, 문화적 부채 위기라고 불릴 수 있을 문제에는 몇몇 그런 점들이 포함되어 있습니다. 1960년대와 1970년대를 생각해보세요. 당시 쏘비에뜨는 세계체제로 빨려들어가 자신들도 관광객을 유치하고 큰 호텔을 지어야 한다고 믿기 시작했지요. 자연과의 투쟁이라는 프로메테우스적 각본과 그밖의 상품화는 구별해야 합니다. 상품화는 그들이 실제로는 우리로부터 배우거나 많은 면에서 모방하는 것이니까요.

---

3 만프레도 따푸리(Manfredo Tafuri, 1935~94)는 이딸리아 건축가이자 역사가이다―옮긴이.

스테판슨　하지만 스딸린은 미국 기술과 테일러주의적 효율성을 굉장히 찬미했지요. 쏘비에뜨가 이런 종류의 파괴에 가담하고 있다는 사실은 그들이 서구를 따라잡고 싶어하거나 서구와 경쟁해야 한다는 점에 못 박혀 있을 뿐만 아니라 특정 맑스주의 이론에도 깊이 묻혀 있음을 보여줍니다. 당신은 오로지 자본주의의 영역에서만 그 문제를 서술함으로써 자연과 낡은 '불가항력'을 정복하려는 강한 요인이 자본주의적 사고뿐만 아니라 맑스주의적 사고에도 존재한다는 이의제기에 노출되어 있습니다. 쏘비에뜨 이론에 대한 마르쿠제의 분석은 이 점에서 단연 뚜렷하지요. 한마디로 당신의 주장이 자본의 상품화에 따른 무자비한 세계 재조정이라는 생각에 기반을 두고 있다면, 마찬가지로 분명한 것은 특정 맑스주의들 역시 결코 결백하지는 않다는 점입니다.

제임슨　나도 동의합니다. 그러나 생산과 생산성, 그리고 자본주의를 따라잡는 일을 강조한 것은 적어도 자본주의가 이 저개발들을 얽어넣은 경쟁의 일부입니다. 실제 따라잡아야 하니까요. 따라서 우리는 아주 정교한 변증법적 과정을 보게 되는데, 그 과정에서 이 사회들이 자족성이나 경제자립정책을 넘어서 군사력 증강의 경우처럼 숱한 급박한 이유들로 근대화가 필요함을 알게 된 것이지요.

스테판슨　그렇습니다만, 근대성의 개념이 처음부터 거기에 있지요.

제임슨　그것은 정말이지 하나의 이데올로기적 개념으로, 분명 다시 생각할 필요가 있습니다.

스테판슨　당신의 모델은 여기저기의 작은 것들이 어울려 있는 미세한 차원에서부터 만델의 후기자본주의 개념으로 대표되는 거대한 차원으로 나아갑니다. 당신이 자본주의의 세 계기들과 리얼리즘·모더니즘·포스트모더니즘이라는 문화적 전개의 세 계기들 사이의 '상동들'을 주장한 까닭에 당신이 루카치에서 바뀐 게 없다는 평가가 신빙성을 얻고 있습니다. 그것은 정말 표현적 인과성, 상응 등의 경우로 보입니다. 아무튼 순수한 우연과 무관계라는 탈구조주의적 환상을 차용하면서 어떻게 지속적인 정치적 참여를 유지할 수 있는지 이해하기는 어렵습니다. 간단명료하게 말하면, 얼마간의 환원주의가 필요하겠지요. 따라서 자본주의의 세 단계라는 실제 개념에 대해 제기될 반대와는 별도로, 이런 종류의 모델을 구상하는 것은 전적으로 적절하다고 생각합니다. 그런데 당신이 미세한 것에서 당황스러울 정도로 전지구적인 것으로 도약하며 사고를 전개하는 사례들에서는 문제가 발생합니다.

제임슨 하지만 루카치가 모더니즘에 대해 취한 도덕적 입장은 역사적이지도 변증법적이지도 않습니다. 그는 그것이 근본적으로 도덕적으로 잘못된 것이며 의지의 노력에 의해 제거될 수 있다고 생각합니다. 도덕적으로 보자면 더 끔찍해 보이는 어떤 것, 즉 포스트모더니즘을 소개할 때 내 입장은 그와는 아주 다릅니다. 표현적 인과성과 관련해서 내가 역설적이라고 생각하는 것은, 무엇을 단절적이면서도 변증법적으로 파악하는 모델이 어떤 목적을 함축한 관념론적 연속이라고 비판받을 수 있다는 겁니다. 이 계기들 각각은 서로 변증법적으로 다르며 그 작동하는 법칙과 양태가 서로 다릅니다. 또한 내가 중층결정의 여지를 두지 않은 것도 아닙니다. 다시 말해 어떤 것들은 문화 영역의 발전으로 인해 가능해지는데, 이 발전이 어떤 국면에서는 다른 것들에 엮여들어가지요. '시대정신' 모델로 설명하려는 것과는 다르다고 생각합니다. 예컨대 헤게모니 개념은 헤겔적인 것이 아니라는 의견이 일반적입니다. 특정 종류의 문화적 헤게모니에 대해 말하면서 나는 그에 반대하는 저항의 공간 혹은 근거지를 남겨두었습니다. 모든 것이 전부 전지구적 모델로 통합되어 들어가는 게 아니라 필연적으로 그에 대한 저항으로 의미가 규정되는 것이 있다는 거지요. 당신처럼 아주 느슨하고 일반적인 의미로 성격규정을 할 수 있다는 것을 모르지는 않습니다. 마찬가지로 느슨하고 일반적인 의미에서 보자면, 나는 그것 때문에 신경이 쓰이지는 않습니다. 하지만 구체적 예를 들어 말해보자면 '표현적 인과성'이라는 개념을 내가 지지하기도 전에 이 개념이 대체 어떤 비난받을 만한 짓을 저지른 건지 알고 싶기도 합니다. 다른 한편, 당신이 말하듯이 체계적이고자 하는 어떤 시도도 그런 비판을 불러올 가능성이 있지요. 체계적이고자 할 때의 전체적인 요점은 우선 환원하고 보자는 것이니까요.

스테판슨 당신의 포스트모더니즘 개념이 차별화되는 것은 그것을 스타일의 양태가 아니라 문화적 지배소(cultural dominant)로 지칭한다는 사실에서입니다. 그렇게 해서 당신의 이론은 따푸리에서 리오따르(Jean-François Lyotard)에 이르는 모든 이들의 생각과는 거의 관계가 없어집니다.

제임슨 여기서 지적할 게 두가지가 있습니다. 첫째로 지배소라는 개념이 저항의 형식들을 배제하지 않음을 이해하는 것이 중요합니다. 사실 이 분석을 수행하는 데 있어서 내게 중요한 핵심은 지배적인 세력이 무엇인지 모르면 저항의 효과도 측정할 수 없으리라는 생각이었습니다. 따라서 포스트모더니즘에 대한 구상을 통해 획일적이지 않게 이 체제 내의 여타 경향들을 평가하는 게 가능하도록 의도했는데, 이는 그 체제의 실상을 모르면 불가능합니다.

둘째로 나는 어떤 변증법적 관점을 제안하고 싶은데, 이를 통해 포스트모더니즘을 보면 고도의 진지함이 결여되어 있다는 이유로 포스트모더니즘을 부도덕하고 경박하고 비난받을 만하다고 여기지 않게 되며, 그렇다고 매클루언(Marshall McLuhan)식으로 그것을 어떤 놀랍고 새로운 유토피아의 등장이라고 찬양하듯 좋게 보지도 않게 되지요. 두가지 특징이 모두 동시에 진행됩니다. 포스트모더니즘의 어떤 양상들은 상대적으로 긍정적이라고 볼 수 있는데, 예컨대 모더니즘이 산출한 일종의 시적 소설 이후에 스토리텔링의 귀환이 그렇습니다. 하지만 (예컨대 역사의식의 상실 같은) 어떤 특징들은 분명 부정적입니다. 이런 전개를 도덕적으로 개탄하거나 그저 환호할 무엇으로서보다는 전체적으로 놓고 보면서 하나의 역사적 상황으로 대처할 필요가 있습니다.

스테판슨 도덕적인 설명과는 별도로, 어떤가요, 맑스주의적 시각에서 볼 때 포스트모더니즘은 압도적으로 부정적이지 않나요?

제임슨 포스트모더니즘의 다양한 형식들에 함축된 대중적 성격과 상대적으로 민주화된 점을 생각해보세요. 이것은 예전의 모더니즘 언어보다는 훨씬 더 많은 사람들이 접근할 수 있는 하나의 문화실험입니다. 분명 그 점은 완전히 나쁜 것일 리가 없습니다. 아주 광범위한 방면에서 진행된 문화화를 개탄하는 사람들이 있을 수 있겠는데, 이들에게 모더니즘은 자기육성을 통해 정복해야 할 매우 교양있는 언어였던 반면 포스트모더니즘은 그 언어가 서자(庶子)화되고 천박해진 것이지요. 하지만 이것을 좌파적 입장에서 비난해야 할 이유가 내게는 명확지 않습니다.

스테판슨 그런 점에서는 그렇겠지요. 하지만 당신 자신이 강조했듯, 어떤 상찬되는 파편화와 이질성을 내세워 총체성을 그저 반대해서는 비평의 개념 자체가 발붙이기 어렵지 않을까요.

제임슨 그렇지만 이질성조차도 긍정적인 것입니다. 차이들에 대한 사회의 레토릭이 여기에 반영되어 있어서 그 자체는 분명 나쁘지 않지요. 초점은, 겉보기에는 부정적인 특징으로 보이는 이러한 많은 것들이 역사적으로 보면 긍정적으로 보일 수 있다는 점입니다. 부정적으로 보이는 것들이라도 포스트모더니즘 예술을 옹호하는 항목들로서 본다면 부정적으로 보이지는 않겠지요. 포스트모던한 건축은 분명 문화와 사람들 사이의 새로운 관계를 보여주는 민주화의 한 징후일 텐데, 그렇다고 이 말이 그저 대중주의적이라는 이유로 포스트모더니스트의 건축물들을 옹호하거나 미화할 수 있다는 의미는 아닙니다.

스테판슨 하지만 분명한 것은 포스트모더니즘 담론으로 인해 전체에 대해 말하는 게 어렵다는 점입니다.

제임슨 그런 상황변화를 묘사하는 방법 중의 하나는 그 변화를 문화적 영역의 성격 자체에서 일어나는 변화로 보는 것입니다. 문화의 자율성이 상실되거나 문화가 세상 속으로 빠져들어간 상황이 그런 변화의 일단입니다. 당신이 말하듯 이런 상황 때문에 문화체계를 떼어놓고 말하거나 평가하는 것이 훨씬 더 어려워졌지요. 따라서 완전히 새로운 이론적 문제들이 제기됩니다. 그것에 대해 부정적이면서 동시에 긍정적으로도 생각해보는 것이 하나의 시작입니다만 우리에게 필요한 것은 새로운 어휘입니다. 과거에 문화와 정치에 대해 말할 때 유용했던 언어들은 지금의 역사적 순간에는 정말로 적절해 보이지 않습니다.

스테판슨 하지만 당신은 고전적인 맑스주의 패러다임을 유지하고 있어서 새로운 어휘 탐색 아래 깔려 있는 거대서사(master narrative)는 매우 전통적입니다.

제임슨 어느 면에서는 전통적입니다만 맑스에는 없던 자본주의의 세번째 단계를 포함하고 있습니다.

스테판슨 두번째 단계인 '독점자본주의' 역시 정작 맑스에는 없지요. 이 말이 창안된 것은 제2인터내셔널에 의해서였는데 제3인터내셔널로 도매금으로 넘어가면서 아주 안 좋은 결과를 낳았지요.

제임슨 맑스주의적 틀은 새로운 역사적 내용을 이해하는 데 있어서 여전히 필수불가결합니다. 필요한 것은 맑스주의적 틀의 수정이 아니라 확장입니다.

스테판슨 그 점이 분명한 이유는 무엇인지요?

제임슨 오늘날의 맑스주의적 경제학과 사회과학은 19세기 맑스주의의 되풀이가 아닙니다. 이 점을 만델처럼 다음과 같이 극화해서 말할 수 있겠지요. 현실의 전개가 맑스의 모델로부터 멀어진 것이 아니다, 또는 오늘의 현실은 맑스가 분석한 자본주의가 더이상 아니며 그 모델의 훨씬 더 순수한 형태다, 즉 헤겔이 말했듯 오늘의 현실은 그 자체의 개념에 훨씬 더 가까이 근접해가기 시작했다고 말이지요. 이 세번째 단계의 특징은 전 자본주의적 고립지역(enclave)들이 체계적으로 관통되고 상품화되어 체제의 동력에 동화되었다는 점입니다. 맑스주의의 원래 분석도구가 도움이 안 된다면 그것은 맑스주의가 지금 잘못되었기 때문이 아니라 맑스의 시대보다 지금의 현실이 더 **진정한** 양상을 띠기 때문입니다. 따라서 우리에게 필요한 것은 이 도구들의 대체가 아니라 확장입니다.

스테판슨 진리와 허위의식에 대한 루카치의 옛 모델은 이런 점에서 보자면 하나의 피해자인 듯싶습니다.

제임슨 루카치의 더 흥미로운 부분들을 보면 사실 그 모델이 아닙니다. 더 실제적으로 말해보지요. 분명 허위의식이 있고, 어떤 것을 완전히 허위의식이라며 거부하고 싶은 순간들이 있지요. 이것은 근본적으로 정치적인 결단이고 수행되어야 할 투쟁의 일부이기도 하니까요. 다른 한편으로 이데올로기 분석에서 예술작품이 허위의식을 구현했다고 비판하는 것은 오직 계급적 상황이 더 이질적일 때에만 가능하며, 그 상황에서는 노동계급이 국민 내의 또다른 국민이어서 부르주아 문화를 소비하지 않았지요. 그런 상황에 서서 보면 예컨대 프루스뜨의 작품들 같이 어떤 종류의 대상은 퇴폐적임을 알 수 있습니다. 경험이나 예술적 형식 모두 노동하는 이들에게는 아무런 의미가 없는 양식이라는 점에서 말이지요. 그런 관점에서 프루스뜨가 의심의 여지없이 구현하고 있는 퇴폐성과 허위의식을 비판할 수는 있습니다. 그러나 이런 계급적 차이가 더이상 사회적 격리에 의해 확보되지 않고 민주적 문화화가 대규모로 계속되는 오늘날에는, 좌파가 점유할 바깥의 공간이 존재하지 않습니다. 따라서 오늘날 작품의 이데올로기 분석에 대한 나의 입장은 그것들을 바깥에서 비난하지 않는다는 것입니다. 그것들의 허위의식을 비난하고 싶으면 안으로부터 해야 하고, **자기비판**이 되어야 합니다. 허위의식이 더이상 존재하지 않는다는 게 아닙니다. 아마 모든 곳에 있겠지요. 하지만 다른 방식으로 이야기를 풀어야 할 겁니다.

스테판슨　그런 맥락에서 당신은 포스트모더니즘에 담긴 '진리의 계기'(the moment of truth)를 보존하자고 제안합니다만, 그게 정확히 무엇인지요?

제임슨　나는 지금 오늘날의 독일 후기 헤겔학파 언어를 쓰고 있습니다. 그 관점에서 이데올로기 분석을 한다는 것은 진리의 계기와 비진리의 계기에 대해 말한다는 것을 의미합니다. 이 경우 나는 포스트모더니즘이 정말 다국적 자본주의를 표현하는 한, 거기에는 어떤 인식적인 내용이 있다고 말하고 싶습니다. 현재 진행되고 있는 무엇인가를 분명하게 표현하고 있다고나 할까요. 만약 주체가 후기자본주의 안에서 길을 잃고 사회생활의 와중에 심리주체가 후기자본주의에 의해 탈중심화되어왔다면, 이 예술은 그런 점을 충실하고 진정성있게 기록합니다. 그 점이 포스트모더니즘의 진리의 계기입니다.

스테판슨　당신이 주장했듯이 모더니즘은 대중문화와 똑같은 순간에 나타나기 때문에 대중문화와 뗄 수 없이 연관되어 있기도 합니다. 포스트모더니즘은 따라서 모더니즘과 대중문화, 이 둘의 경계가 무너져 다시 하나가 된 것으로 볼 수 있겠지요. 테리 이글턴은 이런 현상을 역사적 아방가르드에 대한 일종의 메스꺼운 농담이라고 재정식화했습니다. 예술과 사회생활 사이의 경계들을 무너뜨리려는 아방가르드의 시도가 갑자기 반동적인 내파(內破)가 된다는 거지요.

제임슨 문제는 반동적 내파가 된다는 점 자체가 아니라 그런 것으로 **폭로된**다는 점입니다. 그것을 건축과 관련해서 달리 설명한 이가 따푸리인데, 매우 설득력이 있다고 생각합니다. 그는 르 꼬르뷔지에(Le Corbusier)가 실러(Friedrich von Schiller)를 그대로 이어받는다는 것을 보여주려고 했지요. 초기 형태의 정치적인 미학혁명을 처음 구상한 이가 실러였어요. 그는 "고양된 미적 경험을 통해 의식을 변화시켜야 하며, 그것이 본래 정치혁명(그리고 공포정치)이 필요치 않은 혁명을 이룬다"고 했거든요. 그런 실러의 입장을 말 그대로 받아들인 이가 르 꼬르뷔지에였어요. 그는 "우리가 사는 공간을 변화시키면 정치혁명은 필요없다"고 말했지요. 따푸리에 따르면 초기 형태의 정치적 충동은 언제나 필연적으로 배제에 입각해 있습니다. 모던한 것을 위한 근본적으로 새로운 공간은 혁명화되어야 할 낡고 쇠락한 공간을 배제하는 몸짓으로 시작해야 하니까요. 여기에 함축되어 있는 것은 이 새로운 공간이 낡은 공간을 날개처럼 쫙 펴서 변형시키리라는 믿음입니다. 그런데 이 믿음과는 달리 새로운 공간은 그저 고립된 공간으로 남아 있습니다. 존재론적·문화적·공간적 혁명이 이렇게 허물어져 밖으로 퍼져가는 세계에서 자리를 잡지 못할 때, 건축이나 예술작품은 고립된 기념비가 되어 그 자신의 불모성과 무능을 입증할 뿐입니다. 그것은 혁명적 몸짓이기를 멈춥니다. 따라서, 따푸리의 설명을 따르자면, 이글턴의 삐딱한 비판은 첫번째 모더니즘에도 이미 함축적으로 적용될 수 있습니다.

스테판슨 당신은 '진정 그람시적인 건축'을 요청한다면서 실은 단지 깨끗하게 치워진 어떤 고립된 저항의 공간을 요청하는 것으로 보이는데, 그럼 당신의 따푸리 독해에 오해가 있는 게 아닌지요? 그것이 딱히 당신의 주장은 아니겠지요.

제임슨 내가 그람시적 건축에 호소하면서 같이 언급한 이가 르페브르(Henri Lefebvre)였습니다. 내가 생각했던 것은 건축상의 실행 그 자체가 아니라 우리의 새로운 현실, 그리고 그 현실에 대처할 문화정치의 영역이 공간의 영역이라는 인식이었습니다. 따라서 우리는 공간과 공간을 위한 투쟁이라는 관점에서 문화정치에 대해 생각하기 시작해야 합니다. 그럴 경우 더이상 우리는 비판적 거리라는 옛날의 범주에서 생각하기보다는 어떤 새로운 방식, 즉 본래 모더니즘적이며 유산을 박탈당한 전복과 부정이라는 언어가 다르게 인식될 방식으로 생각하게 됩니다. 따푸리의 주장이 문화적인 용어로 펼쳐지지만 도시를 변화시키려는 계획이 실패하느냐 성공하느냐의 문제에서 중요한 것은 정치권력, 그리고 투자와 토지가치에 대한 통제 등입니다. 그것이 하부구조에 대한 매우 건강한 의식이지요.

스테판슨 이것이 전통적인 정치와 어떻게 다릅니까?

제임슨 그 차이는 정치적인 것이 적어도 두가지 차원으로 투사된다는 점입니다. 우선 지금의 장소, 지금의 영역, 지금의 저항들이라는 실천적인 차원의 문제가 있고, 그다음으로 그것을 뛰어넘어 저 위에 존재하는 유토피아적 공간이라는 문화적 차원이 있습니다. 개개의 고립된 장소는 단지 유토피아적 공간에 대한 특정한 비유인 셈이지요. 좀더 진부하게 말하자면 이 모든 것을 바로 사회주의라는 개념의 쇠락이라는 관점에서 볼 수 있을 텐데, 이런 현상을 (제1, 2, 3세계의) 모든 곳에서 목도할 수 있습니다. 문제는 사회주의라는 개념을 하나의 강렬한 문화적·사회적 비전으로 재창안하는 것인데, 이것은 낡은 이름이나 용어를 되풀이하는 것만으로는 할 수 없는 일이지요. 이 일에는 두가지 차원의 전략이 필요합니다. 즉 특정한 공간 혹은 지역의 차원이자 **동시에** 전지구적 비전의 차원인데, 첫번째 차원은 단지 하나의 구체적인 표현이거나 지역적 발현이 됩니다. 여기에 새로운 전지구적 체계의 공간이라는 사실과 문제를 더한다고 할 때 우리에게는 역사적으로 유례없는 정치적 상상력이 요구됩니다. 이렇게 표현해보지요. 오늘날 전지구적 자본주의 혹은 후기자본주의의 문화, 즉 이제는 분명해졌듯 우리가 포스트모더니즘이라고 부르는 그런 문화가 존재한다고 말입니다. 그것은 엄청나게 강력한 힘이며, 그 완전한 흡인력과 확산의 능력으로 인해 문화제국주의로 알려져 있거나 알려진 바 있습니다. 포스트모더니즘과 뚜렷하게 구별되면서 그에 맞서는 힘과 양식으로 존재하는 전지구적 사회주의 문화 같은 것은 전혀 없습니다. 반면, 그런 정치적 기획을 어떤 관심있는 집단에 제안하면, 당연한 일이지만 그 즉시 그들은 일반적으로 사회주의혁명에서 그렇게 강력한 역할을 했던 국민적 상황과 문화가 이제는 와해되었다는 사실에 대해 지레 걱정부터 하기 시작합니다. 따라서 전지구적 문화의 양식과 구체적 지역이나 국가의 상황이 가진 구체성의 요구 사이에 새로운 관계를 설정하는 일이 필요합니다.

스테판슨 공간적 양상은 실은 유럽 사회민주주의자들이 오랫동안 관심을 가져왔고 또 때로 성공적이기도 했던 것은 아닌지요?

제임슨 사회민주주의 정부의 문제는 그들이 하나의 국민국가에서 권력을 쟁취했으나 그 경제적 현실이 실은 국제시장에 의해 통제된다는 점입니다. 따라서 그들은 그들 자신의 국가 공간도 통제하지 못합니다. 궁극적으로, 내가 말하고 있는 전지구적 공간은 추상적이지도 사변적이지도 않습니다. 나는 제1세계 프롤레타리아가 지금 제3세계에 있다는 사실이나 생산이 태평양 해역에서 국가 경계들을 넘어서 발생하고 있다는 사실을 말하고 싶습니다. 이는 실제적 현실이어서 일국적 공간의 통제 그 자체는 다국적 상황에서는 낡은 유형의 생각일지 모릅니다.

스테판슨 실제로 제1세계의 급진적 지식인들의 임무가 일종의 '제3세계주의'임을 보여주기 위해 당신의 거대분석을 취하는 이가 있을지 모르겠습니다. 이를 보면 내 마음속에서는 1960년대의 다양한 '뇌물수수 이론들'이 떠오릅니다. 이 이론들은 서구 노동계급 내의 운동 부재를 다른 덜 조용한 대륙들에 대한 병적 집착을 정당화하는 데 활용했지요. 궁극적으로 이런 입장들은 폐기되었고 그게 당연했습니다.

제임슨 '제3세계주의'가 하나의 이데올로기로서 지닌 매력은 제3세계 자체의 조건에 따라 상승하고 쇠락합니다. 그러나 오늘날 실제로 진행되는 정치운동은 니까라과와 남아프리카 같은 지역에 있습니다. 그렇다면 분명 제3세계는 아직도 하나의 가능성으로서 매우 많은 활력을 띠고 있지요. 이것은 제3세계가 자신들의 혁명을 일으키는 것을 보며 환호하는 문제가 아닙니다. 여기의 우리가 그 지역들에 연루돼서 그들을 억누르려고 바삐 노력한다는 사실, 즉 그들이 우리 자신의 권력관계의 일부분이라는 사실을 변증법적으로 파악해야 하는 문제인 것이지요.

스테판슨 그런데 그런 입장은 도덕주의로 끝나는 경향이 있습니다. "제3세계에서 우리는 이걸 하면 안 돼, 저걸 하면 안 돼" 하는 식으로 말이지요. 일단 그 점을 깨닫고 나면 무슨 일을 해야 할까요? 제1세계에 관해서는 아무런 구체적인 정치가 뒤이어 나오지 않고 있습니다. 유일하게 할 일이란 제3세계에 대한 개입을 막는 것이라는 폴 스위지(Paul Sweezy)의 입장에서 끝나곤 합니다. 내게는 이 점이 다소 쓸모없는 일로 여겨집니다.

제임슨 글쎄요, 그렇다면 대안이 무엇일까요? 우리는 문화에 대해 말할 때 그것이 깨달음의 문제라고 말합니다. 초강대국의 우리가 제3세계의 현실에 늘 어느정도 영향력을 발휘한다는 인식, 우리의 풍요와 권력이 그들에게 무언가를 가하는 과정에 있다는 인식을 불러일으키는 게 나쁜 일은 아니겠지요. 미국문화에서 이런 깨달음이 나타나는 형태가 대외정책과 관련이 있음은 물론이지만 실업, 비생산성, 공장이탈 등 등 때문에 미국 자체가 하나의 제3세계 국가라는 개념과도 관계가 있습니다.

스테판슨 왜 우리가 그것 때문에 제3세계 국가가 된다는 건지요? 그것은 제1세계 국가에 대한 정의처럼 보이는데요.

제임슨 때때로 그렇듯이 만일 제3세계를 저개발의 개발이라고 정의하면, 우리도 우리 자신에게 저개발의 개발을 행하고 있다는 점이 정말 분명해 보입니다. 어쨌든 이제 더이상 하부구조 혹은 진짜 생산의 '기반' 위에 놓여 있지 않은 채 신용과 종잇조각으로 쌓은 현기증 나는 건축물인 금융자본주의로 뻔히 회귀하는 현상은 현재 통용되는 (포스트모더니즘적) 이론 자체에 독특한 비유를 제공하지요. 이를테면 여기 제1세계는, 비록 제3세계의 현실로 되돌아가지는 않겠지만 예기치 않게, 그리고 독특한 변증법적 반전을 통해 제3세계 경험의 어떤 특징들에 인접하기 시작한다는 겁니다. 아마 이런 점이 제3세계 문화가 최근에 우리의 열광적인 관심대상 중의 하나가 된 또 하나의 이유일지도 모르지요.

스테판슨 비난과 찬양 둘 모두에 맞서 논쟁하면서 당신은 일종의 '동종요법적' 방식으로 포스트모더니즘을 관통하는 비평을 고무하고자 합니다.

제임슨 그것은 포스트모더니즘을 포스트모더니즘의 방법들을 통해 동종요법적으로 무너뜨리는 것으로, 예컨대 혼성모방을 혼성모방 자체의 모든 수단을 동원하여 해체하기, 역사에 대한 대체라고 부른 것들을 수단으로 삼아 어떤 진정한 역사의식을 다시 회복하기 등을 언급할 수 있겠습니다.

스테판슨 이 '동종요법'의 작용을 어떻게 하면 더 구체적으로 이해할 수 있겠습니까?

제임슨 여기서 동종요법 치료라는 비유는 문화가 오로지 그렇게만 기능한다는 의미가 아니라 종종 그렇다는 이야기입니다. 예컨대 모더니즘은 초기 상품화에 대한 하나의 경험인데 물화라는 수단을 통해, 물화의 관점에서, 물화에 대항해 싸웠지요. 모더니즘은 그 자체가 하나의 거대한 물화과정인데, 이는 그 물화의 힘을 포착해 그 힘에 통달하고 그 결과를 가지고 외부현실에서 수동적으로 따라야 할 물화에 맞선다는 동종요법적 방식으로 내면화된 것입니다. 내가 궁금한 것은 포스트모더니즘의 어떤 긍정적인 특성들도 그와 마찬가지의 일을 할 수 있지 않았을까, 즉 몇몇 특성들을 택해 극단까지 밀어붙여 통달하려고 어떻게든 시도하지 않았는가 하는 점입니다. 몇가지 분명한 이유로 나는 기법(technique)이라는 용어를 싫어합니다만, 포스트모더니즘 '기법'을 활용하여 포스트모더니즘을 관통하고 넘어서고자 진정으로 노력한 소위 저항적 예술이 전범위에 걸쳐 존재합니다. 그게 펑크 작품이든 비디오 예술이든 간에 말이지요. 좌파가 으레 그렇듯이 다시금 오늘날의 경향들을 목록화해놓고 쭉 훑어가며 무엇은 안 되고 무엇은 진보적인지 가르려는 노력은 분명 잘못입니다. 공간의 위기를 가로질러가는 유일한 길은 새로운 공간을 창안하는 것입니다.

스테판슨 역사의식이 사라졌음에도 불구하고 포스트모더니즘 문화에 역사적인 요소들이 결여되어 있지는 않은데요.

제임슨 내가 역사의 상실이라고 말했을 때 역사의 이미지들마저 실종되었음을 의미한 것은 아니었습니다. 예컨대 노스탤지어 영화의 경우가 그렇지요. 그렇지만 과거에 대한 영화의 숫자가 증가하는 것이 역사적이라는 증거는 아닙니다. 그 영화들은 과거에 대한 이미지, 씨뮐라크라, 혼성모방일 뿐입니다. 그 영화들은 역사성을 대신하고 차단하는 산물을 활용하여 역사성에 대한 생화학적 갈망을 충족하는 효과적인 방법 중 하나입니다.

스테판슨 그러나 어느 면에서 역사적인 이미지들은 언제나 대체물인데요.

제임슨 루카치는 점차 부상하던 역사소설 형식을 그런 식으로 분석하지 않았습니다. 그는 역사소설을 지식에 대한 하나의 접근방법으로 생각했지요. 나 역시 공상과학소설 같은 것을 때로는 새로운 방식으로 돌파해 역사를 향해 나아가는 방법으로 볼 수 있다는 점을 주장하고 싶습니다. 과거보다는 미래를 경유함으로써 뚜렷한 역사의식을 획득하고 우리의 현재를 (루카치식의 전통적인 역사소설의 경우처럼) 국가의 영웅적 과거의 미래로서가 아니라 어떤 예기치 않은 미래의 과거로 의식하게 된다는 것이지요. 그러나 노스탤지어 예술이 우리에게 주는 것은 과거 다양한 세대의 이미지입니다. 다른 순간의 시간들과 어떤 확정적인 이데올로기적 관계를 맺지 않은 최신 패션 도판의 이미지처럼 말입니다. 그것들은 무엇의 결과도 아니고 우리 현재의 선행자들도 아닙니다. 그저 이미지들일 뿐이지요. 이런 의미에서 내가 그것들을 특정한 새로운 형식의 역사의식이라기보다는 어떤 진정한 역사의식의 대체물이라고 묘사하는 겁니다.

스테판슨 스타일의 도용이 이런 유형의 '역사성'의 본질적인 부분이지요.

제임슨 그게 건축가들이 역사주의, 즉 죽은 언어들의 절충적 활용이라고 부르는 것입니다.

스테판슨 나는 두어 해 전에 패션 분야에서 이 현상을 처음 의식하게 되었습니다. 당시에는 아이젠하워(Dwight Eisenhower) 시기의 싸구려 상품들, 그 시기의 텔레비전 시리즈에 대한 열광 등에서 그 이데올로기적 지향에 이르기까지 1950년대를 온통 파헤치고 있었지요. 이제그게 다 소진된 듯 보이니까 1960년대를 파헤치고 있습니다. 정치화된 1960년대가 아니라 최신 유행을 좇는 젊은 아가씨들의 1960년대를 말이지요. 이를 보면 전투적인 1960년대조차 오히려 메이시(Macy)백화점이 동부 마을의 유행을 재빨리 상업적인 가치로 변형하는 방식으로스타일상의 혁신을 위해 이용될 수 있다고 상상하게 되지요.

제임슨 어쩌면 이런 노스탤지어들의 역사라도 쓸 수 있을지 모르겠습니다. 정치에 진이 다 빠진 순간에 노스탤지어 영화가 도용해서 제공하는 이미지들은 거대하고 탈정치화된 시기의 이미지들이라고 말하는게 그럴듯할 수도 있겠지요. 따라서 무의식적인 정치적 충동이 다시 깨어나기 시작하면 정치화된 시기의 이미지들을 제공함으로써 그것들은봉쇄됩니다. 「레즈」(Reds, 1981) 같은 영화가 있다는 것은 우리 모두에게 다행인데, 그것 또한 노스탤지어 영화가 아닙니까?

스테판슨 아마도요. 하지만 과거에 대한 대중적 묘사에서 노스탤지어를 피하기는 어렵겠지요.

제임슨 역사적인 상황이 걸려 있는데 이런 포스트모더니즘적 역사성 봉쇄가 단순한 자기비판적 자의식을 통해 없어지기를 바랄 수는 없으리라 봅니다. 우리가 과거와의 근본적 차이를 상상해낼 때 어려움을겪는 게 사실이라면 이 어려움은 하나의 의지적 행동을 통해서만, 즉이것은 잘못된 종류의 역사이므로 어떤 다른 방식으로 해야 한다고 결심함으로써만 극복될 수는 없을 겁니다. 내가 볼 때 이런 점은 닥터로우(E. L. Doctorow)의 『래그타임』(Ragtime, 1975) 같은 소설에 매료되는 것과 통합니다. 그는 어떤 낡은 형태의 사회주의 리얼리즘, 곧 그 자체가 또 하나의 혼성모방이 될 대안을 소생시킬 시도를 하는 대신 노스탤지어 예술, 혼성모방, 포스트모더니즘의 모든 장치들을 포착해 그것들을 관통해 밀고나간 급진 좌파 소설가입니다. 닥터로우가 유일하게 가능한 길은 아니지만, 포스트모더니즘의 방법으로 포스트모더니즘을 '동종요법적으로' 무력화하는 호기심을 유발하는 시도라고 생각합니다. 혼성모방 자체의 모든 수단을 활용해 혼성모방을 와해하려고 한 작업과 내가 역사의 대체물이라고 부른 것의 수단들을 이용해 어떤 진정한 역사의식을 다시 회복한 것 등을 볼 때 그렇습니다. 당신의 용어에 따르면 이것이 문화적 의미에서 또다른 형태의 '제3세계주의'일지 모르지요. 우리는 제1세계의 과거인 모더니즘의 위대한 순간도 아니요 그 현재인 자기분열적 텍스트성의 순간도 아닌, 어떤 대안적 위치를 찾는 일로 되돌아온 셈입니다.

스테판슨 하지만 정의상 피상적인 문화적 표현양식을 통해 깊은 구조에 대해 말하는 것이 어떻게 가능한지요? 결국 맑스주의의 본질은 '정말로 실재하는' 것에 대한 무언가를 드러내는 것인데요.

제임슨 닥터로우는 여전히 내가 생각하는 최상의 예입니다. 왜냐하면 과거를 분명 씨뮬라크라인 무엇인가로 바꿔놓음으로써 이것이 과거에 대해 우리가 지닌 유일한 이미지, 실제로는 플라톤의 동굴 벽에 비친 투영임을 갑자기 깨닫게 해주니까요. 원한다면 이것이 부정의 변증법 혹은 부정의 목적론이요, 그 자리에 없는 것을 매우 생생하게 만들어주는 사물의 바로 그 평면성과 깊이 없음에 대한 주장이라고 해도 되겠지요. 하지만 이를 간과해서는 안 됩니다. 부정의 변증법은 과거와 연관된 어떤 의식을 재창안해서 그것을 통해 더 건강한 시대의 더 깊은 역사의식에 대해 공상을 펼치자는 게 아닙니다. 아주 제한된 이 도구들을 활용해 그것들의 한계를 보여주는 거지요. 그것은 아이러니하지 않습니다.

스테판슨 하지만 차이에 대한 인식을 활용해 어떻게 어딘가 다른 곳에 이르게 되나요? 상동에 의지할 경우 기본적으로는 닥터로우의 작품이 아니라 「레즈」에서 당신이 비판한 것을 똑같이 하는 것이 될 텐데요.

제임슨 상동들의 문제(그리고 단계들 사이의 평행이나 유추의 불만족스러운 성격)는 내게 지속적인 이론적 관심이었습니다. 뚜렷하게 구분된 반(半) 자율적 분야들을 서로 연관지으려고 시도할 때 상동 같은 것은 정말 피하기 어려워 보입니다. 나는 대안적인 개념들, 예컨대 싸르트르의 유사물(analogon)과 퍼스(Charles Sanders Peirce)의 해석체(interpretant) 개념을 가지고 유희를 벌인 적도 있지요. 이 둘은 모두 알레고리적인 대상으로부터 유추를 읽어내는 과정을 강조합니다. 그 유추가 존재론적으로 세상의 '현실'임을 밝혀내기보다는 말이지요. 여기에 덧붙여 말하자면 재현하거나 상상할 수 없는 무엇인가를 정신적으로 파악하기 위해 주체와 현실을 활용할 방법들을 창안하는, 곧 내가 인식의 지도 작성이라고 부른 과정을 분명히 하는 데에 있어서 그 둘 각각이 얼마간 기여하는 듯합니다. 이 과정에 대한 하나의 상징이랄 수 있는 것이 과학자가 바깥에서 조작하는 거대한 장갑과 기구들이 돌출해 들어간 초멸균 실험실들 사진입니다. 정상적인 몸은 이쪽에서 일을 하는데 그 결과는 다른 차원, 다른 변수에 따라 전혀 다른 공간에서 일어납니다. 바나나를 연역적 혹은 삼단논법적으로 전유한다는 것이 실험실의 원숭이에게는 너무나 동떨어진 일이듯 이것은 우리의 정상적인 육체적 작용과 너무도 동떨어진 당혹스러운 종류의 실행과업임에 틀림없지요. 하지만 그게 가능하다면, 이런 일이 여기서 요구되는 새로운 종류의 재현과정에 대한 아이디어를 가져다줄 수도 있습니다.

스테판슨 당신에 따르면 모더니즘에는 매우 전형적인 개인적 '스타일'이 포스트모더니즘에서는 하나의 단순한 약호가 되었습니다.

제임슨   이것이 포스트모더니즘에 의해 처음 탐색된 또 하나의 특징인데, 즉 낡은 사적 주체와 자아(ego)의 빛 상실입니다. 모더니즘은 천재적 주체, 카리스마가 있는 주체, 어쩌면 초자아라고 할 수 있을 것을 획득하는 데 모든 것이 걸린 어떤 독특한 개인적 스타일의 성취에 근거를 두고 있었습니다. 일단 그 주체가 사라지고 나면 거기에 연결된 스타일도 더이상 가능하지 않습니다. 이렇게 해서 어떤 유형의 탈개인화가 이 모든 것에 암묵적으로 함축된 것으로 보입니다. 심지어 모더니즘 자체가 혼성모방될 때조차도 그것은 오로지 스타일의 모방이지 스타일 자체가 아닙니다.

부르주아의 낡은 자아와 오늘날 우리의 조직-사회의 정신분열증적 주체를 넘어선 탈중심화되었으나 정신분열증적이지는 않은 집단적 주체라는 제3의 가능성이 아직도 내가 늘 주장하는 것입니다. 그것이 제3세계문학에서 발견할 수 있는 특정 형태의 스토리텔링(storytelling), 증언문학, 가벼운 이야기와 풍문, 이와 비슷한 다른 것들에서 나타납니다.[4] 그것은 모더니즘적인 의미에서 사적이지도 않고 자기분열증적 텍스트의 병리학적 의미로 탈개인화되지도 않은 스토리텔링입니다. 그 스토리텔링은 탈중심화되어 있습니다. 거기의 이야기들은 당신이 한 개인으로서 전달하지만 당신에게 속해 있지 않으며 당신이 지배주체 혹은 모더니즘이 하는 방식으로 이야기들을 통제하지 않기 때문입니다. 그러면서도 이야기들이 오늘날 제1세계적 주체의 정신분열증적 소

---

4 Fredric Jameson, "Modernism and Imperialism," *Nationalism, Colonialism, and Literature*, by Terry Eagleton, Jameson, and Edward W. Said (Minneapolis: University of Minnesota Press 1990) 43~66면; "On Literary and Cultural Import-Substitution in the Third World: The Case of the Testimonio," *Margins* 1 (1991) 11~34면; "Third-World Literature in the Era of Multinational Capitalism," *Social Text* 15 (1986) 65~88면 참조.

외에 빠지도록 내버려두지도 않지요. 그 스토리텔링의 어떤 것도 낡은 의미의 스타일을 재창안하지는 않습니다.

스테판슨 몇해 전 완전히 다른 맥락에서 당신은 붓놀림(brushstroke)이 근대 천재성의 바로 그 표지라고 부르면서 구체적으로 드 쿠닝(Willem de Kooning)의 메타적 붓놀림이 개인화하는 예술의 마지막 단말마라고 지목했습니다.[5] 하지만 그 다음날 아침 신표현주의가 이 메타적 붓놀림을 자기 것이라며 맹렬히 되찾아갔지요.[6] 그렇다면 이것이 옛 모더니즘의 잔재가 아니라 혼성모방이라고 말할 수 있나요?

제임슨 어떤 것은 모더니스트적 주관성의 혼성모방일 뿐이겠지요.

스테판슨 한편 이 화가들 중 예컨대 이멘도르프(Jörg Immendorf) 같은 이들은 아주 노골적으로 정치적인데, 흥미로운 이야깃거리를 가지고 있습니다.

제임슨 상당수는 유럽에서, 혹은 미국을 중심으로 둔 반 주변부(예컨대 캐나다)에서 나옵니다. 예컨대 신표현주의는 특히 이딸리아와 독일에서 번성했는데, 이 두 서구 국가는 파시즘이라는 역사적 '단절'을 경험했습니다. 이 점에서 독일식 신표현주의가 반동적이라고 보는 하버마스와 논쟁을 벌일 수도 있겠지요. 한편, 어쩌면 우리는 독일식 신표현주의를 주체성을 재창안해내려는 병적인 시도로 분류하지 않고 달리 활용할 수도 있겠습니다. 어쨌든 독일 전통에서는 주체성이 오염된 상

---

5 Fredric Jameson, "Towards a Libidinal Economy of Three Modern Painters," *Social Text* 1 (1979) 189~99면 참조.

6 신표현주의는 모더니즘 예술의 추상적 순수성에 반대하면서 구체적인 형상과 표현을 통해 후기산업사회의 다수 대중의 요구에 '민주적으로' 부응했는데, 이때 적극적으로 활용한 기법의 하나가 전통기법에 맥을 댄 대담한 붓놀림이었다. 이 대목은 그와 같은 유의 붓놀림을 모더니즘과 연관지어 설명한 제임슨의 논지에 대한 반발을 비유적으로 표현한 것으로 볼 수 있다──옮긴이.

태이지요.

스테판슨 현재 우리는 미니멀리즘, 텅 빈 표면, '네오지오'(neo-geo)[7] 형식의 회귀를 목격하고 있는데 내게는 이런 현상이 오히려 1960년대와 1970년대 초와 같은 것으로 보입니다. 스타일의 도용이 '갑자기 속도를 낸' 것이 분명하고, 이것이 자기 자신의 꼬리를 무는 어떤 맹렬하고 현기증 나는 행위로 끝나지 않을까 상상합니다.

당신은 거의 아도르노(Theodor W. Adorno)적 부정의 변증법에 따랐다고 할 따푸리 건축의 엄격한 반유토피아주의와 라스베이거스에 대한 벤투리(Robert Venturi)의 찬양 사이에 흥미로운 연관이 있다고 제시합니다. 두 사람 모두에게 체계란 근본적으로 모든 것을 망라하는 변화 불가능한 것이고, 차이가 있다면 따푸리가 금욕적으로 체계를 거부하는 반면 벤투리는 그 안에서 '이완하는' 방법을 찾아낸다는 점에서 말이지요.

제임슨 따푸리가 볼 때, 벤투리는 미스 반 데어 로에(Mies van der Rohe)[8]로 대표되는 반대쪽에 속합니다. 전자의 해결책은 말라르메적인 절대적 순수와 침묵인 반면, 후자의 해결책은 부정적 순수에 대한 궁극적 시도를 포기하고 세상으로 다시 빠져드는 것이지요. 벤투리 건축 혹은 그의 '해결책'의 문제는 오늘날 많은 포스트모더니즘의 특징이기도 한데 그것은 바로 아이러니에 호소한다는 점입니다. 그런데 아이러니

---

7 'neo-geometrical'의 약칭으로 씨뮬레이션 예술이라고도 불리는 이 미술경향은 1980년대 미국 뉴욕에서 일어난 것으로 현대 소비사회의 현실을 복제된 것으로 보며 기하학적 추상이나 복제 등을 활용해 현대사회를 표현하려고 했다──옮긴이.

8 루트비히 미스 반 데어 로에(Ludwig Mies van der Rohe, 1886~1969)는 발터 그로피우스(Walter Gropius), 르 꼬르뷔지에와 더불어 근대건축의 개척자이자 거장으로 여겨지는 독일의 건축가로, 산업용 강철과 유리를 이용한 극도로 간명한 건축물을 지향했다──옮긴이.

에 대한 호소는 모더니스트적인 해결책이거든요. 그는 예술과 미학에 몸담고 있는 까닭에 라스베이거스 민중의 기호에 맞는 언어를 사용하고 싶어하지만, 그 언어와 어떤 최소한의 거리를 두어야 하기도 하지요. 따푸리가 말하듯 이 예술은 모두 거리에 입각해 있는데, 거리는 언제나 실패를 의미합니다. 자신이 변화시키기를 원하는 것으로부터 거리를 두기 때문에 그것을 변화시킬 수가 없으니까요.

스테판슨　그 말을 들으니 리오따르의 포스트모더니즘 개념에 대한 당신의 비판이 생각나는군요. 그가 거대서사를 제거했다고 주장하고서는 다시 그것들을 몰래 들여온다고 말이지요.

제임슨　포스트모더니즘에 대한 그의 가장 유명한 진술은 포스트모더니즘이 위대한 모더니즘의 복귀를 준비해야 한다는 것이었지요. 지금 그 말은 위대한 거대서사의 복귀를 의미하는 걸까요? 여기에 어떤 노스탤지어가 작용하는 게 아닐까요? 한편 (패러다임의 무작위적 파괴 등) 파이어아벤트(Paul Feyerabend)의 용어를 사용하자면, 서사가 거부된 자리에 영원한 현재, 무정부주의적 과학을 들여앉히는 한 우리는 최고조의 포스트모더니즘에 처해 있는 거죠.

스테판슨　따라서 그런 의미에서 거대서사들은 죽지 않은 것입니다.

제임슨　이란의 근본주의나 해방신학이나 미국의 근본주의 같은 종교적 패러다임이 재부상하는 것만 봐도 되지요. 이 세상에는 서사를 초월한다고 여겨졌던 온갖 종류의 거대서사들이 있습니다.

스테판슨　모더니즘과 관련해서 보자면, 미국이 이를 전유하는 방식은 유럽에서와는 전혀 다릅니다. 원래 비록 탈정치화된 예술이지만 이곳의 전후 모더니즘은 매우 도구적인 방식으로 이용됩니다.

제임슨　역사적으로 처음 등장했을 때 '원(原) 모더니즘'의 정치적 요소들은 그것이 이식되는 과정에서 누락되었습니다. 따라서 다양한 모더니즘이 주관화하는 내적 전향으로 읽혔지요. 다른 특징들 역시 사라졌습니다. 이제 더이상 근대 건축의 유토피아적이고 미적-정치적인 요소들 전체가 전혀 보이지 않습니다. 예컨대 여러 학파에서 모방한 거대한 기념비나 전통을 놓고 보아도 르 꼬르뷔지에의 흔적은 더이상 찾아볼 수 없습니다. 동시에 이런 모더니즘은 더이상 생산되지 못했고, 다른 방식으로라도 고무되었다면 존속했을 모더니즘도 없었다고 해야겠습니다.

스테판슨 어디선가 당신은 하버마스가 완성된 본격 모더니즘의 복귀를 옹호한다고 언급하면서, 이 옹호가 여전히 정말 반모더니즘적인 서독의 정치적 반동에 대한 저항으로 보인다고 지적했습니다. 그런데 사실 이 나라의 상황은 정반대지요. 그렇지 않습니까? 크레이머주의자들이 여기에서 급진주의를 옹호하지 않는 것은 분명합니다. 그런 한편, 포스트모더니즘의 옹호가 톰 울프(Tom Wolfe)의 예에서처럼 우파 정치와 연결될 수도 있습니다.

제임슨 힐턴 크레이머(Hilton Kramer)[9]가 돌아가고자 하는 모더니즘은 1950년대의 주관화하는 모더니즘입니다. 이는 모더니즘을 미국식으로 읽어낸 셈인데, 이를테면 모더니즘이 훼손당해 순수함을 잃어버렸으니 다시 회복해야 한다는 것이었지요. 하지만 (진정한 모더니즘이라고 부르기는 주저되지만) 하버마스의 모더니즘은 1910년의 맥락에 있기 때문에 뭔가 아주 다르지요. 다른 곳의 모더니즘은 생명이 다해 죽었기 때문에 더이상 어찌해 볼 수가 없는 반면, 독일의 모더니즘은 나치즘에 의해 차단되었지요. 따라서 그 프로젝트가 충족되지 못한 측면이

---

9 힐턴 크레이머(Hilton Kramer, 1928~)는 미국의 예술·문화비평가로 좌파적 경향이나 미학적 허무주의와 거리를 두었고 반스딸린주의적 입장을 지닌 보수적 비평가이다—옮긴이.

있고, 내 추측에는 하버마스 같은 누군가가 그 기획을 다시 꺼내들려고 할 수 있다고 봅니다. 하지만 그 선택은 우리에게는 여실하지 않지요.

스테판슨 당신이 개괄하듯 '지배적인' 경향에서의 단절은 1950년대 후반이나 1960년대 초반에 일어납니다. 예술은 자기 영역의 정치경제에 완전히 말려들어갔고, 이 영역의 정치경제는 다시 더 커다란 경제체제의 부분이 됐지요. 이 무렵의 회화예술가들 중에 상징적인 이가 워홀(Andy Warhol)인데, 당신은 모더니즘/포스트모더니즘의 윤곽을 처음에 그릴 때 워홀을 반 고흐와 비교하지요. 워홀은 어쩌면 너무나 분명한 예이지 싶습니다. 라우션버그(Robert Rauschenberg)[10] 같은 그의 동시대인은 당신의 설명에 어떻게 맞아 들어갈까요?

제임슨 라우션버그는 과도기적인 인물로 추상표현주의의 끝자락에 등장하지만, 그의 가장 최근의 작업을 보면 완전히 일색을 갖춰 포스트모더니즘 작업을 하는 방법들을 개발하고 있습니다. 그의 새로운 작품들은 표면을 온통 사진 이미지로 채운 꼴라주인데 그는 같은 작품 내에 모더니즘적 이미지와 포스트모더니즘적 이미지를 증상적으로 포함시킵니다. 라우션버그가 이 사진 중 상당수를 찍은 바로 그 제3세계 국가들에서 많이 활동하고 있다는 점도 따로 언급할 만합니다.

포스트모더니즘을 다룰 때 선구적 기여를 한 이들을 따로따로 떼어 살펴볼 수는 있지만, 이 기여가 얼마나 커다란 것인가 하는 미학적 질문들은 거의 의미가 없습니다. 모더니즘을 다룰 때는 적법하게 제기될 수 있을 질문들이지만요. 나는 라우션버그가 얼마나 위대한지는 모르지만 그의 놀라운 전시회를 중국에서 본 일이 있습니다. 일단의 반짝거리는

---

10 로버트 라우션버그(Robert Rauschenberg, 1925~2008)는 추상표현주의에서 팝아트로 전환되는 1950년대에 주목받은 미국 예술가다 ──옮긴이.

물건들이 온갖 종류의 포스트모더니즘적 경험을 제공하고 있었지요. 그러나 그게 끝나면 그것으로 끝입니다. 달리 말해 텍스트적인 것은 예술작품, 즉 모더니즘적 기념비와 같은 대작이 아닙니다. 그의 작품 감상은 모더니즘적 화가나 작가들의 경우와는 달리 어떤 영속적인 가치평가 부여를 더이상 요구하지 않는데, 그런 의미에서 작품은 사용 후 버리는 일회용 텍스트에 가깝고 나는 때때로 그렇게 부르지요. 라우션버그 전시회에 가면 전문가적이고 창의적인 방식으로 수행되는 어떤 과정을 경험하게 되는데, 거기를 떠나면 그것도 종결되고 말지요.

스테판슨 중국 관객의 반응은 어땠나요?

제임슨 매료되면서도 당혹해했죠. 나는 내 중국 학생들에게 포스트모더니즘을 설명하려고 애썼지만 전반적으로 중국의 관객들에게 그것은 그저 '서구의 예술'이었을 듯해요. 하지만 포스트모더니즘은 우리의 역사적 맥락에서 이해되어야 합니다. 그것이 그저 일반적인 현대예술이 아니라 그것의 특정 계기라고 말입니다.[11]

스테판슨 현재 중국에서 진행되고 있는 온갖 커다란 사회변화와 더불어 전통적인 방식의 예술 이해는 어떻게 변화하고 있나요? 창조성에 대한 모더니스트적인 개념을 되살리고 전통을 서구적 주관성으로 대체하려는 시도들이 있습니까?

제임슨 그런 식으로 대체되고 있지는 않습니다. 고급문화 작품들만이 아니라 서구의 베스트셀러들이 상당히 번역되고 있어요. 포크너의 『소음과 분노』(*The Sound and the Fury*, 1929), 앨리스 워커(Alice Walker)의 『컬러 퍼플』(*The Color Purple*, 1982)뿐만 아니라 아서 헤일리(Arthur Hailey)의 많은 작품들이 번역되어 있지요. 어쩌면 이론의 관점에서 이

---

11 이런 취지의 언급은 1986년에 한 바 있다.

점을 설명할 수 있을 듯합니다. 중국인들은 지금 서구이론과 전통적인 중국이론, 두 종류의 이론에 관심을 갖고 있습니다. 이 둘 모두에 대해 그들은 1950년대에 훈련받은 근본적으로 쏘비에뜨적인 문화이론 같은 것들로부터 자신들을 벗어나게 할 수 있는 지렛대라고 느낍니다. 가장 흥미로운 중국작가 중의 한 사람인 덩 유메이(鄧友梅)가 제게 말했지요. "우리는 서구 모더니즘 자체에 많은 관심을 갖고 있지 않습니다. 이야 기를 말해주지 않는 소설들은 지루하지요"라고요. 달리 말해 제임스 조이스나 버지니아 울프(Virginia Woolf)에게서 발견하는 정교한 상징성은 그들에게 아무것도 해주지 않는다는 거지요. 사인방의 몰락 직후 그간 잊혀진 것 가운데 뭔가를 회복하는 것이 중요했지요. 하지만 1985년에 거기에 도착했을 때 나는 카프카(Franz Kafka)에 대한 소식을 가져 갔는데 그들은 이미 알고 있다며, 그 정보가 1970년대 말에는 흥미를 끌었지만 이제는 아니라고 말하더군요. 덩 유메이는 "우리에게 리얼리즘은 서구적인 것이기도 하다는 점을 당신이 깨달아야 합니다. 우리의 리얼리즘은 서구전통에서 나오지요. 1950년대에 지배적이던 리얼리즘은 분명 쏘비에뜨의 것이니까요. 우리는 모더니즘과 리얼리즘, 이 둘 모두와 다른 무엇이 있고, 그것이 중국의 전통적인 스토리텔링이라고 생각합니다"라고 말했습니다.

이것이 재현에 대한 탈구조주의적 논쟁 전체에 제3세계가 기여한 바인데요. 여기 서구에서는 막연하게 재현이 리얼리즘과 같은 것으로 여겨집니다. 그래서 재현과 리얼리즘이라는 말만 나오면 그것은 무조건 나쁜 것이라고 생각해서 탈중심화된 주체 등을 통해서 그것을 혁파하고 싶어하지요. 하지만 에피소드적 서사의 중국식 연작들은 이런 틀에서 벗어납니다. 그것들은 특정한 종류의 스토리텔링으로 돌아간 예인데, 이런 경우는 그들 나름의 이야기 전개방식을 찾아낸 비서구 지역에서, 그리고 특정 형태의 포스트모더니즘에서 모두 발견됩니다. 따라서 리얼리즘과 재현의 문제를 중국의 맥락에서 다시 생각할 필요가 있습니다. 나는 종유석으로 이뤄진 어느 유명한 석굴을 관광한 적이 있어요. 모던한 예술을 증오하는 부르주아 대중을 상상해보세요. 그리고 또 여기 작은 전등을 갖고 다음과 같이 선언하는 가이드를 상상해보세요. "이 바위들을 보세요. 저기 노인과 세 아이들이 있어요. 여신" 등등도 있네요. 그러면 당신은 생각하지요. 이것은 서구에서는 재현이라고 거부한 것 중에서도 가장 초보적인 형태다, 대중은 이런 관점에서 생각한다고 말입니다. 그러나 사실적이거나 재현적인 이와 같은 대중적 인식과 더불어 중국은 문자의 진화에 있어서 매우 다른 종류의 공간적 인식을 발달시켰습니다. 따라서 중국의 대항문화가 사물을 보는 특정 종류의 내중적 방식을 취하는 게 가능할 텐데, 그것이 꼭 우리에게도 똑같은 사회적 의미를 띠지는 않겠지요.

스테판슨　그 점에서 알레고리는 어떤가요? 포스트모더니즘과 관련해서만이 아니라 제3세계 소설과 관련해서도 당신은 알레고리를 언급했지요.

제임슨　그것은 제3세계 문화가 우리 자신의 문화와 근본적으로 다르다는 점을 이론화하려고 한 하나의 시도였어요. 헤게모니를 쥐고 있지 못한 상황, 혹은 경제적이거나 문화적인 하위성에 처한 상황에서는 국가적 상황을 늘 존재하고 늘 느껴지는 것으로 언급하는 경향이 있습니다. 이는 초강대국의 지배문화에서라면 불가능한 방식이지요. 그러나 우리가 이제부터 알레고리를 쓰기 시작해야 한다는 취지에 따라, 어떤 특정 예술 프로그램을 의도하고 이런 유형의 분석을 한 건 아닙니다.

스테판슨　앞에서 언급한 중국의 동굴을 하나의 '초공간'이라고 묘사할 수는 없을 텐데요.

제임슨 또한 정말로 어떤 근본적·문화적 차이를 상징하지도 않지요. 미국 관광객도 켄터키 주 루이빌의 동굴에서 꼭 그렇게 할 법합니다. 이것들을 바라보는 게 혁명적인 소작농이냐 미국의 관광객이냐가 그 개념에 실제적인 중요성을 갖지는 않습니다. 부르디외(Pierre Bourdieu)가 탐구했듯, 만일 사람들이 다소의 예술적 훈련은 아무튼 좋은 것이며 사회적으로 출중하다는 표시라고 느끼면서 미학적인 작용을 스스로에게 정당화해야 할 제도적 이유가 없다면, 그에 대한 다른 이유란 결국 무엇을 닮았는지를 볼 줄 아는 게 되겠지요. 이렇게 기본적으로 모사적인 의미에서 유사성을 본다는 것이 본래적으로 민중성 혹은 대중성의 표시는 아니지만 분명 문화와 사람들의 관계에 대한 흥미로운 지적입니다. 이들에게 문화는 사회적 의미를 가리키는 속성이나 특징이 아닙니다.

한편, 포스트모더니즘에서는 모든 이들이 텔레비전이나 여타 대중매체를 통해 문화소비를 배웠기 때문에 달리 이유가 더이상 필요하지 않습니다. 당신이 광고판과 혼성모방을 보는 것은 그것들이 저기 외부 현실에 존재하기 때문입니다. 문화를 소비하는 시간을 스스로에게 어떻게 정당화하는가 하는 문제 전체가 사라집니다. 문화를 소비하고 있다는 것을 더이상 자각조차 못하니까요. 모든 것이 문화, 상품문화입니다. 그것이 포스트모더니즘의 매우 의미심장한 특징인데, 이런 점은 우리가 미학이라고 불렀던 것(그리고 고급문화 개념)에 관한 전통적 이론, 정당화, 이론적 근거 등이 포스트모더니즘에서 사라진 현상을 설명해줍니다.

스테판슨 어떤 의미에서 포스트모더니즘 예술은 일회용 텍스트일지 모르지만 그 현금가치는 물론 결코 일회적이지도 일시적이지도 않습니다. 워홀이 그 모델의 창시자로 등장한 것이 아니라는 점을 강조해야 합니다. 보통은 그렇게 이해하고 있지만요. 당신의 목적은 문화의 체계이지 현대 예술가들에 대한 평가는 아니지요.

제임슨　체계적인 것을 이론화하려고 할 때 내가 활용한 것이 알레고리 같은 겁니다. 이런 시각에서 보자면 개별적인 경향을 찾기 위해 노력하는 것은 의미가 없습니다. 개별 예술가들이 흥미로울 때는 전체로서의 체계, 혹은 그것의 한계가 건드려지는 어떤 계기를 발견할 경우뿐입니다. 평가가 정말로 작용하기는 합니다. 왜냐하면 훨씬 더 전형적인 포스트모더니즘의 사례를 상상할 수도 있을 테고 저 화가가 라우션버그만 못하다고 말해야 할 때가 있으니까요. 하지만 이것은 예컨대 사람들이 토마스 만과 비교해 프루스뜨를 상대평가하면서 모더니즘을 다룰 때 그럴 수 있으리라 느끼는 미학적 가치철학 차원의 평가와 같지는 않습니다.

위대한 모더니스트들은 모두 자신의 방식대로 모더니즘을 창안해냈습니다. 마찬가지로 분명한 것은 어느 한 사람의 포스트모더니스트도 포스트모더니즘 자체를 제공해주지는 않는다는 점입니다. 그 체계는 전체 범위의 대상들을 포함하니까요. 워홀은 포스트모더니즘의 한 특징을 상징적으로 보여주고, 백남준의 경우도 마찬가지입니다. 두 예술가 모두 부분적인 뭔가를 분석하고 상술하도록 해주고, 그런 점에서 그들의 활동은 참으로 독창적입니다. 그들은 전범위에 걸쳐 해야 할 일이 뭔지를 밝혀내고 이 새로운 공간을 개척하는 길에 들어섰지요. 하지만 이것은 세계사적으로 위대한 모더니스트 창조자라고 할 때의 의미에서 독창적이지는 않습니다. 예컨대 로리 앤더슨(Laurie Anderson)의 경우처럼 어느 한 예술가가 이것들을 모두 실제로 구현하면, 그 예술가는 포스트모더니즘을 초월했다고 여겨질 게 분명합니다. 하지만 바그너(W. R. Wagner)가 모더니즘의 중요한 한 계기에 '총체예술'

126

(Gesamtkunstwerk) 차원에서 그와 같은 뭔가를 했을 수도 있었다면, 로리 앤더슨의 '총체예술'은 체계화할 수 없는 체계, 총체화할 수 없는 체계를 만들어내며 바그너의 역할을 해내지는 않습니다.

스테판슨 그렇게 말하면 개별 작품들을 비평할 여지는 많지 않아지는데요. 일단 부분을 전체와 연결짓고 나면 어떤 과제가 남는지요?

제임슨 달리 말해 그것들이 [모더니즘적 의미로] 더이상 작품이 아니라면 뭐냐는 말이지요? 이런 사정은 특히 비디오의 경우에 해당하는데, 비디오들은 보통 묶어서 보게 되지요. 당신이 지적한 것은 포스트모더니즘 비평의 방법론에서 근본적인 문제입니다. 이런 포스트모더니즘의 텍스트 중 어느 하나에 국한해 말하다보면 그것을 물화하게 되고, 더이상은 예술작품이 아닌 것을 예술작품으로 바꿔놓게 되지요. 그러다보면 임무상 배척해야 할 어떤 영속성과 기념비적 성격을 그것에 부여하게 됩니다. 이렇게 해서 개별 텍스트들을 분석하게끔 되어 있는 비평가는 거의 넘어설 수 없는 문제에 봉착합니다. 한편의 비디오 예술을 분석하는 순간 그것에 폭력을 행사하게 되지요. 그것의 임시성과 익명성의 상당 부분을 제거하면서 대작이나 적어도 특권적인 텍스트로 다시 만드는 겁니다. 그러다보니 그것을 경향의 관점에서 다루는 게 훨씬 쉽습니다. "여기 (이러저러하다고 묘사된) 새로운 경향이 있다. 또 여기에 다른 경향이 있다"는 식으로요. 하지만 경향들에 대한 언어 전체는 예전 모더니즘의 논법이지요.

스테판슨 여기서 평가의 문제로 되돌아왔는데요.

제임슨 꾸바인들은 다른 체계를 가지고 있는데, 이들은 가치에 대한 우리의 감각이 나쁜 의미에서뿐만 아니라 좋은 의미에서도 예술시장의 의해서 주어진다고 지적합니다. 그들의 주장을 부연하면서 그들의 지적에 대해 반박의 근거가 될 만한 상황을 예로 들자면 시장에서 다만 몇 안 되는 스타일만이 허용되는 경우가 되겠지요. 그러나 단일한 예술시장이 없고 문화적으로 극도로 다양해서 사회주의 리얼리즘에서 팝아트, 추상표현주의에 이르기까지 온갖 종류를 찾아볼 수 있는 꾸바 같은 나라에서는 이것이 저것보다 더 진전된 것임을 식별해줄 메커니즘이 없습니다. 그런 상황을 염두에 두고 보면 예술시장이 우리에게 거의 종교적·존재론적 기능을 하고 있다고 느끼게 됩니다. 스타일상으로 이와 같이 '무엇이나 통한다'는 식의 극단적인 다원성을 우리가 마주할 필요가 없는 것은 누군가가 우리 곁에서 "이것이 저것보다 약간 더 새롭고 더 혁신적이다"라고 늘 말해주기 때문입니다. 혹은 더 가치있다고 표현할 수 있겠지요. 우리의 가치체계가 그와 같은 시장메커니즘의 파급효과에 달려 있다는 생각이 드니까요.

스테판슨　그럼 꾸바인들은 어떻게 가치를 평가하나요?

제임슨　그게 정말 문제입니다. 그들은 몰라요. 우리보다 훨씬 더 강렬하게 가치의 죽음(니체식으로 보자면 신의 죽음)에 봉착해 있지요. 우리에게는 아직 물건들을 고르고 분류하는 감탄할 만한 신학적 메커니즘이 있습니다. 니체적인 의미에서 완벽한 자유의 상황, 즉 무엇이든 원하는 것을 할 자유의 상황이라면 예술의 가치는 어떻게 될 것이냐는 더 흥미로운 문제에 그들은 봉착해 있습니다. 그럴 때에, 가치 또한 니체적인 유형의 위기에 빠지지요. 아직 시장이 존재한다거나 다만 몇가지의 스타일만이 허용되고 〔기존의〕 패러다임에 맞선 이라면 누구나 식별되어 인정되는 상황이라면 사정은 그렇지 않지요. 그런 상황이라면 가치의 관점에서 자신이 서 있는 지점을 여전히 알겠지요.

스테판슨　당신은 어딘가에서 마르쿠제가 언급한 변증법적 상상력이 위축되었다고 말했습니다. 하지만 동시에 당신은 이렇게도 말합니다. 대중문화를 구성하는 특징의 하나가 소비자에 내재한 깊은 유토피

128

아적 충동을 만족시키는 점이라고요. 그런데 만약 유토피아적 상상력이 위축되었다면 유토피아적 충동 역시 그렇게 된 것이 아닌지요?

제임슨　아이러니인 것이, 마르쿠제는 문화의 자율성에 관한 위대한 이론가였지요. 문제는 그가 미학적으로 보자면 훨씬 단순한 방식으로 아도르노식 모더니즘의 자율성으로 되돌아갔다는 점입니다. 하지만 아도르노의 위대한 미학은 미학을 저술하는 것이 불가능할 때 저술하게 되는 종류의 미학으로 시간, 죽음, 역사를 함축하고 있습니다. 경험은 역사적인 것이니 어떤 의미에서는 소멸할 운명이니까요. 마르쿠제의 개념은 종국적으로 이제는 도움이 안 되는 예전의 모더니즘 모델을 취하면서 아도르노의 복합성을 단순화해버렸습니다. 유토피아적 충동에 대한 그의 개념은 또다른 문제이지요. 그 점에 있어서 동의할 수 없는 것은 여전히 예술적 자율성을 통해 유토피아적 충동이 완전히 표현된다는, 나로서는 수용할 수 없는 입장으로 그가 돌아간다는 점입니다.

스테판슨　아도르노의 부정변증법은 씨스템 전반에 대한 저항의 여지를 남겨놓지 않는다는 이유로 당신의 비판을 받고 있습니다. 할 수 있는 일이 없어 보인다는 거지요. 당신의 지적에 따르면 그 점이 체제를 완전한 것으로, 또 그 체제성에서 완전히 변화 불가능한 것으로 보는 탈구조주의적 경향과 유사한 면입니다. 내 생각에 어떤 때는 푸꼬 같은 이들에 관해서도 그렇게 말할 수 있지 않나 싶습니다. 이런 경우들에 있어서 결과는 비관주의입니다. 〔아도르노 등의〕 앞의 모델이 변증법적이고 〔탈구조주의인 경향의〕 뒤의 모델이 이질성과 우연성의 모델이라는 사항은 부차적이지요. 그러나 한편으로 프레드릭 제임슨을 빨리 읽고 나면 마찬가지로 비관주의의 잔여가 뚜렷하다는 느낌을 받습니다.

제임슨　포스트모더니즘에 나타난 미래감의 상실과 관련된 전체적 요지는 포스트모더니즘에는 아무것도 변하지 않을 것이며 희망이 없다는 자각이 담겨 있다는 점입니다. 그런 한편, 안이한 낙관주의 또한 도움이 안 되지요.

스테판슨 탈구조주의와 포스트모더니즘을 '관통해가면서' 그리고 그 진리의 계기를 보호하면서도 당신은 간간이 매우 엄격하고 부정적인 입장을 취하며, 정치적으로 달갑지 않은 그것의 효과들을 정말 제대로 강조하기도 합니다.

제임슨 그 점에서는 분별이 가능하지요. 이 현실에 대한 이데올로기 생산과 현실 자체 사이에는 차이가 존재합니다. 그것들은 필연적으로 두가지 서로 다른 반응들을 불러오지요. 포스트모더니즘과 관련해 비관주의니 낙관주의니 하는 문제에 나는 끼어들고 싶은 생각이 없습니다. 우리가 실제로 언급하고 있는 것은 자본주의 자체니까 말이죠. 최악을 안 다음에 무슨 일을 할 수 있을지 보아야 합니다. 내가 훨씬 더 논쟁적으로 되는 것은 포스트모더니즘 이론들에 대해서입니다. 포스트모더니즘을 상찬하거나 아니면 도덕적인 방식으로 재단하는 이론들은 생산적이지 않은데, 바로 그 점에 대해 뭔가 할 말이 있다는 게 내 생각입니다.

스테판슨 이곳의 위치에 대한 감각을 되찾고 새로운 지도 제작법을 습득하는 것이 좌파 자체에 부여된 주요한 요청사항입니다. 무슨 커다란 정치적 실천인 양 말하려는 것은 아닙니다만, 우리는 지금 들뢰즈와 가따리(Félix Guattari)로부터 깊은 영향을 받게 된 1,500명의 사람들과 논쟁하고 있는 셈이지요. 급진적 신념을 가졌노라고 공언하는 지식인들의 상당수가 자신들이 탈구조주의적 이데올로기로부터 많은 영향을 받았다고 묘사할 게 틀림없으니까요.

제임슨 그래서 이 모든 것들이 어디서 비롯되는지 체계적으로 감을 잡으려고 애써볼 만합니다. 우리가 받은 영향이 무엇인지, 그와 관련해 무엇을 할지 알기 위해서요. 이론적 담론들의 급증은 제각기의 이론들이 가져온 정치적인 결과를 얼마간 자각하도록 했기 때문에 건강한 것이었죠. 경제위기나 해외에서의 개입이 벌어지는 순간에는 사람들이 어떤 특정 이론이 무엇을 하고 또 자신들로 하여금 무엇을 하도록 해주는지 더 분명하게 판단할 수 있습니다. 그것은 이론적·역사적 자기인식의 문제입니다. 다른 어느 것에 못지않게 내가 몰두하고 있는 것이 사실 이론 내에서의 투쟁입니다. 만일 내가 비디오를 제작하는 사람이라면 이 점을 다른 방식으로 말하겠지만요.

스테판슨 그런 관점에서 보자면 당신의 기획은 '총체화하는' 모델들을 만드는 체계적인 기획인데, 이런 경우를 에누리해 말하자면 지난 10년 동안 서구 지식인계층 사이에서는 아주 인기가 없는 것이었지요. 어떤가요, 지금은 사람들이 '모델 만들기'에 대해 더 수용적인가요?

제임슨 그것의 역사적 특성들, 즉 역사적으로 사고한다는 개념을 더 받아들이는 편이지요. 사람들이 맑스주의적 유형의 역사적 탐구를 꼭 더 받아들이는 것은 아닌데, 어쩌면 슈퍼마켓식 다원주의에 입각해서 그것조차도 기꺼이 받아들이는지도 모르지요.

스테판슨 그 역사적 차원은 포스트모더니즘의 현재에의 몰입, 즉 탈역사화적이거나 비역사적인 기획을 중화합니다. 그런 점에서 포스트모더니즘의 패러다임을 벗어나지요.

제임슨 그것이 근본적으로 내가 시도한 수사적인 책략 혹은 해결책입니다. 완고하게 비역사적인 무엇을 체계화함으로써 적어도 비역사적인 것에 대해 억지로라도 역사적으로 사고하도록 강제할 수 있을지 알기 위해서지요. 비역사성을 에둘러 가서 의표를 찌르는 것이 가능함을 보여주는 몇몇 표지들이 있습니다.

백낙청과의
인터뷰˙

  백낙청 한국에는 처음 오셨습니다만 서울에 머무신 지도 일주일이
되었으니 한국에 관한 인상이랄까 생각하신 바를 말씀해주시는 것으로
이야기를 시작하면 어떨까 합니다.

  제임슨 글쎄요, 서울의 외양에 대한 나의 인상을 굳이 알고자 하시
는지는 모르겠습니다만, 이곳의 풍경은 참으로 장관이고 계절도 멋진
계절에 온 것 같군요. 이 은행나무들은 한국에 고유한 게 아닌가 싶은
데, 특히 가을철을 맞아 도시를 둘러싼 산들과 더불어 황홀한 광경입니
다. 이 모든 것이 매우 인상적이고요. 이번 여행에서 나는 많은 것을 배
웠다는 느낌이며 앞으로 더 생각하고 정리할 것이 많이 생겼습니다. 무

• 이 인터뷰는 1989년 10월 28일 서울에서 진행되었고, Robert Wilson and Wimal
  Dissanayake, eds., *Global / Local: Cultural Production and the Transnational Imaginary*
  (Durham, NC: Duke University Press 1996) 348~71면에 수록되었다. 〔한국어판은
  백낙청 번역의 「맑시즘, 포스트모더니즘, 민족문화운동」으로 계간 『창작과비평』
  1990년 봄호와 『백낙청 회화록』 전5권(창비 2007) 중 제2권에 수록된 바 있다. 이 인
  터뷰의 번역은 『백낙청 회화록』에 따랐다——편집자.〕

엇보다도, 한국이 그동안 정치적 의식으로부터 ── 미국은 물론이고 제 1세계 전체의 정치적 의식으로부터도 분명히 ── 얼마나 소외되어 있었는지가 점점 더 분명해집니다. 우리는 인도나 베트남 같은 상황에서 우리가 저지른 죄과에 대해서는 물론 알고 있고, 중동과 어느정도는 아일랜드의 경우에 대해서도 아는 사람들이 꽤 있습니다. 아일랜드의 경우 적어도 영국의 동지들은 알고 있거나 알아야 마땅하지요. 이러한 경우들은 모두 눈에 드러난 상처들입니다. 그러나 한국의 경우 우리는 과거에 일어난 일들을 기억 못할 뿐 아니라, 이 나라의 삶 전체가 냉전에서 비롯한 미국의 개입에 계속 얽혀 있다는 사실을 망각하고 지냅니다. 나는 제3세계의 꽤 여러 나라들을 다녀봤는데, 내가 알기로는 남북한이 통일되었을 경우 많은 면에서 유럽의 어느 단일 국민국가보다 더 강력해질 정도의 생산성을 지닌 유일한 경우가 아닌가 합니다. 어쨌든 유럽보다 훨씬 오랜 역사를 가진 나라지요. 그런데 놀라운 점은, 이처럼 대단한 산업적 생산성과 번영을 누리는 나라가 아직도 고도로 정치적이라는 사실입니다. 이제까지 내가 방문한 제3세계 국가들은 니까라과에서 필리핀, 팔레스타인 등등에 이르기까지 본질적으로 매우 가난하고 절박한 나라들이었습니다. 반면에 번영하는 제1세계 국가들은 차츰 탈정치화하여 고전적인 방식으로 정치적이기를 멈춘다는 것이 우리의 통념이지요. 그런데 이곳에 와서 활기차고 번성하는 공업국가이면서 만나는 사람마다 정치적인 수난을 겪었고 정치의식이 강한 것을 볼 때 매우 기이한 인상을 받습니다. 그래서 내가 더 숙고하고자 하는 점, 이곳에서 배운 것으로 간직하고 돌아가고자 하는 점은, 한국의 그러한 면이 하나의 변칙이라거나 예외라는 생각이 아니라, 어쩌면 제1세계와 제3세계의 다른 나라들이 오히려 예외들이고 한국이야말로 정치가 작용하는 고전적 사례일지도 모른다는 생각입니다.

백낙청　한국이 얼핏 보기에 예외 같지만 실제로는 전형적 내지 고전적이라는 문제는 나중에 다시 논의해보고 싶은 문제입니다. 우선은 당신이 어제까지 참여하신 '전환기의 세계와 맑스주의' 국제학술회의에 관한 인상을 말씀해주셨으면 합니다.

제임슨　맑스주의 지식인·학자들의 국제회의는 무척 드문 편입니다. 그런 모임에서 나의 존재는 좀 색다른 면도 있습니다. 나의 배경이 사회학이나 경제학이 아니고 맑스주의 철학과 문화연구니까요. 때때로 나는 맑스주의자들도 각자가 분야별로 격리되는 것을 허용한다는 점에서 부르주아 학자들 못지않게 한심하다는 생각을 하기도 하지요. 맑스주의 경제학자들은 문화의 중요성에 대한 인식이 없고 맑스주의 문화비평가들은 경제학에 무관심하고, 이런 식으로 말이지요. 이번 회의에서는 좀더 밀접한 상호교류의 분위기가 있었습니다만, 반드시 직접적으로 연결되지는 않은 두개의 방향으로 논의가 갈라졌다는 느낌을 받은 것은 사실입니다. 즉 한편으로 오늘날 모든 공산정권들과 공산당들쪽에 어떤 사태가 일어나고 있느냐에 대한 으레 나오곤 하는 검토와, 다른 한편 맑스주의 이론 그 자체——그것이 오늘날 어떻게 번창하고 있으며 제반 현상들을 어떻게 감당하고 있느냐는 주제였지요. 게다가 말하자면 노선갈등도 있었는데, 몇몇 참석자들은 맑스주의가 죽었음을 입증하고자 했고 나머지 우리들은 맑스주의 이론이 그야말로 기력이 왕성하다는 것을 보여주고자 했지요. 내 생각에 가장 중요한 점은, 학술회의 내용이 영어뿐 아니라 한국어로도 간행되었을 때 학생들이 여기서 무엇을 얻어내고 그들에게 어떤 새로운 통로들을 열어주느냐 하는 것입니다. 그밖에 나는 소련 학자들이 좀더 적극적인 참여를 해주기를 바랐었지요. 어쩌면 그들은 아직도 생각을 정리하는 중인지 모르겠습니다. 그중 한 사람이 궁극적으로 맑스에 대한 흥미롭고 창의적인 해석들이 소련에서 나올 것이라고 말했는데 그 말에 동감입니다. 아직은 그런 것이 없지만, 없다는 게 놀라운 일은 아니지요. 뿐만 아니라 한국에서의 소련인들의 경험이라는 내가 모르는 배경도 있겠지요. 그들이 얼마나 자주 한국에 오는지도 나는 모르는 일이며, 당신과 그들에게 매우 중요한데 내가 인식하지 못하는 일련의 문제들이 개재되어 있으리라 생각합니다.

백낙청 당신의 주제발표는 「포스트모더니즘과 시장」(Postmodernism and the Market)이라는 제목이었지요. 대부분의 참석자들은 경제학자나 사회학자들로서 주로 사회주의 경제에 시장기구를 도입하는 문제에 관심을 가졌고 그 결과 어쩌면 본의 아니게 계획경제는 끝장났고 우리 모두가 자유시장체제를 채택해야 한다는 주장을 강화하는 면이 있었던데 반해, 당신은 시장이데올로기 문제에 치중했고, 이 이데올로기가 맑스주의나 사회주의, 또는 민중이 그들 스스로의 운명을 통어한다는 여하한 개념과도 양립할 수 없음을 강력히 주장하셨습니다. 당신이 시장이데올로기를 '양의 가죽을 쓴 레비아탄'[1]으로 규정한 것은 논쟁상으로도 매우 통렬한 지적이었을뿐더러, '변증법적 심상'(dialectical image)이라는 이름에도 값할 만한 것이었다고 생각합니다. 그러나 대다수 참석자들에게 당신의 주장이 제대로 전달된 것 같지는 않더군요.

제임슨 나와 나머지 사람들 중 다수의 접근법에는 두가지 차이가 있었다고 생각합니다. 하나는, 나의 배경과 전공에서도 짐작할 수 있듯

---

1 레비아탄은 구약성서에 나오는 거대한 바다짐승인데 홉스(Thomas Hobbes)의 저서 『리바이어던』(*Leviathan*) 이래 강력한 절대주의 국가의 상징으로 통용됨. 제임슨은 이른바 '자유시장'의 이념이 각 개인의 자유를 진정으로 존중하는 사상이 아니라 인간들에게 자신의 사회생활을 계획하고 통어할 자유를 주면 큰일난다는 사상을 그럴싸하게 포장한 것이라고 주장했다——옮긴이.

이, 나의 강조점은 이데올로기와 문화, 그리고 현대 정치에서 시장의 영상(이미지)이 갖는 역할이었습니다. 문화연구에 종사하는 우리들은 오늘날 매체사회에서 확실히 이런 영상과 이념소(Ideologemes, 理念素)들이 매우 강력한 객관적인 정치적 세력이고 우리가 대응해야 할 것들이라 생각하고 있습니다. 그러나 사회과학 분야의 내 동료들은 많은 경우에 구식의 소박한 철학적 실재론자에 가까워서, 현실이란 게 저 바깥에 있고 시장이든 계획경제든 그 현실을 이야기하면 그만이라는 식으로 생각하지요. 사물 그 자체와 다르면서도 그에 못지않게 중요한 힘을 가진 시장의 이념이라든가 계획의 이념이 있다는 사실을 인식하지 못하는 경우가 더러 있는 겁니다. 두번째 차이점은, 약간의 예외를 빼고는―물론 예외가 있었고 그중에서도 오늘날 가장 흥미있는 현역 경제학자의 하나인 내 친구 알랭 리뻬에츠(Alain Lipietz)[2]는 특기할 만하지요―대부분의 맑스주의 학자들이 이런 학술회의가 지녀야 할 시각으로서 사회주의적 정치참여의 문제를 제외하는 객관적 학문의 개념을 가졌던 듯합니다. 그건 나로서는 동의할 수 없는 관점이지요. 나의 기여는 현정세에서의 사회주의적 내지 좌파적 정치에 앞으로 무언가 기여한다는 문제에 뜻을 둔 것이었습니다. 그러다보니 다른 참석자들이 이런 시각을 공유하지 않았을 경우 나의 제안들이 제대로 이해되지 않았을 것이고, (반사회주의자들인 경우에는) 내가 묘사한 그런 식으로 시장 이념이 득세하고 있다고 기뻐했겠지요.

백낙청 여기서 이야기가 포스트모더니즘의 문제로 이어지겠습니다. 최근 몇년 당신이 특별히 관심을 가져온 문제인 것 같은데요. 당신의 작업에 친숙하지 않은 여러 한국 독자들에게 도움이 되면서 진행 중

---

2 이른바 '조절이론'의 대표적 학자 가운데 한 사람인 프랑스의 소장학자―옮긴이.

인 논의에도 이바지가 되도록, 당신이 생각하는 탈근대(postmodern) 개념을 설명해주시면 어떨까요.

제임슨 그러지요. 나의 역사관이랄까 자본주의의 현단계를 탈근대적 단계로 파악하는 나의 생각이 내 입장을 좀 불분명하게 생각되도록 만들지 않나 싶습니다. 물론 '포스트모더니즘(탈근대주의)'은 문화적인 용어이고, 일반적으로는 우선 현대 건축의 일정한 형식들을 묘사하고 그다음으로는 일정한 종류의 영상생산과 그밖의 문화적 산물들을 묘사하는 데 사용되었습니다. 또한 나 자신도 이런 문화면의 변화들이 그 저변에 놓인 사물 자체의 중요하고 의미심장한 증후이며 그에 대한 단서라고 믿습니다. 그러나 그 낱말을 나는 내가 자본주의의 종전 두 단계와 확연히 구별하는 현단계에 일어난 전반적인 변이 내지 전환을 일컫는 데 사용합니다. 매우 일반화해서 말한다면, 중산계급의 정치적 승리 이후에 처음에는 교환과 생산이 개별 선진국 내부에서 일어나는 고전적 유형의 국민적 자본주의 단계가 있습니다. 그러다가 19세기 말엽에 이르러 두번째 단계——레닌과 그밖의 사람들이 독점 단계 또는 제국주의 단계라고 명명했는데 이 둘은 동시에 오니까요——, 기업들이 대규모의 일국적 독점체로 통합되고 고전적인 식민지주의 열강들에 의해 세계가 일군의 세력권들로 분할되는 단계가 옵니다. 각 단계마다 거기에 상응하는 일정한 문화형식들과 의식형태들이 있지요. 극히 대강만 말하자면, 국민적 자본주의라는 제1단계에서는 문학과 문화에서 본질적으로 그것은 사실주의(realism)의 시기입니다. 본질적으로 사실주의적인 형식들과 예술언어 그리고 물론 일정한 철학적인 개념들에 의해 지배되는 시기지요. 그에 비해 독점 내지 제국주의의 시기는 모더니즘 그 자체가 출현하는 시기라 생각되고, 문학평론가로서 나는 여기에 많은 관심을 가져왔습니다. 그러나 이제는——아마도 제2차 세계대전 이후의 전후복구사업이 끝나면서──그 단계가 끝났다는 것이 나의 전제입니다. 이를 말해주는 문화적 증후들만이 아니라 경제적인 증후도 너무나 많다는 생각입니다. 이런 증후들은 온통 새로운 시기, 더이상 구형의 제국주의적 식민지화가 아니라 탈식민지화와 신식민지주의로 특징지어지고 거대한 다국적기업체들이 출현하고 이제까지 제3세계로 설정된 지역에까지 기업이 확산되며──그리고 물론 태평양 연안지역은 이러한 자본주의 국제화의 가장 유명한 예지요──이와 더불어 문화적 형식들의 대대적인 변화가 일어나서 이들이 더이상 근대적인 것이 아니게 되는 시기를 예언해줍니다.

여기서 문화적인 동시에 경제적·산업적·기술공학적인 특징으로 우리가 언급해야 할 또 한가지는 더 말할 나위 없이 매체들, 텔레비전입니다. 용어에 관한 한 매체사회(media society)라든가 다국적사회(multi-national society) 운운하는 것들이 모두 탈근대에 관한 다양한 표현들이지요. 대니얼 벨의 유명한 '탈산업사회'(postindustrial society)라는 것도 또다른 예지요. 이건 물론 계급투쟁이 끝났고 우리의 새로운 '생산양식'은 이윤이 아니라 지식에 의해 지배된다는 주장으로서 일간신문만 제대로 읽는 사람에게도 별로 믿기지 않는 주장이지만, 어쨌든 우리가 제2단계의 고전적인 공업생산이 아니라 이제는 컴퓨터와 정보, 과학연구 등에 기초한 새로운 산업생산의 단계로 진입하고 있다는 생각을 표현한 것은 사실입니다. 자동화·인공두뇌 등에 의존한다는 점에서 탈공업적 생산이라 부를 수도 있겠지요.

그래서 나의 기본입장은 우리가 자본주의의 이 전혀 새로운 제3기를 문화와 하부구조, 사회와 경제 양면 모두에 걸쳐 탐구해야 한다는 것입니다. 이 제3단계가 도래했다는 우리의 생각이 옳다고 한다면, 이는 고전적인 형태의 정치나 미학, 아니 심리학과 일련의 다른 사항들도 상당 부분 이미 유효하지 않고 우리에게는 전통적인 형태와는 다른 새로운 형태의 것들이 필요하다는 뜻이 됩니다. 그렇다고 일부에서 주장한 것처럼 맑스주의 자체가 낡아버렸다는 뜻은 아니고, 다만 이 변화──내 생각에는 실제로 맑스주의 이론 속에 함축된 이 변화──에 대해 맑스주의 전통이 활발하게 대응할 필요가 있다는 것은 분명합니다. 에르네스트 만델은 이 문제에 관해 내가 원용하는 그의 저서 『후기자본주의』[3]에서 이렇게 주장합니다. 사람들이 모두들 말하기를 맑스의 『자본』은 옛날 형태의 자본주의를 묘사했고 오늘날 현실은 매우 달라졌으며 맑스가 그것을 예견하지 못했다는 식인데, 사실은 정반대라는 겁니다. 오늘의 자본주의는 맑스가 묘사했던 매우 불균등한 상황보다 더욱 순수한 형태의 자본주의이고, 따라서 『자본』에 제시된 관념적 모형이 19세기 영국 및 유럽대륙의 상황보다 우리 상황에 훨씬 걸맞은 면이 있다는 거지요.

백낙청 당신이 주제발표를 하신 분과의 약정 토론자로서 제가 제기하고자 했던 문제 중에 하나는 이런 것이었지요. 당신의 기본 논지가 다소라도 타당한 것이라면──그리고 당신이 거론하는 현상 중 다수는 이 시대의 가장 선진적이라는 사회로부터 멀리 떨어져 사는 나 같은 사람에게도 분명해 보이는데──바로 당신이 지적하듯이 현실이 새로워졌다면 그럴수록 오히려 극히 낯익은 질문들이 우리에게 요구되는 새로운 대응의 일부로 다시 절실해지지 않느냐는 것이었습니다. 말하자면 '자연'이라든가 '인간본성' 같은 개념들이 새로운 절실성을 띠게 되는데, 당신이 이 점을 충분히 인정하지 않은 것 같다는 거지요. 예컨대 당신은 이 탈근대 시대에 일어나는 '자연의 근절'(obliteration of nature)을 말

---

3 *Late Capitalism* (NLR 1975). 원본은 *Der Spätkapitalismus*, Suhrkamp 1972──옮긴이.

씀하시는데 우선 그 말의 정확한 뜻이 무언지, 혹시 약간 과장된 표현이 아닌지, 도대체 자연이란 게 근절될 수 있는 건지가 궁금합니다. 동시에 무언가 그 비슷한 일이 상당한 정도로까지 진행되었다고 가정할 때, '자연'이라든가 '인간본성' 같은 낯익은 범주들에 대해 우리가 새로운 인식을 찾는 일이 필요해지지 않았는지 묻고 싶습니다.

제임슨 먼저 자연의 소멸에 대한 내 입장을 좀더 분명히 설명하도록 해보지요. 자연의 근절을 말할 때 어떤 심오하고 실제적인 의미로 우리가 말하려는 것은 제3세계 농업의 종말입니다. 즉 농업의 산업화와 농민의 농업노동자화를 뜻하는 거지요. 이것이 녹색혁명이라는 대변화의 일부로서, 모든 전통적인 채취양식과 이러한 촌락생활에 수반된 제반 형식의 폐기, 이제는 산업적 단위로 설정된 토지에 대한 화학비료 적용의 도입 등이 그에 수반되는 현상들이지요. 이 모든 것의 가장 기본적인 의미는 그런 것이라 생각합니다. 환경오염이라는 것도, 비록 그 자체로서 끔찍하고 위험한 현실이지만, 어쩌면 자연과의 이러한 새로운 관계의 파생물에 불과할지 모릅니다. 이번 학술회의에서 생태학과 생태학적 정치에 관한 논문이 몇개 있었고 우리 모두가 이런 문제들에 깊은 우려를 느낄 필요가 있다고 생각합니다. 그러나 서양의 우리 경험—그러니까 서양에서의 이런 문제들에 대한 나 자신의 관찰—에 따르면, 생태학적 정치는 중산계급의 정치로 되기 쉽고 하층계급의 사람들은 흔히 그것과는 상충되는 다른 욕구들을 갖고 있습니다. 나는 생태학적인 목표도 달성될 수 있지만 그것이 어떤 더 큰 집단적인 정치적 기획의 일환이 되어야 한다고 생각하는데, 이런 기획이 아직 창출되지 않았다고 봅니다. 그리고 이 사업에는 대기업에 대한 통제가 따라야겠지요. 내가 보건대 자본주의사회는 환경오염에 대해, 예컨대 공장 굴뚝에서 나오는 화학물질에 대해 설혹 어떤 규제법률을 입법한다 하더라도 이런 일을 감시하는 데 필요한 관료기구를 설립할 의지가 별로 없는 듯합니다. 그럴 여유가 없거나 그럴 의사가 없는 거예요. 또한 내가 보기에 어느정도 명백한 것은, 이제까지 소련의 실적이 어떠했느냐는 문제와는 별도로, 사회주의체제 아래서 그 목표를 달성하기가 훨씬 쉬우리라는 점입니다. 그러니 생태학 문제에는 이런 결정적인 측면들이 있습니다.

자연이 존재하는 다른 한 곳은 무의식이겠지요. 다시 말해서 이런 논의의 근원이 되는 독일 고전미학에서는―루카치는 맑스주의 자체가 어떤 의미로는 실러의 미학에서 나온다고 볼 수 있다고 주장하곤 했고 최근에 테리 이글턴도 다시 그런 주장을 했지요―예술이나 문화의 영역이야말로 지식생산이나 상품생산에 의해 식민화되지 않은 유일한 영역이었습니다. 프로이트가 '무의식'이라는 개념으로 묘사한 모든 것이 여기에 포함될 수 있다고 생각합니다. 다시 말해 미적인 것과 욕망의 영역, 심층성격 등등을 포함하여, 종전 형태의 자본주의나 사회체제 자체의 세력권에서 어떤 의미로 벗어난 구석이 인간본성에 있는 것이었지요. 내 생각에 오늘날 탈근대의 특징 가운데 하나는 바로 무의식에 대한 침투와 식민화입니다. 예술이 상품화되고 무의식 자체도 매체와 광고 등등에 의해 상품화됩니다. 따라서 그러한 의미에서도 일정한 종류의 자연이 없어졌다는 주장이 가능하지요. 싸르트르는―내가 알기로 그는 한국에서도 얼마간 영향력을 미쳤다고 하는데―자연에 대한 보수적인 또는 향수에 젖은 옹호론을 늘상 비웃곤 했습니다. 싸르트르의 사상은 자연에 대한 승리와 인간생활의 그 전통적 제약으로부터의 해방―인간들로 하여금 자신의 자아와 운명을 건설할 수 있게 해주는 해방―에 대한 커다란 낙관을 표현한 사례, 적어도 그런 가운데 하나였습니다. 그리고 나는 이 문제의 그러한 측면도 강조할 필요가 있다고 생각합니다. 그러니까 인간본성의 전통적 형태에 더이상 구애받지 않는

데 따르는 일정한 자유가 있다는 사실 말입니다. 인간본성의 개념 자체에 대해서는 나는 여전히 좀 착잡한 느낌이랄까 양면적인 태도지요. 그 개념이 반대입장에 섰을 경우는 커다란 정치적 가치가 있겠지요. 인간본성의 개념들은 반대파적(반체제적) 개념이어야 한다는 생각입니다. 그것이 지배적 개념이 되면 우리는 훨씬 더 수상쩍게 봐야 합니다. 그런데 그럴 경우 내가 제의하고 싶은 것은 ─ 그리고 이건 사람들이 앞시대의 내면지향적 인성이라든가 취득형 개인, 중심화된 주체, 기타 등등의 소멸을 개탄하는 오늘의 탈근대 시기 전체와 잘 들어맞는데 ─ 인간본성에 대한 종전의 지배적인 개념들을 정신적 파편화라든가 정신분열증 등등의 말잔치로 대신할 게 아니라, 우리는 다시 집단적 관계들의 개념으로, 그러나 전통적인 종류가 아니라 새로운 유형의 집단들의 개념으로 되돌아가자는 것입니다. 내 생각에는 그것이 사회적으로나 문화적으로, 또한 정치적으로도 가장 생산적인 방식으로 인간본성을 하나의 사회적 사항으로 파악하는 길입니다.

백낙청 인간본성에 대한 당신의 양면적인 태도에 저도 공감합니다. 저는 심지어 그 양면성을 견지할 필요성을 강조하고 싶습니다. 그러나 싸르트르처럼 그 개념을 아예 부정하는 것은 좀 다르다고 봐요. 맑스 자신의 태도와도 다르다는 생각입니다. 저로서는 노먼 제라스(Norman Geras)가 『맑스와 인간본성』(*Marx and Human Nature*, 1983)이라는 책에서 논증한바, 적어도 맑스가 인간본성이란 게 없다고 주장하지는 않았다는 점에 의문의 여지가 없다고 봅니다. 맑스는 단지 인간본성에 대한 기존 개념들을 공격하는 것이 반대파적인 태도이던 시점에 살았을 따름이지요. 그런데 내가 제기하고 싶은 문제는, 바로 당신이 언급하신 그러한 현상들로 인해 **지금**은 도리어 인간본성의 개념을 들고 나오는 것이 반대파적인 태도가 되는 시점에 도달하지 않았느냐는 겁니다. 물론 새로운 방식으로 들고 나와야 하지만 말이지요. 인간세계의 거의 전체가 상품화되고 매체화되면서, 시장이나 매체들이 그게 인간본성이라고 규정하는 것이 그대로 통해버릴 위험이 절박해지고, 사람들은 어느 선에서는 결연히 일어나서 인간이란 결코 그런 것이 아니다라고, 이 모든 것이 "인간본성에 어긋난다"라고, 매체화된 시장이 가동한 욕망은 거짓 욕망이요 가짜 욕망이다라고 말해야만 한다는 것입니다. 그리고 이번 학술회의 생태학 분과에서는 정치경제학 비판에 사용가치를 재도입할 필요성이 논의되었는데, 사용가치를 끌어들이고도 정치경제학 비판이 어떤 식으로든 과학이 되려면 사용가치라는 것도 일정하게 계량화할 수 있어야 하지요. 그런데 이들 사용가치를 쓸모있게 사용하는 존재, 즉 인간에게 일정한 본성—가변적이기는 하지만 일정하게 주어진 방식으로 변하는 '성격'(nature)—이 있지 않은 한 그것은 불가능한 일이겠지요.

제임슨 사실 탈근대기의 초장에 마르쿠제가 취한 입장 중에서 가장 논란이 많았던 게 그것이었습니다. 거짓 욕망, 만족과 심지어 행복에도 거짓된 종류가 있다는 그의 주장은 수많은 대중주의적 좌파 인사들의 반발을 샀습니다. 마치 텔레비전을 보는 노동계급의 많은 사람들이 자기가 행복하다고 생각할 뿐 사실은 행복한 게 아니라고 '철학자 왕'이 판정할 수 있다는 듯이 들렸거든요. 그러나 마르쿠제식의 생각에는 중요한 의의가 여전히 남아 있다고 봅니다. 하지만 나 자신의 입장은 조금 달라요. 당신이 주장하는 바를 전적으로 인정하기는 하지만, 나는 이 문제가 우리가 상실한 어떤 개념과 연관된다고 봅니다(그리고 이것은 내가 첫머리에서 말한 나의 정치적 시각과 직결되지요). 우리는 지금 사회주의의 비전뿐 아니라 사회주의의 핵심적인 일부를 이루었던 인간변혁의 비전을 상실하고 있습니다. 이 비전은 본질적으로 근대적인 현상,

근대주의(모더니즘)의 문제였다고 봅니다. 당시의 여러 사람들이 각기 제 나름으로 그랬고 위대한 고전적 사회주의들이 모두 그랬는데, 그들은 미래 사회에서의 인간의 변혁──사회세계뿐 아니라 자아에조차 일어나는 일정한 유토피아적 변혁──에 대한 비전이 있었고, 따라서 인간본성에 대한 그들의 사상은 미래 인간의 가능성에 대한 사상이었지요. 맑스는 이런 문제를 세부적으로 명시하지 않기로 유명하지만, 초기 맑스에서 우리가 발견하는 것도 바로 그런 것이라고 생각합니다. 그런데 근본적으로 달라진 오늘의 조건에서 인간의 잠재적 가능성의 그러한 환기를 우리가 되살릴 수 있다면, 그때는 프랑크푸르트학파가 문화의 타락이라든가 인간심리의 타락이라고 부르는 현상들에 대해 판단을 내릴 근거가 되는 어떤 가능한 인간본성의 좌표를 갖게 되리라는 게 내 생각입니다. 그러니까 자연이 유토피아 및 미래의 시간과 변증법적인 관계에 서야지, 현대사회에 의해 상품화 또는 비속화되고 있는 지금 이곳의 어떤 정태적 인간본성을 연역하는 작업으로 이어져서는 안 된다는 생각이지요.

백낙청 이제 시대구분 문제로 넘어가지요. 사실주의에서 모더니즘, 그리고 포스트모더니즘으로 나가는 시대구분은 만델이 말하는 자본주의의 세 단계에 각기 해당하는 것이라고 말씀하신 바 있지요. 그런데 이 시대구분에서 내가 느끼는 의문점은, 루카치 같은 사람이 결정적으로 다르다고 생각했던 두개의 시기가 '사실주의'라는 명칭 아래 한데 어우러져버린다는 것입니다. 잘 아시다시피 루카치는 대부분의 위대한 리얼리스트들[4]이 1848년 이전에 왔다고 보았지요. 그에게는 1848년이야말

---

4 '사실주의자'로 번역할 수도 있으나 realism이라는 용어에 대해 제임슨과 루카치의 해석이 같지 않음에 유의할 필요가 있다──옮긴이.

로 결정적인 분기점입니다. 물론 똘스또이는 러시아 작가이기 때문에 그 이후에 온다거나 하는 예외는 인정합니다만, 당신의 시대구분에 따르자면 루카치가 강조하는바 진정한 리얼리즘과 자연주의의 구별이 흐려질 수도 있겠다는 거지요.

제임슨 루카치는 내게 많은 것을 준 사상가지요. 바로 이런 문제들에 관해 생각하는 데도 그랬습니다. 그리고 나는 루카치가 비록 근대적인 것에 매우 적대적이지만―그는 모더니즘을 자연주의와 상징주의가 변증법적으로 정점에 도달한 것으로 파악하면서 이에 대해 극도로 적대적인데―어쨌든 그것에 관한 매우 흥미있는 묘사를 많이 했다고 생각합니다. 우리는 그러한 묘사를 이어받아서 그의 특정 가치판단들과는 별도로 활용할 수 있습니다. 루카치에게 1848년이 갖는 이념적·정치적 중요성은 그것이 노동계급 문화의 가능성을 최초로 엿보게 해준 사건이었고, 따라서 부르주아지의 보편주의가 최초로 자신의 계급적 한계와 계급적 죄를 인정하거나 아니면 맑스 자신이 그랬던 것처럼 노동계급의 문화로 넘어가야만 했던 시점을 뜻하기 때문이지요. 이 점에서 발자끄와 플로베르 사이에 개재하는 차이에 대한 결정적인 설명은 대단히 중요하다고 봅니다. 이 모든 것이 아무도 무시 못 할 루카치의 공헌이지요. 그러나 똘스또이의 예에서도 짐작되듯이, 우리는 이것을 나라마다 다른 여러 상황에서의 불균등한 속도의 문제로, 게다가 단순히 불균등한 속도만이 아니라 중층적으로 첨가된 발전의 문제로 이해해야 한다고 생각합니다. 그래서 사실주의적인 예술과 전 단계 자본주의에 상응하는 일정한 조건들이 이후 단계에 속하는 경제조직과 문화 한가운데에 존속하게 되지요. 마치 오늘날―여기서 우리는 내가 루카치에 덧붙이는 단계, 즉 포스트모더니즘의 문제로 돌아옵니다만―가장 선진적인 나라들에서조차 그렇고 제3세계에서는 확실히 그런데,

일종의 탈근대적 겉켜와 일정한 종류의 탈근대적 생산이 존재할 수 있는 것과 마찬가지지요. 고전적 형태의 근대적 생산이 있고 동시에 그보다 오래된 종류의 생산이 고립분산적으로 존재하는데, 이는 경제와 문화 양면 모두에 해당하며, 이렇게 병존합니다. 따라서 루카치의 도식은 좀더 복잡해질 필요가 있고 덜 일방적이고 단정적이 될 수밖에 없습니다. 그는 똘스또이를 고려에 넣고 있지요. 그러나 또 한명의 매우 위대한 사실주의 작가—비록 루카치적인 의미의 자연주의에 약간 물들었다고는 해도 내 생각에는 거의 최고의 사실주의 작가—를 그는 전혀 언급하지 않는데, 이는 스페인의 뻬레스 갈도스(Benito Pérez Galdós)로서, 1880년대에서 1920년대에 걸쳐 활동을 합니다. 하지만 루카치의 주장을 조금 덜 경직되게 만들면 그중 상당 부분을 수용할 수 있다고 생각합니다.

그리고 또 하나, 나는 우리가 자연주의를 다시 생각해야 한다고 믿습니다. 나는 아직 자연주의에 대한 만족스러운 이론을 만나보지 못했어요. 미국에서는 오랫동안 소홀히 하던 끝에 일부 자연주의 작가들을 재발견하고 있습니다. 드라이저(Theodore Dreiser)는 자연주의자라기보다 사실주의자로 나는 보지만, 미국문학에는 노리스(Frank Norris)를 포함해서 참 괴상한 자연주의 작가들도 더러 있지요. 자연주의를 사회적 현상으로서만이 아니라 정신적·심리적으로도 흥미로운 형식적 증후로 인식한 사람들도 있습니다. 질 들뢰즈가 영화에 관해 낸 새 책들을 보면 부뉴엘(Luis Buñuel)과 슈트로하임(Erich von Stroheim) 같은 영화예술계의 자연주의자들에 대한 멋진 묘사가 나옵니다. 심층심리적이고 무의식적인 주술주의와 더불어 사회적인 것의 일정한 영역에 대한 관심을 그들이 어떻게 결합하고 있는가를 보여주는데, 이는 졸라(Émile Zola)와 관련해서도 내게는 대단히 흥미롭게 느껴지지요. 또 하나 자연

146

주의에 대해 매우 중요하다고 생각되는 것은—이게 틀린 이야기면 말해주세요—내가 받은 인상으로는 우리가 동양이나 제3세계 일반에 걸쳐 서양 소설의 도래 또는 서양 소설의 수출을 이야기할 때 그 내용은 루카치의 리얼리즘이 아니라 졸라와 자연주의라는 것입니다. 심지어는 거의 이렇게도 말할 수 있지 않을까 싶어요. 자연주의 소설은 자동차나 영화만큼 강력한 프랑스측의 발명품이자 수출품이라고. 그러므로 자연주의 문제를 정리하는 데는 루카치가 감안하려 하지 않았던 여러가지 사항이 추가되어야 할 것 같아요. 내가 알기로 루카치가 자연주의를 그처럼 격렬히 공격한 이유 중에 하나는, 1930년대에 모스끄바에 살면서 그가 자연주의를 매우 속류적인 사회주의 사실주의를 지칭하는 암호로 사용했다는 것이고, 따라서 그의 공격은 서방세계보다 소련의 상황에서 더 의미가 있었는지 모릅니다. 그 시점에서 서구의 문학은 대체로 자연주의를 넘어선 상태였으니까요.

백낙청 영국문학을 공부하는 입장에서는 1848년이라는 연대가 루카치에게만큼 중요하지는 않게 마련이고, 또한 로런스, 엘리엇(T. S. Eliot) 등 20세기 초 여러 작가들의 애독자로서 나도 루카치의 구체적 작품평가에 대해 동의하지 않는 바가 많습니다. 거기에 철학적인 이견을 덧붙이자면 덧붙일 수도 있겠지요. 그러나 내 생각에 중요한 것은, 당신이 '총체화하는 비전'(totalizing vision)이라고 부르는 것을 고수하는 리얼리즘 작품—『정치적 무의식』에서 당신이 쓰신 표현을 빌린다면 "모더니즘의 봉쇄전략"이 작용하고 있지 않은 "혜택받은 서사형식들을 성취하는 데 성공한 작품들"이 되겠지요[5]—그러한 리얼리즘과 그렇지 못한 작품을 구별하고자 하는 루카치의 노력입니다. 그런데 서

---

5 *The Political Unconscious* (NY: Cornell University Press 1981) 54면 참조—옮긴이.

양 소설의 전통에 익숙하지 않은 제3세계 나라들에 소개될 경우 자연주의 소설이 가장 강렬한 충격을 준다는 당신의 말씀은 옳다고 믿습니다. 하지만 그 사실이 루카치의 기본 명제를 부정하는 건 아니라고 봐요. 첫째로, 자연주의 소설들이 그런 효과를 갖는 이유가 독자들이 볼 때 그 소설들이 바로 그러한 총체적인 문제들, 국가와 민족의 운명을 포함한 자신의 전체 운명과 직결된 문제들을 다루고 있는 것으로 인식되기 때문이지요. 이와 관련해서 리처드 라이트(Richard Wright)의 자서전[6]에 나오는 한 대목이 생각나는데, 드라이저, 씽클레어 루이스(Sinclair Lewis) 같은 작가들의 작품을 읽고 바로 자신의 삶과 직결된 이야기로 느껴져 말할 수 없이 깊은 감동을 받았다는 것이었습니다. 라이트가 겪은 삶은 물론 제3세계적인 특징을 많이 지닌 것이었지요. 또 한가지 유의할 점은, 자연주의가 루카치적 리얼리즘의 다분히 단순화된 형태로서 외국인이 서양 소설과 처음 접하는 단계에 받아들이기가 한결 수월하다는 사실이겠습니다.

　　제임슨　당신이 총체성의 범주를 고집하는 것은 옳은 태도라고 믿습니다. 이것이야말로 소설 형식의 연구에 대한 루카치의 커다란 공헌이라 생각되는데, 그것을 루카치와는 좀 다른 방식으로 써먹을 수가 있겠지요. 모더니즘 시기의 어떤 고전들을 보는 사람들은 누구나, 가령『율리시스』(*Ulysses*, James Joyce, 1922)를 생각해보면, 사회적 총체성의 영상을 창조하려는 노력이라 할 때『율리시스』를 빼고 말할 수 없지요. 따라서 우리는 이따금 루카치를 그 자신에 반대해서 써먹을 수 있을 것 같고, 그럴 경우 나는 이런 식으로 한번 해보고 싶군요. 즉 총체성의 재현

---

6 *Black Boy* (New York: Harper 1945). 한국어판『검둥이 소년』(홍성사 1979)이 있음—옮긴이.

까지는 아니더라도 총체성의 모형을 창출하려는 예술가는 자신의 사회 안에서 그 주체들이 사회적 총체를 인식하는 것을 방지하는 일정한 주어진 제약들과 싸우면서 작업한다는 말이지요. 사회가 한층 복잡해지고 자본주의가 발달함에 따라 사회의 총체상에 도달하기가 점점 더 어려워지고, 바로 이러한 변증법에 따라 예술의 여러 변화들이 일어난다는 게 내 생각입니다. 말하자면 사실주의 시대에는 사회적으로 좀더 단순한 상황이라 상대적으로 알기 쉬운 서사적 가닥과 구성들을 통해 총체성의 비전을 달성할 수 있는데, 모더니즘 시기에 오면—그리고 바로 재현(representation)의 문제를 핵심 쟁점으로 제기했다는 것이 모더니즘의 위대성의 일부라고 생각하는데—총체성의 재현가능성의 위기가 옵니다. 바로 여기서, 현실의 각부분이 어떻게 상호 연관되는지를 보여주기가 점점 더 어려워지는 제국주의 세계체제 내에서 총체성을 재창출하려는 모더니즘의 비상한 형식적 실험들이 나오는 거지요. 그런데 우리 시대의 전지구적 체제 아래서 우리는 그러한 어려움의 또다른 영역에 이르렀다고 하겠습니다. 그리고 현존하는 형태의 포스트모더니즘에 대해 어떤 정치적 비판을 한다면, 그들이 이러한 시도 자체를 포기해버렸다는 것입니다. 다시 말해 재현이란 불가능한 일이고 총체성이란 없는 것이라고 그들은 결정해버렸고, 그 결과 각기 다른 상황에서 사실주의와 모더니즘 양자에 공통적으로 긴장과 원대한 포부를 갖게 해주던 요소가 사라졌다는 거지요. 그런데 나는 이것이 반드시 영영 그러리라고는 믿지 않습니다. 정치적인 포스트모더니즘들이 나올 것이고 전지구적 체제에 대한 비전이랄까 모델을 어떤 식으로든 만들어내는 과제를 다시 한번 떠맡고 나설 포스트모더니즘이 있으리라고 봐요. 내가 「포스트모더니즘, 또는 후기자본주의의 문화논리」(Postmodernism, the Cultural Logic of Late Capitalism)[7]라는 논문의 끝머리에 '인식의 지도 작성'이라는 개념을 제안했는데, 바로 그런 작업을 뜻한 거지요(그 용어는 그후 꽤 퍼진 셈인데 개념 자체가 받아들여진 건지는 모르겠어요). 어쨌든 우리가 예술가로서, 비평가로서, 또는 다른 무엇으로서든, 해야 할 일은 이 새로운 전지구적 총체성에 대한 새로운 형태의 재현을 되찾거나 새로 만들어내는 어떤 방식에 어떻게든 도달해야 한다는 겁니다.

백낙청 모더니즘 시기의 작가들, 당신이 '본격 모더니즘'(high modernism)의 작가라고도 부르는 사람들이 사회적 총체성을 포착하려는 이러한 노력을 이미 포기했다는 게 루카치의 주장이었지요. 그들 중 상당수에 대해 루카치가 부당했다는 점은 당신과 내가 동의합니다. 그러나 당신도 시사하듯이 그의 비판은 본격 모더니스트들보다 포스트모더니스트들에게 더 적중하지 않나 싶습니다. 그래서 당신의 입장을 약간 달리 표현해서—실은 당신 스스로 "포스트모더니즘은 어떤 의미에서 모더니즘보다 더 모던하다"고까지 말씀하신 것으로 아는데[8]—기왕이면 한 걸음 더 나가서, 포스트모더니즘은 본격 모더니즘보다 더욱 순수한 형태의 모더니즘이다라고 말하면 어떨까 합니다. 바로 만델이 후기자본주의야말로 전 단계 자본주의들보다 더욱 순수한 자본주의라고 말하는 것과 똑같은 논리로 말이지요.

제임슨 글쎄요, 그건 무척 매력적인 공식이라 생각합니다. 그리고 그렇게 되면 루카치의 모더니즘 비판 중 우리가 완전히 동의하지 않는 여러 대목들을 포스트모더니즘에 대한 예언으로 바꿈으로써 루카치를 어느정도 다시 써낼 수 있게 되겠지요. 루카치를 읽노라면 그가 이들 모

---

7 *New Left Review* 146 (1984)에 실림—옮긴이.
8 "Modernity after Postmodernism"이라는 제목으로 1989년 10월 28일 서울대에서 행한 강연 참조—옮긴이.

더니스트 작가들에게 설교를 하고 있고 그들이 아예 입당을 하거나 적어도 토마스 만처럼 어느정도 동조자가 되는 것이 해결책이며 그래야 구원받을 수 있다는 느낌을 항상 받곤 했지요. 지금 시점에서 우리의 처방이 뭐가 될지는 모르겠지만 이러한 진단에 분명히 내포된 결론은, 정치적·경제적 위기 자체에 대한 날카로운 인식이 없이는 포스트모던 시대의 예술가가 이 총체상을 이룩할 수 없다는 것입니다. 도대체 그럴 이유나 동기가 없어져버리니까요. 다시 말해서, 본질적으로 이런 형태의 인식의 지도 작성은 심미적 동기에 조금도 못지않게 정치적 동기에 근거하고 있는 것입니다.

백낙청 내 생각에 그런 식으로 달리 표현하는 주된 이점은 루카치의 가장 기본적인 주장, 즉 그가 말하는 '리얼리즘' 대 '모더니즘'의 문제야말로 자본주의 시대가 시작해 그것이 극복될 때까지의 전시기를 통하여 지속되는 핵심적인 다툼이라는 주장을 살릴 수 있다는 점입니다. 그리고 이는 우리 한국의 많은 작가들에게 특별한 매력을 갖는데, 그것은 모던한 것과 포스트모던한 것이 동시에, 또는 거의 동시에 몰려들고 있고 그것도 주로 신식민지적 문화침략의 형태로 들어오고 있기 때문입니다. 물론 우리는 단순히 우리의 전통적 형식들로 돌아간다든가 19세기 사실주의와 같은 서양 문학·예술의 낡은 형식들을 채택함으로써 이 상황에 대응할 수 없다는 것을 잘 압니다. 그러나 우리는 이 총체화하는 비전을 간직한다는 의미에서의 리얼리즘을, 밀려들어오는 온갖 조류들을 거치면서 거기에 아주 굴복하지는 않는 리얼리즘을 어떤 식으로든 달성하겠다는 확고한 입장에 서 있습니다. 그런 의미에서 우리가 지향하는 것은 '포스트-모던한 리얼리즘'(post-Modern realism)이라 부를 수 있을지도 모르지요. 단지 이 경우 표기를 약간 바꿔서 우리가 본격 모더니즘과 포스트모더니즘을 모두 넘어서고자 한다는 점은 분명히 할 필요가 있겠지요. 어쩌면 아예 새로운 이름이 필요할지도 모르겠어요. 어쨌든 이와 관련해서 저는 당신이 루카치-브레히트 논쟁에 관해 쓴 글 가운데 극히 흥미진진한 대목을 기억합니다. 여기 『미학과 정치』[9]라는 책을 가져왔으니 그 대목을 읽어보지요. "이러한 상황에서는 실제로 다음과 같은 질문의 소지가 생긴다. 즉 모더니즘의 궁극적 갱신, 지각(知覺)적 혁명의 미학의 이제는 자동화된 관습들이 겪을 최종적인 변증법적 전복은 다름 아닌 리얼리즘 그 자체가 아닐까라는 질문이다. (…) 뜻밖의 대단원으로, 오늘날 우리에게 잠정적으로나마 최후의 한마디를 해줄 사람은──1930년대에 그가 아무리 틀렸었을지라도──바로 루카치일지도 모른다." 이건 퍽 마음에 드는 대목입니다.

제임슨 물론 내가 그걸 쓴 것은 포스트모더니즘이 현실로서나 개념으로서나 표면에 떠오르기 전의 일이니까 지금은 조금 더 복잡해지겠지요. 내 생각은 대체로 이런 거예요. 한국문학에 대해서 무언가 말할 수 있었으면 좋겠고 번역작품이 있는 한에서 나의 무지를 시정할 작정이며 번역 자체도 더 나와야 한다고 보는데, 어쨌든 내 생각은 첫째, 예술가에게는 제1세계의 점점 더 일차원화되어가는 현실보다 다차원적인 제3세계의 현실이 여러모로 훨씬 흥미로울 수 있다는 것입니다. 내가 볼 때 그것이 오늘날 전세계적으로 가장 흥미있는 소설 형식은 라틴아메리카의 소설들, 특히 가르시아 마르께스(Gabriel García Márquez)의 작품들로 보인다는 사실을 설명해줍니다. 한국에서도 그런지는 모르겠지만 중국의 경우 확실히 그렇고 세계의 다른 여러 곳에서도 확인되는 현상이라고 봐요. 그런데 한가지 덧붙일 점은──이건 내가 무슨

---

9 *Aesthetics and Politics* (London: Verso 1977). 블로흐·루카치·브레히트·아도르노 등의 글과 제임슨의 논평을 실은 글모음이다──옮긴이.

국수주의에 빠져서 하는 소리가 아니고 의미심장한 사실이라고 생각해서 하는 말인데 — 내가 보기에 가르시아 마르께스가 포크너에게서 나오는 면도 있다는 겁니다. 즉 포크너가 수많은 이유로 서사적 가능성 및 일정한 종류의 사실주의의 새로운 양식을 보여주었고, 어쩌면 이것이 자연주의 이후의 가장 중요한 범세계적 영향이었는지 모릅니다. 적어도 내가 몇해 전 중국에 머물 때 중국 작가들과의 토론에서 제기한 생각이 그것이었는데, 이 무렵 그들은 그들이 '뿌리'운동이라고 부르는 새로운 종류의 소설을 실험하고 있었지요. 그때 내가 생각한 것은 — 이건 루카치가 18세기와 19세기에 관해 서술하는 것과도 부합하는데 — 그들의 사회주의 사실주의가 종전에는 사회적 표면에 대한 사실주의 형식들이었고, 중국에서 문화대혁명이 가져온 결과 가운데 하나가 역사에 대한 좀더 심층적인 의식과 역사적 상흔 및 변혁에의 깊은 인식을 창출했다는 것이었습니다. 그래서 그들이 포크너와 마르께스에게서 발견한 것은, 작가로 하여금 사회의 표면을 기록함과 더불어 그 좀더 심층적인 역사의 이러한 지속적인 영향도 마치 지진계처럼 동시에 감지하게 해주는 새로운 서사적 장치였지요. 당신네 역사는 물론 그보다도 더욱 파국적이고 충격적이었을 터인데, 나는 루카치적 명제의 실현을 바로 그런 데서 봅니다. 즉 루카치는 18세기 영국 소설이 사회의 표면을 인지하다가 스콧(Walter Scott)과 발자끄에 이르러 좀더 심층적인 역사를 발견하고 이를 수용하는 과정을 서술하지요. 그것이 바로 오늘날 훨씬 방대한 규모로 되풀이되고 있음을 우리는 보는 것 같습니다. 당신들에게는 고래의 농민적 현실들하며 기타 온갖 다른 현실들과 더불어 포스트모던한 현실들도 분명히 있는 만큼, 당신들이 추구하는 바가 무엇이고 루카치의 서술이 얼마나 합당한 것이든 간에 그것은 더 많은 것을 포함해야 하고 그럼으로써 생각건대 더 복잡해지고 더 흥미로워지리라는 것이지요.

백낙청 전적으로 동감입니다. 우리의 경우야말로 에른스트 블로흐가 말하는 **비동시적인 것의 동시성**(die Gleichzeitigkeit des Ungleichzeitigen)의 또 하나의 예지요. 물론 이것이 지나가는 한순간에 불과하고 머지않아 우리도 전지구적인 일차원적 사회에 통합될는지 모릅니다. 그러나 진지하게 실천에 임하는 사람이라면 누구도 그런 식의 패배주의를 미리부터 받아들일 수는 없지요. 그러므로 저는 총체적인 비전을 성취하고 유지할 기회, 어쩌면 제1세계에는 더이상 주어지지 않은 희귀한 역사적 기회가 분명히 우리 앞에 있다고 믿습니다. 당신의 비판자들에 대한 답변이 『뉴 레프트 리뷰』(*New Left Review*) 근착호에 실렸던데,[10] 거기서 당신은 '생산양식'과 같은 총체화하는 사고방식을 가능케 하는 조건들에 관해 언급하셨더군요. 여러 면에서 가르시아 마르께스의 라틴아메리카라든가, 심지어 포크너의 경우도 남부라는 후진지역에서—

제임슨 그렇습니다. 미국 내의 후진지역, 미국의 제3세계적인 지역이지요.

백낙청 당신이 그 글에서 거론하는 스코틀랜드의 계몽기라든가 혁명 전 프랑스와 어느 면에서 매우 흡사한 정세란 말이지요.

제임슨 그럼요. 동감입니다.

백낙청 그런데요, 바로 이러한 우리의 상황에서 민족문제라든가 민족문학의 개념이 우리에게는 매우 절실하단 말입니다. 하지만 이런 용

---

10 "Marxism and Post-modernism," *New Left Review* 176 (1989) 31~46면; *The Cultural Turn* (London: Verso 1998) 33~48면에 재수록되었다. 〔이 글은 제임슨에 관한 평문을 모은 D. Kellner, ed. *Postmodernism/Jameson/Critique* (Maisonneuve Press 1989)의 말미에도 수록되었다—옮긴이.〕

어들이 서방세계의 대다수 지식인들에게는 별 의미를 못 갖는 것 같아요. 물론 구태의연한 의미를 가져서도 곤란하지만, 어쨌든 이 문제는 어떻게 생각하시는지요?

제임슨 이것은 내가 한국에 와서 특히 주목하게 된 점인데 앞으로 좀더 생각해보아야 할 또 하나의 문제입니다. 내 경우 민족주의의 긍정적인 모습을 생각할 때 주로 떠오르는 것은——물론 팔레스타인 민족처럼 극한적인 경우에는 민족주의가 명백하고 불가피하며 진보적이라는 점을 누구나 인정하겠지만——혁명 이후의 상황으로 말할 때 나는 꾸바에서 민족주의가 맡은 역할, 꾸바의 민족주의랄까 꾸바의 독자성에 대한 긍지가 사회주의 건설과 조화를 이루고 외국인에 대한 배타주의에 빠지지 않으며 여러 차원의 성격을 지닌 꾸바적 인간형을 창출할 수 있었던 데에 깊은 감명을 받았습니다. 그리하여 꾸바인들은 자신이 라틴아메리카의 일원이라 느끼는 동시에 라틴아메리카와는 또다른 까리브지역의 일원이며, 흑인국가로서 아프리카와 연결되고 동시에 실질적으로 미국의 마지막 식민지였던 민족으로서 우리 미국인들과도 유대를 느끼고 있습니다. 따라서 나는 민족적 상황의 단일성에 대한 강렬한 의식이 반드시 배외주의나 편협성을 뜻하는 건 아니고 정치적 실천과 매우 활기찬 문화적 표현을 향해 활짝 열리는 계기가 될 수 있다고 봅니다. 이러한 계기가 한국에서는 그야말로 독특하게 주어져 있다고 생각합니다. 제1세계가 그걸 이해 못한다면——일본이라는 이상한 예를 빼면 미국이나 새 유럽(EU) 같은 제1세계의 초민족국가에 이런 계기를 수용할 소지가 없는 까닭은 명백하지요——그건 제1세계의 손실일 따름이라고 말하고 싶군요. 다시 말해서 제1세계가 좀더 깊이 생각해야 할 현실들이 엄연히 있는 것이고, 그것은 곧 저들 자신의 맹점이나 자기억압, 저들이 바깥세상에 관해 알고 싶어하지 않는 사실들의 지표인 셈이지요.

백낙청 제2세계의 경우는 어떨까요? 물론 꾸바 이야기를 하셨습니다만 꾸바는 제2세계이자 제3세계인 경우겠지요.

제임슨 소련이 연방국가로서 이런 문제들을 새롭게 생각해야 하는 경우인 건 분명하지요. 한국과 관련해서는 독일의 예도 비교해야 할 텐데, 하지만 독일은 민족국가 아닌 국가들을 가져온 전통이 있지요. 프로이센은 민족국가가 아니었지요. 따라서 사회주의 동독, 독일민주공화국의 장래성에 관해서는 독일 역사에 세계의 다른 곳에서는 찾아볼 수 없을지도 모르는 비민족적 구성의 선례가 있단 말이에요.

백낙청 내 생각에 그것이 독일과 한국 경우의 주된 차이점의 하나입니다. 우리는 1945년에 분단되기 전에 수많은 세기에 걸친 단일민족으로서의 생활경험이 있으니까요. 또 하나 중요한 차이점은 독일의 분단은 적어도 그것이 강력한 침략자에 대한 응징이요 어느 면에서 비극의 재발을 방지하는 장치였다는 정당성이랄까 역사적 명분이 있었는데, 한국민족은 일제 침략의 희생자로서──

제임슨 존 할리데이(Jon Halliday)는 그 점을 더욱 강하게 표현하더군요. 일본이 당했어야 할 점령과 분할이 한국에 전가되었다고.

백낙청 그런 셈이지요. 따라서 한반도 전역에 걸쳐 통일에 대한 열망이 대단히 큽니다. 이 점에 관해서만은 제가 남북한의 동포 대다수를 대변한다고 자신할 수 있습니다. 그러나 그러한 열망을 갖는다는 것이 곧 이를 성취할 방안이 있다거나 이에 필요한 이론을 가졌다는 뜻은 물론 아니지요. 어려움 가운데 하나는, 나라가 거의 반세기에 걸쳐 실제로 분단되어 있었고 더구나 동서독보다 훨씬 살벌하고 철저하게 분단되어 있었기 때문에, 그 결과로 우리는 두개의 전혀 상이한 사회구성체를 갖게 되었고 어쩌면 공통된 민족적 열망에도 불구하고 상이한 종류의 민족주의를 갖게 되었는지도 모릅니다. 그러나 설혹 다소 상이하다 해도 전체적으로 진보적인 민족주의라고 생각합니다. 물론 감정적인 배타주의도 더러 있습니다만.

어쨌든 한국 민족주의는 진보적일 수밖에 없는 것이, 첫째는 우리의 통일을 바라지 않는 지배적 열강에 반대하는 자세를 취해야 하기 때문입니다. 동시에 여하한 **종류**의 통일이건 상관없다는 점에 대다수 민족 성원들이 동의하기는 불가능하게 되어 있습니다. 이 점은 아직까지 우리 사이에 충분한 공개적 논의가 안 된 상태입니다만, 예컨대 상당수의 남한인들이 북한에 흡수되는 식의 통일을 원하지 않을 것이 분명하고, 북한 주민들은 그들대로, 우리가 한때 '북진통일' 운운했었는데 그런 통일을 거부할 것임은 말할 나위 없습니다. 따라서 우리는 공통된 민족적 열망에 부응하면서 한민족 성원들의, 다시 말해 남북한 주민들 절대 다수의 실질적인 이익에 봉사하는 어떤 현실적 해결책을 강구하지 않으면 안 됩니다. 문제는, 한편으로 우리가 통일국가로서의 오랜 역사를 갖고 그 역사를 첨예하게 의식하고 있는 하나의 민족으로 여전히 남았다고 하겠으나, 동시에 우리는 이미 40년이 넘도록 두개의 극단적으로 다른 사회체제를 지닌—따라서 매우 대조적인 개인적·집단적 경험을 지닌—두개의 실질적인 국민국가, 또는 두개의 반(半) 민족적인 국가를 갖고 살아왔다는 것입니다. 그런데 이처럼 공통적이면서도 동시에 불가피하게 이질적인 욕망들을 두루 충족하면서 실현 가능하기조차 한 해결책을 어떻게 찾아내느냐 하는 겁니다. 이것이 한국의 경우를 아주 독특하게 만드는데, 하지만 나는 당신이 애초에 한국이 얼핏 보기에 예외적이지만 실상은 더욱 전형적일지 모른다고 하신 말씀이 여기서 재확인된다고 믿습니다. 우리가 오늘날 전체 세계가 당면한 난제들을 해결하고자 할 때 실상은 똑같은 종류의 문제들에 부닥친다고 보니까요.

제임슨　말하자면 두가지의 판이한 사회변혁을 수행할 기회가 주어졌다고 할까, 두개의 다른 삶을 동시에 살 수 있게 된 셈이군요. 그건 매우 풍부한 가능성을 안은 상태겠지요.

백낙청　그런데 애초에 한국이 변칙이라기보다 고전적인 사례라고 하신 말씀을 좀 부연설명하시면 어떨까요?

제임슨　나는 발전이나 '단계' 이론을 내 나름으로 정리할 때 항상 이들 단계가 병존하고 중첩되며 우리가 그것을 각기 따로 떨어진 것으로 보아서는 안 된다는 점을 분명히 하고자 합니다. 그러나 대부분의 단계이론에서는 각개 단계에 걸맞은 독특한 종류의 정치를 설정하지요. 탈식민지화 단계에서는 민족해방전쟁과 상대적으로 민족주의적 성격이 강한 투쟁들이 있겠고, 사회주의혁명은 다른 하나의 유형이 되겠습니다. 그리고 이제 우리는 그런 것들과 또다른, 포스트모던한 지배기구 전체에 맞선 투쟁을 예견할 수 있는지도 모릅니다. 그래서 우리가 세계를 둘러볼 때 주로 눈에 띄는 것은, 빈곤한 제3세계 나라들에서는 민족주의가 주조를 이루는 민족해방전쟁을 보게 되고, 좀더 선진적인 나라에서는 노사투쟁이라든가 그런 식의 사회변화 문제들이 있지요. 그러나 대부분의 경우 이런 상황들이 분리되어 있는데 남한에서는 이 모든 것이 동일한 사회적 공간에서 벌어지고 있단 말입니다. 남한은 어떤 의미에서 선진국과 제3세계를 겸하고 있어요. 꾸바나 중국이 제2세계인 동시에 제3세계인 식으로 말이지요. 나는 그것이 흥미진진하다고 생각하며 다분히 예외적인 듯하다는 거지요.

백낙청　한국은 무엇보다도 분단국이라는 점에서 예외적이지요. 그런데 분단은―

제임슨　그러니까 당신들은 어떤 면에서 제1세계와 제2세계 그리고 제3세계를 모두 겸한 셈이군요.

158

백낙청 네, 바로 그렇습니다. 그래서 이 모든 세계들의 문제가 이곳에 집약되어 있는 거지요. 한국의 예외성과 전형성에 대한 저 나름의 인식을 말씀드려보지요. 앞서 원용한 당신의 최근 글에 "자기 현장에서의 투쟁과 쟁점들은 반드시 필요할 뿐 아니라 불가피하기도 하다. 그러나 그것들은 어떤 더 큰 규모의 체제적 변혁의 비유 내지 알레고리의 성격을 유지하는 한에서 유효하다"[11]라는 말이 있었지요. 그런데 우리가 남한 사회를 따로 보든 남북한을 동시에 보든 통일을 위한 민족운동이 이 차원에서는 불가피한─어쩌면 불가피하고도 핵심적인─'현장의 쟁점'입니다. 하지만 이 특정한 민족운동은 낡은 민족주의적 방식으로는 성공할 수 없다는 일정한 내부장치가 되어 있어요. 다른 사정은 젖혀두고 우선 우리에게는 민족주의가 하나 이상 있는 꼴이니까요. 더구나 그것은 두개의 민족주의라고 하기조차도 힘들고 '한개 반'이라는 표현이 더 정확할지 몰라요. 그렇기 때문에 민족주의의 **사회적 내용**이, 소위 '덜 예외적'이라는 민족운동 내지 탈식민지화 투쟁에서보다 훨씬 더 중요해집니다. 동시에 전세계적인 쟁점들과의 연결도 불가피한 것으로 드러납니다. 예컨대 남북한이 각기 다른 이데올로기 블록에 속해 있고 그 결과 세계체제의 양분 및 대립에 따르는 문제들이 현장의 문제에 중첩되었다는 사실이 그렇지요. 게다가 우리가 어떤 구체적 상황을 정말 구체적으로 생각하고자 하면 그 사회를 일국사회의 차원과 세계체제의 차원에서만 볼 것이 아니라 그 중간 차원인 주변지역적 정황을 보아야 합니다. 우리의 경우 그 차원에서 일본과 중국이 있고, 소련이 있으며, 어쩔 수 없이 미국도 끼어듭니다.

제임슨 어쩔 수 없이!

---

11 "Marxism and Post-modernism," *New Left Review* 176, 44면 참조──옮긴이.

백낙청　그러니 주변지역적 차원에서도 세계무대의 주역들을 거의 다 만납니다. 그리고 여기서 분단의 문제로 되돌아오는데, 우리의 경우는 주변지역적 정황이라는 것 외에도 남북한이 맞물린 **한반도적** 정황을 따로 감안해야 합니다. 이건 단순히 '정황'이라기보다 나는 하나의 체제—매우 예리하게 대립하고 있지만 어쩌면 더러 공생하기도 하는 두 개의 국가기구를 망라하는 체제라고 봅니다. 따라서 우리는 남한이라는 부분과 구체적인 현대세계라는 전체를 동시에 생각하며 한반도를 하나인 동시에 둘로 생각할 줄 알아야 하지요. 이런 변증법적 기술은 현장투쟁을 당신이 주장하는 방식으로 성공적으로 수행하고자 하는 사람 누구나가 배워야 할 일이겠지요.

제임슨　그렇지요. 이에 대해 나중에 더 하고 싶은 말이 있습니다만, 요전날 산업화와 유교에 대해 내가 물었을 때 해준 이야기를 여기서 다시 해주시면 좋겠군요. 그러니까 남한이나 대만, 싱가포르 등에서 개신교 윤리의 대용물로서의 유교가, 동아시아 이 지역들에서 이룩된 놀라운 공업화의 진행에 대한 충분한 설명이 되느냐는 거지요.

백낙청　물론 충분한 설명이 못되지요. 이른바 아시아 닉스(NICS, 신흥공업국들)가 거둔 경제적 성공이 유교와 무관하지 않다는 점에는 동의하지만요. 그런데 재미있는 일은, 발전의 관건으로서 유교 윤리를 들먹이는 사람들이 흔히는 한 20년 전만 해도 우리 동아시아에서—좀더 유럽을 닮은 봉건제도를 가졌던 일본을 빼고는—산업화가 안 되는 이유가 바로 유교 **때문**이라고 떠들던 사람들이에요(그러니까 해결책은 우리 모두가 하루속히 기독교로 개종하는 길이었겠지요). 어쨌든 거듭 말하지만 유교가 중요한 하나의 요인이었다는 점, 특히 이들 사회에서 상대적으로 높은 수준의 국민통합과 교육수준을 확보하는 데 일조했다는 점은 동의합니다. 그러나 더욱 결정적이었던 것은 세계자본의 전략이었다고 믿습니다. 이와 관련해서 윌리엄 힌턴(William Hinton)이 덩 샤오핑(鄧小平)의 개발전략을 비판한 말이 생각나는데, 그에 따르면 덩의 전략은 공산당의 통제는 견지한 채 남한의 모범을 따르려는 시도라는 겁니다. 힌턴 말이, 그런데 그게 안 통한다는 거예요. 남한이 성공한 주된 이유는 중국이 사회주의화되었기 때문이고, 만약에 브라질이 사회주의 국가가 되었더라면 오늘날 빠나마가 경제강국일 거라는 이야깁니다.

제임슨 하하, 재미있는 이야기군요.

백낙청 물론 그건 과장이고 힌턴도 일부러 그래본 건지 몰라요. 빠나마가 제2의 대만이나 남한이 될 만한 인프라를 가졌다고는 생각되지 않습니다. 그러나 일리는 있는 이야기지요. 미국은 멕시코나 브라질에서 성공적인 경제를 이룩하는 일에 남한의 경우에서처럼 전략적으로 많은 것을 걸고 있지 않으며, 다른 한편 미국정부나 지배적인 다국적 자본은 브라질이 진정으로 성공적인 국민경제를 이룩하는 데에 훨씬 큰 두려움을 느낄 겁니다.

제임슨 그렇지요. 그리고 당신은 남한이나 대만의 경우 분단이 중요하다는 점도 강조하시겠지요. 아마도 분단은 도약의 기적을 이룩한 국가가 패권국에 위협이 될 당당한 국민국가로 되지 못하도록 한다는—

백낙청 그렇습니다. 한편으로 세계자본은 이들 나라에서 경제파탄이 일어나는 사태를 감당할 수 없습니다. 브라질이나 멕시코에서도 진짜 경제파탄을 감당 못하기는 마찬가지지만 적어도 거기서는 훨씬 눈에 띄는 실패가 있어도 견딜 만하지요. 다른 한편으로는 분단에서 연유하는 구조화된 군사적·정치적 종속성을 감안할 때 이들 나라에서의 경제적 성공을 상당 정도까지 참아줄 수 있는 것이지요.

제임슨 이런 이야기들과 관련해서 내가 하고 싶은 말은, 첫째 나의 해석에 따르면 포스트모더니즘 전반, 지금 이 시대 전체가 공간의 새로운 중요성으로 특징지어진다는 점입니다. 모더니즘 시기에 시간 또는 시간성이 중요했던 것과는 대조적이지요. 최근에 대두한 맑스주의의 가장 흥미있는 새 형태 가운데 하나는 급진적 지리학자들의 작업인데 도회적인 것과 지리학·지정학 등등을 동시에 분석하는 것으로, 공간적 맑스주의라고 부름직합니다.[12] 내 생각에는 이런 식의 공간 분석을 더 발전시킬 필요가 있고, 그것은 당신이 지금 주장하는 바와 그대로 맞아떨어질 것 같습니다. 당신이 한국의 상황을 그려내는 방식은 본질적으로 이런 새로운 의미에서 공간적 변증법이니까요.

백낙청 그건 매우 재미있는 말씀이군요. 솔직히 말해 공간적 맑스주의란 나로서는 생소한 분야입니다. 이제까지 나는 포스트모더니즘에서 공간이다 공간성이다 해서 본격 모더니즘에서의 시간 또는 시간성 중시라는 것에 대비시키는 논의들이 달갑지 않은 느낌이었거든요. 왜냐하면 자본주의의 주된 경향 가운데 하나는 공간을 폐기하고 모든 것을 시간으로 환원하는 것 아니겠습니까. 모든 가치가 결국에는 시간의 문제가 된다고 맑스가 지적한 의미로 말이지요. 그러므로 공간의 강조라는 것은 이러한 일반적 경향에 맞서는 것일 때만, 자본주의가 소멸시키는 공간의 구체성을 회복하는 것일 때만 의미가 있겠지요.

제임슨 그렇지요. 그게 바로 내가 하려던 이야기예요. 그것의 특징

---

12 서울에서 진행되어 계간 『창작과비평』과 『백낙청 회화록』에 실린 글과 이후 "South Korea as Social Space: Fredric Jameson interviewed by Paik Nak-chung, Seoul, 28 October 1989"라는 제목으로 *Global/Local: Cultural Production and the Transnational Imaginary*에 수록된 영어본에는 이 대목에서 『탈근대적 지리들』(*Postmodern Geographies*, 1989)을 쓴 쏘자(Edward W. Soja)와 포스트모더니즘에 관한 여러 권의 중요한 저서를 낸 지도적인 맑스주의 지리학자 데이비드 하비(David Harvey)가 언급되었다──신현욱.

가운데 하나는 탈근대 시기에 국제주의와 지역주의 사이에서 새로운 종류의 변증법이 성립한다는 점입니다. 그리고 내가 보기에 그것은 대단히 풍부한 정치적 가능성을 담은 새로운 종류의 연결이자 대립관계이기도 합니다. 그래서 종전의 역사적 시기들에는 많은 경우 지역에 대한 집착이 퇴행적인 정치를 낳았는데 오늘날은 전혀 그렇지 않을 수 있고, 전체 국제적 현실과 밀접히 연결될 수 있는 겁니다. 따라서 이런 새로운 공간적 사고의 이점을 찾아내는 열쇠가 이런 데 있다는 생각이지요.

백낙청 경제발전뿐 아니라 민족주의에 이르기까지 우리가 논의하던 것과 잘 맞아떨어지는 이야기군요. 그러면 이제 '민족문학'의 개념에 좀더 초점을 맞춰보면 어떨까요. 이곳에서는 매우 열띤 토론의 대상이 되어 있는 문제지요. 적어도 (나 자신을 포함해서) 이 개념의 제창자들은 그것이 국제주의와 얼마든지 양립한다고, 아니 여하한 바람직한 세계문학의 구상에도 필요한 것이라고 봅니다. 실제 한국 상황에서 그 개념이 어떻게 구현되는지를 당신이 잘 모르시기는 하겠지만, 그래도 이 문제에 관한 견해를 좀 말씀해주셨으면 합니다.

제임슨 우리 시대는 다국적 자본주의와 그에 의한 전지구적 관계의 조직화에 맞서서 좌파세력 및 진보적 문화 쪽에서도 국제화를 이룩해야 할 시기입니다. 나는 괴테(Johann Wolfgang von Goethe)가 원래 '세계문학'을 말했을 때 그의 심중에 가장 중요하게 부각되었던 것은 유럽 여러 나라 지식인들의 상호접촉을 가능케 하는 잡지 등 당시의 새로운 매체기관들이었다는 점을 지적한 일이 있습니다.[13] 그래서 괴테가

---

13 Fredric Jameson, "The State of the subject (III)," *Critical Quarterly* 1987년 겨울호 참조—옮긴이.

영국의 『에딘버러 리뷰』(*The Edinburgh Review*)[14]라든가 프랑스의 『르뷔 데 되 몽드』(*La Revue des deux mondes*)[15]를 읽으면서 상이한 민족적 상황에 있는 지식인들과 좀더 긴밀한 유대를 지닐 수 있었던 것이지요. 따라서 괴테에게 '세계문학'이란 그런 일련의 관계들이었고 단순히 위대한 고전들의 출현만이 아니었어요.[16] 그와 비슷한 어떤 것을 우리가 상상할 수 있다면, 그것은 민족적·일국적 상황의 일차성을 인정하면서 상이한 문화와 지식인들 간의 국제적 연결망을 내가 방금 이야기한 지역적인 것과 국제적인 것의 변증법이라는 취지에 맞게 형성할 수 있게 됨을 뜻하겠지요. 민족문화의 강력한 건설이 국제적 상황으로부터의 철수가 아니라 국제주의적인 행위가 되는 것이 오늘날 가능하다는 생각입니다. 나는 괴테에 관해 언급한 그 글에서 '민족적 상황들의 국제주의'(the internationalism of national situations)라는 구호를 내세운 적이 있지요. 우리들 상호 간의 지적·문화적 관계가 넓은 의미로 이해된 민족적 상황의 일차성을 거쳐서, 구체적인 지역적 상황을 거쳐서 성립해야 하고 우리의 상호이해도 걸작에서 걸작으로 어떤 초시간적 방식으로가 아니라 그러한 상황들을 통해 이룩되어야 한다는 뜻이었습니다. 따라서 '민족문학'을 창출하는 일이 한국의 여러분들이 벌이는 사업이라면, 어쩌면 가장 중요한 점은 그러한 문학이 아직 존재한 적이 없다는 사실, 이런 새로운 의미의 민족문학을 창조하는 데는 참조할 선례가 거의 없다는 사실을 유념하는 것인지도 모르지요. 우리는 낯익은 형태의 민족문

---

14 1802년에 창간되어 1929년까지 연 4회 발간되면서 영국에서 가장 큰 영향력을 발휘한 잡지였다──옮긴이.

15 1829년과 1831~1944년에 빠리에서 발간된 격주간지로 문학과 예술에 관한 비평을 실었다──옮긴이.

16 Fredric Jameson "Third World Literature in the Era of Multinational Capitalism," *Social Text* 15, 65~88면.

화를 말하고 있는 것이 아니고 전혀 새로운 전지구적 상황에서 전적으로 새로운 민족문화를 만들어내는 작업을 논하고 있다는 거지요. 물론 그러한 창조행위는 이 새로운 전지구적 상황 안에서 특별한 전범적 가치를 지닐 수 있겠지요.

백낙청 그런데 이 사업이 다소나마 성공하려면, 당신이 말씀하시는 전지구적 자본이 실제로 어느 정도까지 전지구적이고 어느 선에서는 그렇게까지 전지구적은 못되는지를 좀더 정확히 규명할 필요가 있지 않을까요?

제임슨 이것이 불균등성의 문제고 '비동시적인 것의 동시성' 문제지요. 여기서 독자층에 관해 싸르트르가 한 말이 생각납니다(한층 직접성이 높은 영화 분야에서는 다양한 문화들을 수용하는 한결 세련된 국제적 관객층이 이미 형성되고 있는데, 문학에서는 번역 문제 등등으로 좀더 어려운 실정이지요). 어쨌든 싸르트르는 『문학이란 무엇인가』(*Qu'est ce que la littérature?*, 1947)에서 작가가 하나 이상의 독자층을 상대해야 하는 게 훨씬 좋은 일이라고 말합니다. 독자층이 하나뿐이면 당신은 그들이 무얼 아는지를 알고 있고 일정한 종류의 노력은 불필요하지요. 그러나 복수의 독자층을 대하려면 그것을 모르는 독자층에게 현실감을 전달하기 위해 동원할 것이 여러가지가 생깁니다. 그런 의미에서 새롭게 대두하고 있는 전지구적 독자층이 여러 상황에서 작가에게 이득이 될 수도 있겠습니다. 또 하나 내가 생각하는 바는 이겁니다. 이건 지금 떠오른 생각이고 말이 되는지 모르겠지만 이런 상황을 하나 상상해볼 수 있겠지요. 즉 어느 궁벽한 시골에 아직도 꽤나 전통적인 생활경험이 있다고 칩시다. 1989년 오늘의 시점에 사람들이 아직도 20년대나 19세기와 유사한 방식으로 살고 있다고 가정하자는 말입니다. 이런 경우 전 시대의 작가들은 비록 그들의 목적이 촌락생활 그 자체를 기록하는 것일지라도, 오늘날 그러한 촌락생활이 거의 사라져버린 세계에서 살아남은 이 촌락생활을 묘사하는 작가와는 다르게 묘사했을 것을 짐작할 수 있습니다. 다시 말해서 전지구적인 시각은 해묵고 전통적인 현실의 재현에도 영향을 미치지 않을까 하는 겁니다. 말을 바꾸면 새로운 리얼리즘을 개발하는 작업의 일부는 기법이나 내용 상의 변화라기보다 이 내용이 우리의 새로운 전지구적 체제 안에 자리잡고 있음을 보는 전체 시각의 문제라 하겠습니다.

백낙청　다시 말해 '인식의 지도 작성'이 결정적이라는 뜻이군요.

제임슨　글쎄, 내 생각은 여전히 그런 셈이지요.

백낙청　그럼 이제 '무엇을 할 것인가'라는 고전적 질문으로 넘어가지요. 물론 당신은 이미 인식의 지도 작성을 언급하셨고, 최근 『뉴 레프트 리뷰』지에 실린 답변에서는 흥미롭게도 이 개념이 '계급의식'과 동의어임을 실질적으로 공인하셨던데—

제임슨　그러나 새로운 전지구적 차원에서의 계급의식이고 그에 대한 범주들은 우리가 아직 찾지 못한 상태지요.

백낙청　네. 그런데 당신의 비판자들 가운데는 당신의 작업이 구체적인 정치적 실천과의 연관이 부족하다고 보는 이도 있는 것을 알고 계시겠지요. 예컨대 당신의 논문집[17]에 매우 흥미로운 해설을 쓴 닐 라슨(Neil Larsen)은 당신의 이데올로기 해석이 많은 성과를 거두기는 했지만, 거기에 진실의 '전도(轉倒)'로서의 이데올로기라는 고전적 개념이 빠졌거나 소홀히 되었기 때문에 당신의 작업이 갖는 실천적 함의가 제약된다고 했던데, 어떻게 생각하시는지요?

제임슨　그런데 말이지요, 정치를 이야기할 때 우리는 정치행위가

---

17 *The Ideologies of Theory: Essay 1971-1986*를 말한다—옮긴이.

다중적이라는 사실을 늘상 기억해야 한다는 게 내 생각이에요. 우리는 여러가지 정치에 참여하고 있고 무엇을 할 것인가에 대한 어떤 만족스러운 단답형 해답은 없다는 말입니다. 따라서 한가지 차원에서는, 이번 학술회의에서 내가 말하고자 했듯이 새로운 전지구적 상황에 합당한 어떤 사회주의 개념을 재창조하는 작업에 참여하는 것이 내게 중요합니다. 국제주의라는 차원에서는 우리가 지금 하고 있는 식으로 지식인들간의 새로운 연결망, 지식인들의 전세계적 연결망을 만들어내는 일이 중요합니다. 나는 그것이 극히 중요하다고 봐요.

라슨의 비판은 다소 뜻밖인데, 왜냐하면 나는 나쁜 의미의 이데올로기, 고전적인 형태의 허위의식이 아직도 존재한다고 여러번 이야기해왔으니까요. 나는 매체문화라는 제1세계적 상황 내부에서 유토피아적이고 정치적 상징성을 띤 충동들이 매체를 통해 표현되는 방식에 대해 약간 더 강조를 두고자 해온 것이 사실입니다. 하기는 우리가 이런 것들의 유토피아적 차원을 이제까지 많이 강조해왔기 때문에 탈신비화라든가 허위의식 등 좀더 고전적인 차원을 더 강조할 때가 다시 왔는지도 모릅니다. 좌파진영에서 원래 매체연구를 시작한 것은 그런 시각에서였지요. 서방세계에서 노동계급이 적절한 혁명적 의식을 발전시켜 권력을 장악하는 데 실패한 사실을 설명해주는 기본적인 이유가 매체문제라고 보았기 때문입니다. 다시 말해 본질적으로 대중적 정치운동의 실패, 그리고 물론 파시즘의 도래를 설명하려는 노력의 일환으로 서구 맑스주의가 문화와 의식을 연구하기 시작했던 것입니다. 그러한 분석들을 탈근대적 상황에 그대로 옮겨올 수는 없다고 보지만, 거기에 담겨 있던 부정적·비판적 차원이 상실되는 것은 나로서는 결코 원하지 않는 일입니다. 하지만 허위의식에 대한 비타협적인 부정적 비판을 견지하는 일이 그러한 비판의 근거가 될 대중 정치운동의 바탕이 결여된 상황에서는, 이건 미국에 관한 이야깁니다만, 훨씬 어려운 게 사실이지요. 따라서 미국에서 지식인들이 할 수 있는 일에는 그런 한계가 분명히 따릅니다. 그러나 제1세계의 우리들이 견지해야 할 문화비판의 커다란 차원이 있고 이는 또 하나의 중요한 과제라 생각합니다.

끝으로 나는 지금이 ─ 시각예술 분야에 관해서, 그리고 공상과학소설의 작가와 친구·친지들을 통해서 좀 아는데 ─ 어쩌면 비평가들이 (딱히 예술가들에게 어떤 조언을 하지는 않더라도) 새로운 예술의 탄생과정에 최소한 다시 참여할 수 있는 시점이 아닌가 합니다. 스딸린주의와 그 결과 때문에 우리는 오랫동안 예술가들에게 어떤 조언을 하는 일을 꺼리게 됐었다고 생각합니다. 지금은 다시 그런 식의 협동이 가능해진 시기인지 몰라요. 그래서 이런 것들이 문화적 정치행위의 매우 상이한 종류의 몇가지 사업이 되겠습니다. 다른 한편, 특히 오늘 논의의 맥락에서는 이런 이야기를 하는 것도 소용없는 일이 아니겠지요. 즉 진정한 의미로 전지구적인 문화적 산물에 대한 새로운 강조와 개방성이 ─ 말하자면 니까라과의 시에 대해서도 미국의 작품들에 못지않게, 한국의 현대 문학전통에 대해서도 서구나 유럽대륙의 그것에 대해서와 마찬가지로 중시하며 수용하는 태도가 ─ 정치적으로도 의미가 있으리라는 겁니다. 다른 건 그만두고 독자들을 이 모든 지역에서의 미국의 역할에 대해 민감하게 만들고 미국의 개입주의에 대한 적극적인 반대자를 겸한 독자들을 양성하기 위해서라도 말이지요. 실제로 최근에 폴 스위지(Paul Sweezy)[18]는, 좀 막막한 기분일 때였겠지만, 오늘날 도대체 미국의 좌파가 할 수 있는 일이란 미국의 대외개입을 방지하고 다른 나라의

---

18 미국의 원로 맑스주의 학자이며 『먼슬리 리뷰』(*Monthly Review*)지의 편집인 ─ 옮긴이.

해방운동을 지원하는 것이 전부라고 말한 적이 있습니다. 나는 그것 말고도 더 있다는 희망을 갖습니다만, 스위지가 말한 것만큼이라도 성취하는 데 이른바 제3세계문학을 연구하고 가르치는 작업이 중요한 몫을 차지한다는 점은 분명해져야겠지요. 그리고 마지막으로, 철학적인 면에서 오늘날 지배적인 실증주의 내지는 일차원적·기술주의적 사고에 맞서 사물을 변증법적으로 생각하는 방식을 보존하고 발전시키는 것도 극히 중요한 일입니다.

백낙청 좀 개인적인 질문으로 끝내도록 하지요. 이러한 변증법적 사고방식을 보존하는 사업이 바로 당신 주변에서 어느정도 되어간다는 느낌이신가요? 대체로 잘되고 있다든가 전보다 낫게 돌아간다든가, 아니면 이런 사업조차도 매체화된 세계에 점점 더 편입되어가고 있다든가 말이지요.

제임슨 자기가 소수파이고 불리한 처지에 있을수록 더욱 강력한 발언을 하게끔 자극을 받을 수 있다는 희망을 갖는 것도 변증법적인 자세라고 생각합니다. 최근에 나는 프랑크푸르트학파를 다시 검토하면서 아도르노에 관한 긴 책을 탈고했는데,[19] 아도르노에 대해서 지난날 한때 생각했던 것보다 상당히 더 높은 평가를 하게 되었습니다. 이것은 특정한 종류의 변증법을 재검토하여 묘사하려는 나의 시도의 첫 대목입니다. 이번 학기에 나는 맑스의 『그룬트리세』(*Grundriße*, 1939~41)를 가르치면서 맑스 자신의 텍스트와 헤겔을 다시 읽는 중이기도 하지요. 그래서 나는 지금 하는 이런 작업의 일부가 변증법 자체의 연구로 이어지고 변증법을 투영하는 새로운 방식으로 이어지기를 바랍니다. 그런데

---

19 *Late Marxism: Adorno, or, The Persistence of the Dialectic* (London & New York: Verso 1990)으로 출간되었다──편집자.

변증법이 말하자면 멸종의 위기에 처했다고 생각되지 않았더라면 내가
이런 작업을 하고 있지 않기가 쉽지요.

싸브리 하피즈 · 아바스 알톤시 · 모나 아부제나와의 인터뷰*

하피즈 『맑스주의와 형식』에서 당신이 헤겔적 맑스주의라고 부른 것이 새로운 비평담론, 특히 영어로 씌어진 비평담론의 발전에 미친 영향은 무엇입니까? 그 교의(敎義)들은 오늘날 주류 비평 내로 흡수되었거나 달리 말하자면 확립된 비평정전 내로 받아들여졌는데, 그중 몇가지를 가려줄 수 있는지요?

제임슨 '헤겔적'이라는 말을 유지하는 게 딱히 중요하다고는 생각하지 않습니다. 때때로 '서구 맑스주의'로 불리기도 하는 이것에 다른 수많은 슬로건들이 붙기도 하니까요. 이 서구 맑스주의는 일반적으로 소위 '쏘비에뜨 맑스주의' 혹은 '변증법적 유물론'과는 달리 의식과 문화라는 사실을 더 강조한다고 정의되었습니다. 이 강조가 중요하다고 서구 맑스주의자들이 느낀 데에는 많은 이유가 있습니다만, 가장 분명

• 이 인터뷰는 1989년 집필 중에 진행되었고, Sabry Hafez, Abbas Al-Tonsi, and Mona Abousenna and Aida Nasr, "On Contemporary Marxist Theory: An Interview with Fredric Jameson," *Alif: Journal of Comparative Poetics* 10 (1990) 114~31면에 수록되었다.

한 이유는 1920년대 이후 서구에서 혁명이 실패했고 오늘날에는 텔레비전과 미디어 같은 문화장치들이 노동계급을 이데올로기적으로 관리하는 역할이 증가한다는 점을 설명하기 위해서입니다.

하지만 **헤겔적**이라는 말에 대해 두어가지를 더 이야기할까 합니다. 그 단어의 의미는 분명 사람들이 헤겔에 대해 지니고 있는 상투적 인식에 따라 달라질 겁니다. 내 생각에 1960년대에 루이 알뛰세르가 헤겔을 겨냥해 벌인 논쟁은 갖가지 이유로 우리에게는 더이상 의미가 없습니다. 어쨌든 헤겔이라는 말로 그가 의미한 것은 관념론이었고, 분명 나도 관념론으로 되돌아가자고 제안했던 것은 아니었죠. 그러나 맑스 자신의 텍스트에 대한 많은 연구에 따르면 이 텍스트들은 지금까지 생각되어온 것보다 더 깊은 의미로 변증법적입니다. 따라서 그 텍스트들은 헤겔의 영향을 받았다기보다는 헤겔이 일별했던 것을 완전히 새로운 방식으로 발전시킨 것임을 드러내줍니다.

헤겔적 접근방식과 비헤겔적 접근방식의 차이가 무엇이라고 생각하는지 얼른 말해보겠습니다. 부르주아 철학은 자신의 언어가 세상을 직접 본뜰 수 있다고 상상하기 때문에 현실의 구조와 성격을 곧바로 정식화하려고 노력합니다. 헤겔의 경우에는 우리가 외부세계와 결코 직접 접촉할 수 없으며 언제나 그 접촉이 자체의 논리와 역사를 지닌 우리 자신의 개념들에 의해 매개된다는 의식이 항상 존재합니다. 따라서 철학의 임무는 현실을 직접적으로 기록하고 재현하려고 노력하는 일차원적인 것이 아니라 두가지 길을 동시에 취하는 것이 됩니다. 우선 외부세계, 이 경우에는 후기자본주의의 구조를 특징지으려 노력하는 한편, 동시에 그런 이해에 이르는 데 활용하는 개념들의 한계를 이해하려고 노력해야 합니다. 그런 한계들은 물론 적어도 부분적으로는 이데올로기적이며 우리가 이해하려고 노력하는 바로 그 사회적 세계 내에서 우리가 형성되기 때문에 생겨납니다.

따라서 누군가가 헤겔주의의 이런 슬로건을 방어하고 싶다면, 당신은 내가 그렇다고 생각하는 듯합니다만, 아마 이런 접근방법을 통해 우리 바깥에 있는 우리의 현실인 사회적·역사적 세계를 이해하는 과제를 계속 붙잡고 씨름하는 한편, 이와 동시에 우리 자신의 의식과 그 지적 범주의 이데올로기적 한계를 파악하려고 노력해야 할 겁니다.

끝으로 알뛰세르 시기 이후 헤겔을 통해 맑스를 읽는 새로운 방식이 재등장 중이라는 표지들이 있다는 말을 덧붙이고 싶습니다. 부분적으로 이것은 알뛰세르주의 자체에 대한 반발이자 훨씬 더 최근의 학파인 영국의 분석맑스주의학파에 대한 반발로 이해될 수 있습니다. 분석맑스주의학파의 일부는 프랑크푸르트학파, 그리고 독일 등지의 소위 캐피털로직(Capitalogic) 그룹[1]에서 나왔는데, 맑스의 『그룬트리세』와 미발표 원고들에 대한 아르헨띠나 철학자 엔리께 두셀(Enrique Dussell)의 작업이 더 널리 알려지면 엄청나게 새로운 탄력을 받겠지요.

하피즈　뻬레스뜨로이까(perestroika)가 맑스주의에 대한 심리적 장벽을 얼마간 없애주었습니다. 그런 상황이 특히 대개 보수적인 영어권에서 비판적 방법론의 발전에 미친 영향을 어떻게 보시는지요? 러시아 형식주의자, 혹은 프랑크푸르트학파에 의해 맑스주의적 문학정전에 변화가 일어난 바 있는데, 그와 유사한 변화가 뻬레스뜨로이까 때문에 변화된 상황으로 인해 일어나리라 기대하시는지요? 달리 말해 맑스주의

---

1 헬무트 라이헬트(Helmut Reichelt), 한스 게오르크 바크하우스(Hans-Georg Backhaus) 등의 학자들을 지칭하는데, 이들은 맑스가 『자본』 2판을 통해 수정을 꾀하여 그 자신의 생각을 단순화함으로써 노동력의 양으로서의 가치라는 그의 개념이 지닌 변증법적 특성과 더불어 상품의 물신화의 기원이 좀더 이해하기 어렵게 됐다고 주장했다 ― 옮긴이.

적 문학정전에 급격한 변화가 일어나 서구 모더니즘 문화를 더 폭넓게 인식하고 조야한 공리주의적 이해에서 좀더 탈피할 수 있으리라 예견하시는지요?

제임슨 나는 뻬레스뜨로이까가 사회주의나 공산주의에 대한 정치적 반대를 상당 부분 없애주었다고 말하고 싶습니다. 사고방식으로서의 맑스주의와 관련해서는 당신의 질문이 충분히 변증법적이지 않다고 생각합니다. 헤게모니를 쥔 일단의 가치에 맞서 그에 대한 반발로서 더 과격한 종류의 맑스주의적 사상이 발전되어야 했던 곳은 바로 보수적인 영어권입니다. 러시아 문화와 러시아 전통의 부활, 그리고 국제적인 지적 활동에 대한 쏘비에뜨 지식계급의 참여 등으로부터 우리는 엄청난 것들을 기대하고 있지만 내가 볼 때는 그것들이 맑스주의적 연구에 뚜렷하게 기여하려면 한동안 기다려야 할 겁니다. 어쨌든 그것들이 매우 뚜렷한 기여를 하리라는 점에 대해서는 의심할 나위가 없지요. 바흐찐(Mikhail Bakhtin)이 쏘비에뜨 지식인들이 주목해야 할 거대한 기념비이자 자산임은 물론입니다. 하지만 내가 관찰한 바에 따르면, 당분간 그들은 서구의 지적 전통을 흡수하느라 바쁠 겁니다. 오늘날 더 중차대한 문제는 러시아의 지식인들이 맑스주의에 기여하는 것은 고사하고 가까운 장래에 그것에 대해 관심을 갖기나 할는지 의문이라는 점일 것 같군요.

동유럽에서 근래에 일어난 사건들 이후 동유럽의 많은 나라들에서, 가장 특정하게는 독일민주공화국에서 실제로 나타날 수 있는 결과가 두가지 있다는 점 또한 덧붙여야겠습니다. 그중 한가지만 지금까지 신문 지상에서 언급되었는데요, 그것은 물론 시장으로의 전환, 국유화된 산업을 사기업에 매각하는 것, 그리고 덜 자주 환기되지만 특히 1992년 이후 서유럽의 거대기업을 위해 동유럽의 값싼 노동력을 편입하는 것

등입니다. 다른 한가지 가능성은, 특히 두개의 독일의 경우에, 사회주의의 성격에 대한 매우 첨예한 이데올로기 논쟁이 재개되는 것입니다. 그동안 사회주의는 너무나 자주, 비생산적이고 비효율적이고 정체되었으며 서유럽 사기업의 기술수준이 결여된 것으로 시사만평에서 표현되어왔지만, 폭력과 억압의 장벽이 허물어진 지금은, 특히 독일인들의 경우 그 이점을 적극적으로 묘사할 시점에 이른 것으로 보입니다. 완전고용, 무상 의료보험과 교육, 요람에서 무덤까지의 보장을 포함한 여타 우선 사항들의 선택을 옹호하는 얘기들이 여전히 나올 필요가 있다는 것은 틀림이 없습니다.

하피즈 당신이 한때 '발생기적'이라고 묘사한 예전의 맑스주의는 제의와 종교로부터 예술이 역사적으로 진화했음을 강조했습니다. 변증법, 그리고 라틴아메리카와 몇몇 제3세계 국가들의 문학 등에서 분명하게 나타나는 다양한 형태의 구술전통과 민중적 판타지작품을 강조하는 새로운 맑스주의 비평은 어떻게 새로운 비평개념을 설정할 수 있을까요? 또는 어떻게 새로운 비평정전을 형성할 수 있을까요?

제임슨 그 질문은 아주 흥미로운 질문입니다. 문명발생기적 비평을 반대한 것은, 분명히 그것이 많은 사람들에게 초기 형태의 구술적 노래가 더 복잡한 양태의 현실모방에 자리를 내주었다는 식의 조야한 진화론적 시각으로 보였기 때문입니다. 예컨대 그것은 아르놀트 하우저(Arnold Hauser) 같은 예술비평가나 심지어 나의 스승 에리히 아우어바흐(Erich Auerbach) 같은 비맑스주의자들에게서도 발견되는 시각입니다. 나는 우리가 그런 형태의 진화론으로 되돌아가길 원한다고는 거의 생각지 않습니다. 구술전통, 그리고 그보다 더 단순한 형태로 여겨졌던 것들이 많은 점에서 우리 자신의 부르주아형식들보다 더 복잡하고 더 흥미롭다는 생각이 완전히 새로운 포스트모더니즘 시기에 우리에게 확산되었기 때문에 그렇습니다. 어쨌든 사회주의 전통의 입장에서는 이 모든 것이 핵심적인 문제를 제기하는데, 에른스트 블로흐는 이를 에르베(Erbe), 즉 '전통' 혹은 '유산'의 문제라고 기술했습니다. 새로운 사회주의 문화는 필연적으로 높은 산업생산 체제에서 나올 텐데, 이것이 어떻게 과거, 그리고 다른 생산양식들의 문화를 흡수하고 그 과정을 통해 진정한 세계문화가 될 것인가 하는 것이지요. 물론 루카치도 사회주의 문화가 리얼리즘의 고전들과 더 오래된 중산계급 문화의 고전들을 포함해야 한다고 생각했습니다. 아마도 동양뿐만 아니라 서양에서도 중산계급 문화의 고전을 그다지 매력적이라고 여기지는 않을 많은 이들에게 포스트모더니즘 시대에 이것은 늘 불필요한 전통주의로 보였을 겁니다. 블로흐의 시야는 훨씬 더 광대해서, 내 생각에 그는 포스트모더니즘 시기의 우리에게 훨씬 더 매력적일 다양한 인간의 문화적 생산형태들로 이뤄진 새로운 종류의 판테온(pantheon)을 함축하고 있었습니다.

하피즈 구조주의자에서 맑스주의자에 이르기까지 현대 비평담론의 대표적 인물들이 제3세계문학에 점점 더 관심을 갖는 것을 어떻게 설명할 수 있을까요? 이것이 문학적 구조의 정교화를 지나치게 강조하는 데 대한 반발이며 가치개념으로의 회귀인지요? 특정 서구문학들이 상대적으로 침체한 결과인가요? 아니면 서구 현대 비평이론의 갱생과정의 일부일 뿐 '제3세계' 자체와는 관련이 없는 건가요? 지배적인 '제1세계'가 만들어낸 사회경제적 경계구분을 강요와 옮겨놓기에 따르는 위험 없이 문학의 영역으로 전이시키는 것이 가능할까요? '제3세계'문학이라는 개념은 기술적(記述的) 개념인지, 아니면 규범적 개념인지요? 무엇 때문에 이것이 다른 문학들과 다른지요?

제임슨 내 견해로는 제3세계문학에 대한 관심에 충분히 버금갈 만한 그 문화에 대한 새로운 관심이 포스트모더니즘과 동시에 일어나고 있습니다. 그 관심은 분명 그 문학과 문화 자체의 발전과 상당한 관계가 있는데, 그것들은 전세계에 걸쳐 매우 풍성하며 원래의 리얼리즘과 모더니즘 단계들을 이미 넘어선 것으로 내게는 보입니다. 내 생각에 이런 현상은 또한, 제1세계처럼 일종의 표준화된 미디어 사회에서 문화가 빈곤해진 것과도 상당한 관계가 있습니다. 그러다보니 더 활력에 찬 문화를 외부로부터 흡수해 자신을 영속적으로 갱생하고 생명력을 회복하고픈 유혹을 받지요. 〔서구 바깥에서〕 포스트모더니즘 자체와 나란히 진행되는 것들을 찾으려 들면 숱하게 찾아볼 수 있을 겁니다. 이는 전세계에 걸친 경제상황의 동시성과 분명 관계가 있지만 이 두 양상이 상호 모순적이기도 한 만큼, 이런 나란한 전개를 두가지의 매우 다른 움직임 사이에 일어나는 일종의 수렴현상으로 이해해서는 안 된다고 생각합니다. 잘못된 이해의 한가지 사례가 스토리텔링으로의 회귀겠지요. 또 이를테면 '중심에 있는' 혹은 의인화된 인물들이 사라지는 것도 그러한 예가 되겠고요. 일반적으로 텍스트성이라고 불리는 것에 대해서도 마찬가지입니다. 이것이 미디어 텍스트를 포함한 오늘날의 모든 종류의 텍스트들이 지닌 하나의 특징인 것은 당연합니다. 따라서 오늘날 제3세계의 많은 작가와 문화생산자들이 제1세계에서 전개되는 형식과 유사한 특징을 지닌다고 주장할 수 있는 것 못지않게 그들이 자신들의 과거와 근본적인 단절을 이루고 있다고 주장할 수 있다고 생각합니다. 또한 이 모든 것에서 언어의 중요성을 강조해야 한다는 생각도 듭니다. 나는 개인적으로 문학이 서구 포스트모더니즘에서 가장 덜 중요한 생산영역이라고 느끼는데, 그것은 분명 미디어를 매개로 우리의 언어가 표준화된 것과 상당한 관계가 있습니다. 사람들이 일반화하고 싶어하지 않을 게 분명하지만, 많은 제3세계 전통에서는 언어, 옛 의미에서의 말재주,

말 그 자체 등이 서구의 후기자본주의에서는 상실된 특권과 권력을 유지하고 있고, 그런 이유로 제3세계 작가들이 이용 가능한 언어적 재료들이 훨씬 더 풍요롭다는 것이 내 느낌입니다.

나는 서구 비평이론이 제3세계, 혹은 그 맥락으로 옮겨갈 것을 걱정하지는 않습니다. 내가 보기에 제3세계 비평가들은 무엇을 활용하고 무엇을 수정하고 무엇을 거부할지 아는 능력이 완벽한데, 우리 자신이 유럽으로부터 우리에게 온 모든 것을 수정한 것과 꼭 마찬가지로 이들 역시 실로 이 모든 것들을 끊임없이 수정해야겠지요. 혹은 원한다면, 북미대륙 사람들도 유사한 주장을 할 수 있겠지요. 물론 북미대륙 사람들이야 역사적으로 이전 시기에 유럽으로부터 이론을 수입하면서 이 수정을 거쳤지만요. 이것은, 멀게는 로마제국의 절충주의에서부터 유추해보자면, 외부로부터의 수입이라는 일반적인 패러다임으로 확장될 수 있을 겁니다. 사실 내가 확실히 느끼는 것은 과거 우리가 유럽으로부터 그랬던 것처럼 지금도 그렇고 앞으로도 계속 이전에 제3세계였던 곳으로부터 취하게 되는 이론적 생산과 새로운 개념성이 증가하리라는 점입니다. 따라서 바로 그런 점에서 제3세계이론은 진정 제3의 세계이론이 되겠지요.

나는 정말로 우리가 모두 자신의 국가적 상황에 갇혀 있는 양상을 지나치게 강조하는 것은 뭔가 치명적이라고 생각합니다. 그것이 매우 건강한 자각일 경우도 있을 수 있습니다. 몇몇 비평가들이 외국의 이론을 두고 벌인 논쟁은 또한 때때로 자신의 역할을 다른 집단들에게 빼앗겼다고 느끼는 지식인, 민중, 그리고 여타 집단들 사이의 투쟁을 표현하기도 하며, 당연히 그런 투쟁들 역시 가볍게 다뤄져서는 안 되니까요. 다른 한편으로, 우리는 서로에게 해줄 말이 있으며, 적어도 우리의 임무 중 하나는 어떤 새로운 종류의 전지구적 문화네트워크, 분명 적대감과

178

긴장이 없지는 않겠지만 우리가 서로 더 직접적으로 대화하게 하는 그런 네트워크를 창출하는 것이라고 나는 생각합니다. 따라서 우리의 비평이념은 단지 우리 자신의 현실만을 투사할 뿐 문화적이거나 기타의 방식으로 우리 앞에 등장하는 외부의 다른 다양한 현실에서는 발붙일 데가 없을 것이라는 점을 과장하는 것은 현명하지 않겠지요.

알톤시　당신이 '역사' 혹은 '역사주의'를 어떻게 이해하고 있는지, 그리고 그것이 '총체성'에 대한 당신의 관점과 무슨 관계를 가지는지 구체적으로 말해주시겠습니까? '역사적'이라는 당신의 개념이 주체와 객체, 개인과 사회라는 이분법과 어떻게 연관되는지요? 테리 이글턴은 당신의 저작에서 이런 문제들에 대해 읽고서 당신의 맑스주의를 헤겔적이라고 규정했습니다. 그런 판단에 대해 시인하시는지요?

제임슨　총체성뿐만 아니라 역사주의에 대해서도 헤겔 관련 답변을 하면서 이미 함축적으로 말한 셈입니다만, 그것들을 모두 다소 다른 방식으로 얘기하면서 이를 이전 질문에 대한 답변과 연결하는 것도 의미가 있을 것 같군요. 자신의 생각과 해석을 상황에 맞게 만드는 최상의 방법은 인종중심주의적 진단에 스스로를 가두는 게 아니라 오히려 자신의 역사적 상황, 그리고 자신의 관점을, 상대화한다고는 말하지 않을지라도 적어도 표시는 해줄 방식을 인식하는 것이라고 생각하니까요. 따라서 외국 이론의 문제는 역사적인 방식을 통해서 훨씬 더 잘 다뤄질 수 있다고 생각합니다. 이는 특정 종류의 이론이 발생한 국가 내부의 사회·경제적 상황으로 돌아가 살펴본다는 것을 뜻하지요. (분명히 말하자면 나는 지금 1960년대 프랑스의 몇몇 이론들을 생각하고 있습니다만 살펴봐야 할 다른 수많은 이론과 나라가 있을 겁니다.) 그다음에 그 이론이 다른 국가의 상황으로 건너가 일정한 역할을 할 가능성의 조건을 분석할 수 있습니다. 내 생각에 그것은 어떤 진부한 의미로 이 이론들의 가치를 상대화하는 게 아닙니다. 그렇게 하는 것은 그 이론들의 힘과 활력은 건드리지 않고 다만 그 가치만 지역적으로 축소하겠지요. 아인슈타인(Albert Einstein)의 상대성이론이 뉴턴(Isaac Newton)의 일반 법칙을 훨씬 더 큰 우주의 한 작은 영역에 해당하는 지역적 법칙으로 전환했다고 하듯이 말이지요. 그런 종류의 역사화는 치료에 도움이 되고 지식인들이 멀리 다른 이들의 상황을 건너다보기 이전에 자신들의 구체적 상황에 대한 갱신된 의식에 견줘 스스로를 닦아세우는 뛰어난 방법입니다. 따라서 나는 역사주의의 내용을 아주 강력하게 지지하고 싶습니다. 역사주의에 대한 알뛰세르적 공격은 역사적 상황의 상대성이 기승을 부리면 맑스와 맑스주의의 가치가 종국에는 상실될 것이라는 걱정에 의해 불필요하게 촉발된 것입니다. 하지만 그럴 위험은 거의 없다는 것이 내 생각입니다. 예컨대 그람시뿐만 아니라 루카치 등 맑스주의의 고전에 해당하는 이들은 그들 자신의 몇몇 역설적인 정식화에 의해, 맑스주의가 자본주의에 관한 이론이어서 자본주의가 끝나고 뭔가 다른 것에 자리를 내주면 그 자체의 타당성 혹은 이를테면 '진리'를 상실하리라는 점을 언제나 잘 의식하고 있었습니다. 나는 그런 형태의 역사화와 상대화에 동의합니다만 그렇다고 해서 오늘날의 맑스주의의 타당성이 영향을 받는다고는 생각하지 않습니다. 우리가 자의식, 반성, 반사성 등의 헤겔 개념을 점점 더 미심쩍어하게 되었고 나 역시 몇몇 의심과 회의를 공유합니다만, 우리가 원치 않더라도 어떤 다른 형태의 자기비판적 거리를 지닐 필요는 있고, 내 생각에 그런 태도가 발견되는 유일한 데가 우리 자신의 현재를 역사로서 바라보는 역사주의입니다. 여기서 총체성이 일정한 역할을 합니다. 총체성이 자기 자신이나 다른 이들이 처한 당면 상황의 성격을 파악하는 최상의 도구인 한에서는 말이지요. 총체성은 모든 것을 서로 연관짓고 그것들을 하나의 거대한 과정의 부분으로 바라보는 것인데, 어떤 이의 문화비평과 사회적 분석이 적어도 그와 같은 총체성의 규정적 개념에 의해 통제되지 않는다면 거기에서 단견이나 신문·잡지류의 인상 이상의 무언가가 나올 것 같지는 않습니다. 최근 들어 내가 숱한 곳에서 이렇게 총체성을 옹호한 데에는 분명한 이유들이 있는데, 이런 진실들이 단지 잊혀진 것이 아니라 어쩌면 우리 시대에 전적으로 억압되기 때문입니다. 정말이지 프랑크푸르트학파의 기본적 교훈 중 하나는 오늘날의 사회적 총체성이 과거보다 더 총체적이라는 점, 즉 후기자본주의의 바로 그 논리가 절대적으로 총체화하는 논리로서 모든 곳을 관통해 들어가 모든 것과 연관을 짓고자 한다는 점입니다. 따라서 우리가 총체성을 향해 가도록 추동하는 것은 이런 종류의 사고에 대한 우리 자신의 애정이 아니라 대상과 체제 자체의 성격입니다. 분명 이것은 다양한 분과학문들의 경우 사실이며, 기존의 봉합된 부분들에서 틈이 벌어지고 있는 분과학문들은 모두 더 깊은 방식으로 총체성을 포함해야 할 사명을 느끼고 있습니다. 불행히도, 이를테면 대부분의 포스트모더니즘 학문들, 즉 포스트모더니즘 시기 학문의 대부분에서 학문의 경계를 초월하려는 노력은 대개, 단순히 코드를 전환하고 이것저것을 빌리고 한 분야의 개념을 다른 분야로 변형해 넣고 다른 분야의 언어를 빌려다 은유적이고 상호텍스트적으로 활용하는 형태를 취하는 데에 그칩니다. 이는 초학문적 대상이나 사회적 총체성을 총체적으로 파악하는 것이 무엇일지 보여주는 모델이 거의 없기 때문입니다. 감히 말하자면, 오늘날의 세계에서도 여전히 타당하고 활력이 넘치는 것으로는 아마 맑스주의가 유일할 겁니다.

알톤시 반영이론, 그리고 상부구조와 하부구조의 관계로 예시된 맑스주의 문학비평의 위기를 이제 정면으로 다뤄보지요. 결국 매개(들)의 개념은 순환적이며, 난제를 꿰뚫을 능력이 없는 것이 아닌지요? 관념론에서는 인식이 대상과 뒤섞여버리는데, (이 인식을 집단적 인식으로 규정하는 것으로는 충분하지 않을 테고요.) (매개와 같은) 개념적 구성물이 때때로 그런 관념론의 핵심에 가담한다고 볼 수는 없을까요? 반영의 개념이 이원론에 초점을 맞추고 모든 상부구조와 토대 안에 어떤 동질적이고 균등한 총체성을 상정하기 때문에 맑스주의적 변증법의 오독에 기여한다는 점에 당신은 동의하시는지요?

제임슨　그렇습니다. 내 생각으로는 반영이나 상응의 개념이 대부분의 현대 맑스주의적 접근방법에 의해 폐기된 지 오래됐습니다. 이 점에 있어서 내 스승은 프랑크푸르트학파의 저자들, 특히 아도르노인데요. 아도르노에게 있어서 하나의 작품이 지닌 역사성, 그리고 그것이 자신의 사회적 맥락에 대해 지닌 더 깊은 관계와 관련된 기본적 단서는 텍스트의 내용보다는 그 형식, 그리고 그 형식에 함축된 장르적 혁신에 있었습니다. 그런 한편, 오늘날 맑스주의적 비평의 위험은 이와 같은 점들과 관련, 자신을 현대화하고 반영과 상응이라는 구식의 이론들을 벗어던짐으로써 자신의 정체성을 완전히 잃어버린 채 빛을 잃고 다른 접근방법으로 사그라져 들어가버릴지 모른다는 것이라는 게 내 생각입니다. 제각기 원하는 대로 정교하고 복잡하고 모던한, 혹은 포스트모던한 방식들을 취할 수는 있겠지만 이데올로기 분석의 개념을 맑스주의가 붙잡고 있어야 하며, 콘텍스트와 같은 어떤 것, 즉 텍스트나 문화공예품과 그것의 더 커다란 상황 사이의 연관 같은 어떤 것의 문제에 여전히 몰두해야 한다고 생각합니다. 물론 거부해야 마땅할 이원론으로 맑스주의가 빠져들지 않도록 어떻게 막을지가 근본적인 문제이긴 합니다만, 나는 이 문제에 내가 조금 전에 언급한 역동적 형식이라는 말로 에둘러 접근하고 싶은 마음입니다.

알튀시　묻고 싶은 것이 있는데요, 당신은 어떻게 맑스주의와 맑스주의적 비평에 이르게 되었는지요? 맑스주의적 비평에 관한 당신의 개념과 견해에 대해서도 좀더 자세히 말해주실 수 있을지요?

제임슨 지적으로 독립적인 삶을 시작할 무렵, 나는 내가 말라르메의 한 구절에 홀려 있다는 것을 알게 되었습니다. 나중에 그 구절을 내책 『맑스주의와 형식』의 제사(題詞)로 썼는데 다음과 같습니다. "정신적 탐구에는 통틀어 두가지 길만이 열려 있으니, 곧 미학 그리고 정치경제학이다." 서투르게 읽으면 이 구절의 의미는 육체와 정신 혹은 영혼, 아니면 조금 욕을 덜 먹게 말을 바꾸면 노동과 여가시간으로 욕구가 '분기'한다는 것과 거의 다를 게 없습니다. 이 두 영역은 각각 경제와 문학에 의해 통제되지요. 거기서 그 이상의 의미도 찾아낼 수 있다는 것이 내 독서실감이며, 그것이 자기만족의 문제가 아니라고(혹은 적어도 단지 자기만족의 문제만은 아니라고) 믿습니다. 말라르메의 개념과 내가 깨닫게 된 바 맑스주의 자체에 대한 나 자신의 개념 사이의 관계를 찾아나서는 것이 유익하다고 생각하는 한 말이지요(맑스주의의 영역에서도 말라르메의 판단은 정말이지 매우 역설적으로 끝까지 그 타당성을 잃지 않습니다. 페리 앤더슨Perry Anderson이 간파했듯, 맑스주의적 연구와 사상의 가장 두드러지고 의미심장한 최근의 결과물이 정확하게 경제학과 미학이라는 두개의 멀리 떨어진 극단에서 나오는 경향이 있기 때문입니다).

이 점은 또한 윤리학에 관한 내 판단을 반추할 계기도 될 겁니다. 코넬 웨스트(Cornel West)가 실제 정치에서 윤리가 지닌 힘을 내게 아주 적절히 되새겨준 바 있는데, 아무튼 윤리학에 관한 내 판단을 두루 개탄스러워들 했습니다. 조너선 애럭(Jonathan Arac)은 정치에서 윤리를 단호하게 분리하려는 나의 시도가 맑스주의 자체의 '부도덕성'에 관한 흔해빠진 최악의 두려움을 모두 확인해주는 셈이 될 것이라는 현명한 지적을 해주었습니다. 이런 근본적인 분리를 통해 내가 얻고자 했던 것은 윤리론들을 휩쓸고 있는 것으로 보이는 순전히 개인적인 종류의 사상과 논리보다 집단적인 것을 우위에 놓는 것이었죠. 내게는 그런 노력이 개인주의의 종말과 주체의 죽음에 대한 의견개진 그 어느 경우와도 다를 바 없어 보였습니다(내게 이런 노력은 윤리적이라고 부르기에 부적절해 보였고, 자부심의 소멸, 심지어 중심에 놓인 주체 자체의 소멸과 관계가 있는 특정 신학전통에의 접근으로까지 보였지요). 또 중국에는 집단적 행동 자체의 독창성을 상대적으로 소홀히 한 것과 다르지 않아 보이기도 했습니다(사실 나는 집단적 행동을 거의 존재론적인 방식으로 개인적인 것과 구별하고 싶은 마음이었습니다).

지금 이 똑같은 입장을 다시 주장하고 싶습니다. 다만 이를 확장하여, 예상치 못한 방향에서 나타날 그 입장의 결과들을 어느정도 더 분명히 해줄 수 있을 방식으로 다루고자 합니다. 왜냐하면 내가 다음과 같은 점을 아주 느리게만 이해했기 때문인데, 즉 나 자신을 다른 이들에게 분명히 이해시키는 문제라면 내가 윤리적이라는 말과 확연히 구별하려고 애쓴 정치적이라는 말이 그저 효과적이지 못할 뿐만 아니라 역효과를 내기 쉬웠다는 것입니다. 맑스주의적 대중에게 정치적이라는 말은 실천 그 자체, 그리고 장기와 단기가 독특하게 어울리는 활동의 형식들과 관계가 있습니다. 왜 그런지를 여기서 설명하자면 너무 복잡하겠지만 그 점이 맑스주의 특유의 실천 개념에 바탕을 둔 맑스주의 특유의 정치 개념에 대한 주장에 정당성을 부여해주는 것으로 보입니다. 그러나 대부분의 사람들에게 정치는 두 하위 의미들로 분할되어, 우선은 단순히 제도들에 맞선 집단행동 일반과 관계가 있고 그다음으로는 정치철학과 관계가 있지 않나 싶습니다.

내가 여기서 좀더 곰곰이 생각해보고 싶은 것은 두번째 의미인데, 이것이 결과적으로 맑스주의에 반대하는 예전의 진부한 이유들을 숱하게 되살려놓았고, 특히 맑스주의에는 정치적 고찰의 전통이 결여되었으며 심지어 정치 자체를 억압한다는 비난을 불러오기도 했지요. 내가 볼 때 이런 판에 박힌 시각은 어떤 점에서는 정당하기도 하고, 또 신중할 필요가 있겠지만 어느정도 찬사를 받을 만해 보이기도 합니다. 소위 정치철학 전문가나 해설자들의 지루한 안내서만 그런 게 아니라 정치철학 자체가 정말 순정한 견해, 꽤 부정적인 의미로 말하자면 이데올로기 자체를 피력하는 독보적인 영역으로 보입니다. 견해라는 것에 대해 나는 늘 그것이 가장 흥미가 떨어지는 사고 혹은 표현이라고 생각해왔습니다. 비록 이런 생각이 헤겔에 힘입어 어느정도 강화되었기는 합니다만, 이 생각 자체도 물론 내 안에 있는 의견일 뿐이지요. 이런 견해가 헤겔에서라면 무엇인가 그밖의 다른 것, 더 실제적인 것이 되리라고 기대할 수도 있겠지요. 어쨌든 맑스주의에 입문하는 사람들은 적어도 부분적으로는 확신 자체가 단순한 의견보다는 더 깊은 곳에서, 의식적인 선택이 아닌 현실에 의해서 형성된다는 확신을 가지고 있습니다. 이 현실은 사회계급과 무의식의 현실일 수 있는데, 때로는 이데올로기라는 말이 지칭하는 바이기도 했습니다(이때는 이데올로기라는 말이 단순한 의견의 영역에서 피력된 확신이나 신념에 담긴 의식적인 노력을 딱히 지칭하지는 않았지요. 이런 이중성은 전통적인 이데올로기 개념뿐만 아니라 대체와 약호변환으로 그 분야를 포괄하려고 노력하는 다른 어떤 개념도 잠재적으로 불안정하다는 것을 보여주는 또 하나의 예입니다).

그러나 만일 의견의 원천, 그리고 불안정하고 의식적이며 우발징후적인 형태의 순전한 이데올로기의 원천이 실재와 이렇게 더 깊은 존재론적 관계에 놓여 있다면(물론 이 관계는 근본적으로 새로운 종류의 계급경험이 일어나는 경우에 이데올로기적 전환을 통해 수정되고 변환될 수 있겠습니다만), 표면에서 작용하는 이데올로기 효과와 견해는 아주 실제적인 결과에도 불구하고 실질적인 내용이 없으며 이론이나 실천의 기초로 삼기에는 의심스럽기 짝이 없는 토대입니다. 그런 견해들은 대개 정치적이라고 여겨지는 것입니다. 그것들이 다루는 영역은 교과서가 다루는 절차와 틀에 박힌 경향을 통해서도 다를 바 없이 표현되고 있어요. 교과서는 결정주의·결과주의·목적주의 같은 주장(즉 근본적으로는 합리화)의 각 양태들 혹은 '입장들'을 명시하고 있는데, 이러한 주장, 양태, '입장들'이란 것이 이상하게도 그들의 철학적 혹은 형이상학적 대응, 즉 세계관을 닮아 있지요. 그런데 우리가 세계관에 대해 듣는 그럴싸한 말은 세계관의 숫자가 한정돼 있으며, 이것이 일단의 조합들로 이합집산하면 체스 판에서 말을 움직이듯 사람들이 의지와 선택에 따라 채택할 수 있다는 겁니다. (관념론, 실재론, 유물론 등과 같이) 세계관이 선택 가능하다는 점, 또는 (자유의지론, 쁘띠부르주아 급진론 등과 같이) 정치철학이 선택 가능하다는 점이야말로 그것들이 순전한 의견에 불과하다는 가장 확실한 표지입니다. 사람들에게 느닷없이 세계관이나 정치철학을 바꾸라고 요구할 수 있다는 의미에서가 아니라, 그것들이 중요한 현상이 아니고 오히려 다른 종류의 내용의 우연한 부산물이라는 점에서 그렇다는 거지요. 다른 무엇으로 인한 결과인 그 세계관이나 정치철학으로부터 활동의 원천을 제공받은 정신은 자신의 견해를 찾아나서서 때때로 뜻밖의 것을 발견할 수도 있지요. 아니면 그것들을 교배해 새로운 종의 이데올로기를 진화시키거나 독선적인 낡은 특징들을 가지고 새로운 조합을 만들어낼 수도 있습니다. 이 엄청나게 다양한 '자기표현', 그리고 이런 '자기표현'이 쉽게 손에 잡히는 대당(對當)들이나 배합에 따라 단순화하며 조직화하는 양상을 연구하는 것은 정말 매우 흥미로운 소일거리입니다. 하지만 그것은 (정치철학이

186

든 다른 무엇이든 간에) '철학'이라기보다는 유형학으로 불리는 게 마땅하며, "인간의 사고와 견해가 이렇게도 다양하구나"라며 전래의 인류학적 감탄을 굳이 경험해보겠다고 관심을 두는 경우라면 모를까 그 자체로 지니고 있는 알맹이는 거의 없습니다.

나 자신의 이와 같은 '견해'는 두가지 종류의 결론에 이르렀는데요. 첫째로 맑스주의는 그런 종류의 정치철학은 아니며 보수주의, 자유주의, 급진주의, 대중주의, 혹은 그 무엇과도 결코 '꼭 들어맞지' 않는다는 점입니다. 분명 맑스주의에도 (앞에 암시한) 정치적 관행이 있습니다. 하지만 그런 식으로 관행적이지 않을 때, 맑스주의의 정치적 사고는 오로지 사회의 경제구조, 즉 사람들이 생산을 조직화하려고 어떻게 협동하는가와 관계가 있습니다. 이 말은 '사회주의'가 딱히 정치이념은 아니며 굳이 정치이념으로 본다면 특정 정치사상의 종결을 전제함을 의미합니다. 이는 부르주아 사상가들 중에서 우리와 상동관계에 있는 부류들이 정말 있다는 의미입니다. 하지만 그런 부류를 찾자면, (앞서 말한 의미의 사상이랄 게 거의 없는 집단으로 어쨌든 역사적으로 소멸한) 파시스트들이 아니고 오히려 신자유주의자들과 시장옹호자들이 되겠지요. 이들에게도 마찬가지로 정치철학은 (적어도 일단 맑스주의적·집산주의적集産主義的 적들의 논쟁을 제거하고 나면) 가치가 없고, 이제 '정치'는 단순히 경제적 장치들(이 경우에는 집단적으로 소유되고 꾸려지는 생산수단이라기보다는 시장을 돌보고 육성하는 것)을 의미합니다. 정말이지 우리가 신자유주의자들과 공통되는 것이 많고 근본적인 것들만 제외하면 실로 모든 것에서 공통된다는 주장에 대해서는 나중에 논의하도록 하지요.

하지만 이런 결론을 통해 나는 이제 말라르메의 문장에 대한 두번째의 더 흥미롭다고 생각되는 해석에 이르렀고 이에 오랫동안 매료되었습니다. 그것은 형식이 내용에 의해 결정된다는 점과 관련되기 때문입니다(따라서 어느 점에서는 변증법 자체와도 관련되지요). 윤리적 사고나 정치적 세계관에 있어서 참을 수 없을 정도로 지나친 선택성이라고 불러온 것을 다음과 같은 말로 달리 표현할 수 있겠습니다. 즉 각각의 윤리적 사고와 정치적 세계관이 함축하고 있는 개념의 작동이 그 내용에 의해 더 깊은 차원에서 결정되지 않으며 역사적 상황에 따른 구속이나 물질 자체의 저항 따위는 아랑곳하지 않은 듯 보인다는 것입니다. 하지만 형식과 내용의 이론은 부동인자나 근본적인 상황 자체라는 제한인자들에 비춰 창조성, 가능성, 창안 등의 활동인자를 읽음으로써 행동과 역사, 또는 또다른 패러다임에서는 토대와 상부구조를 등위좌표로 설정합니다. 오직 특정 숫자의 계획과 결과만이 가능하며, 맑스주의의 존재론이 있다면 그것은 다음과 같은 사실, 즉 실천과 그 일정한 실패들을 통해 (역사적이고 변화·진화하는 과정으로 파악되는) 존재 자체의 바로 그 본질과 직면한다는 점에서 찾아볼 수 있습니다. 윤리학도 정치학도 아닌 맑스주의의 시각에서 볼 때, 윤리와 정치를 깊은 차원에서 결정짓는 것은 더 깊은 내용이며 이 내용은 이데올로기적 연루, 사회계급, 역사적 경험에서 찾아야 합니다. 그것들 자체의 관점에서 그리고 반(半) 자율적 영역의 한계 내에서 보자면 그 각각은 그 자체로 한계, 즉 보이지 않아서 분석의 바깥으로 벗어나 있는 더 깊은 내용을 구성하려고 노력해왔지요. 이런 이유로 윤리학과 정치학은 피상적인 '과학들'(sciences)이며 그것들을 정치경제학이나 미학과 대립되는 것으로 본 말라르메가 옳았던 거지요. 이 둘 각각에는 내용, 한계의 경험, 형식의 불가능성, 역사적 발전의 제약 등이 펼치는 드라마의 흔적이 깊이 남아 있습니다. 이 두 '과학'은 이런 점에서, 다시 말해 이 각각이 형식과 현실 그 자체의 사이, '개념'과 그 물질적 요소들 및 사회역사적 파생물들 사이의 지속적이고 변증법적 왕래를 필요로 한다는 점에서 깊은 의미로 상동관계에 있지요. 따라서 구조적 유사성이 그 이상으로 확증되는 것은 둘 다가 특정 맑스주의, 즉 내용상 바로 이런 변증법과 바로 이런 형식을 독자적으로 처음 드러내고 이론화하는 맑스주의에서 완성되는 경우입니다. (말라르메가 암시하는 것으로 보이듯, 물론 이것들만이 이런 종류의 유일한 '과학'은 아닙니다. 적어도 최소한 예전에는 기대할 수 없었을 것, 즉 정신분석학과 어쩌면 인류학도 여기에 포함시키고 싶어하는 이가 있을지 모르겠습니다.)

아부제나 나는 비교문학과, 문화와 철학이 문학에 대해 지니는 관계에 관심이 있습니다. 내 연구에서 나는 문명이론에 바탕을 두는 한편 문화적 전개과정, 특히 보편적 현상으로서의 문화적 창조성의 영역에서 현재 일어나고 있는 통합과정에 관한 최근의 견해들을 취하면서 이런 문제들을 붙잡고 씨름한 바 있습니다. 이런 전지구적이고 보편적인 시각에서 볼 때 문화적 가치들은 이것을 창출한 문명의 경계를 넘어 그 이상의 문화발전의 토대로서 중요성을 지닙니다. 나는 이런 접근방법을 문명적 시각이라고 불렀지요. 아랍과 유럽의 문학을 비교한 연구에서 나는 계몽주의 문화가 문명적 시각의 핵심이라고 보았는데, 이 시각의 목표는 미래의 문명을 위해 문화들 사이에 평등과 생산성에 바탕을 둔 대화가 이뤄지게 하는 것입니다.

내 질문은 다음과 같습니다. 전지구적 시각은 어떻게 국제적일뿐만 아니라 국가적인 차원에서도, 사유재산과 착취에 기반을 두고 계급으로 나뉜 사회에서 발생하는 사회적·이데올로기적 모순들을 초월할 수 있는지요?

제임슨 그 질문을 뒤집어볼 필요가 있다고 생각합니다. 명확하게 언급했듯, 그 질문은 상대적으로 더 오래된 자유주의적 세계관을 암시하는 경향이 있지요. 이 세계관에서는 (2차대전 이후에는 의심할 바 없이) 전지구적 시각이 협력, 전쟁, 전쟁과 폭력의 종결 등의 자비로운 것이었습니다. 반면, 국가적 시각은 (이런저런 국가주의 자체의 폭력은 말할 것도 없고) 계급적 긴장과 적대감을 포함했고요. 나는 그 시각을 뒤집을 필요가 있다고 생각했을지 모릅니다. 즉 국민국가 내의 투쟁은, 만일 이런저런 방식으로 질식해 죽거나 엄폐되지만 않는다면, 진정한 투쟁이며 끝까지 싸울 때에만 해결될 수 있을 거라고 말입니다. 그런데 이와 반대로 지역과 국가의 자율성을 불가능하게 하고 지역과 국가가 통제할 수 없는 경제기제로 사람들을 몰아넣어 가두는 방식으로 부정성을 띠는 것이 전지구적 차원이고 세계체제입니다. 참으로 다음 질문을 미리 예상하여 말하고 싶은 것은 우리 (제1세계의) 문학과 문화가 활력이 결여된 것은 바로 계급갈등이 초강대국 내에서는 감춰져 있기 때문이라는 점입니다. 그러나 이 새로운 세계체제가 존재한 것(또는 그 자체로서 가시화된 것)은 지난 10년 내지 20년일 뿐입니다. 따라서 여기에 내포된 다른 질문, 즉 국내적 차원의 정치와 전체로서의 전지구적 차원에서 구상 가능한 정치 사이에 어떤 관계를 설정할 수 있을까 하는 질문에는 아직 대답할 수가 없습니다. 지금은 전지구적 차원에서 거대하고 생각 불가능한 계급재편이 벌어지는 시기이며 소유권, 산업, 노동력 등에 있어서 제1세계와 제3세계의 바로 그 지위들이 예측 불가능한 새로운 방식으로 수정되고 있습니다. 이 방식은 우선 정치를 문제적인 것으로 만들지만 문화의 정치 역시 문제화합니다. 우리는 어떤 더 커다란 세계문화 공간을 향해 더듬어가며 길을 찾을 필요가 있고, 나는 이것을 '국민국가적 상황의 세계화'라고 부른 바 있습니다. 이 상황에서는 국민국가 문화의 내적 특수성이 존중되는 반면 이와 동시에 국민국가가 세계경제체제에 종속되는 정도가 심화하는데, 국민국가는 이를 지배 혹은 구속의 방식으로 겪게 되지요. 이 점에 대해서는 지식인들과 예술가들이 명쾌합니다. 새로운 전지구적 문화적 시각은 국민국가적 상황, 그리고 여타의 그러한 국민국가적 상황들의 유사형태들을 관통해 가야 합니다. 보편성으로, 혹은 낡은 유형의 어떤 '세계문학'으로 곧바로 뛰어들려고 하지 말고요.

나서 서구의 문학 연구자가 이론적인 의미에서 제3세계 텍스트들을 수용하려면 어떤 단계를 거쳐야 하는지요?

제임슨 이렇게 해서 나는 실제로 서구에서의 제3세계문학의 위상, 적어도 내가 바라본 위상에 대한 질문에 대답하기 시작한 셈인데요. 내가 보기에 바로 이 문제는 (이 문제와 무관하지 않은 포스트모더니즘의 문제와 더불어) 소위 더 '선진적인' 서구 이론가들 사이에서 현재 가장 뜨거운 논쟁 주제입니다. 이 문제의 시급함이 부각된 것은 단지 〔제1세계〕 정전의 해체 때문만은 아니고 최근에 제3세계 문학과 문화 자체가 엄청나게 풍요롭기 때문이기도 한데, 제3세계의 문학과 문화는 (적어도 라틴아메리카의 '붐'이라는 눈부신 발전 이래) 자신의 의제를 설정하기 시작했습니다. (제국주의라는 사실 자체가 서구문학에 미친 형식적 영향을 연구하려고 하는) 소위 탈식민주의 담론의 영역에서 많은 것이 이뤄지고 있고, 이와 마찬가지로 소위 탈식민주의 문학의 영역에서도 많은 것이 이뤄졌습니다. 탈식민주의 문학의 영역에서는 제3세계 사람들이 스스로 자신들의 최신 텍스트를 연구하려고 노력하는데, 이 노력은 비서구 언어라는 전형적인 장벽을 넘어 이루어집니다. 비서구 언어란 제1세계의 우리 대부분이 감히 전유할 생각도 하지 못하지만 해당 문학에서는 그 자체로 중심적인 사실이자 문제이기도 하지요. 나 자신은 세개의 커다란 제1세계 혹은 후기자본주의 지대(유럽·미국·일본)의 문화가 상대적으로 불모라는 점을 인정하고, 따라서 이제 다른 지역들의 더 활기찬 문화적 생산이 우리 자신의 문학에서는 찾아볼 수 없는 분석의 가능성을 제공해준다고 보는 시각에서 말하고 있습니다. 예컨 대 당연히 서구적이라고 본 모더니즘의 이론 전체는 이제 제3세계 근대 화의 경험에 비춰 수정될 필요가 있습니다. 이런 상황은 전지구적 차원 의 문화비교론이라는 새로운 시대를 가져올 텐데, 이것은 전에 '비교문 학'이라고 불리던 것과는 공통점이 없이 그것을 대체하게 될 겁니다. 앞 으로 그것은 미디어를 포함할 (그리고 '문화제국주의'라고 불리던 것 을 대체할) 필요가 있습니다. 그것은 논쟁적이고, 다양한 민족주의에 대한 비판적 공감으로 충만하고, 종교와 언어혁명들에 주의를 기울이 며, 유엔식 자유주의를 의심스러워합니다. 또한 그것은 (제1세계 세 초 강대국들의 경우가 그렇듯) '제3세계'가 소수집단, 소수민족집단, 이주 노동자 같은 형태로 '제1세계' 내에도 역시 존재하는 상황 탓에 널리 자 리를 잡은 역설에 기민하게 깨어 있을 필요가 있습니다.

스튜어트 홀과의
인터뷰·

홀　지금 소위 포스트모더니즘 문화의 특징을 기술한 「포스트모더니즘, 또는 후기자본주의의 문화논리」에서 당신은 자본주의와 문화 사이의 직접적인 상응관계를 전제합니다. 예컨대, "부르주아 문화는 조직화된 자본주의 시대, 즉 레닌이 '제국주의'라고 부른 것에 상응했다"라고 말하고 있지요. 또 우리가 지금 새로운 시대로 진입하고 있는데 이 시대에는 '후기자본주의'가 '포스트모더니즘 문화'로 지칭되는 것과 상응한다는 의견을 제시합니다. 여전히 그런 입장이신지요?

제임슨　'부르주아 문화'에 대해 말할 때의 문제는 이 시대적 변화와 관련해 사람들이 전제하는 것 중의 하나가 그 변화로 인해 부르주아 문화 자체가 파괴되었다고 단정한다는 점입니다. 지금 우리가 마주하는 것은 상대적 익명성이 두드러지는 문화체계인데, 여기서는 예전의 방식으로 지배계급에 대해 말하는 것이 어떤 다른 문제들에 대해 말하는

• 이 인터뷰는 Stuart Hall and Fredric Jameson, "Clinging to the Wreckage: A Conversation with Stuart Hall," *Marxism Today* 34 (1990) 28~31면에 처음 실렸다.

것과 마찬가지로 문제적이게 됩니다. 그런 문제들에 대해 말하는 것이 여전히 유용할지도 모르겠지만, 우선 반대 입장들을 모두 언급해야겠습니다.

포스트모더니즘 논의에 있어서 더 중요한 것은 '고전적 모더니즘'과 '본격 모더니즘'이 정확히 무엇이었는지 묻는 일입니다. 나는 모더니즘이 이를테면 19세기 중·후반에서 2차대전까지 서구에서 일어난 근대화에 대한 반응이라는 개념에 대한 탐구가 유용하다는 점을 알게 되었습니다. 모더니즘은 불완전한 근대화에 대한 반응이었고, 이 상황에서 근대화된 고립지대와 세력들 자신이 예전의 계급상황, 낡은 형태의 농업, 그리고 유럽의 어떤 지역들의 경우는 훨씬 더 오래된 귀족계층이라는 배경에 여전히 맞서고 있었는데, 이 귀족계층의 일부는 2차대전 때까지도 완전히 해체되지 않고 있었지요.

따라서 포스트모더니즘과 모더니즘의 진짜 차이는 포스트모더니즘이 그런 오래된 잔존물들이 제거된, 추세적으로 완전해진 근대화의 상황이라는 점입니다.

홀 당신이 '추세적으로 완전해진 근대화'라고 부르는 지표 하나가 이전에는 꽤나 배타적인 '본격 모더니즘'과 연관되던 많은 요소들이 일상 삶으로, 대중문화로, 소비로 침투해 들어간 점인가요?

제임슨 전적으로 그렇습니다. 나는 그것을 문화의 서민화라고 부르고 싶습니다. 지금 대중의 훨씬 더 큰 부류가 정기적으로 문화를 소비하고 이전에는 그럴 계기를 갖지 못했던 것과는 달리 문화 내에서 살고 있으니까요. 그것이 포스트모더니즘의 핵심적인 부분인데, 그래서 그 모호성이 더 두드러집니다. 문화의 민주화에 반대할 까닭은 없지만 그에 따른 다른 특징들에는 반대를 해야지요. 포스트모더니즘에 대한 어떤 분석에도 그런 혼합된 감정이 실려 있어야겠지요.

194

홀 당신은 포스트모더니즘이 더 체계적이라고 말했는데요. 우리가 여전히 이것을 예전 의미의 '계급문화'라고 말할 수 있을까요?

제임슨 바깥의 비서구적인 시각에서 바라보면 포스트모더니즘은 정말 예전의 의미에서 '계급문화'일뿐이겠지요. 그런 이유로 우리가 사용하곤 했던 **문화제국주의** 같은 용어들이 더할 나위 없이 적절하다고 생각하는데, 정말이지 그 동의어가 **포스트모더니즘**이 될지도 모르겠습니다. 미디어 기술 등을 통해 수출되고 이식되는 것은 유독 북아메리카식 문화입니다. 이처럼 외부의 다른 시각에서 보면, 비록 그것이 즉각적으로 계급 문제는 아니라도 적어도 지배의 문제임은 매우 분명합니다.

그러나 내부의 시각에서 보면 지배의 양상이 그렇게 가시적이지는 않을 수 있습니다. 부분적 이유는 포스트모더니즘의 체계성이 특정인이 주도한 것이 아니기 때문입니다. 지금은 더이상 지배계급이 저 위에 앉아 문화를 공모하면서 우리에게 강제로 부과하지는 않지요. 강제되는 건 지배계급에도 마찬가지입니다. 분명 어떤 방식이 있어서 많은 사람들은 포스트모더니즘이 자신에게 강제되어도 불쾌해하지 않아요. 아주 우아한 일이죠. 그것을 이데올로기 통제와 지배라는 예전의 개념으로 생각할 수는 없습니다.

홀 당신은 모더니즘이 특정한 재구조화, 즉 제국주의에서 2차대전에 이르는 기간에 벌어진 자본의 재구조화에 대한 하나의 반응이라고 말했습니다. 그런데 포스트모더니즘을 하나의 반응이라고 보기는 어렵습니다. 반응이라는 말은 비판적 거리, 반추해보고 도전하는 능력을 암시하니까요. 모더니즘은 논쟁적이었습니다. 그것은 빅토리아 시대와 에드워드 시대의 부르주아지에게 충격을 던지고, 분개하게 하고, 그 취향에 도전했지요. 지금 포스트모더니즘은 그런 일을 하지 않아요. 경제·정치체계에서 진행되는 것에 대한 반성적·비판적 거리를 유지하고 있지 않지요. 그것은 체제의 한 부분이자 구획으로, 그 안으로 완전히 통합된 듯 보입니다. 그것이 실상 아닌가요?

제임슨 정말 그렇습니다. 모더니즘은 예술의 자율성을 주장하는가 하면 천재성 등 그 나름의 이데올로기를 내세우며 어떤 기업가적 가능성들이 존재하던 상황을 여전히 반영했지요. 저항적이거나 비판적인 어떤 문화형식들은 경제가 아직 지나치게 표준화되지 않아서 개인 기업가들, 그리고 문화적 차원에서 기업가와 같은 종류의 역할을 하는 이들 모두에게 여전히 여지가 있을 때에만 나타납니다.

이제는 그런 경우에서 한참 멀어졌지요. 지금은 사람들의 삶이 경제적·사회적 연속체의 양 극단에서 정말로 집단화되는 시기입니다. 한쪽에 엄청난 다국적기업이 있고, 다른 쪽에는 집단화한 모든 저항집단들이 있지요. 따라서 예컨대 이제는 사회에 도전하는 '고독한 반항아'라는 북아메리카의 위대한 개념은 더이상 설 자리가 없습니다. 어떤 방식으로든 조직화된 탓에 '고독한 반항아들'은 더이상 없습니다. 그들에게는 우편주소 목록이 있으며 '고독한 반항아들'의 모임들이 있지요. 그런 상황 자체로 인해 문화적 생산이 감지되는 양상에 차이가 생깁니다. 즉 문화가 경제에 맞서 생산되기보다는 그것에 의해 분비됨에 따라 상대적 익명성과 체계성에서 차이가 나지요.

홀 그 점과 관련, 미국과 다른 나라 사이에는 강조점의 차이가 있을 수 있다고 생각합니다. 당신은 이렇게 가시적인 형태의 집단화와 편입, 그리고 포스트모더니즘의 기업적 성격 등을 언급했는데요. 반면 영국에서는, 어쩌면 우리가 주변부에 있기 때문인지도 모릅니다만, 그 이행과정이 약간 다르게 느껴집니다. 물론 경제·문화체계 전체가 훨씬 더 조직화되고 훨씬 더 관리되고 훨씬 더 통제되고 훨씬 더 합리화되었다는 사실을 무시할 수는 없을 겁니다. 어느정도 수준에서 모든 이들은 단지 후기자본주의의 기업문화만이 생산할 수 있는 형식들에 접속되어 있지요.

하지만 역설적으로 이런 상황이 새로운 형태의 개인주의를 만들어낸 것으로 보입니다. 예컨대 스타일만 하더라도, 처음으로 평범한 '기업가적 개인'이 거기에서 차이를 만들어낼 수 있게 된 것으로 보입니다. 기업들은 그런 존재를 정말 주의 깊게 관찰해야 합니다. 어느 면에서는 기업들이 너무 거대하고 거추장스러워서 현대소비 스타일의 유동적인 리듬을 포착할 수 없기 때문이지요. 그들은 거리에서 벌어지는 일에 재빠르게 반응해야 합니다.

제임슨 당신이 말하는 건 음악에 대한……

홀 음악, 스타일, 의상 모두에 대해서지요. 이것들은 보통 사람들이 꼭 포스트모던이라는 명칭을 모르더라도 몸으로 포스트모던을 살아가는 분야들입니다. 아마 그들은 체제 내의 무엇이 이런 것들을 촉발했는지, 혹은 자신들이 얼마나 제약된 존재인지 그다지 깨닫지 못하고 있을 겁니다. 의심할 바 없이 그것들은 주어진 경험이고 이데올로기적으로 구성된 것이겠지요. 자유가 반드시 자유가 아닐 수도 있듯이 말입니다. 하지만 그게 정말로 차이에 대한 감각에 이르기도 합니다. 마치 대량생산과 대중 매체문화의 시대가 이제는 표준화가 아니라 차이, 타자성의 확산을 낳은 것과 같지요. 기업들은 더이상 대중에게 광고하지 않습니다. 이제 틈새광고를 이용해 한 소비대중과 다른 소비대중 사이의 미묘한 차별화에 초점을 맞추고 문화적 파편화를 이용합니다.

분명한 것은 이것이 가능하려면 우선 일정 수준의 대중화에 도달할 필요가 있다는 거지요. 이것이 19세기의 낡은 스타일의 개인주의라기보다는 대중화 이후에 나타난 차이라는 겁니다. 여기서 포스트모더니즘에 대해 사람들이 받는 인상은 집단화, 익명성, 체계성이라는 특징 못지않게 개인주의와 차이의 회귀라는 점이지요.

제임슨 그런 점이 상황변화의 일부분이라는 것은 전적으로 맞습니다. 하지만 기억해야 할 것은 대중화, '포드주의', 표준화된 생산품 역시 반항아 개인과 조화를 이루었다는 점입니다. 바로 그 점 때문에 반항이 허용됐지요. 우리가 적극적인 의미로 근대와 연관짓는 진정성 등 여타 이데올로기들이 모두 허용되었던 것과 마찬가지로 말이지요. 당신이 묘사하는 것은 경제체계 자체가 포드주의 이후의 양식에 따라 이제는 차별화의 기제가 된 방식입니다. 어떤 면에서 북아메리카는 이 새로운 순간이 가장 순수하게 드러난 곳이었는데, 그 이유는 전통과 저항의 세력이 드물고 파괴할 과거가 더 적었기 때문입니다.

이 차이의 개념에는 언어학적 문제도 있습니다. 차이의 개념화는 만일 진정한 차이가 존재하는 상황에서라면 가능하지 않았을 겁니다. 식민화된 민족들이 본국의 대군주와 이미 실제로 근본적인 차이를 지닌 제국주의체제에서는 그런 차이를 주장해봐야 정치적으로 큰 이점이 없습니다. 차이에 대한 정치적·문화적 개념은 역설적으로 사회적 하위집단들 사이에 어느정도 평등과 동질성이 획득된 상황에 기반을 두고 있습니다. 차이가 줄어드는 순간에 이르기 전까지는 그 개념은 불가능했겠지요.

홀 비록 지금은 매우 불균등하고 불평등하게 작동하지만 우리 모두가 똑같은 지평에서 작동하게 될 때는 차이의 언어가 훨씬 더 보편적이 된다는 말인가요? 세력균형을 놓고 볼 때 런던, 빠리, 본, 뉴욕과 소위 제3세계는 똑같지 않습니다. 그러나 여태까지는 그랬을지 몰라도 이제 이들은 더이상 분리된 세계가 아닙니다. 그들은 점증적으로 전지구화하는 똑같은 문화에 속해 있습니다.

제임슨 그렇습니다. 편의상 그 두 문제를 따로 떼어놓고 보자는 취지에서 전지구적 차원의 차이의 문제를 국민국가 같은 정치체 내에서 벌어지는 차이의 문제와 분리하는 것이 유용하기는 하지만 말입니다. 내가 매우 흥미롭다고 생각하게 된 문제가 하나 있는데요, 문화생활, 그리고 대학에서 포스트모더니즘은 우리가 제3세계 문학, 탈식민주의 문학이라고 부른 것에 대한 완전히 새로운 관심과 실제적으로 동시에 등장했다는 점입니다. 이것들이 정말 딱 맞아떨어지는 것은 특정 종류의 전지구적 표준화와 관계가 있습니다. 여기서 다시, 표준화는 좋은 것이기도 하고 나쁜 것이기도 합니다. 비록 그 체제의 논리가 차별화이기는 하지만 차이를 만들어내면서 새로운 형태의 표준화를 만들어내는 것을 보면 차이에 대한 호소에 얼마나 많은 환상이 존재하는지 감탄스럽지요. 참으로, 포스트모더니즘의 전체적 논리는 동질성을 차이로 바라보는 새로운 방식인데 예전 시기에는 우리가 그것을 생각해내지도, 아주 잘 표현하지도 못했을 겁니다.

홀　당신은 앞서 우리가 포스트모더니즘과 연관짓는 문화적 민주화가 긍정적이기도 하고 또 부정적이기도 하다고 말했는데요. 지금은 전지구적 표준화에 대해서도 똑같이 말하는군요. 하지만 포스트모더니즘의 부정성이 긍정성을 넘어서는지 아닌지를 추측하려고 애쓰는 것, 그것이 바로 '포스트모던 정치학'의 문제 아닌가요? 포스트모더니즘에서 정말로 진행되는 것이 무엇인지, 즉 포스트모더니즘이 그 자신의 지배논리의 일부로서 두드러진 차별화를 생산해내는 하나의 지배적인 체제일 뿐인지, 아니면 진짜 변화가 일어나서 당신이 앞서 진정한 차이라고 부른 것을 만들어내기 위해 주변화하거나 종속화된 문화와 사람들의 권력을 대변하는 것인지 내기를 걸어봐야 할 겁니다. 만일 체제가 자기자신의 논리의 일부로서 이런 차별화를 생산해내고 있다면, 고전적인 맑스주의적 의미의 '역사의 논리'가 아직도 작동하면서 그 숱한 시대적 변화의 하나를 관통해 가는 셈입니다. 한편, 아시다시피 많은 사람들은 이런 변화를 '역사의 논리'가 정지했음을 나타내는 것으로, 고전적 맑스주의의 거대서사의 종결로 읽습니다. 우리가 여전히 같은 종류의 게임에 연루되어 있는 건가요?

제임슨 이에 대해 말할 때 내가 겪는 문제 중 몇가지는 아마 단계의 개념에서 나올 테지만 나는 이 개념을 유지하기를 원합니다. 하지만 그 문제들은 또한 우리가 변증법이라고 부르는 것과 상당한 관계가 있다고 생각합니다. 또 그 문제들은 『공산당선언』서론에서 맑스가 자본을 묘사한 방식에도 존재합니다. 그 묘사방식은 완전히 긍정적이기도 하고 완전히 부정적이기도 합니다. 그 묘사방식을 이해하기 위해서는 그 두가지를 함께 사고하거나 어쨌든 단일한 문장으로 둘을 함께 이해해야 합니다. 하지만 그렇게 하지 못하기 때문에 긍정적인 것들을 묘사하다가 부정적인 것들을 떠올리는 등 계속 왔다 갔다 하지요. 당신이 묘사한 바와 관련된 것 가운데 정치적으로 긍정적인 양상은, 하위집단들이 이전에는 실질적으로 지니지 못했던 어떤 집단적인 존재를 획득할 수 있다는 사실입니다. 그것은 분명 산업의 측면에서 보자면 일종의 문화 상품화에 딱 들어맞지요. 산업들은 이제 새로운 하위시장을 지니게 됐고 그것을 겨냥해 새로운 물건을 만듭니다. 하지만 핵심은 문화적 차이의 증표가 아니라 집단성이라는 사실이겠지요.

홀 그런데 문화적 차이와 사회적 연대는 서로 배치되는 게 아닌지요? 페미니즘을 보세요. 그것은 여성이라는 어떤 집단적 범주, 그리고 주변성과 부차성이라는 집단적 경험을 앞세우고 나왔지요. 하지만 여성운동은 하나의 여성적 경험과 또다른 여성적 경험 사이의, 한 범주의 여성과 또다른 범주의 여성 사이의 차이들로 인해 매우 빠르게 결딴나고 말았습니다.

200

정확히 똑같은 일이 이산(diaspora)과 관련해서도 일어났습니다. 영국에서 한때는 '흑인'(black)이라는 용어가 문화적 차이를 가로질러 그들을 통일시켰습니다. 하지만 지금은 문화적 차이들이 다시 부각되기 시작해서 흑인 정치가 매우 복잡해졌습니다. 능동적 행위에 대해 좌파 쪽에서 우리가 느끼는 감은 언제나 함께 나서기, 즉 단지 '고독한 반항아'나 개인이 아니라 연대감에 달려 있었지요. 그런데 총체성, 집단적 행동과 연대라는 바로 이런 느낌이 포스트모던 시대를 지배하는 '차이'라는 새로운 논리에 의해 허물어졌습니다.

제임슨 정치에 대한 나의 느낌은, 구식일지 모르겠으나, 집단들 사이에 어떤 기본적인 통일이 재구축되지 않으면 결국 아무것도 일어나지 않는다는 것입니다. 내가 너무 비관적인 것일지 모르겠지만 연대의 정치학의 관점에서 보자면, 문화는 정치의 대체물은 아니겠지요. 오히려 문화는 정치에 간섭하려 듭니다. 만일 다양한 하위집단이 자신들의 분리, 독립에 대한 강력한 문화적 상징을 창안해내면 그때는 그들이 다시 돌아와서 합치는 일이 훨씬 더 힘듭니다. 순전히 문화적인 정치에 관해 나는 내가 분명 원하는 것보다도 더 비관적입니다.

홀 하지만 현재는 그런 연대가 조직될 수 있을 공통의 프로그램을 식별해내는 데에 문제가 있지 않나요? 우리는 사회의 수많은 활력에 찬 정치가 진행되는 공간을 묘사해왔습니다. 하지만 예전의 정치적·문화적 공간에 붙박여 있는 낡은 정치정당들과 그들의 프로그램 사이에는 불일치 또는 간극이 있습니다. 그런 프로그램들은 삶의 경험, 문화, 부상하는 사회세력들 간 적대감의 지점들을 반영하지 않습니다. 사회세력들 그 자체가 서로 다른 기획들을 중심으로 나뉘고 또 나눠져서 그들을 단결시킬 수 있는 서로 겹치는 프로그램을 단 하나도 찾아볼 수 없습니다. 이것은 포스트모던 시기의 헤게모니 문제입니다. 이 새로운 주체들 사이에는, 어쩌면 종국적으로 그들 주변의 모든 것을 묻어버려 망각하게 할 어떤 더 장대한 프로그램에 그들을 잡아둠으로써 지금 자신들을 결집시키고 활성화하는 것들을 파묻어버릴지 모른다는 의심이 정말로 존재합니다.

제임슨 누구도 완전히 새로운 프로그램을 창안해내면서 시작할 수는 없는 일입니다. 하지만 집단들 간 연대의 첫 단계는 자신들이 아무리 다르고 자신들이 희생당하는 방식이 아무리 달라도 자신들 모두가 지배계급이라 불리는 세력이 조장한 공통의 상황에 직면해 있다는 의식입니다. 그것을 더이상 국가라고 부르지 않는 게 더 좋겠습니다. 그 지배계급에는 다국적이고 사업적인 의미의 '기업'이라는 말이 적절하다고 말하고 싶습니다. 왜냐하면 이런 저런의미에서 기업은, 개별 동인(動因)에 벌어진 일을 보자면, 예선 형태의 지배계급은 아닙니다. 하지만 공동의 적을 적시함으로써 집단들의 동맹을 창출하기 시작하는 방식을 볼 때……

홀 억압도구로서의 '지배계급' 혹은 '국가' 같은 통일된 매개가 사라진 탓에 그 상황 나름의 난점이 있습니다. 그런 상황으로 인해 우리는 그 '기업적' 세력이 어떻게 작용하는지에 대한 훨씬 더 풍부한 그림을 그려내야 할 필요가 있습니다. 사람들을 희생자로 만드는 것이 무작위화된 것으로 보입니다. 또 어떤 하나의 적, 혹은 권력의 어느 하나의 원천이란 것이 붕괴되고 권력의 중심들이 다원화한 것으로 보입니다. 한때 '적'이라고 불린 것이 체제 전체로 흩어져 들어가버려서 특정한 종류의 공동대항정치를 규합하는 것이 어려워진 거죠.

제임슨 다른 커다란 장애물은 '기업'이 이제 문화와 하나가 되어버려서 거기에 없는 듯이 보이는 작인(作因)을 식별하기 위해서는 정말 문화 자체의 매개를 거칠 필요가 있다는 사실입니다. 내가 볼 때, 그 점은 포스트모더니즘과 그에 대한 비판적 분석의 문제 전체에 걸쳐 있는 것이 무엇인지 정말 극적으로 보여줍니다. 포트스모던을 단일한 논리라고 적시하는 것은 이 '기업' 내 어딘가에 보이지 않게 파편화되어 존재하는 듯 보이는 작인의 위치를 정확히 파악하려고 노력하는 과정의 일부입니다. 따라서 '기업'과 대적하길 원했던 정치라면 이제는 포스트모더니즘 자체, 그리고 기업적 문화와 대적해야 할 판이지요. 그건 매우 까다로운 일이고, 종종 사람들에게 청교도적이거나 지나치게 단순화된 인상을 줍니다. 왜냐하면 그럴 경우 포스트모더니즘의 모든 것을 퇴폐와 지배계급 문화라고 해서 거부하는 것으로 보이기 때문인데, 실상 포스트모더니즘은 훨씬 더 양가적이어서 그 안에서 새로운 것들이 온통 창출되는 상황이거든요.

홀 나는 이 모든 것을 지금 동유럽에서 벌어지고 있는 일의 맥락에 놓아보고 싶습니다. 당신은 1992년이 당신이 묘사하려는 바를 완전히 보여준다고 말할 수 있겠지요. 추정컨대 1989년은 모든 이들이 그 체제의 망에 걸리게 되는 길을 열었습니다.[1] 제2세계가 그 망에 걸릴 것이고 제3세계는 이미 걸렸지요. 포스트모던 문화가 모든 곳에 존재할 겁니다. 자본이 문화적으로 전지구화하는 새로운 양상이 벌어질 겁니다.

그 일이 동유럽에서 벌어질 수도 있습니다. 하지만 동유럽 자체 내의 폭발적 사건들은 무엇을 두고 일어날까요? 동유럽은 그 자체의 지역적·역사적 특수성을 지니고 있습니다만, 그 역사를 보면 거기에 가장 강력한 변화의 동력을 제공한 것으로 보이는 것이 바로 '민주화', 즉 서유럽에서는 거의 상실된 민주주의의 이념이라는 사실에는 역설적인 뭔

---

1 1989~92년은 베를린장벽 붕괴와 독일통일, 동유럽 사회주의 붕괴 및 소련 해체 등이 일어난 시기다——옮긴이.

가가 있습니다. 서유럽에서는 민주주의가 자유주의적 민주주의, 자유주의적 자본주의와 너무나 동화되어 있어서 그것을 두고 아주 흥분하기는 어렵습니다. 하지만 동유럽에서는 민주주의에 대해 정말 흥분했지요.

당분간 1989년의 혁명들을 묘사하는 유일한 방법은 '시민사회'의 민주화, 혹은 그와 비슷한 용어를 통하는 방법밖에 없을 겁니다. 따라서 포스트모더니즘과 동유럽의 폭발 모두에서 '사회의 민주화'를 향한 어떤 잠재된 경향이 표면화하는 듯합니다. 1989년의 폭발과 관련, 그 점에 관해 생각해보신 적이 있는지요?

제임슨 나는 민주화라는 말이 아직 이뤄지지도 않은 성취를 함축하기 때문에 그 말을 사용하기를 주저합니다. 그것은 서유럽의 경우에서도 마찬가지입니다. 민주주의는 정치적인 협의 그 이상을 함축해야 합니다. 뭔가 다른 방식으로 이뤄지는 경제민주주의와 대중통제의 형식들이 있어야 하는데, 예컨대 노동자의 자주적 관리 같은 어떤 것은 해결이 어렵습니다. 민주화는 성취되지 못했기에 문화의 민중화와 진정한 대중통제의 달성을 분리해서 보는 것이 중요합니다. 표면적 변화가 일어난다고 해서 사라지지는 않는 어떤 지속적인 정치적 딜레마들이 있습니다. 지금 동유럽의 경우 핵심은 경제적인 것이 아니라 국가적인 것이었다는 점에서, 이 상황을 1848년의 혁명들과 비교하는 것이 매우 그럼직하다고 생각합니다.

나는 또한 1989년이 실제로는 지난 10~15년 동안에 가시화되고 조직화된 완전히 새로운 세계체제로 동유럽 국가들이 편입되어간 결과라고 느낍니다.[2] 사회주의가 실패였다고 말하는 것은 잘못입니다. 사회주의

---

2 동유럽 사회주의 붕괴에 대한 확장된 논의는 Fredric Jameson, "Conversation on the

는 그 나라들에서 다름 아닌 근대화의 전략으로서 성공적이었습니다. 동유럽 국가들이 이런 상황을 마주한 것은 언제나 레닌주의의 추동력이었던 그 근대화과정이 거의 완성되었기 때문이라는 것입니다. 레닌주의적 근대화의 계기가 맑스주의 전반의 정신을 충족시키는지 아닌지에 관해서는 사람마다 다른 관점을 지닐 수 있겠지요. 그러나 사회주의, 달리 말해 근대화가 성공적이지 못했다면 새로운 단계는 일어나지 않았을 겁니다.

일단의 국가들이 세계 금융자본시장, 무역 등으로부터 보호를 받았던 구 바르샤바조약 상황에서는 효율과 관련된 문제는 대체로 정치적인 문제였습니다. 그러나 전지구적 자본주의가 낡은 껍질을 벗고 훨씬 더 강력하고 체계적이며 전지구적인 방식으로 자신을 재조직하자마자 예전 체제에서 상당히 잘 기능하던 이들 국가, 그리고 국가적 계획과 삶의 양식들이 갑자기 급격하게 수정되었습니다. 세계시장의 일부가 되기를 원한 순간, 그들은 자기들의 공장과 화폐가 무가치하다는 점을 알게 되었지요. 이와 관련된 변증법적 양상은 동유럽 국가들이 부분적으로 자신의 성공으로 인해, 또 부분적으로는 이제 훨씬 더 광대한 체제의 하나의 구성부분이 되는 바람에 휩쓸려가버렸다는 점인데, 상대적으로 구식 형태인 사회주의나 공산주의는 이제 그 광대한 체제에는 전혀 상대가 못됩니다.

홀 서유럽에서 당신이 정의한바 후기자본주의에서 벌어지는 일과 또 동유럽에서의 모순적인 전개상황 둘 다에 대해 당신이 제시하는 분석은 매우 도전적이며, 숱한 당혹스러운 요소들을 새로운 방식으로 종

New World Order," Robin Blackburn, ed., *After the Fall: The Failure of Communism and the Future of Socialism* (London: Verso 1991) 255~68면 참조. 〔한국어판 『몰락 이후』, 김영희 편역, 창작과비평사 1994 — 옮긴이.〕

합하고 있습니다. 당신은 포스트모던에 대해 아주 탄력적이고 복합적인 방식으로 반응합니다. 그러나 그 아래에는 고전적 맑스주의의 논리에 대한 어떤 의심할 여지없는 절대적 신념이 자리합니다. 어떻게 그 두 가지가 동시에 작동하도록 하는 것인지요? 역사와 관련된 그와 같은 특정 거대서사에 대한 신념은 우리가 지금 묘사해온 모든 것들로 인해 틀림없이 약화된 상황입니다. 너무나 많은 것들이 과거 특정 시기에 그 논리가 투사된 방식과는 다르게 드러났다는 사실로 인해, 많은 이들은 우리가 더이상 그것을 고수할 수는 없다고 말합니다. 어떻게 당신은 많은 결실을 내는 새로운 방식으로 계속해서 사고해갈 수 있는지요? 오히려 당신 주장의 근저를 이루는 논리는, 비록 전혀 다른 이야기를 하기 위해 활용되었기는 하지만, 예컨대 『공산당선언』과 『그룬트리세』처럼 자본주의의 혁명적 성격, 그 자신의 부정인 프롤레타리아를 만들어내는 변증법적 특성 등을 다루는 그 똑같은 텍스트들에 여전히 기반을 두고 있는데 말입니다.

제임슨 그것은 개인적 신념에 기반을 두고 답하기는 분명 어려운 문제입니다만, 내 답변은 지금도 여전히 고전적 의미의 자본주의라는 절대적 확신을 반영해야 마땅하다는 것입니다. 포스트모더니즘은 다음과 같은 특이한 이중적 기준을 지니고 있습니다. 우선, 자본주의가 승리했다는 확신입니다. 시장이 있고 모두가 더 잘 쓰고 모두가 자기 자신의 음악을 연주한다는 겁니다. 다른 한편, 우리가 그 못지않게 확신하게 되는 것은 이 사회들에는 믿지 못할 정도의 비참함이 있고 사회들이 더 좋아지기보다는 더 나빠지고 있으며 사람들이 더 부유해지지도 않고 있다는 점입니다. 우리는 두가지 모두 사실이며 또한 그것들이 양립 불가능함을 압니다.

홀 사회조직이 해체되었지요.

제임슨　바로 그렇습니다. 새로운 전지구적 부와 새로운 전지구적 비참함이 동시에 사실입니다. 하지만 어떻게 해도 그것들을 결합할 수는 없습니다. 거대서사로서의 맑스주의는 생물학적인 개인으로서 우리 자신의 삶이 역사적 리듬을 따라가지 못한다는 사실을 보완해줍니다. 더 커다란 역사적 움직임들은 언제나 놀랍고 예기치 않은 것이지만, 그런 사실이 지나고 나서 어떤 커다란 체제적 시각에서 보면 그것들은 자본주의 역사가 작용하는 방식에 대해 우리가 알고 있는 바에 비춰보아도 다시금 있음직한 것으로 보입니다.

나는 포스트모던한 이 새로운 전지구적 자본주의가 이제 새로운 계급논리를 띠게 되리라고 확신합니다만, 그것이 아직 완전하게 부각되지는 않았습니다. 이는 노동이 아직도 전지구적 규모에서 스스로를 재구성하지 않았기 때문입니다. 따라서 계급과 계급의식이 어떠할지에 관해서는 일종의 위기상황입니다. 좌파 쪽의 적극적 역량이 예전의 형식들에서 보이지 않는다는 점은 매우 분명합니다. 하지만 맑스주의적 서사를 통해 우리는 어떤 형태로든지 적극적인 매개역량이 스스로를 재조직하리라는 것을 확신할 수 있습니다. 그것이 아직도 내가 맑스주의적 논리에 몸담고 있는 이유입니다.

마이클 스픽스와의
인터뷰*

스픽스 이진에 당신이 제시한 바 모던의 경우 공간·시간의 상대적 배치를 지배한 것이 시간성이었다면, 이제 포스트모던의 경우에는 공간이 지배적입니다. 오늘날의 건축과 관련해서, 특히 당신 자신의 모델의 관점에서 볼 때 이에 대해 할 말이 있는지요? 특히 포스트모던에 대한 당신의 모델은 대부분의 건축학 모델들과는 상당히 다릅니다.

제임슨 포스트모던의 공간화에 대해 말한 다음 그것을 구체적으로 건축에 적용하려고 하는 것이 모순적인 까닭은 분명 건축은 그 동안 내내 공간적이었기 때문입니다. 애초의 생각은 구 사회, 그렇지만 아주 오래 전은 아니고 아직은 완전히 근대화되지(modernized) 않아서 다른 종류의 삶, 즉 농경적 삶, 농민의 삶 등과 같은 고립적인 영역들이 있는 사회에서는 그 사회와 그 사회가 생산해내는 모더니즘의 시간적 역동

• 이 인터뷰는 Michael Speaks, "Envelopes and Enclaves: The Space of Post-civil Society," *Assemblage* 17 (1990) 30~37면에 처음 실렸다.

성이 훨씬 더 두드러지리라는 것이었습니다. 실제로 근대(the modern)가 이해되는 것은 시간에 대한 경험을 통해서입니다. 본격 모더니스트 건축의 시간성이란 구 도시를 거치는 과정에서 무엇인가 예전 종류의 도시조직과는 근본적으로 단절되면서 미래를 상징하는 것에 이르게 된 도정일 겁니다. 따라서 이런 특성이 시간적 측면에서는 한 종류의 건축에 대해 말하는 한편 더 동질적이며 공간적인 측면에서는 다른 종류의 건축에 대해 말하는 역설을 해명해줄 겁니다.

포스트모던에 대해 무엇보다 먼저 가졌던 생각은 이 시기의 미학, 그리고 그것이 투사하는 형식들을 단순히 스타일상의 한 종류가 아니라 전체적인 생산양식의 관점에서 보아야 한다는 것이었습니다. 이를테면 좀더 완벽한 근대화와, 예전 방식의 농경과 예전 양태의 삶에 조응하면서 역사적 차이를 간직한 예전의 고립적 영역들의 제거와 관계된 것으로 말이지요. 앙리 르페브르가 『공간의 생산』(*La production de l'espace*, 1974)에서 피력하듯 그것은 전지구적 현실의 도시화로서, 모든 것들이 도시적이라고 생각해야 할 무엇인가로 추세적으로 변형된다는 것입니다. 예컨대 이제 우리는 농경이 아니라 농경산업과 관계하고 있습니다. 사회적 관점에서 볼 때 대도시와 지방 같은 대립적 범주들은 더이상 통용되지 않습니다. 후자의 논리는 모든 것의 표준화이기 때문입니다. 모든 의미에서 동질적 공간이라는 새로운 개념이 강제됩니다. 따라서 여기서 발생하는 문제는, 물론 스타일상의 문제도 매우 중요하긴 합니다만, 그보다는 특정 기념비 혹은 건물이 동질적인 도시적 공간에서 어떻게 느껴지도록 하는가의 문제입니다. 예컨대 토오꾜오의 경우, 어떻게 이 도시가 대부분의 도시기획에서 전제된 듯 보이는 고전적 도시유형으로 재조직, 재건, 혹은 복구될 수 있었는지를 알기는 매우 어렵습니다. 또한 어떻게 해서 어떤 특정한 건물이 이런 종류의 구조에서 두드러질지 아는 것도 어렵습니다. 왜냐하면 이 구조는 당혹스럽고 무한하고 끝이 없는 건축물의 연속이며 그 각각의 건축물이 그 옆의 것과 다르기 때문입니다.[1] 내가 볼 때는, 그렇게 되면 어떤 인식상의 원칙은 사라지고 독특하게 기억할 만한 어떤 종류의 건축물을 짓는다는 바로 그 사명 또한 사라지게 되지요. 탄게 켄조오(丹下健三) 같은 이의 '초대형 구조물'뿐만 아니라 이소자끼 아라따(磯岐新) 같은 유명한 건축가의 시각에서 보면 이것은 분명 역설적인 예후(豫後)입니다.

이 모든 것이 의미하는 바는 근대 시기 혹은 근대의 움직임에 여전히 존재하던 두 종류의 야망이 이런 무작위적 텍스트성 속으로 사라진다는 점입니다. 하나의 야망은 오스망(Georges-Eugène Haussmann)에서 시작해 르 꼬르뷔지에로 이어진 도시의 창안과 관계가 있습니다. 다른 야망은 모더니스드 건물 자체, 즉 벤투리가 원하는 대로 부르자면 벤투리의 기념비적 '오리'(duck)와 관계가 있습니다. 현재의 새롭고 끝없는 텍스트의 조직에서 이 두가지 어느 것도 더이상 의미를 지니지 않아 보입니다. 나는 이야말로 고립지의 관점에서 사고해야 하는 이유라고 생각합니다. (이렇게 말하면 해당이 안 될 게 거의 없겠습니다만) 이러저러하게 포스트모던하다고 부르고픈 유혹을 느낄 법한 흥미롭고 새로운 건물들 대부분, 이런 프로젝트의 대부분은 박물관 복합단지나 대학 캠퍼스들과 같은 고립지를 비껴간 것으로 보입니다. 비록 고립지라는 용어가 외따로 떨어진 건물과 계획된 도시환경 사이를 가리키는 제3의 용어는 아니지만, 정말로 이 둘 모두가 지금 봉착한 문제들을 잠정적으로나마 밀쳐두고 있지요.

---

1 이런 문제에 대한 더 풍부한 논의는 Fredric Jameson, *The Seeds of Time* (New York: Columbia University Press 1994) 145~59면; *The Cultural Turn* 136~89면; "Tadao Ando and the Enclosure of Modernism," *Architecture New York* 6 (1994) 28~33면 참조.

스픽스　포스트모더니즘과 공간에 대한 당신의 모델은 데이비드 하비가 『포스트모더니티의 조건』(*The Condition of Postmodernity*, 1989)에서 언급한 바 있는 공간 대 시간이라는 논쟁을 대체하는 것으로 보입니다. 다시 말해, 당신의 모델은 이를테면 윈덤 루이스와 앙리 베르그송(Henri Bergson) 사이에 벌어진 것과 같은 종류의 모더니스트 논쟁을 무색하게 합니다.

제임슨　그런 점이 있지요. 어느 계기에서도 우리는 시간과 공간이라는 이 두 낱말을 계속 사용할 필요가 있습니다만, 그것들은 서로에 대해 맺는 관계를 변화시킵니다. 이 점은 예컨대 엠티비(MTV)와 포스트모던 음악 전반이 공간적으로 존재하는 방식을 보면 분명하다고 생각합니다. 이런 양상이 실은 공간 자체가 프로그램되는 방식의 일부라는 점이 이해된다면 지금 시기의 우리에게는 시간과 공간의 관계에 대한 새로운 사고방식이 있다는 말이겠지요. 시간과 공간은 어떤 윤리적 혹은 형이상학적 이원론으로 서로 맞서 있기보다 오히려 서로를 잡아먹으며 팽창하여 괴물 같은 종류의 공생관계를 만들어내는 경향이 있습니다.

스픽스　이것이 예컨대 문학처럼 비공간적인 형태의 다른 문화생산에는 어떤 영향을 미치나요?

제임슨　이 모든 것들에 대한 분석에는 이제 공간적인 차원이 있어야 합니다. 예컨대 텔레비전은 가정용 기구인데 그것을 어떤 특정한 장소에서 혼자 본다고 한들 무슨 상관이냐고 할 게 아니지요. 문학이 위기에 처했다면 그것은 무엇보다도 더 넓은 의미에서 문학이 자리한 공간적 위치 때문이지 단지 거대 출판회사들의 독점이 나타났기 때문만이 아닙니다. 도서관, 장서 보관, 정보화 씨스템으로의 변화추이 등에서 두루 나타난 위기 때문이기도 하지요. 따라서 당신은 이 모든 것과 격리된 채 어떤 명상적인 분위기 속에 앉아 책을 읽을 수도 있지만, 오늘 우리가 언어적 형식에 대해 무언가 격식을 갖춰 토론할 때는 언어적 형식의 수용과 생산이 발생하는 훨씬 더 중대한 공간적 상황을 반추할 필요가 있습니다.

스픽스 최근에 당신은 '건축의 깊이 없음'이라는 개념을 철학적·정치적 문제와 연결지으면서 그 문제가 헤겔이 시민사회라고 부른 것의 파산이라고 확언한 바 있습니다. 이 새로운 공간구성을 가장 극적으로 보여주는 것은 공/사(公私) 구분의 소멸로서 당신은 이것의 전조를 건축가 렘 쿨하스(Rem Koolhaas)의 최근 작업, 영화 「블레이드 러너」(Blade Runner, 1982), 그리고 무정형으로 뻗어나간 토오꾜오라고 보고 있습니다.

제임슨 쿨하스의 작업에서 내가 충격을 받은 것은 미리 계획되지 않았으면서도 차별화된 모든 종류의 활동을 위해 하나의 거대한 덮개를 세우는 방식입니다. 당신이 모더니티의 특징이 차별화라는 니클라스 루만(Niklas Luhmann)의 생각을 따른다면, 그리고 나처럼 이 차별화의 리듬에는 고원(高原)들이 있다고, 즉 달리 말해 포스트모던한 전지구적 정보사회의 차별화가 예전의 '모던한' 사회의 차별화와는 매우 다른 것이라고 생각한다면, 쿨하스의 작업이 지닌 특징 중 하나가 이 점에 대한 예증이라는 점을 읽어낼 수 있다고 생각합니다. (이론가로서나 건축가로서나) 쿨하스가 독창적인 것은 그의 작업이 단순히 관습적인 다원주의 이데올로기로 차별화를 기린다는 점이 아닙니다. 오히려 그는 (자신의 저서 『신열에 들뜬 뉴욕』*Delirious New York* (1978)을 통해, 건물과 엘리베이터 안에서, 그리고 맨해튼 그리드라는 도시적 맥락 그 자체 안에서와 같이) 이런 무작위성과 자유가 주변에서 진행되는 것들의 차별화를 가능케 해주는 어떤 견고하고 비인간적이며 비차별적인 형식의 존재와 관계가 있음을 주장합니다. 쿨하스는 견고한, 그리고 이렇게 말할 수 있다면 우연적이고 의미 없는 구조적 형식, 즉 엘리베이터처럼 그 자체의 어떤 내적인 의미는 없지만 자기 바깥과 주변에서 이런 즉흥성과 차별화가 진행되도록 해주는 기능을 지닌 형식이 차이를 부과하는 장면을 제공합니다. 이렇게 자유로운 공간들은 구조의 견고함에 의해 가능해집니다. 어떤 질서의 내용 없는 형식적 요구들이 결합해 그 사이사이의 공간들 내에 모든 종류의 자유 혹은 무질서의 형식들을 허용한다는 점에서 그것은 거의 정치적인 패러다임입니다.

내가 생각하기에 쿨하스의 작업에서 탁월한 점은 분명 매우 두드러진 특징을 띤 건축물들 자체만이 아니라 그 작업방식이 다른 차원의 사회적 삶, 즉 다른 예술뿐만 아니라 정치, 심지어 윤리나 정신분석학을 위해 흥미로운 패러다임을 제공해주기도 한다는 점입니다. 이 프로그램을 추인하고 이 건축물들의 성공으로부터 정치나 윤리를 추출해야한다는 의미는 아니지만, 그 건축물들이 투사하는 바의 법과 자유의 조합이 정말 오늘날의 특징인 듯 보인다는 점이 매우 흥미롭다는 것이지요. 달리 말하면, 하나의 이상으로서의 이 흥미로운 조합은 좌파가 구상한 것이든 우파가 구상한 것이든 간에 예전의 기업적이거나 계획된 사회의 권위주의와는 아주 다릅니다. 예전의 기업적 혹은 계획된 사회가 구체화된 예로는 국제주의 스타일이나 프랭크 로이드 라이트(Frank Lloyd Wright)의 작업을 들 수 있는데, 여기에서 드러나는 권위주의와는 다르다는 것이지요. 그러나 그것은 또한 무정부주의적 환상과도 다른데, 그 이유는 무정부주의적 환상은 모든 구조를 허물고 모든 계기나 모든 순간에 자신의 구조를 다시 만들어낼 어떤 자유로운 활동을 위한 공간을 창조하기를 원하기 때문입니다. 나는 쿨하스의 프로젝트들이 자유로운 활동을 제공하는 것은 오로지 이렇게 견고하고 의미 없는 내적 구조의 조건에서라고 생각합니다. 그런 만큼 쿨하스의 프로젝트는 다른 것은 젖혀놓고라도 현대의 지적 문제에 대한 아주 주목할 만한 해결책입니다. 오늘날의 지적 문제가 낡은 권위주의에 대한 반발, 그리고 요즘에는 낡은 무정부주의적 자유의지론에 맞선 반발에서 비롯되는 것으로 보이기 때문입니다.

스픽스 당신이 최근에 일본을 방문해 이소자끼 아라따의 몇몇 작품을 본 것으로 알고 있습니다. 몇몇 논평가들이 제시하듯, 이소자끼의 건축물이나 토오꾜오 전반이 현재 서구가 이동해가고 있는 미래적 현재를 전조적으로 보여주나요? 그 문제와 관련해 쿨하스, 이소자끼, 포트먼의 작품들은 낡은 일차적인 선형의 제약을 벗어던진 어떤 내재적 힘의 영역에서 각기 일종의 결절점을 형성하고 있는지요?

제임슨 (이는 내 관점만이 아니고 쿨하스의 관점에서도 마찬가지겠지만) 첫번째로 이해해야 할 것은 미래의 실제적 형태인 미국에 대해 말하지 않고 유럽이나 일본을 토론할 수는 없다는 점입니다. 쿨하스는 미래의 실제적 형태를 '과밀의 문화'[2]라는 놀라운 구절로 불렀는데, 이게 예전의 유럽 혹은 일본에서 이미 형성된 그 어떤 것과도 아주 다른

---

2 'culture of congestion'은 '혼잡문화' '혼돈문화' '밀집문화' '과밀문화' 등의 용어로 다양하게 번역된다. 여기서는 도시가 사람과 교통, 건축물들이 지나치게 집중되어 붐비면서도 무작정 혼잡하게 뒤섞인 혼돈상태는 아닌 그 나름의 질서를 지니고 있다는 의미를 담기 위해 '과밀문화'로 번역했다. 'congestion'은 '교통체증'의 '체증(滯症)'처럼 순조롭지 않은 흐름이나, 의학에서의 '울혈(鬱血)'처럼 장기나 조직에 정맥의 피가 정체되어 몰리면서 일어나는 국소적인 순환장애 증상을 의미하기도 한다. 쿨하스가 도시를 살아 있는 유기체로, 또 도시현상을 의학용어로 더러 설명하고 있어서 맨해튼의 '과밀문화'에서 발생한 초고층건물은 맨해튼이라는 도시 유기체에 '울혈'이 지속되면서 일어난 일종의 '부종(浮腫)'현상을 연상시키기도 한다. 쿨하스는 'culture of congestion'의 'congestion'을 '증상'의 차원으로만 보는 것은 아니고 대도시의 조건이자 '비옥한' 자양분으로 여기기 때문에 'culture'에 '배양(培養)'의 의미도 없지 않다 ― 옮긴이.

방식의 거주공간, 법, 질서를 표상하는 '문화'라는 거지요. 토오꾜오라는 일본 도시에 대해 이해해야 할 것은 이 도시가 그 주체들에게 거대한 집합체에서 생존하기 위해 엄청난 규율을 요구한다는 점이라고 생각합니다. 분명 이 때문에 일본은 미국과는 매우 또렷하게 구별되지요. 다시 말해 이 사람들은 내향적인 사람들로, 통제와 관습에 관해 매우 내면화된 감각을 지니고 있습니다. 따라서 만일 토오꾜오가 어떤 미래를 대표한다고 해도 이와 같은 일본인들의 특성은 그와 정반대로 어떤 과거, 이를테면 타자지향적이거나 소비지향적인 순간의 미국이 직업윤리에서나 법과 관례에 대한 관계에서나 이미 떠나온 지 한참 된 그런 과거를 보여주는 듯합니다. 따라서 일본의 모든 것을 우리 자신의 미래로 곧바로 투사할 수는 없습니다. 우리가 '내향성'[3]으로 되돌아가지는 않으리라는 것이 내게는 분명해 보이니까요. 지금 유럽의 경우를 보면, 새로운 유럽에서는 국민국가들이 모두 모여들어 통화가 단일화되었고 아마 장차 정치조직상으로도 통일되지 않을까 싶습니다. 속도를 더하는 커뮤니케이션, 국경을 가로지르는 이주 등도 유럽의 단일화에 기여했고요. 이런 유럽이 미국의 과밀 같은 것에 접근해가는 추세입니다. 여기의 시민들이 성격적으로 대개 꽤나 경직된 내부의 사회적 전통 내에 머물 때보다 언어적 경계를 가로지르면서 더 자유롭게 느끼는 듯한 상황을 보든, 서로 다른 국민적 전통들이 뒤섞이면서 무너져 미국의 모델로 가까워지는 경향으로 보든 말이죠. 내 생각에는 바로 이와 같은 상황이 지금의 유럽과 관련해 쿨하스가 암시하는 바인 듯하고, 또 어쩌면 일본에 대해서도 멀게나마 마찬가지가 아닐까 생각해볼 수 있겠습니다.

---

3 데이비드 리스먼(David Riesman)이 『고독한 군중』(*The Lonely Crowd*, 1950)에서 제안한 용어다.

일본과 관련해서 볼 때, 이와 같은 일이 일어날 가능성은 분명 더 낮습니다. 비록 이런 소비주의의 홍수가 지나가고 그들의 '청교도 윤리'가 종결된 뒤, 또 잠재적인 가능성일 뿐이지만 심지어 천황체제가 종결된 이후에 일본이 어떻게 될지에 대해 사람들이 암담한 예측들을 중얼거렸지만 말이지요. 그렇기에 쿨하스의 작업은 공간적으로 뿐만 아니라 사회적으로 이런 종류의 미래에 대해 본격적으로 논의하려고 적어도 노력은 하고 있다고 말하고 싶습니다. 이소자끼는 전혀 이와 같지 않고, 비교 가능한 인물이라고 보고 싶지도 않습니다. 그가 일본에서 매우 탁월하고 주목할 만한 예술계의 인물이며 또한 세계의 가장 위대한 건축가들 중 하나임이 분명하다는 점 말고는 내가 일본에서의 이소자끼의 역할을 정말 제대로 평가할 만한 위치에 있지 않음은 물론입니다. 그럼에도 불구하고 말해보자면, 내가 본 그의 건축물들은 흥미롭고 예컨대 미또 아트 타워(Mito Art Tower, 水戶藝術館)처럼 본질적으로는 극도로 우아한, 고립구조물들이지만, 여기에서는 쿨하스가 다루는 과밀의 문제들이, 내가 아는 한, 초점이 아닙니다. 사실 토오꾜오 자체 내에 있는 이소자끼의 건축물은 내가 보지 못한 듯하니 그의 작업이 실제로 그런 미래도시의 문제를 다룬다고 해도 어떻게 하는지는 모르겠습니다.

스픽스 당신이 발전시켜온 탈시민사회 공간이라는 새로운 모델을 염두에 두고, 로스앤젤레스의 보나벤처호텔을 대상으로 당신이 분석한 종류의 공간과 쿨하스의 기획 및 건축물의 공간을 비교해주실 수 있겠습니까?

제임슨 그러지요. 흥미로운 비교라고 생각되는데, 이것들을 병치하여 이들 간의 차이를 알아내려고 노력하는 게 정말 좋겠습니다. 시민사회의 종결이라는 말로 내가 파악하려는 본질은 분명 여기에서 어떻게든 논란이 되리라고 생각합니다. 초점은 그 호텔이 여전히 사유재산이라는 점입니다. 우리가 거기에 들어가 군중으로서 돌아다닐 수는 있겠지만 그렇더라도 여전히 사유재산의 영향력 안에 있는 거지요. 따라서 그것은 특이한 종류의 혼합물, 즉 사적인 것을 공적으로 배치한 형태로 활용된 사적인 공간입니다. 지금 시민사회의 종결에 있어 핵심적인 것은 공적이던 것이 재사유화되고 정부, 따라서 공공에 의해 특징이 부여되는 공간이나 지역이던 것이 얼굴 없는 형태의 사적 통제로 어떻게든 귀속된다는 사실입니다. 따라서 사적인 삶도 아니고 집단적인 힘의 기념비도 아닌 새로운 종류의 사물이 존재하게 되지요. (다소 다르다고는 생각합니다만) 이것은 아마 한나 아렌트(Hannah Arendt)의 생각과 관련이 있을 겁니다. 아렌트는 정치가 인격화되고 정치적 인물들 자체가 그들이 내세운 프로그램보다 사람들의 흥미를 더 끌게 되었다는 의미에서 우리 시대의 공적인 영역이 재사유화되고 있다고 보았지요. 그녀의 분석이 정신분석학적인 것인 반면, 내 견해는 그런 전개가 재산의 사법적 형태 자체에서 일어난 변이와 훨씬 더 관계가 있는 까닭에 이전의 범주로는 포괄되지 않는 새로운 등재 항목들이 나타난다는 것입니다. 쿨하스, 특히 그의 제브뤼허 해양 터미널(Zeebrugge Maritime Terminal) 프로젝트에서 지금 핵심적인 것은 이 터미널이 여기로 흘러들어 다른 나라들과 융합되는 모든 나라들 사이사이에 존재하는 공간이라는 점입니다. 따라서 해협 페리보트들의 교차점 혹은 도착지점으로서 그 터미널은 새로운 방식으로 공적이면서도 어떤 점에서는 거기에 연루된 국민국가들에 속한 어느 공적인 공간으로부터도 바깥에 존재합니다. 마치 쿨하스는 흘러 들고나며 빠르게 뒤섞이는 이 인구들을 통해 새로운 '과밀문화'를 관찰하는 동시에 어떤 점에서는 '과밀문화'를 모르던 유럽 내에 이와 같은 문화를 생산하는 기제를 제공하는 듯합니다. 아무튼 내게는 이것이 미래의 역사적 전개라는 점에서, 또 공/사의 범주에서 일어날 일들이라는 점에서 보나벤처호텔보다 훨씬 더 흥미롭습니다. 이에 비하면 보나벤처는 호텔 자체의 경찰력을 소유하고 예측 가능한 행동범주를 지닌 훨씬 더 관습적인 건축물입니다. 보나벤처호텔이 이런 전개의 한 징후로서 강력한 의미를 띠고 서 있다면, 쿨하스의 작업은 그런 전개에 대해 형식적·문화적으로 강력한 반응을 구성하고 있습니다. 즉 이런 상황 전개를 기록하는 동시에 어떤 점에서는 그것들에 대해 진술하거나 잠재적으로 그것들을 전유하려는 시도를 보여줍니다.

스픽스 이전에 당신은 쿨하스의 기획, 특히 제브뤼허 해양 터미널이 일종의 포장으로 간주될 수 있다고 언급했지요. 그에 따르면 안과 밖이 있게 되는데요. 그런데 토오꾜오의 경우는 안팎이라는 게 없는 듯합니다. 밖이 없는 안이라고나 할까요. 하지만 이것은 쿨하스의 경우에도 적용될 수 있습니다. 이소자끼를 일본의 장면에 대한 하나의 표현이라는 점에서 쿨하스보다 더 전지구적인 건축가라고 묘사할 수 있을까요? 쿨하스의 기획들이 포장이라는 당신의 제시를 감안하면 그럴 것으로 보입니다만.

제임슨 비록 우리가 이 일에 안과 밖이라는 단어들을 쓰지만 이 새로운 상황에서 참신한 것은 대립이 더이상 유지되지 않는다는 점이라는 것을 분명히 하는 게 매우 중요합니다. 즉 당신이 아주 정확하게 말하고 있듯, 그것은 밖이 없는 안입니다. 포장이라는 말이 암시하는 듯한 바와는 다르게 말이지요. 그래서 어느 면에서는 제브뤼허 터미널과 토오꾜오의 모든 것이 비교 가능합니다. 이것들은 대우주입니다. 그것들은 확실히 안이라고 느껴집니다. 바깥의 개념은 사라진 것이 아니고 강화되었습니다. 그런 한편 여기에는 다른 사항도 함축되어 있는 듯한데, 이에 대해서는 쿨하스 자신도 언급한 바 있습니다. 그는 현재 이런 규모에서는 건축물의 바깥이 내부에서 진행되는 것으로부터 너무 멀리 떨어져 있어서 이 둘을 상호 연관지으려는 시도가 낡고 의미 없다며, 이모든 것을 건축물의 규모에서만이 아니라 도시의 총체성이라는 거대한규모에서 이해해야 한다고 했지요.

지금 말했다시피 현재 나는 이소자끼에 대한 의견에 딱히 동의하지않습니다. 디즈니든 미또 아트 타워든 이러한 고립지 시설이 이 고립지와 완전히 상응하는 도시 전체나 제브뤼허 터미널 같은 대우주에서는 할 수 없는 것들을 하게 해주는 것으로 생각된다는 점에서 그렇습니다. 내가 보기에 우리는 다른 차원에서 다른 장르를 다루고 있습니다. 그 둘은 완전히 다른 수준에서 작용하고 있기 때문에 그 둘을 포괄하기위해 건축이라는 똑같은 말을 사용해서는 안 됩니다. 이소자끼 건축들의 밖은 그 내부의 정신을 매우 눈부시게 표현한 것이어서 거기에는 다른 건축물에서 진행되는 것과는 다른 건축학적 역동성이 있습니다. 그차이는 아마 이소자끼의 작업이 법인형 사회가 건축물에 열어놓은 공간에 훨씬 더 조응한다는 점일 겁니다. 이 고립지들은 근본적으로 법인형 계약의 공간입니다. 반면, 비블리오떼끄 드 프랑스(Bibliothéque de France)나 제브뤼허 해양 터미널의 기획에 대해 말할 때 우리의 논의는더이상 법인의 차원에 있지 않고, 그렇다고 예전 방식의 국가의 차원에머무르지도 않는다고 생각합니다. 왜냐하면 이 두 건축물은 단순히 시내의 주, 혹은 시의 청사 건물이나 기념비가 아니라 무엇인가 다른 것이기 때문입니다.

당신의 질문 중 건축에 한정되지 않는 부분, 내가 장르 혹은 장르적비평의 역동성이라고 부르고 싶은 부분이 흥미를 끕니다. 즉 객관적인상황이 어떤 장르를 차단하는 동시에 다른 특정한 장르는 발생시키는방식이라고 할까요? 적어도 부분적으로 이런 문제는 전혀 다른 종류의 건축물들이 존재할 가능성, 그리고 건축 자체가 하나의 활동으로 존재할 가능성이 상황과 기업의 전지구적 권력구조에 달려 있는 데에서 나온다고 생각합니다.

스픽스 쿨하스의 최근 작업을 묘사하기 위해 당신이 사용한 언어들 중 하나가 '더러운 리얼리즘'[4]입니다. 당신이 언급하듯 당신은 리안 르페브르(Liane Lefaivre)에게서 이 용어를 빌려왔는데, 르페브르 자신은 이 용어를 미국의 단편소설에 대한 빌 버포드(Bill Buford)의 설명에서 빌려오지요. 이 용어와 관련, 버포드, 르페브르와 당신 자신의 차이, 그리고 이 셋 모두와 강력한 관계를 지니기도 하는 비판적 지역주의와의 차이에 대해서 설명해주시겠습니까?

제임슨 르페브르가 인용하는 원 텍스트는 최신 미국 단편소설과 관계가 있는데, 그것을 보면 버포드의 원 묘사에는 사실 매우 강력한 지역주의적 충동이 있다는 것을 알 수 있습니다. 그가 작가들을 묘사하는 과정에서 그 충동은 결국 교외와 시골로의 표준 확산, 그리고 예전 성격을 지닌 잔재와 도시적이라고 생각한 것들의 혼합에 다다릅니다. 이 결과는 같은 충동이 건축으로 옮겨졌을 때 일어나는 공명과 꼭 같지는 않다고 생각합니다. 아주 분명한 것은 쿨하스나 「블레이드 러너」 모두 더이상 이런 지역적 정신을 지니고 있지 않으므로, 예전에 시골이던 미국의 몇몇 지역에서 아직도 볼 수 있는 농촌과 도시의 혼합 같은 잔여적 형태가 아니라 현재적 혹은 미래적인 익명성의 도시화를 강렬한 형태로 표현한다는 점입니다. 그래서 이 용어의 사용 자체가 딱 맞지 않고 어긋나는 듯한 면이 있지요. 현재 나는 최근의 다양한 건축을 다룰 때 꽤 의미가 통하는 듯한 더 큰 배합체계의 일부로 더러운 리얼리즘이라는 용

---

4 *The Seeds of Time* 145~50면 참조.

어를 사용합니다. 최근의 다양한 건축들은 포스트모던이라는 개념에 딱 들어맞기가 점점 더 어려워 보이는 면이 있습니다. 이는 (찰스 무어 Charles Moore나 마이클 그레이브스Michael Graves를 걸출한 현역이라고 볼 때처럼 제한적 의미로) 포스트모던을 단지 하나의 스타일로 생각하려는 유혹이 너무 강하기 때문일지도 모르지요. 이러한 제한된 의미의 스타일도 최근의 수많은 형식적 건축생산의 한 예일 뿐입니다. (포스트모더니티의 변호자들이 종종 말하고 싶어하는 것과는 다르게) 이런 양상이 그야말로 어떤 것이나 무엇이나 통하는 활짝 열린 다원주의는 아니며, 오히려 생산 자체가 독특한 특징뿐 아니라 적잖은 문제들로 인해 내적 한계를 지닌다는 의식이 부각된 것 같습니다.

이런 점을 이해하면 내가 '포스트모던의 구속들'이라고 부른 것, 즉 최근의 이런 건축 생산의 배후에서 체계가 작동하는 방식을 낱낱이 파악하기 시작할 수 있겠지요. 나는 두개의 축을 겹쳐놓음으로써 이 점을 파악하려고 노력했는데, 이 두 축을 따라 현대 건축은 이전 과거의 본격 모던(high modern)에 견주어 계속 자신을 정의해온 것으로 보입니다. 이 축들 중 하나는 총체성 대 그 부분이나 요소, 혹은 그 구성기표라는 사안에 따라 움직입니다. 다른 축은 새로운 것/반복적인 것, 혁신/복제의 사안에 따라, 모던이라는 지고의 가치에 따라 움직이는데 이는 근본적으로 새로운 예술, 근본적으로 새로운 공간을 만들기 위해서입니다. 이렇게 근본적으로 새로운 예술과 공간은, 광의로 보자면, 현대 포스트모던 작품이 혼성모방을 한껏 즐기고 또 자신이 가지고 놀 수 있는 온갖 종류의 옛 언어들의 회귀를 한껏 즐거워하는 경향을 띠는 방식들과는 상반됩니다. 이 네개의 용어들(총체성/부분, 혁신/복제)은 그래도 내게는 말이 되는 듯 보이는 일정한 수의 조합을 제공해줍니다. 우리는 아직 아이젠만(Peter Eisenman)[5]이나 소위 해체주의에 대해서는 언급하지 않았는데요. 해체주의가 거의 말라르메적 순수를 향한 어떤 깊은 미학적 충동을 지니고 있는 한 그것은 아직 어떤 혁신의 개념, 즉 부분들, 층위들, 혹은 그 무엇이든 간에 그것들의 순열이나 조합에 대한 열성과 결합된 혁신의 개념을 구현하지요.

이런 점을 보면 혁신의 포기, 복제에 대한 동의, 모든 종류의 죽은 전통들로의 회귀, 부분이나 요소 혹은 기표의 조합을 함축하는 것이 포스트모더니즘의 더 중심적인, 혹은 특징적인 형식임을 알 수 있습니다. 이것은 그레이브스와 무어 같은 건축가들의 작품 표면을 가로질러 유동하는 듯한 과거 건축에 대한 기억을 연상시킵니다. 분명 여기에서의 강력한 조합이 혁신과 총체성이라는 모더니스트적인 이상입니다. 하지만 그때 내 시야에 '더러운 리얼리즘', 원한다면 쿨하스라고 바꿔 불러도 될 그 말이 적어도 개별적 소우주가 대우주를 복제한다는 식의 복제에 대한 일정한 동의, 그렇지만 동시에 총체성을 향한, 모든 것의 포괄을 향한 의지를 함축한 용어로서 부각됩니다. 그 자체 내에 그 모든 '과밀 문화'를 포함하길 원하는 이런 형태의 '더러운 리얼리즘'은 다른 세가지와는 뚜렷이 구분되는 형식으로 보입니다. 이렇게 해서 이제는 사람들이 이런 용어로 포스트모던에 대해 계속 이야기해나가야겠지요. 쿨하스 자신의 진술을 볼 때 매우 분명한 것은 그가 이 용어와 이런 생각을 아주 적극적으로 거부한다는 점입니다. 다른 한편, 시대에 대한 일련의 징후로서의 이 모든 건축 생산에 관심을 갖고 또 우리 자신의 역사적 계기와 관련해서 뚜렷이 구별되는 특정한 차이점이 무엇인지 찾아내는

5 피터 아이젠만(Peter Eisenman, 1932~)은 형식주의, 해체주의, 아방가르드, 본격 모더니스트 등 다양한 수식어가 따라붙는 미국 건축가로, 주택과 도시 디자인, 공공 교육시설 건축물 등으로 여러 상을 수상했으며 국제적으로 잘 알려진 건축가, 교육자, 저술가이다—옮긴이.

데 관심을 갖고 있다면, 적어도 초기 단계에서는 그것들을 모두 나란히 놓고 그것들이 우리 모두가 직면한 새롭고 독자적인 상황에 어떻게 조응하는지를 보아야 합니다.

스픽스 1988년 모마(MOMA)[6] 전시회에서 쿨하스와 OMA[7]는 '해체주의자'의 범주에 포함되었지요. 해체주의적 해결책이 제시하지 않는 어떤 것을 복제가 제공하는지요? 그것은 건축에 있어서의 리얼리즘 및 재현과 상당히 관련되어 보이는데요.

제임슨 그렇습니다. 그 점은 **총체성**이라는 용어가 여기서 하는 역할에 대한 이야기로 돌아갑니다. 내가 어느 것에 **리얼리즘**이라는 용어를 사용하는 데 만족스러워하는지 나도 잘 모르겠습니다. 하지만 모방에 대해 이야기할 경우에는, 적어도 우리는 예컨대 『라스베이거스에서 배우기』(*Learning from Las Vegas*, Robert Venturi, 1972)가 도시 전체 조직의 한 부분에 대한 모방을 함축하는 반면 쿨하스의 건물들은 대우주 전체 자체의 모방으로서 서 있고 싶어한다는 의미에서 어떤 근본적인 차이들을 볼 수 있습니다. 그래서 앞서 제시했듯, 이 건물들이 특정한 정치적인 메시지를 전달할 수 있거나 아니면 그 건물들이 사회성 자체의 총체성을 붙잡고 씨름하겠다는 야심을 정말 지니고 있기 때문에 원한다면 정치적이고 사회적인 모델들을 포함할 수 있다고 생각합니다.

스픽스 1985년에 따푸리의 『건축과 유토피아』(*Progetto e utopia*, 1973)에 대해 쓴 글에서 당신은 따푸리의 비관주의와 벤투리의 경박함 둘 다를 거부하고, 그 글의 말미에서 어쩌면 정말 제대로 된 그람시적 건축에 대해 말할 것이 있겠다고 암시합니다. 오늘날에도 여전히 그런

---

6 뉴욕 현대미술관(The Museum of Modern Art)의 약칭 ─ 옮긴이.
7 OMA는 1975년에 쿨하스가 설립한 메트로폴리탄 설계사무소(Office for Metropolitan Architecture) ─ 옮긴이.

지요?

제임슨 글쎄요, 내가 추측하건대 오늘날 그람시적 건축의 문제는 이렇습니다. 적어도 내가 묘사한 방식에 따르자면 사람들이 세계체제 바깥의 공간을 발견할 수 있으며, 또 그런 의미에서 종이건축(paper architecture)이 그러려는 시도와 그 불가능성 모두를, 당신이 말한 대로, 숙명적으로 반영한다는 점을 그람시적 건축이 암시한다는 것이지요. 다시 말해서 어떤 대안을 오직 상상의 공간에서만 기획할 수 있다면, 그것은 실제 공간과 실제 가능성에 대해 무엇인가를 말해주지요. 오늘날 세계체제의 위력을 감안할 때 이런 대안적 혹은 유토피아적 공간을 구체적으로 상상하는 것은 점점 더 어려워지고 있습니다. (예컨대 우리는 이소자끼의 건축에 있어서 고립지들이 커다란 힘을 지닌다고 말했습니다만) 사람들이 상상할 수 있는 다양한 고립지들은 체제의 부분이고, 그런 점에서 그것들은 기업적입니다. 이 세계체제로부터 벗어나거나 그로부터 일정하게 분리되어 독립성을 유지할 수 있을 경제적 단위를 상상하는 것이 오늘날에는 훨씬 더 어려워 보이는데, 그럴수록 이렇게 낙관적인 그람시적 전략은 점점 더 문제적인 것으로 보이게 마련이지요. 그람시적 건축이 취한 또 하나의 형식은 물론 비판적 지역주의라는 개념이었습니다. 우려되는 것은, 비판적 지역주의를 하나의 가치와 하나의 가능성으로 살아 있도록 하는 것이 중요하기는 한데 여기에서도 역시 세계체제의 전개가 띠고 있는 바로 그 본성이 예기치 않게 지역을 전유해버렸다는 점입니다. 이제는 분리된 문화의 자율적 언어 자체가 세계체제가 자신을 재생산하고 경제표준화라는 자신의 형식을 확산하는 바로 그 관광기제이기 때문입니다. 따라서 심지어 지금도, 이 다양한 지역들에서 벌어지는 양식적 자율성을 위한 싸움이 정말로 자율성을 둘러싼 투쟁인지, 아니면 실제로는 세계체제 자체가 포스트모

224

던 마케팅과 해외 수출, 관광사업 등의 자신의 형식들을 통해 완벽하게 잘 수용할 뿐만 아니라 정말 광적으로 수용하려고 드는 다원주의일 뿐인지 분명치 않습니다.

스픽스 예전의 인터뷰에서 당신이 그람시적 건축을 요청한 것은 건축적 실천 그 자체보다는, 당신의 말에 따르면 "새로운 현실의 중심지를 인식"하는 것과 더 관계가 있었습니다. 또한 당신은 "새로운 현실에 대처하기 위한 문화정치는 공간의 정치"라고 언급했습니다. 정치는 이제 공간적이라는 생각을 발전시키는 데 건축이 일정한 역할을 하는 것인지요?

제임슨 그렇지요. 그게 맞다고 생각합니다만, 그러다보면 역설적으로 따푸리 자신의 입장으로 되돌아가게 됩니다. 즉 비평이란 바로 체제가 생산해내게 마련인 것이기에 건축물에 대한 이데올로기적 비평은 할 수 없다는 따푸리의 입장으로 말이지요. 이데올로기적 비평은 건축이론 차원과 선언들에서 작동하고, 이것들이 분석, 사상, 프로그램의 영역에서 부딪히는 제약들에 대해서 작동합니다. 이것들이 모두 더해져 문화·정치비평이 되는 매우 중요하고 새로운 하나의 가능성이 있다면, 그것은 건축 자체에 대한 토론 전부가 이제는 정치적이라는 점입니다. 또한 정치토론도 건축, 즉 공간 일반, 도시적인 것이 조직되는 방식, 지리정치가 조직되는 방식을 언급하지 않고는 어쩌면 전혀 불가능해 보이기까지 하지요. 이는 사물들이 띠게 된 새로운 공간적 차원입니다. 따라서 맨 처음 문제로 돌아가 포스트모던과 관련된 공간성이란 현 상황에 대한 이론들이 포스트모던 문화 및 그 정치와 관련이 있든 없든 자신들의 분석대상에 조응하기 위해서는 공간이라는 약호를 거쳐야 한다는 점을 일컫는다고 말할 수 있을 듯합니다.

오라시오 마친과의
인터뷰˙

마친　당신이 포스트모더니즘 개념에 광의를 부여하여 포괄적인 문화적 표현으로 본다는 점을 고려할 때, 포스트모더니즘은 생산양식 개념과 어떤 연관이 있습니까?

제임슨　생산양식 개념, 그리고 생산양식과 문화적 개념들의 연관을 주장할 필연성이 있는 이유는 그러지 않을 경우 우리가 지성사 또는 특정 형태의 인류학, 혹은 문화·문명사로 되돌아가기 때문입니다. 다시 말해 역사, 학문, 예술양식에서 일련의 변화들이 있어왔는데, 만일 이것들이 사회구조의 변화라는 엄밀한 개념과 엮이지 않으면 우리에게 남는 것은 단지 사건들이 특정한 논리도 없이 발생한다고 보는 일종의 유형학일 뿐이거나 서양 문명이나 바로끄 같은 일반적인 범주들이 활용되는

• 이 인터뷰는 처음에 Santiago Colás, trans., *Nuevo texto critico* 4권 7호 (1991) 3~18면에 스페인어로 실렸다. 이 인터뷰는 영어로 진행되었지만 영어로 출판된 적은 없다. 불행히도 원래의 영어본 타자원고가 소실되어서 스페인어본을 영어로 옮길 수밖에 없었다.

226

인류학, 문명사 등에 그치겠지요. 두 접근법 모두 내게는 관념론적 역사로 보이는데, 그것들이 근대 역사학의 발전을 대표하지는 않습니다.

결국 내게 포스트모더니즘 개념은 단순히 문화적인 측면뿐 아니라 사회적 실천, 심지어 경제의 측면에서 일어난 상당히 집약적인 변화와 연계된 것으로 보이며, 어떻게든 생산양식상의 변화들과 연결되지 않으면 제대로 구성되거나 설명될 수 없습니다.

지금 여기에서 핵심적인 문제는 이 변화들에 대해 서로 모순적인 다양한 설명들이 있다는 점입니다. 나는 포스트모던 같은 것에 대한 이론들이 처음 분명한 모습을 드러낸 것이 좌파 쪽에서라기보다는 우파 쪽에서였다는 점을 말하고 싶습니다. 1950년대 이래 '이데올로기의 종언' 개념이 자유주의적 정치학자들과 우파에 의해 제안되었을 때, 그 개념은 아이젠하워 당시의 그들에게 원칙 이데올로기와 변화의 비전으로서의 맑스주의의 종말을 의미했지요. 그러나 그것은 또한 어떤 점에서는 포스트모던의 특징들을 앞질러 보여주었는데, 특히 추상적 사고, 이데올로기, 가치 등이 아도르노가 실증주의라고 비난한 것 속으로 사라졌다는 점에서, 다시 말해 사상의 초월적 특성들이 소멸되었다는 점에서 그랬습니다. 이 우파 이데올로그들은 포스트모던의 전개와 같은 무엇을 예상하고 있었던 듯 보입니다. 아직 존재하지도 않던 시기에 포스트모더니즘을 분명 자신들의 정치적 목적을 위해 이용했으니 말입니다.

나중에 대니얼 벨이 이런 점들을 모두 공들여 고려하여 '후기산업사회'라고 부른 이론으로 완성했지요. 이럴 수 있었던 것은 사상과 문화 양식의 토대변화를 이야기할 때 근본적인 사회변화에 대한 이론을 주창하지 않은 채 가설을 세우는 것이 관념적이라는 점을, 이전에 뜨로쯔끼주의자였던 그가 완벽하게 이해했기 때문이지요. 이 경우 근본적인 사회변화는 자본주의 자체의 종언과 어떤 새로운 것의 출현이었는데 그는 이 새로운 것을, 추정컨대 기술관료들과 과학자들에 의해 추동될 과학과 기술의 우선성에 바탕을 두고, 후기산업사회라고 불렀습니다. 지금은 벨의 이론이 사람들이 원하는 이론은 아닌 듯하나 본받아야 할 예인 것은 분명합니다. 달리 말해, 만일 누군가 현대사회의 지적·문화적 변화를 이론화하고자 한다면 그것을 어떤 식으로든 생산양식의 변화와 연결할 필요가 있다는 말입니다. 더 전통적인 맑스주의에는 이미 두 단계의 자본주의에 대한 개념이 존재했습니다. 그중의 하나를 발전시킨 이는 다름 아닌 맑스로, 실제로 그는 체제 자체의 경향들을 묘사했을 뿐이었지요. 그다음에 레닌이 제국주의에 대한 소책자에서 1890년대의 독점과 제국주의체제를 연관지으며 그 시기를 중심으로 두번째의 계기를 이론화했습니다. 사실 고전적 레닌주의에 따르면 자본주의는 이 두번째 시기에 재구성되었다고 말할 수 있습니다.

이후 맑스주의적 전통도 자체적으로 '역사의 종언'을 공표했던 듯한데 대개 맑스주의자들은, 레닌에 따르면 두번째 단계의 자본주의가 '가장 높은' 마지막 단계로 간주되기 때문에, 세번째 단계와 같은 것이 있을 수 있다는 점을 받아들이고 싶어하지 않습니다. 세번째를 만들어내야 한다니 당혹스러웠던 거지요. 하지만 2차대전 이후, 특히 새로운 싸이버네틱스 의사소통수단이 사회에서 발전하고 1885년 베를린회담에서 초석이 놓인 국민국가 중심의 옛 제국주의적 체제가 해체되면서 모든 곳에서 탈식민지화가 일어나자, 이제 사람들은 살펴볼 필요가 있는 새로운 종류의 사실들과 특징들을 마주하게 됩니다. 이런 인상은 1960,70년대에 일상생활과 일상적 행위에서 일어난 변화를 보기 시작하면서 엄청나게 강화되었지요. 이 모든 것이 암시하는 바는 한편으로는 일련의 심층적인 문화적 변화들이 일어나고 있으며, 다른 한편으로는 어쩌면 자본주의의 세번째 시기를 이론화하는 것이 바람직할지 모른다는 점입니다. 따라서 사람들이 새로운 문화적 실체에 이름을 부여해야겠다는 관점에서 생각하기 시작하고 **포스트모더니즘**이라는 말이 통용되기 시작하자, 그것을 새로운 생산양식이 아니라 세번째 단계의 자본주의, 즉 하부구조적으로는 다른 두 단계에서 파생되어 나왔지만 상부구조적으로, 또 문화적으로는 그것들과 다른 자본주의와 연관을 짓는 것이 논리적이고 받아들여질 만하게 보였지요. (왜냐하면 포스트모더니즘은 사회주의도 어떤 새로운 형태의 동양 전제주의도 아니고 여전히 꽤나 자본주의적이었으니까요.)

현재의 이런 단계론 개념은 물론 나의 개념이 아니라 만델의 『후기자본주의』에서 나온 것입니다. 이 책은 몇몇 언어들의 경우에는 『자본주의의 세번째 단계』(*The Third Stage of Capitalism*)로 정확히 번역되었지요. 아무튼 단계론 개념은 궁극적으로는 맑스의 『그룬트리세』로 거슬러갈 수 있습니다. 거기서 맑스는 자본주의가 경계들을 설정했다가 그것들을 초월하고 부정하면서 더 커다란 경계로 대체해갈 필요가 있다고 전제합니다. (이윤율이 떨어지고 노동력 착취도 더이상 생산적이지 않으며 시장이 포화상태에 이르는 현상 등에서 이 필요를 알 수 있지요.) 하지만 그런 한계적 위기 상황에서는 새로운 일련의 기술혁신이 일어나 확장된 자본주의에 봉사하게 되며, 그러면 그 과정은 전부 다시 시작되어서 자본주의의 각 시기는 팽창에 의해서뿐만 아니라 새로운 생산기술에 의해 식별될 수 있습니다. 이것이 바로 첫번째 단계에서 맑스가 묘사한 국가적 시기의 자본주의가 고전적 제국주의, 즉 여러 거대 중심 도시 체계와 그것들의 식민지적 체계 구축을 통해 전지구적 규모로 팽창할 때 벌어지는 일로 보입니다. 2차대전의 종결로 이 체계는 힘을 다했지만, 완전히 새로운 기술 — 만델에 따르면 싸이버네틱스, 컴퓨터 과학, 핵에너지 등 — 이 등장해 초기의 자본주의체제를 완전히 구조조정하여 훨씬 더 광대하며 심지어 그 규모가 전지구적이라고 할 수 있는 통합과 경제적 구조로 확장할 가능성을 마련해줍니다. 따라서 이것은 다국적 단계라고 부름직한 것입니다. 내가 볼 때 이와 같은 자본주의의 단계론 개념은 맑스의 『그룬트리세』에 표현되어 있으며, 이 개념 덕분에 심리구조, 일상생활의 실천, 사회에서 문화의 역할 등에서부터 예술형식, 철학이론 등에 이르기까지 문화를 더 넓은 의미로 이해하면서 문화의 변화와 관련된 가설을 세울 수 있습니다.

따라서 이것들이 내가 해놓고 싶은 연관작업이 되겠지요. 시간성의 정신분열적 양상들, 주체의 탈중심화, 문화의 엄청난 팽창, 새로운 체계의 정보와 광고에서 이미지가 압도적인 점 등 우리 포스트모더니티의 상당 부분은 바로 그와 같은 세번째 단계의 개념과 결부될 수 있는 것으로 보입니다.

마친　포스트모더니즘은 정치와 문화가 새롭게 절합하고 정치가 문화 쪽으로 옮겨가는 것을 암시합니다. 이것은 새로운 형태의 맑스주의나 포스트맑스주의와 관계가 있습니까?

제임슨　내가 볼 때는 이렇습니다. 포스트모더니즘이 새로운 형태의 맑스주의든 아니든 크게 중요하지 않다고 봐요(나는 만델이 딱히 정통에서 벗어났다고는 생각지 않고 내 경우에 대해서도 그렇게 생각지는 않습니다). 필요한 일은 이 모든 새로운 문화적 현상을 꼭 예전의 범주의 관점에서 다시 쓰는 일이라기보다는 오히려 이런 범주들 자체가 역사적이라는 인식이겠지요. 제2차 인터내셔널의 고전적 시기에 상응하는 맑스주의가 있었습니다. 모더니즘과 제국주의 단계에 상응했으며 지금은 서구 맑스주의로 언급되는 맑스주의였지요. 따라서 나는 지금 우리에게는 새로운, 혹은 제3의 단계에 걸맞은 맑스주의가 필요하다고 생각합니다. 하지만 이런 점은 맑스와 모순되기는커녕 완전히 일치하는 것으로 보입니다. 만델은 자본주의의 제3단계가 맑스가 불완전한 형태로 제공한 원래의 자본 개념에서 벗어난 것이 아니라 오히려 맑스가 묘사한 것보다 더 순수한 단계의 자본주의임을 보여줍니다. 따라서 고전적 맑스주의 이론과 오늘날 우리의 문화에서 벌어지는 더 새로운 일들 사이에는 훨씬 더 깊은 상응관계가 있는데, 그런 양상을 보여주려고 노력하는 일이 내가 해야 하는 일의 일부라고 생각합니다.

마친 포스트모더니즘을 하나의 문화현상으로 파악하는 시각이 어쩌면 그에 대한 부정적인 정의일지 모르지만, 역사적으로 중요한 재구성이라는 점에서 긍정적인 정의가 될 가능성도 지니고 있습니다. 아니면 현재를 역사로 파악하려고 시도하는 역사적 전망과 변증법이라고 할 수도 있겠지요. 새로운 단계에 대한 이런 종류의 시기구분의 가능성에 어느정도 관심을 갖고 있으며 이것이 인식의 지도 작성을 추적해가는 것과는 어떻게 연관되는지요?

제임슨 그것은 후꾸야마(Francis Fukuyama)식의 역사의 종언 문제는 아니고 역사의 재구성이랄까 혹은 전지구적 도시계획과 공간화를 고려하는 새로운 종류의 역사가 아닐까 생각합니다. 나는 이 질문이 생산양식 개념의 중요성을 강조한다는 점에서 첫번째 질문과 관련된다고 믿습니다. 생산양식 개념을 통해 역사적 변화에 대한 감을 유지하지요. 그런데 이 역사적 변화는 단선적이지 않습니다. 왜냐하면, 당신이 진화를 언급했듯 오늘날 진화론적 사고가 부흥했다고 말해야 할 정도로 스티븐 제이 굴드(Stephen Jay Gould) 등으로부터 다윈에 대한 연구가 새로 나오고 있기 때문입니다(이 연구들 또한 이를테면 알뛰세르가 맑스에 대해, 아니면 라깡이 프로이트에 대해 하려던 바를 다윈에 대해 하는 것일 수도 있겠지요). 다윈조차도 '단선적'이지 않음이 드러나는 마당에 이런 유형의 사고에 대한 희생양으로 다윈을 이용하는 것이 적절한

지 모르겠습니다만, 앞서 역사적 변화에 대한 감이라고 했을 때의 역사적 변화는 단선적인 것이 아니지요.

　어쨌든 생산양식 개념은 역사에 대한 전망을 지속적으로 제공해줍니다. 다시 말해 그것은 하나의 생산양식이 다른 것으로 변화할 가능성을 설정하고 있으며, 그런 변화는 역사에 있어서 근본적인 형태의 혁명적 변화입니다. 따라서 우리가 역사의 종언에 대해 이야기할 때 실제로 우리가 말하는 것은 지금의 이 사회체제 너머에 있는 또 하나의 사회체제를 상상하기 위해 많은 이들이 겪는 어려움에 대한 것이라고 생각합니다. 현실상황에 대한 유토피아적 비전이 더이상 통하지 않는 지금과 달리, 1960년대에는 쏘비에뜨 모델과는 매우 다른 대안적 사회에 대한 인식이 여전히 강했습니다. 아이러니한 것은 쏘비에뜨 모델을 거부했던 좌파 전체가 쏘비에뜨 모델의 실패로 인해 이제는 자신들이 그 이상의 무엇을 구상하거나 상상할 수 없는 처지임을 알게 되었다는 점입니다.

　하지만 바로 이와 같은 부재 자체가 하나의 역사적 현상일 수 있음을 생각함으로써 역사의 새로운 단계들을 상상하려고 노력할 수 있는 가능성을 회복할 수 있습니다. 따라서 최소한 포스트모더니즘에 대한 나의 이론이 효력을 발휘하는 대목을 들라면 포스트모더니즘이 하나의 단계라는 특성을 띠며 이 단계 이후에는 반드시 사회주의는 아닐 다른 단계들이 뒤이어 올 수 있음을 주장하는 부분입니다. 하지만 포스트모더니즘이 현재 진행 중인 하나의 단계로서 한계에 이르고 위기와 모순을 겪으며 그 뒤에는 다른 구조가 뒤따르리라고 생각한다면 이는 역사적 시각을 견지한 것이라고 생각합니다. 리오따르의 거대서사(grand récit)에 관해 말하자면, 나 역시 그 용어를 썼습니다만 맑스가 피력한 일련의 생산양식이 내러티브의 의미에서 정말 서사라고는 더이상 생각하지 않습니다. 맑스의 생산양식이 역사적 공리(公理)이고 일련의 추상

232

적 용어들과 그 배열인 반면, 내러티브는 그 각 생산양식의 내부에서 혹은 생산양식들 사이의 낯선 전환기 어간에 발생한다고 생각합니다.

　프로이트적 견해에 따르면 이런저런 원초적 환상 속에는 우리가 모른 채로 작동하는 무의식적 내러티브가 언제나 존재하듯, 역사의 차원에서도 우리가 부지불식간에 생각하게 되는 가장 심오한 것이 아마도 바로 이런 전환기의 미스터리 전반이 아닐까 늘 생각됩니다. 이 점은 푸꼬의 『말과 사물』(*Les Mots et les choses*, 1966)에서도 매우 분명합니다. 여기에서는 이런 대격동의 파멸이 지질학적·지진학적·파국적 언어로 전달됩니다. 마치 인간의 정신이 그런 체제상의 변환에서 어떤 칸트적 방식으로 뭔가 상상불가의 것을 맞닥뜨리듯이 말이지요. 왜냐하면 만일 우리가 필연적으로 하나의 체제 내에서만 사고한다면 우리가 또다른 체제를 어떻게 상상할 수 있을지 알기는 어려우니까요. 이렇게 이것은 소위 전환기, 무엇보다도 중세 봉건주의에서 자본주의로의 전환의 문제에 끼어 있는 매우 심오한 미스터리로서, 맑스 전통에서도 탐구되었습니다. 사람들이 맑스적 내러티브 개념들, 그리고 역사적 내러티브 자체에 대해 생각해보고 싶어할 만한 대목이 바로 거기입니다. 따라서 나는 포스트모더니즘에 대한 이론작업이 역사의 종언에 관한 포스트모던 이론에 굴복한 것이라기보다는 정반대로 더 커다란 규모에서 역사의 개념을 재창안하는 하나의 방식이라고 봅니다. 다음과 같이 말할 수도 있겠습니다. 포스트모더니티에 관한 이론이 꼭 포스트모던할 필요는 없다고 말이지요. 어쨌든 그것이 내가 여기서 주장하고 싶은 변별입니다.

마친　이전 질문의 맥락에서 볼 때 재현 개념은 무슨 역할을 합니까?

제임슨　지금 재현과 관련해서 먼저 말해야 할 핵심적 사안은 그 용어가 분명 많은 것들을 의미할 수 있다는 겁니다. 그것은 역사를 유한하게 생각할 수 있음을 의미할 수 있습니다. 아마 다른 질문을 통해 토론하게 되겠습니다만, 이 문제에 대해 더 토론하자면 유토피아적 충동의 문제로 돌아가야 합니다. 이 충동은 역사의 재현에 정말 함축되어 있으니까요.

그리고 나는 다른 두가지 점에서도 재현 개념이 필수적이라고 생각합니다. 하나는 재현을 통한 사회의 재생산과 관계가 있는데요. 달리 말하자면 이것은 광경으로서의 사회, 이미지의 사회, 혹은 통신이나 정보 사회의 문제입니다. 여기서 재현은 또다른 의미로 중요한데, 재현이 불가능하기는커녕 모든 곳에 널려 있어서 우리가 재현 속에 빠져죽을 지경이라는 점에서 그렇습니다. 헤겔이 사상(思想)에 관해 엄청난 언급을 했지요. 근대철학의 시작에 관해 말하면서 그는 우리와 그리스인들 사이의 차이에 대해 다음과 같이 말합니다. 그리스인들은 추상성을 물려받지 않은 만큼 경험적이고 지각적인 수단을 통해 추상적인 것들을 수고로이 정복해야 한 반면 우리 근대인들은 넘쳐나는 추상성에 빠져 있다, 이 때문에 우리는 (맑스가 말했듯) 구체성에 도달하기 위해서는 추상성으로부터 벗어나 솟아오를 필요가 있고, 이를 위한 방법은 '야만의 사고'(pensée sauvage)로 회귀하지 않고 추상성을 다루는 변증법적인 방법이 될 것이라고 말입니다.

우리는 재현의 영역에서도 그와 유사한 것을 접합니다. 우리는 실제로 넘쳐나는 이미지와 재현에 빠져 있습니다. 재현으로부터 벗어나는 다양한 방법들이 있습니다. 그중 하나는 보드리야르가 말하는 방법으로, 쑤전 쏜태그 역시 이에 동조합니다. 그녀는 1960년대와 70년대 시절, 그러니까 문화혁명 동안에 그녀가 본 중국혁명에 초점을 두고 혁명적 청교도주의에 대해 생각하면서, 이미지로부터 벗어나는 하나의 방법은 이미지를 줄여 우리를 공격하는 광고나 이미지가 더 적어진 세상을 만들려는 시도인 그 유명한 이미지 다이어트 치료요법, 이미지의 생태학일 것이리라 제안하지요. 그러나 내가 볼 때 그녀의 접근방법은 향수에 차 있고 퇴행적입니다. 우리는 이보다 더 나아가 이미지들과 더불어 사는 새로운 길을 찾아야 합니다. 이는 이미지와 재현의 관점에서 사회가 훨씬 더 빈곤했던 50년 혹은 70년 전에는 생각할 필요가 없던 것이지요.

이렇게 포스트모던에 대해 이야기하는 하나의 방법은 그것을 새로운 상황으로, 즉 칸트와 데까르뜨 같은 이들의 훨씬 더 오래된 모더니즘들은 말할 것도 없고 모더니스트들은 마주할 필요가 없던 이미지의 폭격에 다각적으로 적응해야 하는 상황으로 보는 것이 될 겁니다.

끝으로 더 좁은 문학적 의미에서, 정확하게 모더니즘과 포스트모더니즘의 관점에서 재현에 대해 말하고 싶습니다. 여기에서는 제대로 된 구별이 핵심적입니다. 비록 우리가 포스트모던을 재현상의 위기로 특징짓습니다만, 모더니즘을 달리 보는 시각에 따르면 모더니즘의 특징 역시 재현상의 깊은 위기이니까요. 이런 유사성은 충분히 설득력이 있어서 우리는 이런 설명을 넘어서야 합니다. 바로 이 지점이 재현 개념을 총체성 이념과 연결해야 할 지점이라고 생각합니다. 왜냐하면 수준을 높여 이론적 의미에서 **재현**이라는 용어를 사용할 때 우리가 논의의 대상으로 삼는 것은 실제로는 총체성의 재현이기 때문입니다. 리얼리즘 시대, 즉 상대적으로 도시들이 작고 따라서 덜 복잡했던 국가자본주의 시대에는 사람들이 사회질서가 조직되는 방식에 대한 비전을 가질 수가 있었습니다. 정말 전 자본주의로 되돌아가자면, 뉴기니의 원주민에게 그들의 친족체계에 대해 물어본 말리노프스키(Bronislaw Malinowski)의 유명한 질문 장면이 떠오릅니다. "잠깐만요," 그 정보원은 대답했다. "아주 복잡해요. 보여드리지요." 그는 막대기를 꺼내 해변의 모래 위에 자기 종족의 친족체계를 완벽히 그렸습니다. 이것은 진정한 인식의 지도 작성으로서 우주 자체와 연결되어 있는 사회가 지닌 총체성의 이미지를 보여줍니다.

리얼리즘 시대에는 사람들이 국민국가가 무엇인지, 집단성이 무엇인지, 적이 누구며 사회계급의 꼭대기와 바닥에는 누가 있는지 등에 대해서 자신들이 알고 있으며 사회적 총체성의 재현 문제가 해결될 수 있는 문제라고 여전히 생각했습니다. 그러나 제국주의 시대에는 그 문제가 갑자기 더 복잡해집니다. 이 시기는 사회가 그 국경을 넘어 확장되고 이제는 그 내부가 식민지와 같은 외부의 부분들을 포함합니다. 그때에는 제국의 거대도시의 내부 주체들이 자신들을 조건지으며 어떤 점에서는 정의하기까지 하는 외부의 타자들을 이해하는 것이 훨씬 더 어려울 것으로 생각됩니다. 이런 이유로 나는 모더니즘, 즉 고전적 모더니즘에 관한 이론을 제국주의에 관한 이론과 연관짓고 싶었습니다. 사회적 총체성의 재현가능성에 있어서 첫번째 위기라는 모더니즘의 핵심적 특징을 설명해주는 것이 바로 제국주의의 발단으로 보였던 거지요.[1]

따라서 그와 같은 위기 개념은 모더니스트 시기를 해석하는 유용한 도구입니다. 비록 위대한 모더니스트들이 그 위기가 해결될 수 없다는 것을 이해하지는 못했지만 이해하려고 노력함으로써 조이스의 『율리시스』와 같은 기획을 낳았기 때문입니다. 모더니즘 전체의 전제는 언어가 사회적 총체성을 표현할 수 없다는 겁니다. 결국 인간의 심리는 너무나 복잡하고, 사회의 지도(地圖)를 추적할 수 없으며, 개인적 삶의 바깥에 스스로를 위치시켜 위에서 총체성을 내려다볼 수는 없다는 것이지요. 그럼에도 불구하고 이것이 바로 조이스가 하려고 애썼던 겁니다. 따

---

1 Fredric Jameson, "Modernism and Imperialism," 앞의 책 43~66면 참조.

라서 이것은 필연적인 실패이지만, 이 총체성을 표현하려는 불가능한 시도의 긴박성에 의해 진정성이 보장된 실패입니다. 나는 이러한 인식은 루카치의 『소설의 이론』(*Die Theorie des Romans*, 1920)에서 시작됐다고 믿습니다. 하지만 모든 위대한 모더니스트적 성취는, 음악, 건축, 그밖의 다른 무엇에서든 간에, 재현의 불가능성을 건너뛰어 철저한 재현으로 마무리될 수 있을 방식으로 모든 것을 재현하려는 이와 같은 필사적인 시도를 중심으로 전개되는 듯합니다.

　그것이 총체성 재현의 위기와 모던 사이의 연관성입니다. 말했다시피 이제 이 위기는 모더니스트 예술가에게는 필사적인 문제로, 여기에 예술가는 자신의 존재와 열정을 모두 쏟아붓지요. 하지만 포스트모던에서 일어나는 일, 그리고 포스트모더니스트들이 모더니스트들로부터 배운 교훈은 다름 아니라 총체성의 재현이 불가능하다는 점입니다. 그 경우에 총체성의 재현은 더이상 필요하지도 않으며 포스트모던 예술은 이런 방식으로 기념비적이 되려고 노력조차 하지 않는다고 생각합니다. 총체성이 영원히 시야에서 사라졌기 때문에 포스트모던 예술은 재현불가능성과 더불어 살아갈 수도 있지요. 따라서 포스트모던에는 사회적 총체성을 재현하려는 노력을 바로 이렇게 포기한 데에서 오는 태만함이 있습니다. 그런 한편, 이와 관련해 변증법적으로 파악하여 총체성 자체가 변화했다고 보아야 하는 면도 있습니다. 첫번째, 즉 국가적 시기에는 하나의 표준적인 주도(主都)를 가진 국민국가가 있습니다. 두번째 (제국주의) 시기에는 일단의 대도시 중심이 자신의 식민지체제를 거느리면서 서로 경쟁합니다. 하지만 이 대도시 중심들은 이를테면 일련의 성운(星雲)들의 집합체로서 여전히 개념화될 수 있습니다. 이제 갑자기 모든 것이 폭발했습니다. 이제는 더이상 권력의 중심들이 없는 포스트모던한 천체가 됩니다. 대영제국과 나란히 존재하는 다국적기업에 대해 생각해보려는 노력을 떠올려 보세요. 대영제국은 여전히 광대하고 기념비적인 것이며 어느정도 가시적입니다. 반면, 다국적기업이라는 것은 컴퓨터의 핵과 같습니다. 그것은 어디에나 있으나 재현적인 방식으로는 파악할 수가 없습니다.

따라서 앞서 설명한 현상은 또한 모던 시대의 총체성의 재현이라는 문제로부터 돌연한 비약이 일어난 점을 설명해주며, 포스트모던 예술이 존재하게 된 이유도 설명해줍니다. 포스트모던 예술은 대부분 포스트모더니즘 예술을 추동하는 포스트모던 철학 및 이론과 더불어 이제는 부질없는 것으로 이해되는 이 일, 곧 총체성을 재현하려는 시도를 거부했지요. 하나의 체계를 구축하려는 근대의 위대한 헤겔주의적, 그리고 포스트헤겔주의적 시도들에 대해 이야기할 수 있을 텐데요. 이 경우 싸르트르 및 실존주의자들과 함께 이들의 마지막에 하이데거를 포함하지 않을 까닭이 없지요. 그렇다면 아도르노는 그의 미학과 철학에 있어서 모던의 불가능성을 목격한 마지막 모더니스트인 셈이지요. 이는 포스트모던이 나쁘다고 말하는 식의 문제가 아닙니다. 오히려 지금은 우리가 살아가면서 궁리해야 하는 시대이며, 우리가 맞닥뜨린 새로운 문제들은 모더니스트들이 마주했던 그 놀라운 딜레마와 똑같지 않다고 말하는 게 옳습니다. 모더니즘은 매우 위대한 것으로 나는 그것이 당(唐) 왕조 혹은 6세기의 아테네처럼 영광스러운 문화적 순간이라고 생각합니다만, 모더니즘은 사라졌고 이제 다시는 돌아올 수 없습니다.

마친 이데올로기에 대한 당신의 개념은 더 고전적인 입장들, 특히 지엽적이라고 인식된 알뛰세르주의와 관련해서 수정해야 할 점들을 소개하고 있습니다. 이론적 담론의 상태, '인식의 지도 작성'을 추적하는 데 있어서의 인식적 특징, 그리고 사회계급과 연관하여 당신의 개념이 갖는 이점은 어떤 것들입니까?

제임슨 1970년대에 갖가지 이유로 사람들이 이데올로기 개념에 대해 불만을 표출하기 시작하면서 그것을 대신할 수 있을 새로운 개념을 생각해내려고 노력했습니다. 당시에 수많은 제안들이 있었지만 모두 열거할 필요는 없겠습니다. 사실, '실천들'이 하나의 핵심이었고 '담론분석'은 또다른 핵심이었으며 이것들에 대한 정신분석학적 유형의 분석도 있었습니다. 왜 사람들이 이데올로기 개념에 대해 분개하고 지긋지긋해했는지 이제는 분명합니다. 에르네스또 라끌라우(Ernesto Laclau)가 계급의 환원주의적 측면이라고 부르는 그 고전적 개념은 이데올로기 분석이 단지 특정 숫자의 세계관을 강조한 다음에 그것들을 다양한 사회계급과 연결하는 문제일 뿐이라고 생각했기 때문입니다.

이후 세대로서 내가 정치적·철학적 삶을 시작했을 때 출발점이 된 서구 맑스주의자들 및 싸르트르 같은 이들은 이데올로기 개념이 이와 같이 복잡해지는 것에 대해 우려했는데, 그때부터 나는 이데올로기가 정신분석과 연결되어야 한다고 생각했습니다. 이데올로기 문제는 누구나 사회계급에 연결되어 있다는 식의 단순한 추상적인 사고의 문제가 아니며, 이 문제가 계급과 이데올로기 사이의 매우 복잡한 매개와 연관된다는 것이었지요. 이데올로기 분석을 행하는 것은 언제나 어떤 해결책이 아니라 문제를 제기하는 것이었습니다. 이데올로기 분석의 문제가 제기되자마자, 하나의 사고나 문화적 생산물이 사회적 경험, 가족사, 경제, 그밖의 모든 것과 어떻게 연결되는지를 어떤 새로운 방식으로 극화해줄 새로운 모델을 창안해내야 했지요. 분명한 것은 만일 사람들이 이데올로기 분석과 낡은 이데올로기 개념이 단지 일단의 고정불변의 범주들이라고 생각한다면 그건 만족스럽지 않으리라는 점입니다. 하지만 내가 볼 때 가장 생산적인 이데올로기 개념은, 알뛰세르의 경우에서처럼 개인적 주체성의 문제들을 사회와 집단환상이라는 더 큰 문제들과 연관을 지으려고 노력하는 모델입니다.

알뛰세르의 모델이 모든 점에서 만족스럽지는 않은 게 분명합니다만, 내 생각에 그의 모델은 이데올로기 이론의 필요충분조건에 해당하는 일련의 것들을 결합해내려고 노력합니다. 나는 또한 어떤 다른 것을 찾아 이데올로기라는 말을 버린 이론가들은 언제나 종국에는 더 커다란 연관들을 보지 못하고 놓친다는 느낌을 받는데, 이 길로 나간 이론과 분석은 (예컨대 삐에르 부르디외처럼) 상당수는 매우 흥미진진하지만 하나의 모델을 전달해주어야 한다는 그 고전적 개념의 최종 기능에 있어서는 실패했다는 것이 나의 견해입니다.

이렇게 말하고 나니 그밖에 다른 어떤 것도 덧붙여야 하지 않을까 하는 생각이 듭니다. 문화 자체의 성격, 그리고 문화가 사회생활에서 차지하는 위치가 변화했다는 점이 포스트모더니즘에 대한 나의 이론에 함축되어 있습니다. 19세기의 문화는 상대적으로 제한된 영역의 사회생활이었습니다. 오늘날 문화는 사실상 어디에나 존재합니다. 이는 문화적 생산이라는 바로 그 기능이 두 시기에 서로 다를 것이라는 의미입니다. 이 사회에서 추상성, 의견, 추상적 가치 등이 자리한 위치는 19세기의 경우와 비교할 때 근본적으로 다릅니다. 19세기에는 예컨대 프랑스의 제3공화정 같은 새로운 체제들은 여전히 이데올로그들의 정당화를 필요로 했습니다. 그것이 '교수들의 공화정'으로 불렸던 것은 바로 실증주의자, 철학자, 사회학자들이 동원되어 새로운 현세 국가의 이론을 만들어냈다는 점, 즉 그 공화정에 철학적·이데올로기적 가치의 화관을 씌워주며 철학을 이용해 공화국의 정당화를 확고히 해주었다는 점 때문이었습니다.

우리 사회는 더이상 이런 유형의 정당화를 필요로 하지 않습니다. 이런 임무를 달성하기 위해 추상화 작업이 요청되는 일도 더는 없지요. 우

240

리의 철학자들에게 더이상 그런 기능은 없습니다. 이는 추상적 사고의 역할 자체, 즉 추상적 사고가 이 사회에서 갖는 기능이 다르며, 내키는 대로 말해보자면, 매우 축소되었음을 의미합니다. 실증주의에 대해 아도르노가 말한 많은 것들은, 꽤 수정된 의미에서이긴 하지만 여전히 우리 사회에도 적절합니다. 그렇다면 무엇이 우리 사회를 제대로 작동하도록 하는가? 사회를 적법하게 해주는 것은 무엇인가? 내가 볼 때 그 답은 추상적 의미에서의 철학적 정당화 혹은 이데올로기적 정당화가 아닙니다. 그렇다고 해서 그것이 단적으로 우리 사회가 충족시켜주는 물질적인 측면 때문이라고 할 수도 없습니다. 우리 사회는 이 세계, 아니 이 세계 전체는 고사하고 이 사회 하나만 놓고 보더라도 많은 사람들을 충족시켜주지 못하기 때문입니다.

이런 이유로 계속 이데올로기가 되어주어야 할 제3의 것이 있어야 합니다. 비록 어떤 이는 그 제3의 것이 그저 소비 자체라고 주장합니다만, 이는 또다른 유형의 이데올로기적 메커니즘이어야 합니다. 실제로 이 사회를 확고하게 해주는 것은 소비가 하나의 실천이라는 이데올로기적 실상입니다. 우리 사회의 기본적 이데올로기에 대해 달리 말하는 방법들이 있겠습니다만, 분명한 것은 만일 주요한 이데올로기적 메커니즘, 즉 소비로서 정당화하는 기제와 실천으로서의 소비라는 비전을 보면 그 메커니즘이 자유, 평등, 박애라는 부르주아 가치에 대해 이야기하는 것과는 무척 다르리라는 점입니다. 따라서 그 순간의 이데올로기 분석은 실제로 사회적 실천과 공간 자체에서 드러나는 형태의 이데올로기를 수용하기 위해서 재구성되어야 합니다.

이데올로기를 새로이 대체하는 많은 이론들, 혹은 낡은 이데올로기 개념을 대체하려는 시도는 이 문제를 해결함으로써 고전적 이데올로기가 실천, 일상생활, 소비, 이미지들에 적합한 새로운 유형으로 포스트모던하게 변화하는 것을 조명하고자 합니다. 철학의 역할 자체도 수정되어야 합니다. 철학자들이 언급하고 있어서 이런 변화들의 몇몇은 우리도 알고 있는데, 예컨대 이제는 더이상 진리라는 개념은 없다거나 체계는 필요 없다는 등의 언급이 그 변화를 보여줍니다. 오늘날의 철학은, 그것이 취하는 일련의 방식들을 볼 때, 텍스트에 빠져 데까르뜨에서 실존주의에 이르기까지 의심할 바 없이 지속된 그런 유형의 체계를 창출하기를 원치 않습니다. 오늘날의 철학자들은 누구도 체계 창출을 원치 않습니다. 따라서 나는 지금 벌어지는 것을 철학이 아니라 차라리 이론이라고 부르자고 제안합니다. 아니, 이론이라는 말도 마음에 들지 않는데, 왜냐하면 이론이라는 말은 여전히 생각의 방식을 함축하고 있는 반면, 그 생각이라는 게 실제로는 글쓰기 방식의 하나쯤으로 변해버렸기 때문입니다.

이런 이유로 나는 철학을 새로 대신한 이것을 '이론적 담론'이라고 부르고 싶습니다. 이렇게 부르는 이유는 구체화하기 매우 어려운 특정 유형의 글쓰기를 의미하기 위해서입니다. 이 단어는 또한 '진리는 더이상 존재하지 않지만 오류는 존재한다'와 같은 상황을 함축합니다. 따라서 철학자로서 글을 쓸 때에는 더이상 진리를 표현할 수 없고, 실제로 표현이라는 것이 더이상 하나의 범주로 존재하지도 않습니다. 그 대신 단지 오류를 규탄할 수 있을 뿐이지요. 이렇다보니 이론적 담론이 실제로 하는 일은 철학적 입장들을 적극적으로 개진하지는 않은 채 이런저런 형태의 실수나 오류들을 규탄하고 제지하고 해체하려고 마냥 싸움을 벌이는 문장들을 쓰는 것이지요. 이렇게 해봐야 전혀 효과가 없는 것을 보면, 이런 글쓰기가 무척 복잡한 방식인 게 분명합니다. 사람에 따라 어떤 입장이나 체계를 원치 않을 수도 있겠지만 뭐랄까, 결국에는 마치 그 입장이나 체계가 당신 주위를 에워싸고 스스로를 조직해버리는 셈이라고나 할까요. 그러니 체계를 갖추지 않는다는 원칙에 기반을 두고 철학 전체를 구성하면서도 주요 용어들을 통해서는 하나의 체계를 제시하는 철학자들이 생겨나는 식입니다.

오늘날의 구호들은 '반(反)근본주의'와 '반(反)본질주의'입니다. 모든 것이 이렇게 귀결되다보니 사람들은 근본원칙들, 궁극적 전제들을 갖고 싶어하지 않고 체계나 진리를 달가워하지 않습니다. 그렇기 때문에 사람들의 사고는 텍스트화, 즉 글쓰기의 한 과정이 되고 맙니다. 하지만 텍스트는, 입장들의 게임 속으로 응결돼 들어가고 누군가의 이름이 상표처럼 거기에 붙어버린다는 점을 제외하고는 어쩔 도리 없이 하나의 체계가 되지요. 따라서 이것들은 현대 철학, 현대 체계에서 벌어지는 필연적인 실패입니다. 실제로 나는 데리다 자신도 이와 같은 불가능의 비극적 양상을 오래 전에 표출했다고 보는데요. 아직도 이렇게 생각하는지는 모르겠습니다만, 그는 오늘날 우리가 새로운 형태의 사고와 새로운 개념들을 창안해낼 수 없는 것은 우리가 개념형성 작업이 와해된 체제 내에 갇힌 채 전통적인 개념들에 둘러싸여 있기 때문이라고 말한 바 있지요. 하지만 어쨌거나 그 개념들이 우리가 가진 전부이고, 우리는 아직 새로운 말들, 새로운 언어를 만들 수 없습니다. 우리가 해야 하는 것은 전체 체계 자체가 변화될 때까지 '지워져가고 있는' 그 개념들을 계속 쓰는 일이지요. 그러면 그 변화의 순간에 신선한 개념형성적 언어들, 새로운 형태의 철학적 진리, 창조성이 다시 가능해지겠지요.

내가 볼 때, 이런 생각은 맑스주의와 일치합니다. 즉 특정 생산양식 내의 지배적인 사상은 지배계급의 헤게모니적 관점이며 체제에 변화가 일어날 때에만 마침내 새로운 것들이 일어나 열매를 맺는다는 것이지요. 지금, 이 새로운 단계의 자본주의가 많은 사람들에게 완전히 새로운 체제로 보인다는 점이 애매한 겁니다. 그래서 많은 이들은 포스트모더니즘이 새로운 방식의, 새로운 사상의 가능성을 준다고 생각합니다만, 과연 그런지가 내가 토론할 내용입니다. 어쨌거나 내가 볼 때는 바로 그 대목이 포스트모던 철학에 대한, 그리고 이전에 탈/후기구조주의로 불렸고 지금 내가 이론적 담론이라고 부르는 포스트모던 철학에 대한 논쟁이 촉발된 지점입니다. 바로 그런 의미에서 이론이란 다른 유형의 문화현상들 못지않게 포스트모더니즘의 한 문화적 표현입니다.

후기/탈구조주의의 어떤 요소들은 논쟁의 여지가 있으나 심오하고, 부정적이나 도움이 되고, 국지적이고 제한된 방식으로나마 정치적인데, 자기 자신의 국지적 정치를 강조한 푸꼬의 경우가 그러하듯, 해체는 그런 방식으로 많은 곳에서 작동할 수 있습니다. 그리고 오늘날 일련의 이론적 담론들이 속속들이 정치적 목적과 강조를 띠고 있다는 것 또한 분명합니다. 하지만 체제변혁을 완전하게 예견할 수 있는 담론들은 극히 드물다고 생각합니다. 내가 생각하는 정치는 체제변혁 문제를 포함하는 정도에까지 이르는 것인데, 그 점에서 나는 현대의 이론철학들이 정치적으로 더이상 생산적이지 않으며, 이렇듯 누구도 더이상 체제변화가 가능하다고 보지 않는 것 같은 시대에 과연 체제변화가 어떻게 구상 가능할 것인가에 대해 생각하는 것이 지식인으로서의 임무라고 볼 수밖에 없지요. 나는 철학과 이론에는 체제변화 구상이 국지적 형태의 저항이라는 임무보다도 더 높은 수준의 임무라고 생각합니다.

다른 한편, 분명 저항 또한 지속되어야 합니다. 이것이 철학과 지역정치 둘 다와 관련해 내가 여기서 강조하려고 했던 점입니다. 또 모든 형태의 투쟁과 지역적 저항을 포기하자고 말하는 사람은 아무도 없습니다. 하지만 그런 저항세력은 사람들이 니체적 영원 회귀, 즉 결코 어느 곳에도 이르지 못하는 영원한 투쟁에 맞닥뜨리면 와해되는 경향이 있습니다. 이런 투쟁들이 이상적으로 어떤 전체적 변화의 비전을 투사하는 듯 보이는 일도 종종 있기는 하지만, 그 비전은 그 투쟁에 경험론적으로 존재하는 것이 아니라 그 투쟁의 내용과 어떤 알레고리적인 관계를 지닐 뿐입니다. 이런 일이 북미대륙의 몇몇 정치적 시도들에서 일어난 것을 보고 깊은 인상을 받은 바 있습니다. 예컨대 고(故) 마이클 해링턴(Edward Michael Harrington)[2]은 지칠 줄 모르고 전국을 순회하면서 일년에 적어도 2백회의 연설을 통해 사회주의와 체제변화의 필연성을 역설했지요. 이처럼 진정한 정치는 경험적·체계적인 두 차원 모두에서의 활동을 수반해야 합니다.

나는 사람들이 전반적인 차원에서는 체제가 바뀔 수 없기 때문에 마음에 안 드는 부분들만 수정하려고 시도할 수 있을 뿐이라는 생각에 굴복하는 것이야말로 진정으로 정치적이지 못한 생각이라고 믿습니다.

사회계급의 문제, 인식의 지도 작성에 관한 문제는, 세상이 너무나 복잡하고 사회권력의 모세혈관들은 너무나 미세해서 사람들이 이 총체성 안에서 계급주체로서 스스로의 방향을 찾는 것이 매우 어려워진 상황에 놓여 있다는 겁니다. 나는 계급 자체가 저절로 사라진다고 한순간도 생각해보지 않았습니다. 지금이 여전히 자본주의이지 탈산업사회가 아니라는 증거가 필요하다면, 다국적기업들과 여타 모든 사업이 여전히 이윤과 수익성을 목표로 하고 있다는 점을 보면 됩니다. 새롭고 다른 수단과 목적을 지닌 새로운 형태의 조직은 출현하지 않았습니다. 그뿐 아닙니다. 미국의 생산량이 얼마나 줄어들었는지는 내게 전혀 중요하지 않습니다. 물건들은 그밖의 다른 곳에서 계속 생산되고 또 생산자들에 의해 생산되기 때문에, 만일 '즉자적(即自的) 계급'과 '대자적(對自的)

---

2 에드워드 마이클 해링턴(Edward Michael Harrington, 1928~89)은 미국의 민주사회주의자로 미국 최대의 사회주의조직이라고 할 수 있는 '미국 민주사회주의자들'(Democratic Socialists of America)의 창립 멤버였다──옮긴이.

계급' 사이의 그 유명한 구분을 항상 기억하고 있다면, 이항대립의 계급체계가 있을 수밖에 없다고 봐야지요. 이런 유형의 사회에서는 즉자적 계급들, 계급적 입장들이 여전히 존재한다는 점만은 분명해 보입니다.

다른 한편, 이런 계급적 입장들을 지닌 사람들이 반드시 계급이란 관점에서 자기 자신을 의식하는 것은 아니어서 '즉자적 계급' 내에는 고전적인 노동조합과 고전적 형태의 산업생산에 수반된 위기가 분명 있었습니다. 맑스가 프롤레타리아화에 대해 말할 때 그가 의미한 것은 봉급이 지급되는 노동이었지요. 그리고 이것이 전지구적으로 벌어지는 것이며 세계화에 함축된 경향입니다. 그러나 새로운 전지구적 노동분업 및 새로운 전지구적 상황에 상응하는 형태의 계급의식들은 너무 새롭기 때문에 아직 출현하지 않았습니다. 이런 이유로, 계급의식의 한 형태로서 인식의 지도 작성이 하려는 바는 이중적입니다. 그것은 문화적일뿐만 아니라 인식론적이며 유토피아적일뿐만 아니라 비판적인 것이지요.

인식론적으로 우선 강조해야 할 것은 이 거대한 전지구적 현실에서 우리의 계급적 입장을 바라볼 때 겪는 갖가지 어려움들입니다. 또한 우리 주위의 모든 다른 사회적 주체들에게 그런 의식의 어려움을 실증해야 합니다. 이런 개념에 기반을 둔 사회학이 탐구하고자 하는 것은 다음과 같다고 생각합니다. 다양한 사회적 주체들이 어떻게 자신의 세계들을 상상하고 추적하는지, 그들이 빠뜨린 것은 무엇이고 볼 수 없는 것은 또 무엇인지를 파악하는 것 말입니다. 예컨대, 사람들이 노동계급이 사라졌고 오늘날에는 오직 중산층만 있다고 믿는다면 이런 양상은 어떤 형태의 지도에 조응하는 것일까요? 그리고 그런 한계를 부과한 원인들은 무엇일까요? 그래서 냉전이 끝난 듯한 상황에서, 혹은 적어도 사람들이 혁명운동은 이제 끝났기 때문에 다른 방식으로 세계에 대한 전망

246

을 조정해야 한다고 상상하는 상황에서 우리가 우리 자신에게는 완벽하지 않은 세계상을 사실상 계속 그리고 있는 이유와 관련해 경험적인 조사를 수행해봐야 합니다.

다른 한편 이 모든 주체들이 계속 계급주체로 존재한다는 것이 사실이라면, 민족주의와 신민족주의 들, 혹은 갖가지 인민주의와 종교적 근본주의의 형태를 취할 수 있을 비계급적 비전에 초점을 둘지 모를 모든 이미지 뒤에는 여전히 즉자적 계급이 존재한다는 것도 사실입니다. 그렇기 때문에 어쩌면 그와 같은 다른 형태의 의식 내에서 계급의식의 가능성을 감지해내는 것이 가능할 수도 있습니다. 그런 계급의식은 따라서 세상에 대한 다른 지도들에서 유토피아적 요소가 될 수 있을지 모릅니다. 그리고 지식인들에게는, 세계의 어떤 이미지가 우리 문화와 우리의 사회적 비전에 반영되었는지만을 보려 하는 대신 어느 면에서는 그 이미지들에 어떤 다른 가능성과 급진적 대안들이 무의식적으로 담겨 있을지를 찾아내려 노력하는 과정에 무언가 적극적이고 정치적인 것이 있는 것 같습니다.

여기서 우리는 다른 질문, 즉 만일 포스트모더니즘이 다국적 미디어 체제와 완전히 공모관계에 있다면 그것이 과연 정치적일 수 있는가 하는 문제로 다시 돌아갑니다. 오늘날의 예술과 관련된 건강한 요소 중 하나는, 예컨대 모더니즘에는 혐오의 대상이던 것인바, 예술의 어떤 새로운 교훈적 요소들을 사람들이 다시금 조금 더 기꺼이 용인하고 있는 것이 아닌가 싶습니다. 그래서 나는 포스트모던 예술이 세상의 구조에 대해 사람들에게 가르침을 줄 수 있을 방법들을 궁리하는 것이 불가능하지는 않다고 생각합니다. 예컨대 한스 하케(Hans Haacke)[3]는 오늘날 예

---

3 한스 하케(Hans Haacke, 1936~)는 독일계 미국 예술가로서 사회정치적 구조 및 예

술의 동종요법에 대해 말하면서 이 예술이 이미지들의 문화인데, 우리가 이미지들에 질렸다면 그 독소를 신중하게 흡수하는 어떤 동종요법적 전략 또한 하나의 미학으로서 동시에 존재하게 마련이라고 제안합니다.

따라서 그가 하려는 바는 예컨대 박물관을 활용해 그 안에서 전시하는 동시에 박물관 안팎을 뒤집어 박물관 자체가 예술작품의 일부가 되게 하는 것입니다. 그렇게 해서 구겐하임(Guggenheim)이 그에게 예술작품을 의뢰하면, 그 결과로 나온 작업 안에는 구겐하임의 소유자들과 기부자들의 목록은 물론 그 사람들이 개인적이고 제도적으로 연루되면서 책임을 지게 된 어떤 것, 예를 들어 베트남전 같은 것도 포함됩니다. 그러면 하나의 제도적 기관의 구조에 속한 예술작품이던 이 작은 지점은 어느 틈에 그 기관을 삼키고 오늘날의 세계에서 그 다국적 기관 전체에 대한 하나의 교훈으로 활용될 수 있게 됩니다. 따라서 나는 정치적 예술이 어느 면에서는 교훈적일 수 있을 완전히 새로운 범위의 가능성이 있다고 믿습니다. 그리고 이 가능성은 더 심오한 방식으로 포스트모던의 공간성과 연관됩니다.

우리는 또한 이미지의 공간성, 텔레비전의 공간성이라는 의미에서 공간에 존재하며 이 공간성에는 음악도 포함된다고 말할 수 있겠습니다. 사람들은 포스트모던에서는 록음악이 매우 중요하다고 생각할 법하고 나도 이 점에 동의하지만, 내가 말하려는 것은 포스트모던의 음악이 공간적 음악이라는 것입니다. 즉 음악은 귀 내부의 감각기관을 통해 전달되거나 클럽에 설치되어 최대의 효과를 내도록 조명으로 연출되는가 하면 음악채널 엠티비에 방송될 때 비디오의 내러티브 공간에 의

술의 정치성에 많은 관심을 두고 있다—옮긴이.

248

해 포착됩니다. 이렇게 음악조차도 공간의 보호막 아래를 지나는 것으로 보입니다. 이 모든 경우에 언어와 언어예술은 희생되며 전통적 철학도 그렇습니다. 언어는 표준화된 수단의 체계를 통한 객관적 조작의 주요 도구가 되는 운명을 겪었습니다. 따라서 언어예술과 언어예술이 할 수 있는 것은 훨씬 덜 중요해졌습니다. 문화적 시야를 좁혀 보자면 공간이 중요하다는 의미입니다. 이제 인식의 지도 작성 개념이 우연이 아니었다는 점이 분명해집니다. 더 넓은 정치적 시각에서 보자면, 지금은 전 지구적 공간이라는 사실이 제국주의 시대와는 다른 방식으로 결정적이기 때문입니다. 영국에는 쑤에즈 운하를 소유해 인도와 연결되는 것이 언제나 핵심적이고 전략적으로 중요했습니다. 반면, 그와 같은 예전의 시각에서는 세상의 다른 지역들은 그렇게 중요하지 않았습니다. 그러나 다국적 체계로부터 새롭고 동시적인 지리정치학이 태어나고 있으며, 이 지리정치학은 포스트모던 체계와 부합하고 문화와 정치이론 둘 모두의 의제를 확정해주고 있습니다. 따라서 오늘날의 최상의 지리학자 중의 한 사람인 데이비드 하비가 포스트모던 현상이 자신의 주제임을 이해하고 포스트모더니즘에 대해 중요한 책 중 하나를 쓰게 된 것도 우연이 아닙니다. 다시 말해, 포스트모더니즘은 이전의 생산양식과는 분명 다른 방식으로 심오하게 지리적입니다.

마친 페리 앤더슨은 서구 맑스주의 모델의 특징을 설명하면서 언제나 미적인 것이 사회이론을 만들어내는 실험실이었다고 주장합니다. 이 점과 관련된, 그리고 미학과 정치 사이의 관계에 대한 당신의 의견은 무엇인지요?

제임슨 앤더슨의 논평은 시의적절한 것이라고 생각합니다. 실제 상황이 그랬던 것으로 보이니까요. 맑스, 그리고 변증법 자체도 상당 부분은 실러 미학의 산물로 볼 수 있지 않나 싶고, 이 점을 정말 확인해줄 이가 루카치이지요. 루카치 자신이 계승하고 있으며 또 그 이후 벤야민을 포함하는 특정 맑스주의 전통을 보면 이것이 사실입니다. 또다른 점에서는 싸르트르가 그렇고 아도르노 역시 그러하며, 다른 경우들도 마찬가지입니다. 하지만 일단 고전미학이 사라지자 앤더슨의 논평은 더이상 그렇게 딱 들어맞지는 않는 듯합니다. 그렇기는 해도 여전히 분명한 것은 미학이 없으면 연구를 통해 무엇인가를 들고 나타날 종류의 실험실이 없으리라는 점이지요. 따라서 앤더슨의 논평이 지닌 역사적 적절성을 고전미학의 시기로 제한하되, 이제 더 새로운 실험실은 어떤 것이 될지 묻고 싶기도 합니다.

쎄라 대니어스 · 스테판 욘슨과의 인터뷰˙

대니어스 자끄 데리다가 두어 주 전에 듀크대에서 강연할 때 자신의 최근작『맑스의 유령들』(*Spectres de Marx*, 1993)을 단편적으로 소개했는데, 이 책은 다른 무엇보다도 맑스주의의 옹호이자 맑스 저작의 비판적 다시 읽기로 보입니다.[1] 그는 "맑스주의가 없어서도 안 되지만 충분치도 않다"고 말했지요. 거기에 동의하시는지요?

제임슨 그런 발언에 대한 지지를 꺼릴 이유가 없지요. 우리가 새로운 시기에 들어섰기 때문에 지금까지 존재해온 맑스주의는 충분하지 않아서 그 상당 부분은 새로운 현실에 적합하도록 수정되어야 한다는 게 그가 의미한 바라고 생각합니다. 아시다시피 나는 맑스주의가 하나의 문제틀이라고 생각하기 때문에 사람들이 때때로 맑스주의를 하나의

• 이 인터뷰는 1993년 10월 듀크대학에서 녹음되었다. 스웨덴어판으로 *Res Publica* 24 (1993)에 실렸으며 이전에 영어로 출판된 적은 없다.

1 이 저서에 대한 확장된 코멘트는 Fredric Jameson, "Marx's Purloined Letter," *New Left Review* 209 (1995) 86~120면 참조.

이데올로기로 보면서 거기에 갖다붙인 다양한 해결책들이 반드시 구속력이 있다고 보지 않습니다. 맑스주의의 핵심은 특정한 문제틀을 인정하고 인식하거나 그에 몰두하는 데에 있으며, 그 문제틀은 모순, 상품화 등의 개념을 포함하고 있습니다. 나는 데리다의 발언을 우리가 후기자본주의에 대처하는 데 있어서 그 어느 때보다도 더 맑스주의의 문제틀을 필요로 하지만 몇몇 문제들에 대해서는 새로운 해결책을 창출해야 한다는 제안으로 고쳐쓰고 싶습니다.

하지만 새로운 해결책에 있어서의 문제는, 언어를 변경할 경우 종종 문제 자체를 잃어버린다는 점입니다. 이런 일이 맑스주의의 역사에서도 여러차례 일어났습니다. 예컨대 그람시가 검열의 위협, 즉 감옥 당국이 자신의 원고를 읽고 있을 거라는 우려 때문에 맑스주의의 문제에 대해 일련의 체계적인 완곡어법을 구사했을 때가 그중 하나입니다. 맑스주의를 '실천철학'으로 부르고 이데올로기를 '헤게모니'로 부르는 식이었죠. 그랬다가 전쟁이 끝난 후에 그람시주의가 발전하자 여기서는 갑자기 '헤게모니'가 예전의 맑스주의적 주제들을 대신하면서 그 자체가 하나의 이론으로 출범합니다. 따라서 그람시의 손에 있을 때는 여전히 유지되던 이전 문제들과의 연관들 중 어떤 것들은 잃어버리고 말았다고 생각합니다. 또 하나의 예로 1960년대에 '이데올로기' 개념을 '실천' 개념과 같은 것들로 대체하려 한 체계적인 시도를 들 수 있습니다. 그러나 그 경우에도 역시 애초에 이데올로기라는 말을 만들어내면서 해결하려고 한 문제틀을 일단 잃어버리고 나면, 그래서 그 대신 '실천이론'을 끌어안고 나면, 그때까지 '이데올로기 이론'이 여전히 살려놓고 있던 어떤 기본적인 질문들을 갑자기 되새기지 않게 됩니다. 어느 정도까지 혁신할 수 있는가는 매우 까다로운 문제입니다. 그래서 나는 내가 코드변환이라고 부르는 것의 개념들로 되돌아왔지요. 우리는 이런 것들을 이리저리 오가면서 계속 번역해야 합니다. 새로운 언어를 만들어내고 나서도 늘 그것을 다시 예전의 언어로 번역해야 한다는 거지요. 지금 우리가 어디까지 왔는지, 새로운 개념이 인식과 주안점에 있어서 무슨 차이를 가져다주는지, 그 새로운 개념이 예전의 문제들과 여전히 접점을 유지하는 것은 어느 선까지인지 등을 알기 위해서 말이지요. 하지만 새로운 언어를 만들어낸다고 할 때 사실 그것은 새로운 종교를 만드는 것과 같은데요. 과연 어느 지점에서 그 새로운 종교가 구 종교와의 연관을 끊고 자신의 독립을 선언하는 것일까? 그것이 맑스주의와 맑스주의에서 파생된 것들 사이의 문제입니다. 내가 데리다의 말을 제대로 들었다면 그가 말하고 있는 바는 우리가 구 '종교'와의 연관을 유지하면서도 현대, 아니 더 정확히 말하자면 탈현대의 시대를 위해 그 '종교'의 새로운 유형을 창안해내야 한다는 것이겠지요.

대니어스 전에 당신은 데리다의 이야기를 하나의 진술, 강력하고 용감한 진술로 인식하노라고 얘기했었는데요.

제임슨 1960년대 프랑스에서는 지식인의 95퍼센트가 맑스주의자였다는 점을 기억해야 합니다. 오늘날에는 이를테면 89퍼센트가 반맑스주의자이지요. 프랑스 현장에서 데리다의 기획은, 머지않아 출간될 들뢰즈의 『맑스의 위대함』(*Grandeur de Marx*)[2]처럼, 매우 도발적입니다. 이 저작들은 프랑스 지식인들 중 완전히 새로운 반맑스주의적·신자유주의적 정통파에게는 매우 근본적인 도전입니다. 어떤 반응을 불러올지 보는 것은 매우 흥미로울 겁니다. 데리다 자신은 그에 대해 오히려 낙관적인 듯했어요. 그는 자신이 아는 많은 이들이 불만족스러워하고 있음을 느끼는 것으로 보였지요. 프랑스의 미디어와 지식인계층의 상

---

2 아쉽게도 들뢰즈는 이 저서를 완성하지 못했다.

당수는 이런저런 종류의 반공산주의, 반사회주의, 반맑스주의 입장들에 몰두하고 있는데 이들에게 데리다 같은 진술이 불만족스러운 게 당연하지요. 물론 이게 꼭 그렇게 중요한 사항은 아닙니다. 어차피 똑같은 종류의 맑스주의는 없었고, 따라서 지식인들 쪽에 의무적으로 지워지는 똑같은 종류의 맑스주의라는 것도 없었으니까요.

대니어스 그와 동시에 데리다와 탈구조주의가 완전히 비정치적이라고 보는 상투적인 견해도 있습니다.

제임슨 그렇지요. 하지만 나는 그 말이 맞는다고는 전혀 생각하지 않았어요. 사람들은 데리다가 알뛰세르를 거쳐 프랑스 맑스주의 및 공산주의와 연계를 맺고 있었고, 이 연계가 다른 많은 탈구조주의자들의 경우보다 훨씬 더 긴밀했다는 것을 알고 있었지요. 예컨대 『입장들』(*Positions*, 1972)에 실린 초기의 몇몇 인터뷰들을 보면, 데리다가 탈구조주의에 부여한 전체적인 정치적 맥락과 정치적 전제들이 자세히 나옵니다. 근본적으로 맑스주의적이고 정치적인 맥락에 있던 그의 저작을 빼내 바다 건너 근본적으로 비맑스주의적이고 비정치적인 맥락으로 수출하는 과정에서, 데리다가 그 자신이 체계적으로 정리하고 표현할 때 수없이 당연한 것으로 여긴 것들이 그냥 증발해버렸습니다.

하지만 이런 상황에도 뭐랄까, 전지구적 지도 그리기, 그리고 국가적 상황의 차이가 연루되어 있습니다. 독일, 특히 새로운 독일에서 누가 『맑스의 유령들』에 동감하며 나올지 보는 일은 흥미로울 겁니다. 하버마스 같은 이가 그러리라는 것이 전혀 턱없어 보이지는 않아요. 하버마스는 전지구적 자본주의로 전환해가는 과정에서 잃는 게 무엇인지 매우 예리하게 인식하고 있습니다. 예단은 아닙니다만, 독일식 형태가 출현하리라는 것은 분명합니다.

대니어스 맑스주의 전통의 문화·문학비평에 대한 당신 자신의 더 체계적인 관심은『맑스주의와 형식』에서 전면에 등장합니다. 당신의 지적인 여정을 돌아볼 때『맑스주의와 형식』을 쓰게 된 계기는 무엇인지요?

제임슨 아이젠하워 시기, 그리고 매카시즘의 시절에 나는 학생이었습니다. 당시에는 심지어 자유주의자들이 맑스주의에 대해 갖고 있던 이미지도 조야하고 상대적으로 비철학적이었습니다. 어떤 종류건 간에 맑스적 문학비평 혹은 문화비평에 대해 대부분의 사람들이 가진 이미지는 매우 경직된 풍자만화였지요. 내가 사고하는 데 도움을 받은 것은 당시의 프랑스 사상, 예컨대 싸르트르의 맑스주의적 요소들로부터였습니다. 아마 내가 대학에 다니던 때 출판되었을 롤랑 바르뜨(Roland Barthes)의『0도의 글쓰기』(*Le degré zéro de l'écriture*, 1953) 역시 내게는 매우 중요했습니다. 따라서 나는 대부분의 미국인들이 이해하고 있다고 생각했던 것과는 다른 방식으로 맑스주의와 맑스주의적 문학비평의 가능성들을 이해했지요. 앞서 말했듯이 당시 프랑스 지식인계층은 근본적으로 맑스주의적인 지향을 지니고 있었습니다. 실제로 맑스주의적 비평 중 내게 처음으로 영향을 미친 것, 혹은 첫번째 본보기는 싸르트르가 아니라 빠스깔(Blaise Pascal)에 대한 앙리 르페브르의 저서[3]였지요. 나중에 르페브르와 교유하게 된 후로도 그 책은 늘 흥미롭고 적절하게 여겨졌습니다.

나는 또한 독일에서도 공부했습니다. 그때가 1950년대 후반이었는데 당시 서독은 당연히 맑스주의적인 어떤 지적 운동으로부터도 아주 멀리 떨어져 있었습니다. 하지만 독일에는 맑스주의와 관련된 두개의 기념비가 있었습니다. 하나는 프랑크푸르트학파로, 이제 막 서독으로 돌

---

3 Henri Lefebvre, *Pascal* (Paris: Éditions Nagel 1949)을 말한다──옮긴이.

아온 상황이었습니다. 다른 하나는 루카치인데, 그의 저작들이 동독에서 출판되었지요. 그래서 나는 독일에는 앞서 말한 풍자만화와는 무척 다른 일련의 맑스주의적 비평이 있음을 알았습니다.

『맑스주의와 형식』의 전체적인 야심은 몇몇 그런 전통을 영어로 접하도록 하여 사람들이 문화적 차원에서 맑스주의가 어떤 것인지에 대해 상투적이고 풍자화된 생각을 덜 갖도록 하겠다는 것이었습니다. 특히 20세기 맑스주의의 위대하고 흥미로운 발전이 문화와 이데올로기론 등의 상부구조의 영역에서 일어났음을 우리 모두가 근년에 깨달은 상황이기도 했지요. 우리가 실제로 이를 성취했는지는 모르겠습니다. 솔직히 오늘날에도 어떤 이들은 아직도 그와 똑같은 풍자적이고 어리석은 개념들을 갖고 있으니까요. 그러나 적어도 그것이 그 책의 초점이었기 때문에『맑스주의와 형식』은 프랑스적인, 그러니까 싸르트르적 요소들과 독일적 요소들에 걸쳐 있었지요. 당시 나의 다른 책인『언어의 감옥』(*The Prison-House of Language*, 1972)은 원래『맑스주의와 형식』의 부분으로 구상되었던 것입니다. 거기서 알뛰세르를 비롯해 더 최근의 프랑스 구조주의 사상을 다뤘는데 역시 맑스주의와 연관이 있습니다. 예컨대 레비-스트로스는 자신의 자서전인『슬픈 열대』(*Tristes Tropiques*, 1955)의 서두에서 맑스주의에 대한 신념을 공표했지요. 하지만 나는 구조주의 사상 부분을 따로 떼어냈고, 그래서『맑스주의와 형식』의 프랑스적 측면은 약간 잘려나간 듯 보일지도 모르겠습니다.

대니어스 싸르트르에 대한 당신의 연구와『맑스주의와 형식』사이에는 10년간의 거리가 있습니다.『싸르트르: 스타일의 기원』(*Sartre: Origins of a Style*, 1961)에서는 역사적 유물론적 관심이 정말로 개진되지는 않았습니다. 이 시기 동안 당신의 지적 지향에 완만한 변화가 있었는지요?

제임슨 아니요, 그랬다고는 전혀 생각하지 않습니다. 사고는 늘 그런 방향으로 하고 있었다고 생각해요. 하지만 스타일에 초점을 맞춘 논문인 싸르트르 연구의 틀을 고안해낸 것은 싸르트르의 저작에서 그전에는 사람들이 주목하지 않던 형식적인 양상들을 탐구하기 위해서였습니다. 대체로 그는 오히려 유행을 좇거나 구호지향적인 철학자로 여겨졌지요. 내가 정말로 싸르트르 자신에 대해 맑스주의적인 분석을 한 일은 없습니다. 여러 순간에 그런 시늉을 하기는 했지요. 문학에 대한 사회학적이거나 역사적인 유물론적 접근과 비교하면 철학의 사회학적 분석은 매우 기초적인 것이라고 생각합니다. 좋은 예를 꼽자면 아주 극소수에 불과할 뿐이지요. 하이데거에 대한 부르디외의 책이 하나의 예이고 철학에 대한 싸르트르 자신의 분석도 물론 그런 예입니다. 하지만 그 당시 나는 그렇게 할 준비가 되어 있지 않았어요. 그래서 싸르트르에 대한 그 책은 이후에 내가 펴낸 책들과 비교할 때 상대적으로 사회학적 근거가 충분하지 않아 보일 겁니다. 그렇지만 그 책을 쓰고 있을 때 이미 프랑크푸르트학파를 읽기 시작한 상황이었으니, 내 입장에 어떤 근본적인 변화가 있었다고는 생각지 않습니다. 물론 나중에 그 입장들이 복잡해지고 더 광범위한 이론적 참고자료들을 획득해간 것은 분명하지만 말입니다. 이렇게 보면 변하는 것은 사람만이 아니지요. 내가 『싸르트르: 스타일의 기원』을 끝낸 것이 1959년이고 『맑스주의와 형식』을 끝낸 것이 1969년인데, 그 사이에 역사 자체가 변하기도 했거든요.

욘슨 그런 다음 당신은 윈덤 루이스에 대한 책 『침략의 우화들』을 출간하고 그후 『정치적 무의식』을 내는데, 이 책은 매우 이론적인 저서입니다. 이 책의 중심범주의 하나인 '정치적 무의식'은 역사적이고 사회적인 모순의 상징적 해결을 만들어내는 미학적 혹은 인식적 작용을 가리킵니다. 그와 동시에 이것은 여전히 정의되지 않은 채 유동하는 범주, 혹은 개념, 착상, 단어입니다. 그후의 작업에서 '정치적 무의식' 개념은 어떻게 되었는지요? 그것은 철학적인 개념, 아니면 은유 같은 것이었나요?

제임슨 혹자는 『정치적 무의식』이 이론적인 책이 아니라 방법론적인 책이라고 주장할지도 모르겠습니다. 그 책은 해석에 관한 책이고 일종의 심층해석, 혹은 해석학을 옹호하고 보여주려는 시도입니다. 나는 한편에는 개인적인 무의식이 있고 다른 한편에는 집단적 혹은 정치적 무의식이 있다는 어떤 존재론적 생각을 지지하지는 않습니다. 우리가 프로이트의 무의식 개념에서 이끌어내온 것은 그가 『꿈의 해석』(*Die Traumdeutung*, 1900)에서 펼친 바 아주 기본적인 형태의 해석, 곧 징후의 해석입니다. 내게는 프로이트적 징후의 해석이 늘 해석과정의 근본적인 모델이었고 그 해석은 내게 커다란 영향을 미친 것 중 하나입니다. 이 모델이 풍부해지고 수정되는 것이 레비-스트로스의 구조주의적 해석에 의해서인데, 이 해석의 어떤 대목에서는 의문이 더 들기는 하지만, 언제 보아도 흥미롭지요. 무의식에 대한 프로이트의 슬로건을 채택할 때는 문학적이거나 서사적인 텍스트에 대한 이데올로기적 분석과 프로이트의 꿈의 분석 사이의 관계를 암시하는 몸짓을 먼저 하게 되는데, 그 까닭은 내가 그 연관을 놓치고 싶지 않아서입니다. 지금 내가 그 관계를 더이상 많이 암시하지 않는 데에는 여러 이유가 있을 수 있다고 생각합니다. 생각할 만큼 생각해 『정치적 무의식』을 썼을 때만 하더라도 우리 중 누구에게도 우리가 지금 포스트모더니즘이라고 부르는 것에 대해 아주 분명한 생각은 없었습니다. 당시 우리는 이미 발생한 뒤 단지 점차적으로만 드러나고 있던 그 문화적 단절의 규모를 정말로 의식하지 못했었지요.

『정치적 무의식』은 특히 모더니즘이나 리얼리즘 텍스트를 염두에 두고 씌어졌습니다. 포스트모던의 영역에서는 해석학 혹은 해석이라는 개념과 함께 무의식 개념은 명예가 실추되었습니다. 아니, 명예 실추 정도가 아니라 훨씬 더 심하게 표현할 수도 있을 겁니다. 푸꼬는 『성의 역사』(*Histoire de la sexualité*, 1976) 첫권에서 해석학 개념을 매우 강력하게 비판합니다. 그의 태도는 포스트모던한 많은 지식인 입장의 특징인데, 어찌 됐든 해석학은 지적 정당성이 없고 그런 존재론적 의미에서의 무의식은 없다는 등의 입장인 거지요. 지금 나는 그 포스트모던 지식인들의 입장을 심각하게 생각하면서도 하나의 지적인 징후로 받아들입니다. 다시 말해, 만일 모든 이들이 그렇게 생각한다면 그 생각은 어떤 징후적 중요성을 띠는 것으로 보인다는 것입니다. 나는 그들의 입장을 다음과 같은 의미로 받아들입니다. 즉 포스트모던 텍스트들은 이전의 텍스트들과 똑같은 방식으로 작동하지 않으며 똑같은 방식으로 해석되지는 않는다고 말이지요. 이것은 또한 포스트모더니즘의 근간을 이루는 예술형태로 보자면 문학이 상대적으로 퇴조한 것과 상당한 관계가 있다고 생각합니다. 해석과 관련된 나의 제안들은 근본적으로 문학작품, 그리고 문학작품이 요구하는 종류의 해석과 관계되지만, 내가 여전히 주장하고 싶은 것은 내가 제안하는 방법이 여전히 절대적으로 타당하다는 점입니다. 알뛰세르주의자들이 좋아하는 종류의 신조어를 쓰자면, 그것은 근본적으로 **징후적** 방법입니다. 내 방법은 문학을 그 내용에 있어서만이 아니라 형식 자체에 있어서도 징후로 보고자 합니다. 또 다양한, 근본적으로 모더니스트적인 혁신들의 형식적 구조들 하나하나를 사회라는 원료의 변화상으로 다시 이끌어 데려다줄 수 있는 하나하나의 기호와 징후로 읽고자 합니다. 따라서 어느 면에서는 1970년대에 널리 통용된 문학생산이론들과 밀접하게 연결되지만 원료 문제를 더 끌어들이는 측면도 있는데, 이런 측면과 관련해서는 (마셔레Pierre

Macherey의 경우 외에는) 문학생산이론 중 그 어느 것도 정말은 한 게 없다고 생각합니다. 나는 오늘날 문학 텍스트들이 해석행위에 똑같은 방식으로 자신을 열지 않는다 해도 대중문화 텍스트들은 그럴 가능성이 있어 보인다고 계속 생각하면서『정치적 무의식』에서 문학분석을 할 때와 다름없는 마음으로 대중문화 텍스트들을 수없이 해석한 바 있습니다. 내가 이런 용어와 사상에서 멀어졌다고 왜 당신이 생각할 법한지 압니다만, 그건 오히려 그때 이후 발생한 문화적 상황의 차이들에 맞춰 내가 그 용어와 사상을 재조정한 것이라고 해야겠지요.

욘슨 그렇다면 문화예술품이 어떤 정치적 무의식을 갖는 것은 특정한 역사적 계기에서만 그런 것인지요?

제임슨 확실히 그렇습니다. 예컨대 전 자본주의 사회에서 정형화된 텍스트, 그리고 매우 고정된 형식과 장르로 이뤄진 텍스트는 분명 똑같은 방식으로는 전혀 해석이 불가능합니다.

대니어스 '인식의 지도 작성'을 구상하고 그것을 필요로 한다는 것과 포스트모던 시기의 텍스트들이 '정치적 무의식'을 지닌 것 같지 않은 상황 사이에는 어떤 연관이 있나요?

제임슨 '인식의 지도 작성' 프로그램은 문화정치학, 그리고 예술가들이 하는 일이라고 사람들이 말할 법한 일과 더 관계가 있습니다. 그것은 더 적극적인 문화-정치적 구상입니다. '정치적 무의식'이라는 개념은 더 해석적이고 반추하는 성격이 짙어서 텍스트를 미래로 투사하기보다는 과거의 텍스트들을 분석하는 일과 더 관계가 있습니다.

욘슨 그러나 두 개념 모두 루카치적 의미에서 총체성을 생각하려는 노력에 관한 것이겠지요?

제임슨 우선 '인식의 지도 작성'과 '정치적 무의식'은 둘 다 인식론적인 구상입니다. 정치적 무의식이 함축하는 것은 사회에 대한 특정한

260

지식이 문학 텍스트와 그 형식 안에 약호화되어 있다는 점입니다. 내가 제안하는 분석은 그 지식을 얼마간 되찾을 수 있도록 하기 위해 고안한 것입니다. 인식의 지도 작성 개념은 예술 자체가 하나의 앎의 양식, 총체성에 대한 앎의 양식으로 기능하는 방식을 한층 더 강하게 주장합니다. 두개의 구상이 루카치적 의미에서 총체성을 생각하려 하는 것은 분명하지만 방법은 다르지요. 자본주의가 제국주의 시기 혹은 그 이전과는 달리 진정으로 전지구적으로 작동하는 체계가 된 오늘날, 총체성 개념이 매우 특별한 의미를 획득했음을 기억해야 한다고 생각합니다. 따라서 오늘날 총체성 개념은 훨씬 더 구체적인 의미를 지닙니다.

대니어스 당신의 저작에서 내러티브 개념은 '정치적 무의식' 개념과 긴밀하게 연관됩니다. 『정치적 무의식』에서 당신은 이를테면 다음과 같이 이야기합니다. "철학적 관념론의 속기(速記) 방법을 활용하자면 나는 내러티브가 인간 정신의 중심적인 예증 혹은 기능이라고 여긴다"라고요. 한편에는 거의 칸트적인, 혹은 초월적인 범주로 보이는 내러티브라는 것에 대한 이런 신념이 있고, 다른 한편에는 인간의 모든 경험은 역사에 의해 매개된다는 역사적 유물론의 전제가 있는데, 이 둘 사이에는 충돌이 있는 듯합니다.

제임슨 당신이 '속기' 문제를 인용해서 기쁩니다. 왜냐하면 나는 존재론적 혹은 칸트적인 이 언어를, 요점을 아주 빨리 지적하는 하나의 방식으로 활용하고 있기 때문입니다. 나는 인간에게 어떤 본성이 있다고 생각하지는 않고, 그래서 정신이 어떤 주어진 구조를 지니고 있다거나 이 내러티브가 정신구조의 일부를 보여주는 사례라고 생각하지 않습니다. 내러티브를 주장하는 것이 중요한 부분적 이유는, 나뿐 아니라 구조주의 시기 이후 늘 있었던 주장입니다만, 적어도 미국에서는 내러티브가 문학비평에서 서정시를 강조하는 경향에 대한 반발이기 때문입니다. 더 나아가 모던 소설을 비내러티브적이며 근본적으로 서정시적인 것으로 이해하는 방식, 따라서 서정시와 특정 종류의 시적 언어를 중심으로 한 모더니즘 미학이 하나의 이데올로기로 형성된 양상에 대한 반발이기 때문이지요. 내 주장은 이런 양상에 대한 반발에서인데, 시적 언어의 중심성을 내러티브 개념 그 자체로, 그리고 형식에 대한 다른 인식으로 대체하려는 희망을 품고 있습니다. 형식에 대한 이러한 인식은 어떤 과정, 그리고 그 과정의 바깥 경계에 위치한 역사를 함축해야 합니다. 역사 기술은 본래 누군가에게 사건들의 이야기를 들려주면서 내러티브 용어들로 사건을 구성하는 것이기 때문입니다.

또 나는 역사와 내러티브에 대한 아서 댄토(Arthur Danto)의 저서에서 영향을 받았는데, 이 책에서 그는 심지어 통계역사를 포함한 모든 역사 기술을 내러티브 형식으로 언제나 다시 쓸 수 있으며, 사상자(死傷者)와 같은 기본적 범주들은 우리가 인간사와 현실을 이해하기 위한 근본적인 비유나 형식임을 보여주려고 노력합니다. 여기에서 속기는 이 모든 것을 함축하려는 의도를 지니고 있으며, 바라건대 정적인 칸트적 범주의 방향이 아니라 역사와 역사적 내러티브의 방향으로 우리를 안내해줄 수 있지 않을까 합니다. 심지어 현대의, 혹은 포스트모던한 사상에 있어서 공간의 중요성을 다룰 때에도 여기에서는 공간과 시간이 사고를 위한 이름뿐인 불변의 범주, 아니 오히려 전제조건이라는 칸트의 개념과는 강조점이 매우 다릅니다. 오늘날에는, 각 생산양식이 시간에 대한 제 나름의 개념과 경험을 지닌 것처럼, 다양한 종류의 역사적 공간과 공간에 대한 인식이 존재한다고 여겨집니다. 따라서 이렇게 일반적인 용어들로 그 문제를 다룰 수는 없겠지요. 그렇지만 나는 일부러 도발적으로 그 용어들을 사용했고, 실제 효과가 있었다고 생각합니다!

욘슨 포스트모더니즘에서 내러티브라는 개념은 어떻게 되는지요?

분명 '인식의 지도 작성' 개념과 내러티브는 서로 연관되어 있습니다. 비록 당신이, 예컨대『정치적 무의식』에서보다 그후의 저작들에서는 내러티브 개념을 훨씬 덜 사용하기는 합니다만 말이죠. 하지만 당신은, 세계체제 주변부의 문화공간이 여전히 특정 종류의 내러티브 형식을 통해 자본주의 자체의 총체성과 과정을 파악할 가능성을 제공해주는 방식을 분석하기 위해 내러티브를 때때로 주요 범주로 전제, 활용합니다.

제임슨 글쎄요, 그건 내러티브가 종종 비헤게모니적 공간이나 하위문화 영역에서 은신처를 찾기 때문이겠지요. 따라서 오늘날의 세계에서는 상당한 내러티브가 진행되고 있습니다만, 문학은 자신의 포스트모던한 임무를 의식하게 되면서, 순전히 텍스트 생산의 형태를 띠는 경향을 보이는 듯합니다. 즉 내러티브 범주들이 해체되면서 문장에서 문장으로의 변화라는 미시적인 개념을 상대해야 하는데, 나는 내러티브라는 더 크고 오래된 범주보다는 그 개념에 대해 흥미를 덜 느끼는 편입니다. 또 적어도 중심부에는, 내러티브가 생산되는 방식들을 근본적으로 변화시키는 포스트모더니티가 있다고 생각합니다. 다른 한편으로는 비문학적 스토리텔링이 재연되기도 해서, 내러티브가 우리의 문화에 꽤나 존재하지만 그런 내러티브가 더이상 문학 자체와 그렇게 강력하게 동일시되지는 않게 되었지요. 그래서 문학은, 비록 주변부에서는 꼭 그렇지는 않아도, 중심부 문화생산의 형식으로서는 약화되었습니다.

내러티브에 대해 또 하나 말해야 할 것은 우리가 '인식의 지도 작성'이라고 불러온 것에 정말 충실한 내러티브, 또 전지구적 차원에 이른 훨씬 더 끔찍스럽게 복잡한 사회지형에 위치한 개인들의 상황에 정말로 충실한 내러티브 구축이 점점 더 어려워졌다는 점입니다. 내러티브에는 개인적 삶의 진실이 더 작은 환경에 의해 구성되는 방식을 다루는 놀라운 능력이 있는 것 같습니다. 19세기 소설에서 내러티브 장치는 국가적인 규모의 배경에서 개인적 경험의 진실을 다루기 위해 훨씬 더 복잡해졌고, 제국주의적 배경에서는 물론 훨씬 더 복잡해졌지요. 하지만 후기자본주의의 전지구적 시각에서 볼 때, 예전의 이러한 내러티브 기제에 정말로 위기가 닥쳤습니다. 전지구적인 의미의 내러티브다운 내러티브가 진정으로 발전할 수 있으리라 기대했던 지역들, 이를테면 중심부에서는 내러티브가 위기에 빠진 반면, 주변부는 다국적 복합성의 중심에서 떨어져 있기 때문에 오히려 이런 상황에 대한 특정 종류의 내러티브적 저항이 가능해 보입니다.

욘슨 당신이 말했듯 헤게모니가 없는 공간들, 혹은 하위문화 지역들로 내러티브가 도피하는 이유는 무엇인지요? 내러티브가 그런 지역들에서 더 '생명력이 넘치고' 심지어 '진실될' 것이라는 이유는요? 오늘날의 서구문학에서 내러티브와 스토리텔링으로 되돌아가는 듯한 현상이 일어나고 있다고 주장할 수도 있을 텐데요. 그 차이는 무엇인지요?

제임슨 어쩌면 그 점은 포스트모더니티가 아니라 모더니티를 놓고 가장 잘 보여줄 수 있을 것 같고, 그다음에 포스트모더니티에 대입해 볼 수 있지 않을까 합니다. 만일 모더니티가 1880년대 전지구적 제국주의, 즉 첫번째 제국주의체제가 자리를 잡고 아프리카 등을 분할하던 시기에 근본적으로 제1세계에서 발생했다고 보면, 그 모더니티는 모더니즘이 상징주의에서 발생하던 시기와 정확히 같은 시기에 해당합니다. 요점은 이렇습니다. 중심부에서는 앎과 삶의 진리가 분리되고 그 사이에 간극이 존재하며, 그에 따라 매우 복잡하고 미묘하고 민감한 재현도구들을 발전시킨 중심부에는 심리에서 일어나는 것을 어떻게 재현하는가에 대한 매우 예리한 의식이 존재한다는 점입니다. 그러나 중심부는 주변부에 대해 알 필요가 없어서 제국주의 전체의 구조를 끌어들이지 않고도 그 이야기들을 말할 수 있다고 생각합니다. 다시 말해, 중심부는 이야기에서 제1세계가 제3세계로부터 부와 특권을 가져오는 방식 때문에 유래하는 부분들을 생략하는 경향이 있습니다.[4] 인식론적으로 중심부의 표현양식은 불완전합니다. 중심부는 제3세계에 대해 알 필요가 없는 반면, 분명 제3세계는 제1세계에 대해 모를 수가 없습니다. 정말이지 제3세계는 알아야만 합니다. 주변부는 자신에게 일어나는 모든 일이 어느정도는 그밖의 다른 곳에 있는, 자신에게는 부재하는 힘에 의해 결정됨을 매순간 의식해야 합니다. 당신은 '미국이 재채기를 하면 브라질이 폐렴에 걸린다'는 유명한 속담을 알고 있을 겁니다. 그것은 모더니스트 시기에 대해서도 이미 해당되는 주장인데 포스트모던 시기에는 훨씬 더 타당하지요.

서구에서 내러티브와 스토리텔링이 재부상한다는 점과 관련된 당신의 질문은 사실 다른 종류의 현상, 즉 고급예술과 대중문화의 융합과 더 관계가 있습니다. 대중문화에서 스토리텔링의 충동은 근원적이며 내러티브는 대중문화에서 결코 사라지지 않습니다. 그것들은 포스트모던 내러티브에서 패러디와 혼성모방의 형태로 되돌아옵니다. 따라서 내러티브적 특성의 파편들은 모더니스트 시기의 경우에서보다 포스트모더니즘 쪽의 고급문화였던 것에 훨씬 더 두루 존재합니다. 그런 한편, 주변부가 훨씬 더 세련되기도 하다는 점 또한 언급해야 합니다. 정보혁명이 의미하는 바는 실제 제3세계가 과거에 비해 훨씬 더 제1세계에 대해 잘 알고 있으며 제3세계가 제1세계에도, 도시 등에도 존재한다는 점입니다. 이들의 관계가 수정된 것은 분명합니다만, 그 공식은 여전히 유용

---

4 이 점에 대한 더 충분한 토론은 Fredric Jameson, "Modernism and Imperialism," 앞의 책 43~66면 참조.

하고 타당할 수 있다고 생각합니다.

욘슨 그런 점을 통해 오늘날 많은 이들이 받는 인상, 즉 가장 강력하고 생기 넘치는 문학적 이야기들이 중심부와 주변부 사이의 경계에 있거나 혹은 둘 이상의 문화들에 접근하거나 그것들을 경험한 작가들로부터 나오고 있다는 인상도 설명이 되는지요? 내가 염두에 두고 있는 작가들은 네이딘 고디머(Nadine Gordimer), 쌀만 루슈디(Salman Rushdie), 나이폴(V. S. Naipaul), 토니 모리슨(Toni Morrison), 데릭 월콧(Derek Walcott) 같은 이들입니다.

제임슨 절대적으로 그렇지요. 여러 이유가 있습니다. 하나는 그들이 아직까지 이름지어지지 않은 사회적 소재를 다루는 반면, 제1세계 백인 남성 작가들은 자신들 뒤에 수백년을 거슬러올라가는 다른 백인 남성들의 소설을 지니고 있다는 점입니다. 다른 사회적 자아의 경우와 비교할 때 백인 남성들이 보통 겪는 일상경험 중 상당히 많은 부분이 이미 문학에서 표현되었고, 그 형식을 찾았다는 것이지요. 그것이 하나의 이유입니다. 또다른 이유는 특정한 속류 맑스주의가 지닌, 자본주의는 반미학적이라는 독단적이고 전형적인 편견입니다. 이제 우리는 이 편견에서 제1세계의 어떤 나라들, 적어도 미국의 반지성주의가 드러나고 있음을 알 수 있습니다. 그러나 그뿐만이 아니라 이 편견에는 제1세계의 문화가 고갈되었으니 제1세계가 문화생산의 신선한 원천을 끊임없이 도용해야 할 필요가 있다는 판단도 담겨 있습니다. 이렇게 해서 미국에서 흑인언어가 유행하게 됩니다. 흑인언어는 아직도 살아 있고, 계속 스스로를 재창조합니다. 백인의 문화권력구조는, 이를테면 흑인언어를 도용하고 흑인언어에 다가가 그것을 흡수하며 자신을 갱생합니다. 예컨대 음악 중에서 흑인음악, 남아프리카나 라틴아메리카 음악이 제1세계에서 이용되고 있는 방식을 볼 때, 이것이 지금 대체로 이 세상에서 벌어지고 있는 일입니다. 이런 방식이 완전히 착취적이라고 부르는 것은 어쩌면 잘못일지도 모릅니다. 오늘날에 그런 주장을 하려면 그 주장 자체가 좀더 복잡해져야겠지요. 폴 싸이먼(Paul Simon)의 「그레이스랜드」(Graceland)는 표절, 문화적 절도일 뿐만 아니라[5] 대중문화에 있어서 이를테면 19세기 초에 낭만주의자들이 세계문화에 대해 한 일에 비견될 수 있는 문화유포의 한 형태이기도 합니다. 이런 방식은 복잡한 문제로서 많은 긍정적인 특징들을 지니고 있으면서도 또한 제1세계 사회가 자기 자신의 문화를 생산할 능력을 소진했음을 알려줍니다. 이 사실은 유럽과 일본에서 한결 더 놀라운데, 이 두 곳은 모두 문화적으로 죽었다는 게 내 생각입니다. 일본과 유럽은 자신들이 보존해온 위대한 고전문화의 커다란 박물관들입니다. 오늘날 유럽 사람들이 다시 기워보려고 애쓰는 범유럽적인 문화는 1920년대와 30년대에 엘리엇, 릴케(R. M. Rilke), 발레리(Paul Valéry)가 속한 문화의 패러디에 지나지 않습니다. 그때의 문화는 더이상 존재하지 않습니다. 그러니 지금 존재하는 것은 모조품일 뿐입니다. 일본의 경우, 일본인들 자신의 말에 따르면, 이와 꽤나 똑같은 상황입니다. 미국이 그런 상황이 아니라면 그것은 소수자집단의 역할 때문입니다. 미국의 헤게모니 문화에는 지금까지 유럽, 특히 일본에 비해 이런 소수자집단의 존재가 스며들 여지가 훨씬 더 많았지요. 유럽에서도 새로운 이민자들의 목소리 덕분에 상황이 변화하는 듯 보이기는 합니다만.

---

5 폴 싸이먼은 미국의 가수 겸 작곡가로 아트 가펑클(Art Garfunkel)과 파트너가 되어 활동하면서 국제적인 명성을 얻었고 「The Sound of Silence」, 「Mrs. Robinson」, 「Bridge over Troubled Water」 등을 비롯해 많은 곡을 썼다. 『그레이스랜드』(1986)는 남아프리카공화국 음악인들과 아프리카 리듬을 활용해 만든 음반으로 「그레이스랜드」는 그 타이틀곡이다—옮긴이.

욘슨   당신이 '죽은 문화' '활력있는 문화' '소수자집단에 의해 활력을 부여받는 문화'라고 할 때, 문화라는 단어로 의미하는 바가 무엇인지요?

제임슨   내 말은 미학적 생산이 일상의 삶으로 넘쳐들어가서 그 삶을 조직하거나 재조직한다는 겁니다. 모던 시기에 위대한 모더니스트 회화와 모더니스트 건축은 모던한 일상생활에 점차로 하나의 스타일을 전해주기 시작했지요. 오늘날 유럽과 일본은 북아메리카의 대중문화에 접근해가서 근본적으로는 북아메리카 대중문화에 의해 식민화되고 있습니다. 유럽 애호가이자 반미주의자로서 말하건대 매우 슬픈 일입니다.[6]

대니어스   범유럽문화를 창출하거나 그렇게 명명하려는 시도 자체를 포스트모더니티와 포스트모더니즘의 문턱에 이른 상황에 대한 반응으로 이해할 수도 있겠지요.

제임슨   그렇습니다. 근본적으로 미국의 문화제국주의에 저항하는 방식으로서 말이지요. 불행히도 지금까지는 대작으로 가득 찬 박물관들만이 할리우드와 미국 TV 제작물에 대항하고 있을 뿐입니다. 다른 영역이 경제적으로 회복된다면 그때는 완전히 새로운 충동이 일어나리라고 생각합니다. 동유럽과 러시아는 엄청난 문화적 에너지 자원을 보유하고 있고, 라틴아메리카도 그렇습니다. 세개의 중국은 이미 엄청난 양의 문화를 생산하고 있어서 영화와 음악에서 패션에 이르기까지 우리가 생각하는 모든 것에 깊은 영향을 미칠 겁니다.

---

6 이 점들에 대한 더 충분한 논의로는 Fredric Jameson, "Globalization and Political Strategy," *New Left Review* 24 (2000) 49~68면; "Notes on Globalization as a Philosophical Issue," *The Cultures of Globalization*, ed. Jameson and Masao Miyoshi (Durham, NC: Duke University Press 1998) 54~77면 참조.

대니어스 당신은 앞에서 문학 텍스트가 '정치적 무의식'을 지니는 것은 단지 특정 역사적 시기에서만이라고 말했습니다. 『지정학적 미학』(*The Geopolitical Aesthetics*, 1992)에서 당신은 '지정학적 무의식'에 대해 말하면서 소위 주변부로, 그리고 대중문화, 특히 영화로 옮겨갔습니다. 정치적 무의식이라는 이전의 개념과 지정학적 무의식 개념의 차이는 무엇인지요?

제임슨 그 차이를 묘사하려면 『정치적 무의식』이 민족문화, 즉 국민국가의 문화를 다루었으며, 국민국가의 집단적 상상이 자신의 계급역학을 (감추기도 하고 드러내기도 하면서) 기록하는 양상들을 다루었다고 이야기하는 게 하나의 방법일 것 같습니다. 포스트모던 시기에 들어섰어도 우리가 계급역학의 관점에서 생각한 많은 것들은 여전히 존재하지만, 이제 그런 생각은 이를테면 전지구적 지도 위로 투사됩니다. 이제 문제가 되는 것은 더이상 국가 단위의 노동계급이나 그 분파들, 혹은 일국 단위의 부르주아 의식이 아니라 산업생산에 있어서 서로 적대적으로 대치한 미국 대 일본의 상황, 혹은 멕시코에서 이주한 값싼 노동력이나 라틴아메리카와 중국의 값싼 노동력에 대한 미국의 우려 등을 근본적으로 상상에 의지해 재현하는 일입니다. 국가적 상황을 중심으로 구축되었던 무의식적인 판타지가 이제 국제적인 공간으로 투사되는데, 여기에서 그 판타지는 다시 국가적 정체성을 지닌 가면과 장식품으로 치장하거나 외국문화의 가면과 장식품으로 치장합니다. 아주 종종, 분명 이 판타지들은 전지구적 규모에서 벌어지는 새로운 계급적 판타지의 위장(僞裝)에 불과합니다.

대니어스 따라서 어떤 점에서는 세계체제의 '주변부들'로 진입해 들어감으로써만 중심을 포함하는 더 포괄적이고 '총체적인' 지도를 얻게 되고, 또 이것은 일종의 헤겔적인 주인과 노예의 변증법의 논리에 부합한다는 말씀인가요?

제임슨 맞습니다. 그렇기는 한데, 아주 단순화해서 말하는 셈이 되겠지요. 판타지들 자체는 어쩌면 매우 복잡할 테니까요. 이를테면 중심부는 하나의 등장인물로 설정되고 미국 대 테러리스트라는 구도에서 테러리스트들은 대개 아랍인이나 이란인 혹은 대체로 무슬림이 됩니다. 미국 대 소말리아라는 구도에서는 소말리아인들이 우리를 날려 버리거나 우리 병사들에게 총질하길 원한다는 설정이 되지요. 그런 유형의 판타지에서 미국은 단순화된 등장인물/동인이 됩니다. 반면, 다른 판타지에서는 미국의 상대역을 떠맡는 이들은 모두 미국 자체의 소수집단들인데 이들이 미국 바깥세계를 구성하는 판타지의 일부가 되는 식이지요. 그런가 하면 대외 경쟁을 둘러싼 판타지는 내부의 소수집단을 통합해 단일한 국가적 합일에 이르게 하는 데 활용됩니다.

온슨 가야트리 스피박(Gayatri Spivak)이 걸프전에 대해 한때 비슷한 말을 했지요. 여성들이 베일을 쓰고 다니는 가부장적인 이라크에 맞선 미국이 자유의 나라로 보이는 것은 다름 아니라 미국 군대에는 여성 군인들이 있기 때문이라고요.

제임슨 그렇습니다. 그게 매우 중요하고 분명한 사례입니다. 미국 팀에는 흑인, 여성, 멕시코계 미국인이 포함된 영화, 비디오, 텔레비전 프로그램이 숱하게 있습니다. 여기서는 더 복잡한 공식의 게임이 작동하고 있지요.

대니어스 포스트모더니즘론과 고급문화, 대중문화 현상 전반에 대한 많은 분석에서 당신이 중심적인 위치에 놓은 물화 개념에 대해 묻고 싶습니다. 당신은 적어도 서구에서는 오늘날의 문화가 상품화과정에 완전히 침윤되었다고 거듭 주장합니다. 우리가 소비를 소비하고 상품을 맹렬히 숭배한다고 말입니다. 하지만 상품화가 모든 곳에 존재한다는 말은 어떤 의미에서는 그것이 아무 데도 없다는 말이기도 합니다. 예컨대, 특정한 문화적 시기나 인식소(episteme)를 체계적으로 설명하면서 당신이 말한 바에 따르면, 문화비평가는 자신의 총체적이고 서로 맞물린 체계의 힘에 의지해 버티는 반면 독자들은 비관주의와 무기력감에 굴복하는데, 당신 자신은 이런 상황을 피하고 싶어합니다. 『감시와 처벌』(*Surveiller et punir: Naissance de la Prison*, 1975)에서 푸꼬가 파놉티콘(panopticon)에 대해 설명한 대목과 관련해 당신은 "만일 체계가 그가 말하듯 경향적으로 전체화한다면, '혁명적' 충동은 말할 것도 없고 모든 사회적인 저항은 (…) 실제로는 그 체계에 편재하는 역학의 하나의 기능이 되고 말 것이다"라고 썼습니다. 그리고 "요점은 체계들이, 심지어 체계들 전체가 변화한다는 점이다"라고 덧붙였지요. 혹자는 당신이 오늘날의 문화논리를 묘사하기 위한 분석도구이자 약호로서 물화와 상품화를 강조함으로써, 결국 후기자본주의 사회의 문화와 생활세계 전체의 운명에 대한 '총체적인' 묘사에 가까워진다고 말할지도 모르겠습니다. 내 질문은 이렇습니다. 당신도 주장하듯, 만일 비평가의 임무가 세계체제, 후기자본주의, 포스트모더니즘의 '본성'이라는 현실을 사고할 개념을 만들어내는 것이라면, 심지어 서구문화의 경우에서도 떠오르는 경향, 떠오르는 변화, 떠오르는 문화를 인식할 수 있게 해줄 개념을 왜 창안하거나 생산해내지 않는 건지요? 아도르노와 호르크하이머(Max Horkheimer)의 말을 달리 풀어 말하자면, 우리가 지금 '완전히 상품화된 지구가 걷잡을 수 없는 재앙을 발산하는' 시대에 이른 것이 부분적으로는 이론 자체가 상품 물신숭배 개념에 집중하기 때문에 생긴 결과가 아니냐는 거지요.

제임슨 글쎄요, 그 말은 특정한 종류의 포스트모더니즘 담론, 즉 새로운 문화적 다원주의가 가능하고 새로운 형태의 저항들이 등장하고 있으며 그것들이 새로운 사회운동을 중심으로, 또 인종, 계급, 성 등을 중심으로 조직된다고 보는 담론과 매우 흡사합니다. 이런 개념은 어디에나 있으므로 새삼스레 창안해낼 필요가 있다고는 보지 않아요. 당신이 말한 것에도 사실은 서로 분리된 두가지 쟁점이 있습니다. 총체적 체계의 문제와 관련해 푸꼬 등이 세운 총체적 체계의 모델은 변증법의 혁신, 즉 모순이라는 매우 근본적인 개념을 빠뜨렸습니다. 따라서 그들은 절대적인 균형상태가 스스로 자리를 잡는다는 환상을 주는 경향이 있었습니다. 예컨대 푸꼬의 『감시와 처벌』 끝에 나오는 악몽 장면을 생각해보세요. 하지만, 맑스가 자본주의에 대해 생각했듯이, 하나의 체계가 모순적이면 그 체계는 자신의 힘을 증대하는 동시에 스스로를 허물게됩니다. 그것은 저항을 만들어내면서 또한 '자기 자신의 무덤을 파게'되지요. 역사를 총체적 체계에 대한 묘사로 되돌린다는 것은, 우선 무엇보다도 그 체계가 어떻게 모순적이며 이 모순들이 그 체계가 세운 것을 어떻게 허무는 경향이 있는지 보여주는 것입니다. 자본주의에서 지금까지 모순은 주로 위기의 형태를 띠었고 또 위기라는 표현조차도 딱 맞는 말은 아니라는 인식의 형태를 띠었습니다. 위기가 함축하는 바는 보통은 안정된 상태이다가 이따금 위기가 발생한다는 것인데, 이와 달리 사실 자본주의는 영원한 위기입니다. 누구나 후기자본주의가 영원한 위기라는 생각을 할 수 있다고 봅니다. 여기에는 구조적인 실업, 증가하는 빈곤, 환경재앙 들이 존재하니까요. 그런 한편, 후기자본주의가 또한 커다란 사회적 다원성, 새로운 기회들, 우리가 말한 이 모든 문화적 개방의 계기이기도 하다는 점을 사람들은 알고 있습니다. 변증법적으로 취해야 할 다음 수는 그것들을 한꺼번에 같이 보는 것일 겁니다. 그래서 포스트모더니즘의 개념이 어렵다고 생각합니다. 그 두가지, 즉 영구적 위기이자 새로운 종류의 사회적 해방을 동시에 보아야 하는데 그러기는 어렵지요. 이런 점에 기반을 두고 나는 전체적 체계에 대해 문제를 제기하는 것입니다. 이 때문에 모순을 체제 내로 되돌려놓기 위해서는 다시 경제적인 것으로 나아가야 하지 않을까 하는 게 내 생각입니다.

물화에 관해서 보자면, 지금 언급되는 사항은 몇몇 세계 경제학자들이 발견하기 시작한 것으로, 오늘날 소비는 하나의 이데올로기이기도 하다는 것입니다. 소비지상주의는 하나의 스타일입니다. 소비 이데올로기와 소비지상주의가 실제로 사람들의 삶을 조직합니다. 분명 상품들은 심지어 비자본주의 사회에서도 언제나 곁에 존재해왔고, 맑스가 말한 것을 볼 때 상품물신화가 19세기에도 있었음이 틀림없습니다. 소비는 지금 이미지 생산의 문제에까지 이르러 이를 보드리야르도 씨뮬라크라라는 개념으로 이론화하려고 했고, 소비지상주의의 이와 같은 단계를 강조하려는 이들 중 예컨대 기 드보르는 스펙터클 사회라는 개념을 동원하기도 했는데, 지금은 소비의 새로운 탄력, 그 편재성이 변증법적인 양질전화의 상태에 들어선 순간으로 보입니다. 이 과정은 아마사람들이 이전에 알았던 그 어떤 것보다 더 극단적인 또다른 단계에 이른 듯합니다. 이것은 사람들의 생활세계가 이러한 당장 폐기 가능한 상품들로 포화상태에 이른 것과 관계가 있겠고, 또 자연 자체가 변형되는 방식과도 관계가 있겠지요. 만일 당신이 이 모든 제품들을 잔디, 잔디밭, 나무 등에 사용하면 조금씩 자연의 모든 것도 상품이 될 겁니다. 이는 상품이 사람들의 삶에서 하는 역할, 그리고 이미지가 무의식에 들어와 무의식을 식민화하는 방식에 있어서 질적인 도약을 가져옵니다. 당연하게도 대중문화는 무의식, 혹은 독일 관념론자들이 미적 자유의 영역이라고 부른 것에 대한 일종의 식민화입니다. 따라서 내가 상품화라는 언어를 주장하는 것은 이러한 엄청난 비약을 강조하기 위해서입니다. 분명, 소비에 있어서 빈곤한, 정말 빈곤하다는 말이 지닌 모든 의미에서 빈곤한 고립지들이 있습니다. 또 우리의 경우보다 상대적으로 덜 포화상태인 주변부들이 있습니다. 바로 그런 지역에서 우리는 소비가 의미하는 바가 무엇인지에 대한 어떤 더 고양된 인식을 발견하게 됩니다. 우리의 존재는 소비에 거의 묻혀 있다시피 하기 때문에, 우리로서는 상품화가 아직은 완전히 이식되지 않은 이런 지역들과 충분히 공감하지 못한다면 이런 상황이 어떻게 다른지에 관해 역사적으로 독창적인 생각을 갖는 것이 훨씬 어렵습니다.

사람들은 총체적 소비라는 악몽―혹은 낙원―의 그림에 소비 자체가 지닌 일단의 모순을 덧붙이고 싶어합니다. 1960년대의 신좌파가 항상 주장하려 했던 것은 소비가 하나의 폭발력이라는 생각이었죠. 만일 사람들의 소비욕망을 부추기면 체제가 그 욕망들을 만족시킬 수 없는 지점에 이를 수도 있는데, 그 지점에서는 체제 자체가 폭발한다는 것이 그들의 주장이었습니다. 체제는 실제로 더이상 통제될 수 없는 수요와 힘을 만들어냈습니다. 그러나 이것이 1960년대에는 적용되지 않은 듯 보입니다. 즉 시기상조였던 것이지요. 하지만 인구의 단지 30퍼센트만, 혹은 어쩌면 심지어 10퍼센트만이 고용되고 비고용자들은 일종의 표준적인 수당이나 연봉을 받는 어떤 미래사회에서라면 그런 일이 내가 볼 때는 아주 터무니없어 보이지는 않습니다. 그러나 소비지상주의의 습관과 문화에 의해 형성된 사회에서 그런 수요는 매우 심각한 체제 위협이 될 수 있으며, 소비 자체가 진보성을 띠는 다른 방식들이 있을 수 있습니다.

따라서 내가 물화, 물신숭배, 상품화, 또는 소비에 관해 말한 내용들에서 주장하려 한 것이란 다름 아니라, 우리에게 새로운 모델이 필요하다기보다는 옛 모델로 돌아가 그 모델에 복잡성을 부여하고 더 발전시킬 수 없을지 알아보아야 한다는 것입니다. 나는 데리다가 제시한 '맑스의 유령들'에는 상품 물신화에 대한, 그리고 상품 물신화를 다루는 새로운 방식에 대한 수많은 신선한 시각이 담겨 있다고 생각했습니다. 문제적 상황은 상품 개념에 의해 설정되지요. 그러나 우리는 이 문제적 상황을 낱낱이 연구한 게 아닙니다. 오늘날 모든 곳에 편재하는 소비문화를 감안하면, 또 소비지상주의가 미국과 다국적기업이 세계로 수출하는 근본적 이데올로기, 즉 서구 문화제국주의의 **근본적** 형태임을 감안하면, 이 문제적 상황은 정치뿐만 아니라 이론과 지적 작업을 수행해야 할 공간입니다. 분명 그런 작업은 문화형식들을 분석하는 일과 긴밀하게 연결되어 있는데, 이는 이런 이데올로기들이 지금 문화형식들을 통해 전달되기 때문입니다.

대니어스 당신은 자본의 흐름이 더 간헐적인 소위 제3세계의 문화생산에 점점 더 관심을 느끼고 있습니다. 적어도 부분적으로는 이런 관심을 "심지어 체제 전체가 변화한다"는 것이 어떻게 가능한지 보여주려는 하나의 방식, 체제 내의 차이들을 주목하는 하나의 방식으로 이해할 수 있을까요?

제임슨 그렇습니다. 한편으로 내 목적은 완성된 형태의 상품화와 물화를 불완전하게 상품화된 공간과 비교하는 것입니다. 어쨌든 다시 여기의 공간으로 돌아왔을 때 이 공간에 완전히 잠겨버리지 않기 위해서는 우선 그런 공간들이 필요하고, 앞서 언급했던 것처럼 그 공간들과의 공감도 필요합니다. 그렇지 않으면, 상품화가 "경향적으로 완성된다"는 점을 깨닫기도 어려운 판이니 그런 주장을 입증하는 것은 더더구나 어렵지 않겠습니까? 소비와 비상품화의 변증법은 매우 흥미롭고 중요한 과정입니다.

욘슨 당신이 문화비평가로서 이런 것들을 이론적으로 연구할 수 있으리라는 점은 분명해 보입니다. 누가 봐도 아주 명백하지요. 다른 한편으로 정치가나 정치이론가의 입장이라면 오늘날의 소비지상주의에 대한 대안을 모색하는 일은 어떻게 될까요? 거의 모든 지식인들은 말합니다. "글쎄, 소비지상주의는 여기서 지속될 터이고 그에 대해 할 게 뭐 있겠어. 어쨌거나 꽤 유쾌하지 않은가? 소비지상주의 없는 세상을 생각하는 일은 세상의 완벽한 재구성, 즉 정가체계 따위를 지닌 계획경제를 생각한다는 건데, 그건 불가능하지"라고요.

제임슨　글쎄요, 우리가 결국 어떤 **새로운** 종류의 계획경제에 이르게 될지도 모르지요. 지식인들의 그런 입장은 어느 면에서는 공산주의의 종결과 레이건(Ronald Reagan) 시대가 낳은 여파이고 지식인들이 새로운 가능성에 대해 전반적으로 낙심한 결과일 겁니다. 만일 활력있는 대중정치운동이 진행되지 않는다면 지식인들이 전적으로 자기들끼리 새로운 종류의 문화정치를 창출해낼 수 없다는 것은 매우 분명합니다.

나는 그 질문이 우선 포스트모던 정치-문화의 관점에서 제기되어야한다고 생각합니다. 이를테면, 우리가 토론한 것에 비춰볼 때 정치적 포스트모더니즘은 가능할까? 이미지에 대항해 이미지를 활용하는 문화는 어떤 것일까? 상품의 한 형태에 대항해 상품의 또다른 형태를 활용하는 문화는 어떤 것일까 같은 물음을 통해서 말이지요. 최근의 비디오 생산에서는 수많은 예술가들이 비디오 이미지를 활용하여 비디오 이미지에 대항하고 있는데, 마사 로슬러(Martha Rosler)[7]가 그 한 예입니다. 또 하나의 예인 바버라 크루거(Barbara Kruger)[8] 역시 이미지에 대항해

---

7 마사 로슬러(Martha Rosler)는 미국의 비디오 예술가·사진가·설치예술가로 일상적인 삶과 공적인 삶의 분리, 여성의 경험 등을 집중적으로 보여주려고 하며 예술과 문화에 관해 저술도 하고 있다—옮긴이.

8 바버라 크루거(Barbara Kruger)는 미국의 개념미술가로 흑백사진 위에 붉은색 바탕에 흰색 글자의 설명문을 쓰는 것으로 유명하다—옮긴이.

이미지를 활용하지요. 그런 맥락에서 작업하는 화가들이 상당히 많고 한스 하케도 그 예인데, 더 젊은 예술가들 사이에서는 확실히 그런 경향이 훨씬 더 많습니다. 많은 실험이 이뤄지는 것을 보면서 그 실험적 생산작업을 분석하고 지지를 보내주는 것이 지식인들의 첫번째 임무입니다. 탐구해야 할 다른 중요한 현상은 모더니즘에서보다 포스트모더니즘에서 교훈적 예술이 존재할 가능성이 훨씬 더 크다는 점인데, 모더니즘에서는 교훈성이 완전히 거부되었지요. 포스트모더니즘의 문화적·예술적 생산은 분명 교훈적이고 교육적인 기능들을 수용할 수 있으며, 나는 이 기능들을 '인식의 지도 작성'이라고 부르면서 예술작품을 통해 그 체계를 분석하고 그 기능을 보여주고자 노력했습니다. 그런 예술생산에서 탐구해봐야 할 것들 중에는 우리들 중 몇몇이 이 시기의 문화적 상품화로서 분석하려 해온 것도 있을 겁니다. 따라서 나는 비평과 이론에 어울리는 온당한 임무가 있다고 생각합니다.

그러나 우리는 또한 특정한 종류의 국가적 상황에서 연구하기 때문에, 제1세계 지식인으로서 우리는 세계 다른 지역의 지식인, 예술가, 일반 대중의 경험에 대해 열려 있는 것이 가장 중요합니다. 폴 싸이먼이 남아프리카 음악을 자신의 예술에 응용해야 하는 것처럼, 우리는 우리 자신에게는 없으나 그들은 지니고 있는 경험가능성들을 응용해야 합니다. 그리고 다시 한번 말하자면, 나는 우리가 지금 당장 활용하지는 못하지만 그들은 활용할 수 있는 것들에 의지하는 게 꼭 나쁘다고는 생각하지 않습니다. 그렇게 함으로써 우리는 우리 나름대로 다른 나라의 지식인들과 연락망을 만들고 데리다가 요청하는 좌파지식인의 국제동맹 같은 것을 창출하게 됩니다. 그럴 경우 어쩌면 우리는 분명 아주 오랜 세월 실제로 존재해온 비즈니스 국제조직들의 네트워크에 대해, 또한 미래를 위해서 너무도 중요한 노동운동의 떠오르는 국제관계에 대해 일종의 대답이 될 수 있을 새로운 전지구적 좌파지식인계급을 이룰지도 모릅니다.

대니어스 『정치적 무의식』에서 당신은 문화비평가의 일이, 비록 궁극적인 전체는 부재로 남아 있을 수밖에 없겠지만, 어떤 의미에서는 다시금 전체를 구성하는 것이라고 강조합니다. 전체를 이루는 과정은 동일성과 차이, 연결과 단절 모두를 통해서 진행되어야 합니다. 반자율성이라는 개념은 이 책에서 매우 중요합니다. 그러나 『포스트모더니즘, 또는 후기자본주의의 문화논리』(1991)에서는 분석도구로서의 약호화 과정이 훨씬 덜 뚜렷하며 책의 구조도 다릅니다. 서론과 결론이 일종의 보호막이자 위에 드리운 틀로서 기능하고 이 틀 내에서 특정한 작품, 텍스트, 현상에 대한 특정한 분석이 제시되지만, 이 장들에는 '문화' '이데올로기' '건축' '문장들' 같은 극히 일반적인 제목이 붙어 있습니다. 이럴 때 부분과 전체의 관계는 무엇인지요? 포스트모던에서의 매개에 관한 당신의 견해는 무엇인지요?

제임슨 당신이 지적하는 내용은 매우 흥미롭습니다. 『정치적 무의식』과 『포스트모더니즘, 또는 후기자본주의의 문화논리』 사이에 분명 연속성이 있습니다만, 포스트모더니즘에 대한 내 작업에서 매개 개념은 알레고리 개념으로 대체되어 전개되었습니다. 내가 볼 때 포스트모더니즘에 대한 책에서 지배적으로 작동하는 개념은 바로 알레고리입니다. 포스트모더니티에서 보편과 특수는 알레고리로서야 비로소 서로 연관된 것으로 이해됩니다. 또한 알레고리는 자신을 허물면서 배수(倍數)가 되는 일종의 기생물처럼 보입니다. 이러한 종류의 알레고리 구조는, 예컨대 버니언(John Bunyan)의 『천로역정』(*Pilgrim's Progress*, 1678)에서 보이는 일대일 관계라는 낡은 개념과는 전혀 다르다고 생각합니다. 우선 그것은 의인화를 배제하지요.

278

하나의 체계가 자신의 보편적 요소를 제거하기를 원해서 더이상 하나의 체계로 인식될 수 없을 때, 그리고 보편적인 것들을 연역하게 해주거나 보편적인 것과 다시 연관되게 해주는 특수한 것들을 그 체계에서 마주칠 때, 그 연관은 언제나 알레고리적으로 이루어져야 한다고 생각합니다. 예컨대 게리 하우스(Gehry House)[9]를 읽으며 내가 제시한 것처럼 말이지요.

대니어스 거기에는 부분과 전체 사이의 간격이 좁혀져서는 안 되고, 세부 사항이나 부분이 화해될 수도 없고 되어서도 안 되며, 이런 긴장이 분석과정에서 유지되어야 한다는 아도르노의 생각과 유사한 점이 분명 있습니다.

제임슨 그렇습니다. 하지만 알레고리는 또한 **불완전한 재현**, 혹은 재현의 실패를 의미합니다. 당신이 상징이라는 개념을 갖고 있다면, 당신은 어떤 완벽한 방식으로 결합해 성공적이고 충만한 재현을 제공하는 특수와 보편을 상상할 수 있다고 생각하는 겁니다. 반면, 알레고리는 충만한 재현이 언제나 필연적으로 실패한다는 것을 의미합니다. 재현은 늘 무너져버리지요. 이 둘을 결합시키려는 충동이 있지만, 결국 특수가 연결되는 것은 존재하지 않는 보편입니다. 그런데 다른 한편으로는 특수라는 것 자체도 보편이 없으니 실재성을 획득하지 못합니다. 따라서 이 시기의 알레고리는 근대의 그 어느 것보다도 훨씬 더 자기를 허무는 형식입니다. 물론 근대 또한 재현의 위기를 알고는 있었지만 조이스의 『율리시스』처럼 부분과 전체를 결합한 이런 광대한 건축 구조물들을

---

9 건축가 프랭크 O. 게리(Frank O. Gehry)가 지은 그의 사저로 쎈타모니카에 있다. 프랭크 O. 게리는 게리 하우스를 비롯해 구겐하임 박물관(Guggenheim Museum), MIT의 스타타 쎈터(Stata Center), 월트 디즈니 콘서트홀 등으로 잘 알려진 세계적인 건축가이다―옮긴이.

세울 수 있다고 생각했습니다. 나는 이 과정을 열어두려고 시도해왔지요. 그 사이 내내 이 과정이 성공적으로 완수될 수 없으리라는 것을 알면서도 말입니다.

욘슨 그렇다면 후기자본주의에서의 문화생산에 대한 어떤 설명이든 알레고리 개념과 함께 작동해야 한다는 것인가요?

제임슨 네, 나는 그렇게 생각합니다. 오늘날 모든 문화생산은 다소 모호하게나마 이 문제를 인정해야 한다고 생각합니다. 새로운 책인 『지정학적 미학』에서 내가 하려 한 것들 중 하나는 그런 알레고리적인 매개들이 모두 대중문화에 존재함을 보여주는 것입니다. 그 과정에 대해 생각하려고 노력하는 이라면 이런 알레고리적인 것의 문제, 알레고리적인 것의 딜레마에 연루될 수밖에 없습니다. 반사적으로 이게 문제라고 의식하지는 않더라도 말이지요. 오늘날 재현가능성에 대해 생각한다는 것은 자동적으로 이 문제를 제기하는 셈이 됩니다. 그것이 또한 근대 시기와 모더니즘에서 하나의 중심적 문제라는 점에 있어서는, 오늘날 사람들은 두 시기 사이의 연속성에 대해 잘못 인식하는지도 모르지요. 오늘날 재현의 문제를 의식하고 있는 사람은 누구나 근본적으로는 알레고리에 대해 말하는 셈입니다. 우리에 와서야 모습을 드러낸 문제를 진작 예견한 발터 벤야민 같은 사람들이 근대에 많았습니다. 특정 모더니스트 작품들로 돌아가보면 그때에 이런 문제들을 훨씬 더 실질적으로 예견한 것을 볼 수 있습니다. 왜냐하면 단절에도 불구하고 연속성이 존재하며, 어느 면에서는 자본 일반의 구조가 알레고리적이기 때문이지요. 하지만 오늘날 우리가 말하고 있는 것은 매우 독특하고 강화된 형태의 알레고리입니다. 예컨대, 비록 들뢰즈는 알레고리라는 말을 사용하지는 않지만 그의 저서들은 분명 이 점에 주의를 기울입니다. 내 생각에 경제학자들 역시 이를 마주해야 합니다. 그들이 우리와 같은 언어를

쓰지는 않을 테고 그들이 다루는 문제가 알레고리라는 사실을 설명해
주어도 어쩌면 우리에게 고맙다는 말 한마디 하지 않을지 모릅니다만!

장 쉬둥과의
인터뷰*

장　나의 첫 질문은 당신의 이론적인 언어와 방법론 체계에 대한 전반적인 시각과 관련된 것입니다. 당신의 비평에서는 맑스주의와 구조주의가 결합되어 이 두가지가 서로에게 필수불가결해졌다는 것이 일반적인 시각입니다. 이때의 구조주의는 구조주의 자체보다는 소위 언어학적 전환 이래 일어난 언어와 텍스트성에 대한 전반적인 강조라 할 수 있겠고요. 이렇게 설명하면 오해의 소지가 있는지요? 이론 전반의 전개, 특히 이에 대한 당신의 개입에서 이 두 차원이 서로 엮이게 된 방식을 설명해주실 수 있습니까?

제임슨　언급해야 할 게 여러가지 있습니다. 우선 우리가 구조주의라고 부르는 것은 넓은 의미로 보면 정신분석과 언어학을 비롯해 모든 것에 걸쳐 있는 이론이며, 어떤 특정한 용어라기보다는 일반적인 역사

• 이 인터뷰는 1995년 시카고에서 열린 현대어문학협회(MLA) 학술대회에서 이루어졌다. Xudong Zhang, "Marxism and the History of Theory: An Interview with Fredric Jameson," *New Literary History* 29권 3호 (1998) 353~83면에 처음 실렸다.

적 용어로서 맑스주의의 문제틀에서 나온 겁니다. 프랑스로만 국한해서 보면, 2차대전 직후 프랑스의 지배적인 사상은 물론 실존주의였습니다. 그러나 실존주의는 매우 재빠르게 실존적 맑스주의가 되었습니다. 바로 그때가 구조주의가 하나의 문제틀로서 등장하기 시작한 시점입니다. 내 말은 구조주의적 입장, 특히 언어가 궁극적인 결정요인이라는 입장이 맑스주의의 틀에서 나왔다는 게 아닙니다. 다른 사회적 차원들에 대해 언어가 지닌 관계에 관한 질문이, 그 질문에 대한 답을 그때까지 얻지 못하고 있던 맑스주의의 틀에서 나왔다는 말이지요. 전반적으로 말해서 맑스주의의 문제틀은 당시에 문화와 이데올로기에 대해 더 정련된 개념에 이르고자 시도했고 그 과정에서 탈구조주의의 구체적 주제들이 모두 등장했다는 점을 어쩌면 당신도 증명할 수 있지 않을까 싶습니다.

그밖에 또 덧붙이고 싶은 것이 있는데요, 최근에 내가 관심을 가져온 다른 중요한 영향은 브레히트의 영향입니다. 1954년에 브레히트가 빠리의 떼아트르 데 나시옹(Théâtre des Nations)에 모습을 드러낸 것이 매우 결정적인 사건이었기 때문입니다. 보통 브레히트는 철학자나 이론가로 생각되지 않았습니다. 그러나 그의 변증법은 탈구조주의, 특히 반인본주의로 불릴 법한 의제를 설정하기도 했습니다. 브레히트를 살펴보면, 그는 예컨대 루카치가 분명히 지지했던 사회주의적 인본주의자 전통뿐 아니라 루카치가 방어해준 부르주아 고전전통도 동시에 공격했음을 알 수 있습니다. 그후 이 반인본주의는 알뛰세르 같은 이들에 의해 한층 더 발전되는데, 알뛰세르가 브레히트에 대해 글을 쓴 경우도 있으니 이 둘 사이에는 직접적인 연관이 있습니다. 따라서 나는, 다양한 탈구조주의 텍스트들의 즉각적인 진리값을 구하기 위해서라면 역사를 떼어놓고 이 텍스트를 읽을 수도 있겠지만, 이 텍스트들이 처한 맥락에서 문제틀이 어떻게 발전되었는지를 알고자 하면 더 커다란 맑스주의적 틀을 보아야 한다고 강조하고 싶습니다. 전후 프랑스 같은 나라에서는 압도적인 비율의 지식인들이 자기가 맑스주의자라고 생각했습니다. 어쨌든 적어도 그들은 계급투쟁, 생산양식, 토대와 상부구조의 연관방식, 이데올로기의 본질, 재현의 성격 등 맑스주의 문제틀이 자신들의 프로그램에 핵심적임을 알게 되었죠.

이 점에 대해 또 하나 말할 것은, 이렇게 봐야 왜 데리다가 어떤 이들에게는 놀랍게도 자신의 저서 『맑스의 유령들』에서 그런 방식으로 개입했는지 이해할 수 있다는 점입니다.[1] 비록 지금은 프랑스가 탈맑스주의화하고 자기를 맑스주의자라고 여기는 지식인들이 훨씬 더 적어지기는 했지만, 위대한 이론가들——아쉽게도 맑스에 대해 책을 쓸 시간이 없었지만 들뢰즈 역시 이에 해당하며, 다른 이들도 마찬가지지요——은 자신의 이론이 어떻게 맑스주의적 문제틀(다시 한번 말하지만 이것을 맑스주의라고 말하고 싶지는 않습니다)에 기반하고 있는지 아주 예리하게 인식하고 있기 때문이라고 생각합니다. 데리다가 그 책에서 되살려내려고 애쓴 것은 복합적이라고 생각하는데요, 그는 맑스의 어떤 텍스트에 대해 논평을 하고 그에 대한 근본적인 대안이 없어 보이는 상황에서 정치적으로 개입합니다. 그런가 하면, 또한 그는 자신이 독특한 방식으로 출현한 맑스주의적 토대를 역사적으로 구해내려고 노력합니다.

이런 관계가 특정한 경우에 어떠한가의 문제는 이론 자체의 성격과 관계가 있다고 믿습니다. 위대한 철학체계가 종결된 이후 일종의 시장환경에서 출현하는 이론은 일단의 유명상표처럼 되는 경향이 있습니

---

1 Fredric Jameson, "Marx's Purloined Letter," 앞의 책 86~120면; 또한 이 책에 실린 대니어스·욘슨과의 인터뷰 참조.

다. 이렇게 말하는 게 너무 경박해 보인다면, 이론은 이름 붙여진 이론으로서, 특정한 개인 언어 혹은 사적인 언어들로서 존재한다고 말할 수 있습니다. 철학체계의 핵심은 허공에 떠도는 모든 종류의 이념덩어리를 가지고 일관성있는 단일한 언어, 통일된 개념성 및 일단의 용어와 범주를 만드는 것입니다. 그런 의미에서 철학의 종결은 더이상 그런 일관성이 가능하다고 생각하는 이가 아무도 없다는 것을 의미합니다. 이는 우리가 동시에 이 모든 이론언어들을 한꺼번에 말해야 한다는 의미이기도 합니다. 이 언어들을 하나의 으뜸언어로 통합할 방법은 정말 없으며, 심지어 그렇게 하려는 욕망도 존재하지 않습니다. 그리고 이런 상황이 당신이 암시하는 몇몇 현상들을 낳는다고 생각합니다. 어떤 순간에는 우리가 맑스주의 언어에 대해 이야기하는 듯 보이다가 느닷없이 야콥슨(Roman Jakobson)[2]적 구조주의자처럼, 혹은 레비-스트로스적이거나 라깡적으로 말하는 듯 들리기 시작합니다. 이런 점에서 내가 종종 절충주의적이라는 비난을 받습니다만, 나는 우리가 언어의 관점에서 생각해야 한다고 봅니다. 마치 어떤 것들은 프랑스어로만 또렷하게 말할 수 있어 보이는 반면, 독일어로는 분명한 것이 프랑스어로는 덜 분명합니다. 또 중국어로 말할 수 있는 것도 있으나 그것들이 프랑스어에서와 똑같이 잘 통하지는 않고 그 역도 마찬가지입니다. 그밖에 많은 예들이 있겠지요. 따라서 이상적인 것은 당신이 다루는 문제에 따라 언어를 바꾸는 것이겠으나, 분명 그것 역시 거의 불가능합니다. 그래서 나는 처음에 얼핏 보면 아무 관계도 없어 보이지만 여러 맑스주의적 문제들과 몇몇 탈구조주의적 언어들 사이에는 훨씬 더 긴밀한 연관이 있다고 믿

---

2 로만 야콥슨(Roman Jakobson, 1896~1982)은 러시아 태생의 미국 언어학자로 그의 영향을 받은 구조주의 언어분석은 20세기 전반 언어학의 주요한 경향을 이뤘다——옮긴이.

습니다.

그런 역사적 전개를 어느정도 재구성하지 않은 채 이런 논의들을 계속 해나가는 것은 아주 어렵다고 봅니다. 이 몇가지 복잡한 문제들을 나 스스로 설명할 때 이 설명이 좀더 중요한 이론적이고 철학적인 질문에 대한 입문 역할을 할 수 있다면 좋겠습니다. 그러나 그럴 때 명칭들을 밝혀야 합니다. 이런 문제들에 대해 구체적 명칭들도 밝히지 않은 채 말한다면 마치 그 생각들이 내것인 양 하는 것처럼 보일 겁니다. 그건 아니지요.

장　당신이 '프랑스적'이기도 하고 '독일적'이기도 하다는 게 흔히들 생각하는 바입니다. 프랑스적 측면이라 함은 탈구조주의적인 면을, 그리고 독일적 측면은 변증법적·프랑크푸르트학파적인 면 등등을 지칭하겠지요. 그런데 지금 당신의 말은 '프랑스적' 양상이 순수하게 언어학적 혹은 '이론적'인 것이 아니라 맑스주의적 문제틀의 일부라는 건데요.

제임슨　그렇습니다. 내가 프랑스어와 독일어 둘 다에서 의사소통이 자유롭고 학생 때 두 나라의 전통과 접한 것은 내 배경에 기인한 우연입니다. 나는 사람들이 독일에 맞서 프랑스를 편들거나 프랑스에 맞서 독일을 편들 때 늘 이상하고 개탄스럽기도 하지만 이해할 만하다고 여겼습니다. 그런 한편, 이전에도 말했듯이 통합이 바람직하다고는 생각하지 않습니다. 서로 빌리고 빌려주고 하는 것도 그다지 성공적이지는 않다고 생각해요. 내가 구체적으로 염두에 두고 있는 것은 1970년대에 아도르노가 프랑스에서 더 잘 알려졌던 때입니다. 당시 프랑스 탈구조주의가 맑스주의를 공격할 때 아도르노의 소위 반(反)동일성 측면——말하자면 독일적 주제——가 언급되었습니다. 그것은 아도르노의 사상을 왜곡하는 겁니다. 서로 다른 입장들 사이의 대화법은 매우 복잡하지요.

286

푸꼬에게 말을 걸고자 한 하버마스의 시도, 촘스키(Noam Chomsky)에게 말을 걸고자 한 푸꼬의 시도들을 떠올릴 수도 있겠습니다. 기본적인 정치적·문화적 사안들에 대해서가 아니라면 이 언어들 사이에는 단순한 대화도 불가능합니다. 프랑스와 독일이 두개의 위대한 철학적·이론적 전통이라고 믿고 있는 한에서는 내가 유럽중심적이라고 할 수 있습니다. 어쩌다보니 나는 경험주의, 상식 언어철학, 비트겐슈타인, 논리실증주의 등 영미적 사고가 어떤 점에서는 정말 장애가 되는 분위기에서 성장했습니다. 내게는 그런 입장들이 모두, 뽈 드만이 표현했듯 '이론에 대한 저항'을 이루고 있는 것으로 보였습니다. 따라서, 영미전통에서는 우선 퍼스부터가 흥미로운 사고들을 담고 있습니다만, 그 이론에 충분히 내가 호의적이지 않다는 이유로 종종 반대에 직면합니다. 하지만 내가 기본적으로 참조하는 것은 여전히 프랑스적인 것과 독일적인 것입니다.

장 잠깐만 끼어들자면, 그것은 당신이 이론적으로 개입하게 된 역사적 계기와 상황을 짚어주는 데 아주 도움이 됩니다. 서구 바깥의 독서대중을 염두에 두자면, 어떤 입장을 판단할 때 보수주의, 자유주의, 급진주의로 구분해 읽으려는 경향이 아직도 있습니다. 전후 유럽과 미국에서 맑스주의와 자유주의, 그러니까 지적 전통이자 냉전 이데올로기의 관계에 대해 뭔가 하고 싶은 말이 있는지요?

제임슨 글쎄요. 쏘비에뜨 공산주의가 무엇이었든 간에 종전 이후 서구에서 자유주의적 입장은 아주 대략적으로는 사회민주주의, 즉 반공산주의와 반맑스주의로 정의되었다고 생각합니다. 따라서 우리 중 많은 이들에게 이 자유주의는 스스로 체면을 깎아먹었다고 여겨집니다. 그들의 깊은 정치적 지향이 무엇이든 더이상 반공산주의일 필요가 없으므로 상대적으로 덜 오염된 종류의 자유주의들이 지금 되살아나고는 있습니다. 하지만 나는 우리 대부분이 영미 철학을 속속들이 물들인 근본적으로 냉전주의적인 자유주의로부터 생산적인 것은 그 어떤 것도 기대하지 않았다는 점을 사람들이 이해해야 한다고 생각합니다.

장　아시겠지만 내가 질문을 한 것은 맑스주의와 자유주의의 구조적 관계에 대해 궁금해서가 아니라 습관적으로 급진주의, 자유주의, 보수주의 사이에서의 입장선택이라는 관점에서 상황을 보는 이들이 많은 것에 대해 궁금하기 때문입니다.

제임슨　질문을 이해했습니다. 그것은 존재론적 정치의 문제입니다. 하지만 철학적인 질문들 자체로 시작해서 나중에야 이것이 자유주의적 입장인지, 급진적 입장인지, 혹은 보수적 입장인지 결정하는 것이 가장 좋겠지요. 왜냐하면 이 모든 탈구조주의적 주제들과 문제들이 수많은 방향에서 영향을 받을 수 있으니까요. 막판에는 정치적 판단이 내려지는 것이 중요하나 우선은 문제를 그 자체의 고유한 내재적 개념의 관점에서 분석하고 논의해야 한다고 생각합니다. 똑같은 점이 예술작품에도 해당됩니다. 나는 언제나 예술작품을 정치적·사회적·역사적으로 읽는 것을 지지해왔습니다만, 그렇다고 누구나 그런 방향에서 시작하리라고는 결코 생각하지 않습니다. 미학, 순수하게 미학적인 문제로 시작해서 그후 이런 분석이 종결될 즈음에는 정치적인 것으로 끝맺을 수도 있지요. 예컨대 사람들은 브레히트에 대해 다음과 같이 말합니다. 브레히트를 놓고 미학으로 시작하면 늘 결말에서는 정치에 다다르고 정치로 시작하면 결말은 늘 미학으로 났다고 말이지요. 이런 분석들에는 그것이 훨씬 더 바람직한 리듬이라고 생각합니다. 하지만 당연하게도 그렇기 때문에 내 입장들이 다른 이들에게는 때때로 매우 모호합니다. 왜냐하면 그들은 당장 정치적인 메시지를 원하는 반면, 나는 궁극적으로 정치적인 판단에 이르기 위해서라도 문제나 미학적인 형식을 살펴

288

보는 데 관심을 두기 때문입니다.

장　이 대목에서 특별히 언급해야 할 인물이 하이데거일지 모르겠습니다. 역사적으로 맑스주의에 있어서, 그리고 당신 자신의 경우에 있어서 철학적-이론적 운용을 구성하는 데 하이데거가 하는 역할은 무엇인지요?

제임슨　그건 국가적 상황에 달려 있습니다. 내가 독일에서 공부한 것은 1950년대 초입니다. 1951년까지 하이데거는 교단에 다시 서는 것이 허락되지 않았지요. 내가 알던 독일은 지적인 측면으로 보자면 하이데거적이었습니다. 프랑크푸르트학파의 영향은 훨씬 뒤에야 나타났습니다. 그 사이에 프랑스에서는 하이데거를 따르는 이들이 생겨났습니다. 프라이부르크 근처의 숲에서 그를 체포한 프랑스 병사들이 그에게 담배를 한대 주고서는 싸인을 부탁할 정도였지요. 하지만 하이데거의 영향력이 전후의 프랑스를 관통하는 과정은 훨씬 더뎠습니다. 나중에 데리다를 언급해야 할지 모르겠습니다. 분명 데리다가 하이데거의 어떤 면을 의제에 올려놓았으니까요. 하지만 이 하이데거는 독일인들이 알고 있던 그 존재론적 하이데거가 아니었습니다. 오히려 이 하이데거는 형이상학을 해체하는 하이데거로, 다른 역할을 하였습니다. 분명 데리다는 하이데거식 존재론적 입장들을 취하지 않았으니 그를 일종의 하이데거주의자로 생각하면 매우 이상할 겁니다. 데리다는 존재론에 관심이 없습니다. 데리다가 볼 때 오히려 존재론은 하이데거의 개탄스러운 면에 가깝지요. 그러나 하이데거는 그 자신에 의해 제기되기도 한 역사적인 문제들, 본질적으로는 철학사의 문제들로 인해 해체작용의 핵심에 있습니다. 따라서 사정은 매우 복잡하지요. 나는 하이데거가 지적인 측면에서 하버마스에 의해 광범위하고도 거의 완벽하게 지배받는 나라인 독일에서 이제는 사라졌다고 생각합니다. 물론 지금 미국에 하이데거주의자들이 있고 또 그게 장사도 되는 추세입니다. 새로운 원고들이 아직도 나오고 있지요. 나 자신의 형성 배경은 싸르트르적입니다. 따라서 하이데거에는 내가 필요로 하지 않는 게 많았지요. 그 이유는 싸르트르의 선택적인 방식, 예컨대 타자의 문제가 제기된 방식, 그리고 싸르트르와 정신분석의 관계에서 나타난 독창성 등이 내가 볼 때에는 더 '진전된' 것이었기 때문이었습니다.

하지만 덧붙이고 싶은 것이 있는데, 나는 하이데거에게 맑스주의와 매우 일맥상통하는 부분이 있다고 생각합니다. 이것이 소위 실용주의적 하이데거, 즉 도구, 그리고 작업과 생산의 하이데거지요. 이것이 일상 삶의 현상학인데, 갖가지 역사적·철학적 이유로 인해 맑스주의의 일부는 아니었어요. 일상 삶의 현상은 맑스주의의 문제틀 전체 그 어디에서도 개발된 적이 없는 텅 빈 영역입니다. 사실, 예를 들어 알뛰세르주의자들은 일상 삶이라는 개념이 이데올로기적이라고 생각했지요. 따라서 하이데거의 실용주의적 측면은 맑스주의의 실천 개념을 위한 토대로서 매우 매력적인 것이 됩니다. 그와 같은 것이 다른 형태로 싸르트르에게도 존재했어요. 하이데거의 『존재와 시간』(Sein und Zeit, 1927)의 여기저기에 보이는 처음에는 행동적이며 나중에야 명상적이거나 인식론적이 되는 현존재(Dasein)에 대한 전체 분석은 맑스주의의 틀에서도 매우 쓸모가 있어 보입니다.

장 당신은 당신 자신의 언어 속에 존재하는 하이데거를 어떻게 묘사합니까? 혹은 그런 면이 있기는 한지요?

제임슨 독일에서 공부할 때 하이데거를 얼마간 꽤나 집중적으로 읽은 적이 있습니다. 『존재와 시간』에서 내가 훨씬 더 흥미를 느낀 것은 후기의 '존재론적 하이데거'보다는 소위 실존적 하이데거였습니다. 나는 하이데거의 존재론을 실제의 묘사가 아니라 유토피아적인 것으로 이해하면 매우 매력적일 것이란 점을 늘 인정했습니다. 그런데 나는 이 것이 모든 현상학이 지닌 문제라고 생각합니다. 현상학은 우리의 소외, 즉 우리가 실제 살아가는 상황에 대한 묘사라기보다는 하나의 유토피 아입니다. 하지만 하이데거에게는 커다란 문제가 있는데, 그것은 근대 성과 기술이라는 전체적 개념입니다. 이 문제가 하이데거에서 철학적 해결에 이른 것으로 보이지는 않습니다. 이 점이 그가 문제를 적절하게 풀어내지 못했다는 표지입니다. 그 유명한 몰아세움(Ge-stell)이라는 말 은 너무나 커다란 수수께끼라서 그 단단한 껍질을 깨고 그 속에서 어떤 개념을 발견한 이가 정말로 있다고는 생각하지 않습니다. 그 말에 대한 번역은 말할 것도 없지요. 바로 그 대목이 하이데거가 필사적으로 생각 하려고 한 지점이라 봅니다. 분명한 것은 포스트모던의 틀, 그리고 싸이 버네틱스라는 새로운 기술로 인해 필시 하이데거는 접할 수 없었을 다 른 방식으로 이 점을 사고하려고 시도하는 일이 더 절박해졌다는 겁니 다. 그래서 추측건대 내 삶의 이런저런 순간에 내가 하이데거의 동료여 행자였다고 할 수는 있을 겁니다! 그러나 활동, 생산, 실천 등의 개념 외 에 이런 양상이 나 자신의 작업에 미친 가장 강력한 영향이라고 말할 수 는 없겠습니다.

장　그렇다면 당신이 저서에서 존재(Being)와 탈은폐 (deconcealment) 같은 용어를 사용할 때 감지되는 하이데거적 순간은 유토피아적 관점에서 이해해야겠군요.

제임슨　바로 그렇습니다. 그런 점에서 그 용어들은 유토피아적 공 간을 표시하기 위한 매우 극적인 방식으로 기능할 수 있습니다. 그러나 그것들이 내가 활용하려는 유일한 언어는 아닙니다. 또 존재론에 약점 이 있는 것도 물론입니다. 유토피아적 시각에서 '존재'는 근본적으로 개별 인간존재이며 자연의 존재이기 때문에, 여기에서는 미래도 사회성도 비워져 있습니다. 이런 방식은 우리에게는 덜 유용하지요.

장 최근에 얼마간 관심이 쏠리고 있기는 합니다만 어떤 의미에서는 아직도 많은 이들에게 당신의 경력이나 지적 발전과정은 여전히 불가사의합니다. 예컨대 당신의 『지정학적 미학』에 대한 서문에서 콜린 매케이브는 당신의 이력을 매우 흥미롭게 묘사합니다. 그는 당신이 20년 이상 걸려 "참을성 있게" 이론적 전제들을 일궈냈으며, 일단 그 일이 이뤄지자 이제는 "문화분석의 야단법석"이 그 뒤를 잇고 있다고 말합니다. 그가 묘사하는 방식을 보면 당신의 경력은 매우 정교한 자기설계이자 개인적 전력인 듯 보입니다.

제임슨 나는 콜린의 글에 무척 만족했습니다. 내 생각에 그것은 내 작업에 대한 전체적인 상을 잘 전달해준 몇 안 되는 글 중의 하나입니다. 내 작업이 좀더 구체적인 대목에서 드러내는 맑스주의적 측면과 정치적 요소들을 콜린이 경시한다는 생각이 들기는 합니다만 말이지요. 그가 하는 이야기가 어느정도 설득력이 있는 것은 알겠는데, 나라면 그 이야기를 꼭 그런 방식으로 하지는 않을 겁니다. 그런 식으로 이야기를 시작하지도 않겠고요. 나라면 방법론적인 질문들 사이에는 언제나 더 큰 철학적 문제들을 향해 열려 있는 긴장들이 있다고 말할 겁니다. 궁극적으로 이 점은 이를테면 토대와 상부구조의 문제, 다시 말해 문화와 의식을 해당 맥락이나 상황에 어떻게 연결지을까 하는 문제와 닿아 있지요. 바로 그런 차원들 사이의 갈등으로 인해 그 용어들을 개별 텍스트 읽기에 적용하게 되는 겁니다. 따라서 "문화분석의 야단법석"에 대해 말할 때, 그 똑같은 말을 문학에 대한 내 작업에 대해서도 할 수 있습니다. 즉 대상들에 대한 전체적인 방법론적·철학적 측면과 어떤 특정한 대중문화 텍스트 읽기 사이에 긴장이 존재하는 것과 마찬가지로, 그 전체적인 방법론적·철학적 측면과 개별 문학 텍스트 읽기 사이에는 긴장이 존재합니다. 따라서 문제는 이미 많은 사람들의 마음을 사로잡은 정전 혹은 문학작품들 전반에서 더 대중적이고 문화연구적인 환경으로 옮겨가는 문제가 아닙니다. 내가 지난 2,3년 동안 영화와 대중문화적 대상들에 대해서 글을 더 많이 쓴 듯 보이기는 합니다. 하지만, 출판되지는 않았지만 문학을 분석한 꽤 긴 글이 실제로 여러편 됩니다. 내 생각에 두 종류의 텍스트에 접근하는 데에는 매우 다른 방법이 필요한데 이 둘을 반드시 결합하고 싶지는 않아요. 하지만 진짜 문제는, 이 경우에 진짜 번갈아 왔다 갔다 해야 하는 것은 보편과 구체 사이, 특수하고 구체적인 읽기와 더 일반적인 이론적 접근의 사이입니다. 내가 먼저 이론적인 문제들을 다룬 뒤 그런 특정한 분석들로 나아갔다고 말할 수 있을지는 확실하지 않습니다. 지금의 전지구적 자본주의에서, 오늘날의 포스트모더니티 시대에 이전의 모더니티 세계를 분석하려고 끌어온 옛 이론들은 이제 재고되어야 합니다. 나는 그런 재고야말로 이론과 사색의 책무이며, 그저 이런저런 읽기들이나 하게 해주는 데서 종결, 처리되는 것은 결코 아니라고 생각합니다. 오히려 그런 사유는 지속적인 책무이고, 분명 한층 더 공들일 것을 요구하는 책무라 하겠습니다.

장 일종의 진로설계와는 별도로 여기에 함축된 것을 어쩌면 다음과 같이 말할 수 있지 않을까 싶습니다. 즉 개념적으로, 당신은 이를테면 잠시 멈춰서 자신의 이론적–철학적 하부구조에 집중합니다. 그다음 그 하부구조가 사유의 내적 동력이자 양식의 역할을 하는데, 이것이 파편화된 지형을 거쳐가는 당신의 여행에 동기를 부여하고 이끌어준다고 말입니다.

제임슨 『정치적 무의식』에 세가지 차원의 맥락, 세가지 틀—역사적·정치적·경제적인—에 대한 개념이 나옵니다. 이 틀을 가지고 구체적인 맥락에 초점을 맞추게 되는데, 그 개념이 의미하는 것은 먼저 즉각적인 사회-역사적 차원을 가지고 궁리해본다는 겁니다(그다음에 복지상태의 전반적인 후퇴에 대해 말할 수도 있겠지요). 또 더 큰 맥락, 즉 계급역학의 관점에서 말할 수도 있는데, 이것은 더 진행이 느리며 계급들의 역사, 계급투쟁과 패배의 기억을 포함하지요. 그리고 최종적으로 생산양식이라는 가장 추상적이고 총체적인 차원에 대해 말할 수 있습니다. 따라서 이미 이 세가지 차원의 개념에는 그 맥락이라는 것이 정치적으로 지금 여기의 맥락일 뿐만 아니라 다소 더 긴 시간의 틀로도 접근할 수 있다는 판단이 함축되어 있습니다. 어쩌면 다양한 시간성과 더 길거나 짧은 지속(durées)이라는 브로델의 개념을 직접 언급하지 않은 채 사용하는지도 모릅니다. 나는 특정한 정치투쟁의 관점에서는 글을 자주 쓰지 않는데요, 부분적인 이유지만 아무튼 예술작품을 써내거나 만드는 데에 다소 시간이 더 걸리기 때문입니다. 오로지 대중문화 분야에서만 더 즉각적인 종류의 반응이 나오지요. 하지만 심지어 이런 가장 초단기적인 문화적 진술에도 시간지체 현상이 끼어 있습니다. 즉각적인 문화·정치논평을 과제로 삼고 있는 사람들이 정말 감탄스럽습니다. 나 자신이 그런 종류의 일에 최적임자인지 자신할 수 없는 것이, 특히 내 지적 형성이 미국학에서가 아니라 다른 언어와 다른 국민문화들의 분야에서 이뤄졌기 때문입니다.

나는 또한 내게 루카치가 갖는 의미에 대해 좀 다른 종류의 언급을 덧붙이고 싶습니다. 루카치가 가르쳐준 가장 가치있는 것 중 하나가, 대중문화 생산물 형식을 포함한 예술작품의 형식이 사회적 조건 형성, 그리고 그에 따른 사회적 상황을 관찰할 수 있는 특권적 지점이라는 사실입니다. 때때로 형식은 일상사건 및 당장의 역사적 사건 전개에서보다도 더 적절하게 구체적인 사회적 맥락을 가장 잘 관찰할 수 있는 장소입니다. 어떤 사람들은 내가 미학으로 시작한 다음 어떤 역사적 맥락을 찾아나선 뒤 종합한다고 생각하고 맑스주의적 분석도 종종 그런 관점에서 이해됩니다만, 나는 이런 시각에 저항감을 느낍니다. 우리가 미학적인 것과 미학 외적인, 혹은 비미학적인 것들을 동시에 보려고 노력하기 때문에 그런 시각에도 일말의 진실은 있습니다. 그런 두가지 사항을 동시에 보려는 경향으로 인해 그 두 영역 사이의 편차가 발생하기도 하고 서투른 맑스주의적 분석은 실제로 그런 단절적 양상을 띤다고 생각합니다. 이를테면 글을 쓰면서 우선 모든 사회적 사실들을 꺼내놓고 그다음에 작품으로 방향을 돌려 형식과 이데올로기에 대해 말하거나 그 역으로 말하는 식이지요. 원칙적으로 보자면 그런 점으로 인해 맑스주의적 분석을 쓰기가 흥미로워지기는 합니다. 미리 만들어진 해결책이 없는 상태에서 해결을 요하는 어떤 근본적인 형식적 문제가 그런 글쓰기에 포함되니까요. 하지만 내게 루카치의 의미는 이상적으로 볼 때, 형식을 통해서 어떻게든 내용에 도달해야 한다는 것이라고 생각합니다.

여기다 그밖에 다른 것도 덧붙이고 싶습니다. 루카치, 그리고 그에게 부정적인 의미로 휴머니즘의 딱지를 붙인 브레히트의 차이점은 루카치가 언제나 성취된 형태, 성공적인 형태에 대해 말한다는 것입니다. 하지만 내가 볼 때는 오히려 형식의 실패, 그리고 특정 맥락에서 특정 유형의 재현이 처하는 불가능성, 결점, 한계, 장애를 보아야 하며, 예의 루카치적 의미에서의 정전적인 성취보다는 이런 사항들이 사회적 진실 혹은 사회적 의미에 이르는 단서가 됩니다.

장　당신이 그 말을 하면서 염두에 두고 있는 것은 대중문화 생산물 혹은 아방가르드적 '예술작품'인지요?

제임슨　재현의 결정적인 실패는 대중문화 생산물과 아방가르드적 '예술작품' 모두에서 일어나기에 흥미롭습니다. 대중문화 논쟁을 바라보는 가장 흥미로운 방식은 형식상의 실패와 형식상의 불가능성으로 파악되는 바로 이런 실패들을 통해서라고 생각합니다. 물론 우리는 소위 고급문화에서 나타나는 실패, 형식적 결함, 구속에 대해서도 말할 수 있겠지요. 내 생각에, 여기서의 초점은 더 적절한 종류의 문화연구라면 한쪽에 문학과 정전을 놓고 또다른 쪽에 텔레비전과 팝음악을 놓은 뒤 둘 중에 꼭 무엇을 선택해야 한다고 느끼는 것이 아니어야 한다는 겁니다. 변증법적으로 볼 때 내게는 문학과 정전, 그리고 텔레비전과 팝음악이 어떤 한 분야의 통합되지 않은 부분들인 듯 보입니다. 아도르노는 이것을 '합쳐지지 않는 두개의 절반'이라고 했지요. 양쪽 모두에 대한 가장 흥미로운 발언들은, 마치 한쪽은 엘리뜨주의자이고 다른 쪽은 대중주의자인 듯 이쪽 아니면 저쪽에 편드는 경우에서보다는, 오히려 프랑스와 독일 사이에서 망설이는 사람들처럼 양쪽 모두에 몰두한 이들로부터 나옵니다. 왜 이렇게 됐는지는 이해합니다. 가끔은 나 자신도 둘 중 하나를 선택해야 한다고 느끼거든요. 하지만 궁극적으로 이런 태도가 생산적이라고 생각하지는 않습니다.

장 당신의 비평적 참여에는 사회-정치적 측면과 미학-이론적 측면이 둘 다 상존한다는 점을 독자들이 아주 잘 이해하리라고 생각합니다. 그리고 두 측면의 상존이 당신의 작업에서 가장 설득력있는 양상 중 하나이지요. 하지만 내가 궁금한 것은 당신의 이력에서 그 '이론적 순간'을 어떤 강화의 순간, 즉 당신이 스타일이나 철학적 형식뿐만 아니라 권력도 획득한 약호화의 과정으로 볼 수 있느냐는 것입니다. 약호화 과정을 주체성이나 어떤 구성원칙이라고 할 수도 있겠는데, 이를 통해 지금 당신이 다른 차원에서 비평 분야에 참여할 수 있는 것이겠지요. 더구나 당신의 입장이 특권적인 것으로 인식된다는 점을 볼 때 이런 사실들이 의미하는 바는, 모든 이들이 정신분열적인 세계에 묶여 갇혀 있을 때 당신은 여전히 일정한 일관성, 지속성, 에너지를 유지하고 있으며, 이것들이 이루는 정치학이 당신의 즉자적인 사회-문화적 위치에 의해서만 결정되지는 않는다는 것입니다. 이런 점은 이를테면 '수십년 동안의' 이론적 고행과 관계가 있을까요?

제임슨 그 점에 대해서도 마찬가지로 당시에 대한 역사적인 맥락을 언급할 필요가 있습니다. 매케이브의 견해에 따르면, 이후의 텍스트 분석에 앞서 나온 (『맑스주의와 형식』『언어의 감옥』같은) 이론서들은 프랑스와 독일의 비판적 전통 중 어떤 것도 영미권에서 그다지 잘 알려져 있지 않을 때 쓰였습니다. 따라서 내 임무는 부분적으로는 이런 것들을 소개하고 대중화하는 것이었지요. 그러나 이후에 이 이론서들이 번역되어 1970, 80년대에 미국 지식인들에게 더 널리 읽히고 이론적으로도 더 정교해지기 시작했기 때문에 그런 종류의 특수한 기획은 더이상 필요 없었지요.

두번째로 언급할 것은 내게는 실제비평이 이론적인 발전을 포함한 경우에 한해서만 흥미로웠다는 점입니다. 따라서 이론과 해석 사이의 연관은 늘 매우 밀접했지요. 기이한 일이자 이상한 역설은, 어떤 대상에 대해 흥미를 느낀다고 해서 그 대상에 대해 잘 쓸 자격이 갖춰지지는 않는다는 겁니다. 흔히들 관심이 있다면 늘 뭐라도 말할 게 있다고 생각합니다. 물론 자신들의 모든 상황과 대상에 즉각적으로 반응하는 능력을 지닌, 내가 감탄해 마지않는 문화저널리스트들도 있습니다. 그러나 내 경우에는 한결같이, 특정한 이론적 문제들에 집중하게 해준 것들에 대해서만 글을 쓸 만한 능력이 된다고 느꼈습니다. 그 반대 역시 사실이라고 생각합니다. 즉 어떤 때는 내 관심을 끈 이론적 문제들이, 처음에는 그렇게 보이지 않더라도 따라가다보면 궁극적으로 특정한 텍스트의 해석과 연관되는 문제에 이른다는 겁니다. 이런 연관이 없기 때문에 내가 전혀 흥미를 느끼지 못하는 철학적 문제들이 사방에 있습니다. 이런 점이 당신이 말하는 연관이라는 것과 관계가 있지 싶습니다.

포스트모더니즘과 포스트모더니티 고찰의 동기에 대해 말하자면, 1980년대 이전에는 1980년대와 90년대에 비해 역사적인 맥락이 더 분명하고 안정되어 보였다고 말하고 싶습니다. 내가 이런 것들에 대해 생각하기 시작하자, 적어도 '포스트모던'이라고 묘사한 것이 하부구조, 경제, 전지구화 등에 있어서 어떤 매우 기본적인 구조적 변화와 갑자기 연관된 듯 보였습니다. 그때 이런 사실로 인해 모든 것을 그 시대의 더 큰 문화논리나 경험의 표현으로 보는 일관된 틀이 내게 생겼지요.

장 그런데 이러한 시기구분의 틀은 기본적으로는 맑스주의적인 것이지요.

제임슨 물론 그렇지요. 나는 이것을 근본적으로 맑스주의적 시기구분으로 여깁니다. 동료와 동지 들 중에는 포스트모던을 인정하는 것이 자본주의가 발생시킨 가장 경박한 취향에 굴복하는 것이라고 느끼는 이들이 있습니다. 그러나 나는 시기구분 개념을 다음과 같은 관점에서 생각하고 있습니다. 첫째, 리얼리즘, 즉 상대적으로 제한된 국민국가적 틀을 지닌 자본주의의 관점입니다. 둘째, 제국주의, 즉 더 큰 규모로 전지구적으로 팽창한 자본주의의 관점입니다. 여기서의 '전지구적'은 아직 우리가 말하는 의미의 '전지구적'은 아니고 더 큰 규모로 세계적이라는 의미입니다. 끝으로 전지구화된 새로운 자본주의의 관점입니다. 내 생각에 이것들은 자본 진화의 단계이며, 그 개념은 깊은 뜻에서 맑스주의적입니다. 그래서 사람들이 꽤 당혹스러워하면서 '후기자본주의' 같은 용어들을 피하려 할 때 나는 종종 즐거움을 느낍니다. 왜냐하면 그것은 그 용어들이 기본적으로 정치적이며 정치적 입장들을 함축하고 있음을 그들이 이해한다는 말이니까요. 동시에 내가 계급의 관점에서 충분히 생각하지 않는다는 비난도 있습니다. 어떤 경우에는 그런 면이 있을지 모르겠습니다. 그러나 나는 계급, 계급역할, 계급투쟁이 언제나 존재한다고 믿습니다. 다만, 오늘날 계급 문제는 매우 복잡한 형태를 띱니다. 어떤 명확한 노동계급 이데올로기가 없습니다. 지배계급 이데올로기도 마찬가지입니다. 더 복잡한 게임이 되었지요. 맑스가 경제결정론자였다고 말하고 싶지는 않지만, 내가 볼 때 맑스와 맑스주의의 역사적으로 중요하고 독창적이며 뛰어넘을 수 없는 점은 맑스주의가 어떻게든 경제적인 것을 포함하도록 요구한다는 점입니다. 맑스주의의 요구에 부응해 되짚어가다보면 결국에는 경제구조를 건드리게 되지요. 계급에만 관심을 한정하다보면 이내 정치연구, 권력에 대한 연구로 접어들게 되는데, 그러면 경제구조와의 연관을 잃기 시작합니다. 그래서 오늘날 푸꼬 등이 권력을 강조하는 것에 대해 나는 종종 내키지 않는 심정이지요. 그들의 주장이 어떤 때는 다소 너무 쉬운 얘기라는 생각도 들고요. 내게 있어 포스트모던 단계에 대한 이론은 경제이론입니다. 제대로 하려면 자본주의에 대한 논의로 갈무리를 해야 합니다. 따라서 내 작업의 일관성은 우리가 속한 단계로부터 나옵니다. 맑스주의적 구성 부분은 각 단계의 궁극적으로 경제적인 동력으로부터 나오는 것입니다.

장　그런 구체적인 의미에서 맑스주의가 하나의 철학이 된다, 이렇게 볼 수 있나요?

제임슨　그렇지는 않습니다. 데리다의 최근 저작 『맑스의 유령들』이 가치있는 것은 맑스주의가 존재론이 아니며, 존재론도 철학도 아니어야 한다는 것을 끈기있게 주지시키기 때문입니다. 내 의견도 그렇습니다. 맑스와 프로이트 둘 다에서 매우 독특한 점은 맑스주의 전통의 소위 이론과 실천의 통일을 그들이 보여준다는 것입니다. 이는 하나의 철학 체계로 거론될 수 있는 맑스주의가 없다는 의미입니다. 그 대신 매우 중요한 어떤 철학적 함의와 고찰이 있고, 이것들이 일종의 맑스주의적 철학의 전제를 구성하는 데 도움을 줍니다. 그와 같은 예를 루카치의 『역사와 계급의식』에서 볼 수 있습니다. 나는 지금 심술궂게 하이데거의 『존재와 시간』이 제대로 된 맑스주의적 철학 요소들을 지니고 있는 것으로 볼 수 있다고 암시하기까지 했습니다. 그러나 물론 다른 시도도 많습니다. 소위 동유럽의 정통 맑스주의 혹은 쏘비에뜨 맑스주의의 개탄스러운 실수는 변증법적 유물론으로 불리는 어떤 완전한 철학적 세계관을 예전에 철학논문을 작성하듯 작성해서 소유할 수 있다고 생각한 것이었습니다. 물질에서 시작해 정신과 사회로 질서정연한 방식으로 나아간다는 거지요. 나는 그런 생각에는 매우 반대입니다. 지금도 느슨한 용어를 써서 다양한 맑스주의 철학에 대해 말을 하려면 못할 이유야 없겠죠. 하지만 맑스주의가 그런 의미로 하나의 철학이라고 생각하고 싶지는 않습니다.

그밖에 현재 사람들이 때때로 이런 말을 하는 것을 보면 맑스주의가 하나의 철학체계라고 하는 데 그치지 않고 훨씬 더 심각하게는 맑스주의가 상당히 다른 무엇, 즉 역사철학이라고까지 합니다. 그와 같은 이의에 대해서는 다른 답변이 필요하겠지요. 맑스주의에는 분명 역사를 생각하려는 야심이 있고, 나도 소위 역사철학에 커다란 흥미를 갖고 있습니다. 부르주아 역사철학에서 이븐 할둔(Ibn Khaldun), 성 아우구스티누스(St. Augustine), 투키디데스(Thucydides)에 이르는 가장 흥미로운 텍스트 중에는 그런 역사철학서도 포함되어 있지요. 아무튼 나는 대체로 그런 의미에서 맑스주의를 역사철학이라고 부르는 것도 썩 옳다고 느끼지는 않습니다. 하지만 그것은 맑스주의를 하나의 철학체계로 보는 것과는 또다른 문제겠지요.

장 특정한 양태의 문화적-지적 생산과 개입을 지칭하기 위해 당신이 창안한 메타비평이라는 용어가 현재 널리 통용되고 있습니다. 이 개넘이 닦은 기반은 당신의 경우에, 그리고 아마 이 개념이 기능하는 방식으로 보자면 맑스주의를 위해 준비된 것이겠지요. 그 점에서 맑스주의는 적어도 그 계통으로 글을 쓰는 이들에게는 시장에 나와 있는 단지 또 하나의 브랜드로 보이지는 않습니다. 맑스주의 계통의 글쓴이들에게는 당신이, 늘 그들이 벗어나려고 하는 역사적·이론적 원천을 활용하여 어떻게든 맑스주의를 넘어선 경지에 이르는 것처럼 보입니다.

제임슨　여러가지 점에서 그렇게 말할 수도 있을지 모르지요. 이런 이론담론의 관점에서도 그렇고요. 다양한 이론 담론에 대해 내가 무어라고 말했든, 맑스주의 내에도 다른 것들보다 더 특권적인 이론적 입장이 있기는 하지요. 하지만 서로 다른 수많은 맑스주의적 이론담론들이 있어서 딱히 그렇게 말할 수는 없을 겁니다. 그렇다면 이것이 오늘날의 반토대주의자들에게는 수상쩍고 낡은 철학적 토대의 생존일까요? 만일 전적으로 맑스주의가 그런 의미에서 하나의 철학이라면 그럴지도 모르지요. 나는 그런 비난이 전적으로 맞다고는 생각하지 않습니다. 또 메타비평을 행하는 이들 중에 자신이 하고 있는 것이 맑스주의라는 것을 모르는 이들이 있다는 점도 이야기하고 싶습니다. 이런 지적인 참여를 스스로 의식해야 맑스주의적 세계관을 지니는 것은 아니겠지요. 결론적으로 맑스주의는 정말 모든 학문에 걸쳐 있어서 더이상 분리된 하나의 분야 혹은 전문성이 아니며, 모든 곳에서 두루 활동하고 있을 정도입니다.

그밖에 다른 이에게는 없는 어떤 비밀을 내가 가지고 있지 않느냐는 생각에 관해서는, 글쎄요, 공적 영역에서의 핵심은 누군가 해석을 내놓았을 때 사람들이 그 해석을 받아들이는지 아닌지, 그 해석을 그럴 듯하게 여기는지 아닌지의 문제입니다. 진짜 문제는 오늘날 나오는 수많은 해석들이 논의를 충분히 밀어붙이지 않는 까닭에 제대로 작동하지 않는다는 점입니다. 그렇지 않으면 자신들의 이데올로기적 성격을 의식하지 못하거나요. 나는 정말 맑스주의적 이데올로기들이 있다고 생각합니다. 우리가 늘 의식하지는 않지만 깊은 차원의 이데올로기적·계급적 참여를 결정짓는 국민적·개인적·정신분석학적 측면 등과 같은 특수한 상황에서 우리 모두는 이데올로기적이고, 이는 맑스주의의 경우도 마찬가지입니다. 맑스를 포함해서 위대한 맑스주의 사상가들은 모두 특수한 개인적·계급적·국민적 상황에서 나왔습니다. 맑스주의가 '과학'이라고 부르는 것을 포함해서 그 사상가들이 생산해낸 수많은 것은 맑스주의 이데올로기입니다. 나도 그 이데올로기 중 몇가지에 관심을 가지려고 노력하면서 (그것들 사이를) 왔다 갔다 하고 있지요. 맑스주의에 대한 나 자신의 견해를 어떻게 묘사해야 할지 모르겠지만 그것을 또 하나의 브랜드를 가진 이데올로기로 바꿔버리는 데에는 딱히 관심이 없습니다.

장 맑스주의가 다른 이론담론들에 대해 어떤 영향력을 행사한다는 시각은 맑스주의의 내재적 통일성, 맑스주의가 지닌 '거대담론'과 '총체성'에 대한 관심과 관계가 있습니까?

제임슨 그 질문에 답하려고 노력하면서 이론이 하나의 개인 언어, 혹은 사적인 언어라는 생각을 다시 살펴보겠습니다. 만일 다양한 학문 내에서 형성된 일단의 사람들에게 말을 건다면 어느정도까지는 이론이라는 개인 언어를 번역해서 그들의 언어로 전달할 수 있어야 한다는 게 내 느낌입니다. 그들의 언어를 해체하거나 비판하려는 경우에도 마찬가지지요. 내가 제안하고 싶은 것은 사람들이 내 작업을 통일되게 해주는 것으로 생각하는 이런 종류의 믿음이나 철학은, 더 적절하게 말하자면 하나의 번역 메커니즘이라는 점입니다. 나는 맑스주의가 이 언어들을 번역하는 데 있어서 대부분의 다른 체계들보다 훨씬 더 미묘하고 유연한 양식이라는 생각을 옹호하고 싶습니다. 일례로 가톨릭교처럼 위대한 보편적 체계들은 한때 그런 번역능력을 지니고 있었습니다. 예컨대 예수회 수사들 같은 부류의 가톨릭 신학자들이 하나의 철학언어에서 또다른 것으로 옮겨갈 수 있었던 방식에는 어떤 커다란 힘이 담겨 있었습니다. 내가 알기로 오늘날 맑스주의는 이런 능력을 지닌 유일한 세속적 형태입니다. 구조언어학이나 기호학은 그런 야망이 없었고, 그에 성공하지도 못했다고 생각합니다. 다양한 기호학이 존재론이나 맑스주의와 갖는 연관성은 역사적인 관점에서 분석해야 할 사안으로 남아 있습니다. 매우 흥미로운 역사 이야기지요. 하지만 맑스주의는 이 모든 것을 망라할 수 있는 번역 기술 혹은 장치의 하나로 여전히 존재한다고 생각합니다.

맑스주의가 특권적 사유형태라고 한다면, 그것은 이런 매개기능 때문이지 '진리'라는 어떤 신비적인 개념 때문이 아닙니다. 이와 같은 다양한 이론적 약호들 사이를 이 약호들 자체가 허용하는 어떤 것보다 훨씬 더 포괄적으로 매개하기 때문인 거지요. 지금 지젝이 말하고 싶어하는 건 라깡 이론이 바로 그런 번역약호라는 점이며, 아니 더 나아가 변증법과 맑스주의를 포함한 번역약호라는 점입니다. 나는 늘 라깡에게 매료되어왔고 분명 그 개념을 가지고 놀아볼 의향이 있습니다. 이와 관련해서는 지젝이 설득력있는 하나의 예가 되고 있지요. 맑스주의 같은 하나의 약호나 철학이 다른 것에 비해 진리의 위력이 있다는 게 아니라, 이런 약호들 사이의 매개라는 개념이 핵심적이라는 겁니다. 진리는 현실이 알아서 할 문제고 우리가 할 일은 약호에 관한 것이지요.

장 적어도 당신의 작업을 보자면 소위 맑스주의의 '위력'은 생산성 개념, 그리고 당신이 대상들을 흡수하여 그 사이를 이론적으로 매개하는 방식과도 관련이 있을 듯합니다. 그렇게나 엄청난 영역을 모두 망라하는 기회나 관심이나 정력을 지닌 이들이 흔치 않겠지요.

제임슨 글쎄요, 사람들은 자신의 연구를 통해 어떤 열정을 함양하는 경향이 있다고 생각합니다. 그리고 이런 열정에 대한 형식적 표현을 얻고 나면 상대적으로 힘을 다 써버렸다고 느끼지요. 이렇게 말하면 그 질문에 달리 접근하는 셈이 될 텐데요, 다시 말해서 내가 맑스주의와 맺는 관계는 신념이나 진리의 관점에서라기보다는 오히려 흥미의 관점에서라고 해야 적절합니다. 결국 정치가 삶에서 가장 흥미롭지요. 내가 보기에 새로운 문제에 맞대면하는 어떤 지속적인 추진력을 공급해주는 것은 정치와 정치적 참여입니다. 좌파 쪽의 많은 사람들이 쏘비에뜨가 종결된 지금 그 정치가 어디로 가고 있는지 몰라서 피로를 느끼게 되었고 지역의 '비이론적인' 문제들로 방향을 잡아 애쓰고 있습니다. 반면, 자본주의가 무엇인가, 그에 대해 어떤 대안들이 가능한가라는 질문이 내게는 여전히 화급을 다투는 중요한 문제입니다.

20년 전에 비해 지금은 상황이 매우 달라 보이므로 나는 이런 상황을 재이론화하는 데 지속적인 관심을 지니고 있습니다. 내가 이런 문제 중 어떤 것에도 더이상 관심을 갖지 않게 되는 시기가 오지 않기를 나는 바라고 있습니다. 여하튼 그런 일은 누구에게나 일어날 수 있지요. 그렇지만 나는 이 문제를 어떤 미리 구상된 정치에 대한 참여라는 개념보다는 사람을 추동하는 흥미의 관점에서 보고 싶습니다. 정치참여라는 개념은 변화하기 마련이고 우리가 처한 특정한 정치상황에서 과연 행동이 가능한지, 또 이 시점에 구체적으로 무엇이 중요하게 걸려 있는지 언제나 아는 건 아니니까요. 문화를 경제적 상황과 연관짓는 것에 대한 관심이 내게는 지금껏 상수로 자리해왔습니다. 비록 문화와 경제적 상황은 둘 다 변화하고 그 관계의 성격과 구조 자체도 변화하지만 말입니다.

장 그러한 번역 매개 메커니즘이라는 것이 내적인 약호화 체계를 갖추고서 자체의 이론적 정식화를 산출하는지요?

제임슨　맞아요, 번역 매개 메커니즘은 하나의 약호화 체계입니다만, 또한 문제틀이기도 합니다. 내가 계속 중요하다고 느끼는 중심적인 문제틀의 관점에서 내가 해온 작업의 전체 범위를 볼 수 있으리라 생각합니다. 다른 이론과 대화하는 문제라면 젠더 이론에서 탈식민주의까지 이론적 참여를 요청하는 일련의 새로운 이론들이 있지요.

장　내가 그에 대한 답을 듣고자 고집하는 이유는 이렇습니다. 상당한 정도까지 '서구문화' '서구학문' '서구이론'에 의해 형성된 프리즘으로 세계를 보는 중국 독자의 경우, 자신의 사회역사적 상황을 이해하려면 동시에 그런 매체나 요인의 메커니즘도 이해해야 하기 때문입니다. 역사적 진리를 추구하는 과정에서 어떤 종류의 방법론적 '진리'는 서구의 문화적·지적 세계의 구조에서 벌어지고 있는 일들을 파악할 필요에 부응하기 위해 탈역사화하는 경향이 있습니다. 그런 의미에서 당신의 작업, 어쩌면 '서구 맑스주의'의 작업 전반이 선호되었는지도 모릅니다. 그 이유 하나를 들자면 당신이나 서구 맑스주의의 작업을 통해 사람들이 대상을 흡수하면서도 그와 동시에 포괄적이고 비판적인 어떤 주체 위치를 견지하는 법을 배울 수 있기 때문으로 보입니다.

제임슨　그렇다면 내게 이 사안은 다른 국가의 상황에 내 자신의 작업을 확산하는 문제가 되겠군요. 나는 상황의 우선적 중요성이라는 게 있다고 정말 믿습니다. 또 국가들이 사라졌다고 말하는 것은 매우 어리석다고 생각합니다. 분명 오늘날에는 지식공동체들 사이에 주고받을 게 훨씬 더 많다고 생각합니다. 그러면서도 지식인들은 자신들의 특수한 국가적 상황에 기반을 두고 있는 듯 보이지요. 이런 점은 사태를 바라보는 두가지 시각을 낳습니다. 그 하나는 미국이 오늘날 자본주의의 가장 선진적면서도 동시에 가장 잔혹한 형태라는 시각입니다. 이 단계에서 미국인은, 이를테면 중국인은 말할 것도 없고 유럽인들과도 대립적인 독특한 위치에 놓여 있습니다. 내가 지난번에 독일을 방문했을 때 목격한 것은, 예컨대 대중문화에 관한 일련의 지적인 문제들의 경우, 독일인들이 제기할 필요가 없거나 적어도 아직까지는 그럴 필요가 없다는 점입니다. 내 견해가 어쩌면 국수주의적일지 모르겠는데 다른 나라의 대부분의 지식인들보다는 미국인들이 이런 문제들을 더 많이 맞닥뜨리지 않을 수 없습니다. 다른 곳의 지적 풍토가 아무리 매력적이라고 해도 말이지요. 이런 점이 그 하나가 되겠고요.

다른 하나는 내가 언제나 내 작업을 논쟁적인 방식으로 구상한다는 점입니다. 당신이 언급한 문화와 그 메커니즘에 대한 이론적 탐구 외에, 맑스주의자라면 다른 지적인 이데올로기들 역시 상대해야 합니다. 따라서 오늘날 중국이나 환태평양 전반에서 전체적으로 매우 다양하고 상이한 이데올로기적 입장들이 전개되는 게 확실한 상황에서 나는 어떤 면에서는 이곳의 전범위에 걸친 이데올로기에 대처해야 하는데, 이는 예컨대 중국 지식인이 중국본토, 혹은 홍콩이나 대만에서 맞닥뜨려야 하는 것과는 꽤 다르겠지요. 적들도 다를 테고 이데올로기만 해도 그 진전 정도가 제각기 다를 겁니다. 이로써 모든 이의 작업이 어떤 상황적 특수성을 띠지요.

우리는 모두 이상적 형태의 지식인과 지식인의 삶에 대해 향수를 느끼는데, 이 지식인과 그의 삶은 많은 사람들이 보기에 프랑스에서 역사적으로 실현된 것입니다. 비록 지금은 그것이 프랑스에서도 심각한 위기에 봉착해 있지만 프랑스 지식인의 역할에 대해서는 아직도 어떤 향수가 있습니다. 한편으로는 이런 상황 때문에 나 자신의 작업이 갖는 독특함이 설명되는 측면이 있지요. 그 이유를 들자면 미국에서는 문학, 미학, 문화에 대한 이론이 등장하면서 대두한 다원주의가 오히려 미국의 특징이 된 경향이 있는데, 종종 이 다원주의로 인해 특정 이론 내에서 활동하면서 다른 입장들과 맞닥뜨리는 것을 피하도록 결정하는 식의 소집단의 반응이 일어나고 있기 때문입니다. 그런데 이에 반해 나는, 더 좋은 일인지 아닌지 모르겠고 어떤 때는 좋다고 또 어떤 때는 그다지 좋지는 않다고 여기지만, 어쨌든 간에 이 모든 다른 입장들 전부와 상대할 필요가 정말로 있다고 느낍니다. 이런 입장을 맑스주의나 변증법이라고 부르고 싶을지도 모르겠는데, 안에서부터 언어들을 흡수하면서 그 언어들의 한계 등을 드러내는 과정을 통해 그런 작업을 한다면 그것은 맑스주의의 특별한 특징일 것이며 어떤 다른 문학·문화 이데올로기나 철학과는 상반되겠지요.

장 이상적인 형태의 지적인 삶과 문화적 활동 외에도 사람들, 특히 비서구 사회의 사람들은 이상적인 형태의 재현이나 내러티브, 즉 사적·집단적 경험들을 조직하는 하나의 방법으로서의 사유양식을 찾고 있다고 생각합니다. 그게 없다면 경험은 완전히 부서져 파편화될지도 모르지요. 따라서 맑스주의는 이 영역에서도 어떤 가능성들을 약속해주는 것으로 보입니다.

제임슨 절대적으로 그렇지요. 그것이 포스트모더니티의 내러티브, 그리고 그것이 후기자본주의와 맺는 관계의 요점이라고 생각합니다. 예컨대 환태평양 지역과 같은 세계의 여타 지역에서 무슨 일이 진행되든 간에 모든 이들은 이런저런 방식으로 자동화, 구조적 실업, 금융자본, 전지구화 등의 후기자본주의의 세력권에 갇혀 있는 듯합니다. 따라서 그 점이 조직화의 동력으로 보입니다. 파편화된 이런 현실을 꼭 존재론적 용어로 해결할 필요는 없습니다. 사람들은 파편화된 현실을 통일된 무엇으로 바꿔놓고서 그에 대한 세부 지도를 그리거나 재현하지는 않지요. 사람들은 파편화된 징후적 상호관계를 이론화합니다.

내가 볼 때는 이러한 틀, 특히 역사적 틀이 그런 작업을 가장 잘하게 해주고 일관된 내러티브를 가장 잘 제공해줍니다. 비록 그 내러티브가 비일관성을 설명하는 내러티브일지라도 말이지요. 나는 오늘날 우리가 이 일을 해야 한다고 생각합니다. 이제 우리가 논의했던 것들 중에 예컨대 형식상의 실패 등에 대한 이야기로 돌아올 수 있겠습니다. 과거에 성공적으로 재현된 위대한 순간들이 있었다는 이유로 지금 그와 같은 순간을 새롭게 이루기 위해 애써야 한다고 상상하는 것은 잘못입니다. 그러다보면 종종 단서를 제공해주고 상황을 조직해주는 재현이 불가능하다는 것을 강조하는 꼴이 될 수 있습니다. 자유주의 내러티브, 시장 내러티브, 혹은 자유와 민주주의, 법과 질서, 신념과 가치 등의 다양한 정치적 내러티브들같이 내가 아는 여타의 내러티브들보다 나의 전지구적 내러티브가, 단서를 제공해주고 상황을 조직해주는 종류의 재현과 관련된 일들을 더 잘 수행한다고 생각합니다.

장 그런 이유로 동시대 경험을 다루는 내러티브는 새로워진 형태의 내면성이나 통일성, 주체성, 향수, 집단성 등을 위한 안식처를 반드시 제공해주지는 않습니다. 그러나 여전히 이 모든 것이 여러 상황에서 정치적으로만이 아니라 문화적으로도 역할을 하는 것으로 보입니다.

제임슨 그렇습니다. 그런 종류의 용어를 계속 사용할 경우에도 다른 정식화된 표현들을 만들어낼 수 있겠지요. 내게는 이게 루카치식의 질문이 되겠습니다만 일관성을 내러티브의 기준으로 봤을 때, 완강하고도 비타협적으로 비/반-내러티브적인 질료들과 맞닥뜨렸을 때 무엇을 하게 될까요? 장담할 수는 없지만, 만일 비/반-내러티브적 질료들에 대해 변증법적으로 생각한다면 그것들도 역시 내러티브로 전환될 겁니다. 하지만 그것이 낡은 유형의 내러티브는 아니겠지요.

장 많은 곳, 예컨대 중국의 독자들에게는 일단 내러티브를 성취하고 나면 진리에 '더 근접하며', 따라서 그 내러티브를 성취하기 위해서는 강력한 주체성을 지녀야 한다고 생각하는 끈질긴 습관이 여전히 있는 듯합니다.

제임슨　일관성이라는 것은 자아가 아니라 세계로부터 오는 것임을 말할 필요가 있습니다. 신념과 확신을 확보하는 것 등 자아를 위해 무언가 하는 일은 세상을 일관되게 만들 수 있는 방법이 아닙니다. 일관성과 비일관성을 만들어내는 것은 세계요 자본주의입니다. 따라서 초점을 맞추어야 하는 것은 세계와 자본주의에 대해서지 다양한 종류의 주관적 방책에 대해서가 아닙니다. 물론 자아에서 벗어나기 위해서도 자아와의 특정한 관계를 창안해내기는 해야겠지요.

장　그 말이 그렇다고 중국의 문학·문화연구 분야에서 언어나 내러티브가 새로운 공간들과 주체 입장들을 '창조하거나' 만들어내지 않는다는 말은 아니겠지요. 예컨대 미국에서의 중국학만 하더라도 새로운 공간과 입장이 다른 이론담론들에 의해 생산되는 듯하니까요.

제임슨　하지만 어떻게 우리가 의지력만으로 이런 새로운 것들을 만들어낼 수 있을지 모르겠습니다. '미네르바의 부엉이는 황혼녘에 난다'고 하지요. 그 말의 의미는 우리가 주의를 기울여야 하는 것이 이런 새로운 '세계 내 존재'의 등장이라는 점입니다. 그렇지만 그 말이 꼭 그 새로운 세계 내 존재를 목격하고 명료하게 표현함으로써 그 존재를 더욱 실현하고 세계에 영향을 미칠 수 있다는 의미는 아닙니다. 개인은 새로운 것에 언제나 경계하며 깨어 있어야 하지만, 그 새로운 것을 자신으로부터 만들어낼 수 있을지는 확신할 수 없습니다.

또 하나의 질문은 오늘날 이론으로 무엇을 해야 하는지의 문제입니다. 그에 대해 복잡하게 헤겔식으로 답변을 하자면, 주체와 객체 간의 변증법이나 대립에서 우리가 종종 목격하는 것은 주체가 객체의 부분이며 주체가 객체에 의해 만들어지고 있다는 것입니다. 이론에 대해서도 같은 말을 하고 싶습니다. 다시 말해, 이론이 그저 어디 허공에서 나오는 게 아니건만 사람들은 이것을 해체해 추상으로 만들어놓기를 좋아하고 이렇게 추상화된 이론을 가지고 끔찍한 짓들을 했지요. 이론은 상황으로부터 나왔습니다. 이론은 완전히 새로운 후기자본주의의 상황에서 나온 그에 통합된 산물입니다. 그렇게 이론 자체가 새롭게 등장하는 내용의 일부이며, 따라서 세계의 객관적 현실의 하나로서 이론은 그 자신의 자율적인 발전을 겪고 현실에 다시 작용하며 사고, 대학체계, 지식인의 역할, 문화 생산 등에서 변화를 일으킵니다.

만일 이론을 우리가 알고 있는 객관적 문화, 역사, 사회적 현실에 맞서 그 위에 군림하는 제멋대로이고 주관적인 무엇으로 본다면 그것은 이론에 대한 역사적인 사고가 아닙니다. 이론은 역사적 상황의 일부입니다. 따라서 이론 자체의 등장이 살펴보아야 할 매우 중요한 문화적·역사적 질문이 됩니다. 모든 이론이 새롭던 초기보다는 오늘날 더 그런 면이 있다고 생각합니다. 하지만 이론이 존재하는 데에는 이유가 있습니다. 만일 탈구조주의 이론을 떠올려본다면 먼저 구조주의 자체가 등장했던 이유를 생각해볼 수 있겠죠. 이론이라는 것은 다층적인 사회적·문화적 사건이었습니다. 커뮤니케이션 기술을 포함해 기술 자체도 사회 현실의 일부분임을 감안하면 이론은 단순한 변덕이나 어떤 주관적인 것이 아니었습니다.

그런 한편, 맑스주의에는 우리가 원하는 '새로움'은 사전에 인지된 공식이며 이제부터 당신 같은 예술가가 그런 새로움을 생산해내야 한다고 말하는, 끔찍하고 파국적인 경향이 맑스주의에는 있어왔습니다. 미네르바의 부엉이라는 비유의 관점에서 보자면 예술가들은 새로운 현실을 기록하는 장치입니다. 그들이 무엇을 할지 미리 예측할 수는 없습니다. 무언가 새로운 것의 등장을 분별할 때마다 그 새로운 것이 우리 지식인들에게는 연구의 대상이 되어야 우리가 그 새로움(Novum)을 가지고 무엇인가를 하려고 노력할 수 있지요. 새로운 것이 나타나지 않으면 우리는 이전과 다름없는 행로를 계속할 겁니다. 이론 생산의 경우도 그와 다르지 않다고 생각합니다. 예술작품이 기록장치이듯이 이론도 그와 마찬가지이고 철학도 여전히 살아 있을 때는 그랬습니다.

장 더 자기의식적 기록장치인 맑스주의가 도구적 이성의 영역을 넘어서고 자유주의가 맞닥뜨린 '인간적 욕망과 사회적 공학'의 울타리를 넘어서서 새로운 해결책을 제시한다는 것인지요?

제임슨 맑스주의는 조리법이 아닙니다. 그런 일을 전혀 잘하지 못하는 형태의 맑스주의도 분명 있습니다. 사적인 견해입니다만, 예컨대 합리성이라는 말은 크게 도움이 안 된다고 생각합니다. 독일어에는 합리성에 해당하는 단어가 두개 있는데, 오성(Verstand)과 이성(Vernunft)입니다. 당신이 말하는 제한되거나 도구적인 합리성이 오성이지요. 사고 자체를 세계의 일부로 망라할 수 있을 변증법적인 시각이 이성으로 불리는 더 커다란 것이고요. 우리가 바로 지금 이성에 도달할 수 있을지는 모릅니다. 이성은 의식이 세계와 맺는 매우 복잡한 변증법적 관계니까요. 하지만 예술, 인식, 이론 등의 관점에서 말할 때 가장 핵심적인 것은, 자아로부터 벗어나 자아로 하여금 이런 기록장치가 되어 그런 것들을 잡아내도록 해주는 특정한 방법입니다. 나는 무엇이 '합리적'인지 아닌지 지나치게 빨리 판단을 내리고 싶지는 않습니다. 대상들 자체는 그저 있을 뿐이며 세계에 존재하며 실재하는 현상이므로, 자신들의 역사적 기원과 설명해서 밝혀야 할 궁극적인 의미를 지니고 있습니다. 하지만 합리성이나 비합리성의 언어가 그것들을 평가하는 효과적인 방법이라고 생각하지는 않습니다.

1970년대 프랑스에서는 '욕망'이 유행어가 되었는데, 들뢰즈 자신에게 그랬다기보다 그로 인해 영감을 받은 이들에게 그랬지요. 내게는 이모든 것들이 대상을 한방에 설명해낼 수 있는 것을 발견하려는, 다시 말해서 권력, 경제, 욕망, 비합리성 등과 같은 궁극적인 동기를 찾아내려는 시도로 얼마간 되돌아간 것으로 보입니다. 그게 인본주의입니다. 인본주의는 인간의 본성에서 이론을 만들어내려는 시도입니다. 반면, 상황에 대한 강조는 세계가 발전의 논리와 리듬을 지니고 있으며 이것들이 개인적으로 국가적으로 우리 모두에게 대개는 매우 불가사의하다는 점을 의미합니다. 어쨌거나 그런 상황이 우리가 보아야 할 것이지요. 따라서 궁극적인 동기부여나 궁극적 충동이라는 식의 언어는 별 도움이안 됩니다.

장 모더니티의 산물이기 때문에 맑스주의는 탈종교화하고 탈신비화하는 경향이 있습니다. 하지만 맑스주의는 또한 진정성과 총체성에 대한 그 자체의 개념을 제안하고 있지 않습니까?

제임슨 사람들이 거론하고 싶어하는 첫번째 주제가 종교입니다. 나는 헤겔에 대한 꼬제브(Alexandre Kojève)의 강연들을 다시 읽어보았는데요. 그의 요점은 헤겔이 반종교적 철학자가 아니라 근본적으로 무신론적인 철학자라는 점입니다. 왜냐하면 헤겔에게는 종교 자체가 현존하는 실제 사회현상이었기 때문입니다. 종교는 정말 사회현상들을 신비화합니다. 하지만 헤겔의 생각에 의하면 사회현상을 죽 관통해 다른쪽으로 빠져나오는 길은 이런 현상들을 무시하는 것, 즉 계몽주의식으로 그 현상들을 환상이나 순전한 오류, 미신으로 처리하는 것이 아닙니다. 오늘날의 종교는 매우 흥미롭다고 생각합니다. 예를 들면 이슬람 근본주의가 왜 오늘날 사회주의가 부재한 상황에서 미국식의 삶의 방식에 대한 근본적인 대안으로 나설 수 있는지에 대한 온갖 이유들이 존재합니다. 하지만 새로운 종교운동들이 예전 생산양식 시기의 위대하고 더 오랜, 모든 것을 포괄하는 종교들과 비교할 때 전혀 다른 종류인지는 의심스럽습니다.

유럽에 대한 이야기로 돌아오면, 더 구체적인 문제는 유토피아적 순간이 핵심적 사안이라는 점입니다. 우리는 이데올로기와 유토피아의 변증법에 대해 이야기하고 있습니다. 사회적 비전이 없는 사람들에 의해 수행될 때에도 탈신비화는 언제나 가치가 있습니다. 우리들 각자의 머릿속에 우리 모두가 언제나 지니고 다니는 환상들, 그리고 사회에 퍼져 떠도는 환상들을 탈신비화하는 것은 분명 언제나 유용하며 언제나 고통스럽습니다. 또한 고통스럽지 않으면 효과가 없지요. 확실히 맑스주의는 아주 강력한 탈신비화의 형식이었고, 또 부르주아가 경제에 대해 가장 생각하고 싶어하지 않고 계급이란 것을 언제나 무시하려 드는 한, 맑스주의는 언제나 탈신비화의 강력한 형식으로 남아 있을 수 있습니다. 맑스주의의 방식에 따라 더 구체적으로 그런 태도들을 전부 탈신비화해야 할 일이 늘 있습니다. 하지만 탈신비화가 비전 혹은 대안사회를 그려보려는 시도와 전혀 이어져 있지 않고 또 탈신비화의 동력이 유토피아적 구성요소나 동력과 연결되어 있지 않으면, 탈신비화에서 나올 수 있는 가장 생산적인 가능성들은 성취되지 못할 겁니다. 맑스주의가 탈신비화 작업과 함께 또다른 반(半) 종교적 의제를 가지고 있다고 말하려는 게 아니라, 그 두가지 충동이 연결되어 있다고 보아야 할 것이라는 말입니다.

하지만 예컨대 지금의 역사적 순간과 일상생활에서 우리가 종교적이라고 여기는 것들 대부분과 미래에 대한 유토피아적 정신 사이에는 차이가 있다고 생각합니다. 후자의 경우, 원한다면 이것을 일종의 종교라고 부를 수도 있겠으나 근본적으로는 정치적이기도 합니다. 어쩌면 내 작업에 존재하는 작은 하이데거적 순간들은 여타의 해체적·탈신비화적 작용들을 행하면서 유토피아적인 것을 난폭하게 혹은 강압적으로 다시 집어넣으려는 시도일지 모르겠습니다. 다양한 종교적 충동들과 경쟁할 수 있는 것은 오직 더 커다란 맑스주의적 유토피아의 충동일 뿐이라는 것이 내 느낌입니다. 시장이 유토피아적일까요? 글쎄요, 어떤 지적인 면에서는 분명 그럴지도 모릅니다만, 지금 시장이 지구상의 아주 많은 사람들에게 정말로 이용 가능한 유토피아라고는 생각하지 않습니다.

해방신학, 그리고 다른 위대한 종교들에 존재하는 해방신학적인 면을 상당히 존경한다고 말하고도 싶습니다. 그것이 어떤 나라에서는 특정 형태의 맑스주의보다 더 효과적으로 사회정치에 동기를 부여하는 방법이 있었던 데는 여러 이유가 있습니다. 그러나 나라면 유토피아의 용어들을 선호하겠습니다. 또 당신은 속류 맑스주의와 스딸린주의의 전통 전체를 기억해야 하며 그것들이 다양한 다른 종교운동들과 지닌 관계를 기억해야 합니다. 바로 그것이 뒤에 유감스러운 흔적을 남긴 역사이지요. 따라서 많은 이들에게 맑스주의는 종교, 그리고 심지어 유토피아마저 배제해버린 편협하게 정의된 계몽이성으로 비칩니다. 나는 전혀 그렇게 보지 않습니다. 그리고 정말이지 몇몇 위대한 맑스주의 철학자들은 그것들을 배제하기보다는 연관지었지요. 그 가장 두드러진 예가 에른스트 블로흐입니다만, 다른 이들도 있습니다.

장 하지만 당신은 유토피아를 인본주의의 관점에서 생각하기를 거부하지 않나요?

제임슨 글쎄요, 인본주의 같은 단어의 의미는 미끄럽기 그지없습니다. 알뛰세르주의와 브레히트가 겨냥한 한층 제한된 표적, 즉 위대한 부르주아 전통에 대한 쏘비에뜨의 견해나 사실상 부르주아 사상 자체에

314

대한 공격은 상당히 다르다고 생각합니다. 다른 곳은 몰라도 서구의 경우 인본주의는 개인의 일관성, 개인적 경험의 자율적 가치 개념들을 중심으로 구성됩니다. 자율적 주체에 반대하는 탈구조주의 운동 전체는 단순히 그런 인본주의적 개인주의의 철학적 고찰에 대한 비판이며, 집단성, 공동체 등의 이데올로기를 다시 구상해보도록 강제합니다. 물론 현재에도 공동체주의로 불리는 것이 있습니다만 이것은 상대적으로 더 우파에 가까운 집단성의 인본주의로서, 어쩌면 아주 다른 방식으로 비판받아 마땅하기도 합니다.

장 당신은 맑스주의의 사회-정치적 성격에 대해 설명했습니다. 하지만 중국에서는 맑스주의, 정확히 서구 맑스주의는 우선 대중사회, 의미를 확장하면 '전체주의적인' 사회의 물화와 속물화에 대항한 미학적 저항으로 간주됩니다. 1980년대에 서구 맑스주의가 중국에 도입된 계기와 방식을 보여주는 한 예가 류 샤오펑(劉小楓)의 『시가 된 철학』(詩化哲學, *Poeticized Philosophy*, 1986)인데요, 이 책에서는 아도르노와 마르쿠제 같은 사람들이 셸링(Friedrich Schelling), 횔덜린(Friedrich Hölderlin), 하이데거 등과 나란히 논의되었지요. 이런 점은 맑스주의가 당대 서구의 경쟁하는 다른 담론들보다 더 '시적'이며 따라서 더 호소력있는 사유방식이 되게 해주었습니다. 당신은 맑스주의가 지닌, '존재론적인' 것이 아닐지 몰라도 이런 '시적인' 양상을 어떻게 특징짓고 싶은지요?

제임슨 셸링을 특정 맑스주의적 원천의 하나로 다시 위치지으려는 강력하고 흥미로운 시도가 분명 있어왔고, 만프레드 프랑크(Manfred Frank)와 지젝의 작업이 그런 예들입니다. 그런 노력은 맑스주의의 유토피아적 특징들을 구성해보는 것을 함축한다고 생각합니다. 다시 말해 이 노력은 협소한 경제적인 내용에서 탈피하려는, 정확하게 말하자면 맑스주의를 확장하여 그것을 세상이 어떻게 느껴지고 인간존재들이 그 속에서 어떻게 살아갈 수 있을지에 대한 존재론적 혹은 시적 비전으로 만들려는 시도입니다. 그 점에 있어서 매우 가치있는 일로 봐야 합니다.

그러나 다시 말하지만, 당신이 일컫는 그런 시적인 종류의 맑스주의가 미치는 영향들을 보아야 합니다. 시적 맑스주의가 등장하는 시기에 그것이 미치는 영향들을 역사적으로 보아야 한다는 말입니다. 1960년대의 미국에서 마르쿠제의 저작이 반향을 불러일으킨 데에는 분명 이유가 있었습니다. 그의 이론들이 정치적이 되었다고는 해도 그건 더 넓은 의미에서입니다. 다시 말해, 정치를 행하는 데는 수많은 수준이 있다는 겁니다. 어떤 것은 몇년 전에 프랑스에서 있은 파업처럼 즉각적으로 경제적이지요. 그러나 정치의 핵심 중 하나는 대안에 대한 비전입니다. 사람들이 이런 유토피아적 비전을 발전시킬 필요가 있는 이유가 있었고, 그것이 특정 국가의 상황에서 정치적인 중요성을 띠면서 그 자신의 특수한 정치적·사회적·역사적 기능을 지니는 데에도 그 나름의 이유가 있습니다. 우리는 끊임없이 이런 것들을 그 역사적 맥락에 놓으면서 그것들의 이데올로기적 기능이 무엇이었는지 볼 필요가 있다고 생각합니다.

내가 볼 때는 이런 종류의 형이상학적 비전이 시시때때로 아주 중요합니다. 그렇다고 해서 형이상학적 비전이 우리가 해야 할 유일한 종류의 사유나 분석, 혹은 정치라는 의미는 아니지만요. 삶이 합리화, 기술, 시장현실로 축소된 듯한 상황에서는 세상의 변혁이 무엇을 의미할지에 관한 여타의 유토피아적 특징들을 거듭 주장하는 것이 매우 중요한 우선사항이 됩니다.

장 지금까지 당신은 상황과의 관계로 정의한 맑스주의의 객관적 측면을 강조해온 것으로 보입니다. 무엇의 지도를 정밀하게 그려내고 내러티브로 제시하기 위한 이 강력한 메커니즘과 관련해서, '주관적인' 이라는 용어를 피하자면, 능동적인 측면은 어떤 게 있을지요?

제임슨 변증법의 문제는 매우 복잡합니다. 이 개념을 완전히 제거해야 한다고 생각한 맑스주의가 있었습니다. 그 하나의 예가 알뛰세르의 맑스주의인데, 그 부분적 이유인즉 변증법이 너무 관념적이거나 어쩌면 너무 복잡해서 설명할 수가 없다는 것이었지요. 나는 우선 변증법이 취할 수 있는 형식이 수없이 많다고 생각합니다. 그래서 철학세미나에서가 아니면 '그' 변증법이라고 말하는 게 남용적인 행위로 보입니다.

또 나는 변증법이 충분히 실현되지 않았다고 생각합니다. 이에 대해서는 엄청난 분량의 헤겔 저작들이 있고, 또 마찬가지로 엄청난 분량이지만 훨씬 단편적인 맑스의 저작들이 있습니다. 나는 변증법을 유토피아적인 방식으로 보아 미래에 대한 하나의 사유방식으로 여기고 싶습니다. 1820년대의 베를린, 혹은 1870년대의 런던에 한때 존재했던 무엇이라고 보기보다는 말이지요. 나는 그것이 변증법에 대해 생각하는 더 간명하고 유용한 방식일 것이라고 생각합니다. 내 관심을 끄는 방식들 중에 지금 당장 세가지 정도는 예로 들 수 있습니다. 하나는 개인의 의식 혹은 사회와 같은 물화된 실체의 논리보다는 상황의 논리를 강조하는 경우일 듯합니다. 상황의 논리, 상황의 지속적 변화가능성, 상황의 우선성, 그리고 상황에 따라 어떤 것은 가능하고 다른 것은 가능하지 않게 되는 방식 등에 대해 강조하다보면 내가 변증법이라고 부를 그런 종류의 사고에 다다르겠지요.

그리고 소위 역사철학 혹은 역사변증법의 문제가 있습니다. 여기에서도 역시 변증법은 사회주의의 불가피성 같은 맑스주의적 내러티브 몇몇을 포함해 이미 존재하는 다양한 역사적 내러티브들을 지속적으로 해체하거나 탈신비화하는 종류의 변증법입니다. 그것이 인과성의 제거는 아닐 겁니다. 내러티브와 인과성은 함께 가고, 내러티브 논리는 인과적 논리라고 생각하니까요. 하지만 분명히 변증법은 이미 받아들여진 형태의 내러티브와 역사적 인과성을 해체하는 작업을 함축할 겁니다. 맑스의 『루이 보나빠르뜨의 브뤼메르 18일』(*Der 18te Brumaire des Louis Bonaparte*, 1851~52)을 보면 어떤 단순한 형태의 종합은 보이지 않습니다. 그 대신 당혹스러울 정도로 수많은 새롭고 더 복잡한 사회적·역사적 인과성을 읽을 수 있는데 이를 통해 사람들은 스스로 역사에 대해 이야기하는 기존의 더 단순한 방식들을 교정하게 되지요.

세번째 특징은 모순에 대한 강조입니다. 그것을 강조하는 이는 철학적 접근방법이 있든 없든 알게 모르게 언제나 변증법적이 됩니다. 우리는 모두 어떤 존재론적인 이해관계에 의해 모순을 보지 않으려는 듯합니다. 우리는 사태가 안정되기를 원합니다. 우리는 현대이론에서 일정한 역할을 한 존재의 습관이 바로 시간이었다고 생각하고 싶어합니다. 우리는 또 우리가 통일된 주체들이며, 우리가 마주한 문제들은 재현적인 것이어서 충분히 생각해서 해결을 보기가 상대적으로 쉽다고 생각하고 싶어합니다. 그런데 우리가 무언가를 통일된 방식으로 우리 자신에게 재현하는 매순간 우리가 그것을 해체하려고 노력하고 그 특정한 경험 뒤의 모순이나 다양성들을 보려고 노력한다면, 우리는 변증법적으로 생각하는 걸 테지요.

우리가 구체적인 상황에 대해 생각하는 방식에 있어서, 그리고 역사와 현실에 대해 생각하는 방식에 있어서 변증법이 어떻게 작동하는지 묘사해줄 더 실용적인 방법들이 분명히 더 많이 있습니다.

장 당신이 변증법의 작용, 특히 그 자체가 사유의 형식이 되는 대상들 사이의 얽힘에 대해 묘사하는 방식을 듣다보니 벤야민이 빠리의 공간을 대상으로 알레고리적으로 지도를 그린 것이 떠오릅니다(벤야민의 작업 자체가 맑스의 『루이 보나빠르뜨의 브뤼메르 18일』을 연상시키니다만). 변증법과 알레고리의 관계는 무엇인지요? 아도르노는 벤야민의 양식이 '비변증법적'이라고 보았는데요.

제임슨 사람마다 어떤 제안들을 내놓기 마련이 아닌가 싶습니다. 우선, 많은 사람들은 변증법을 묘사할 때 그것이 체계가 아니라 방법이라고 주장합니다. 어떤 면에서는 나도 동의하고 나 자신도 때때로 그렇게 말했지요. 하지만 이 역시 오도할 소지가 다분합니다. 왜냐하면 '방법'이라고 하고 나면 이제 해야 할 일은 어떤 비책을 배우는 것이라고들 생각하니까요. 한번 배워놓은 뒤 몇번이고 거듭해서 쓰면서 여전히 진실됨을 유지할 수 있을 무엇인가로 말이지요. 비록 변증법에 방법의 정신이 얼마간 있기는 하지만, 변증법이 그런 의미의 방법은 아닙니다.

이제 알레고리에 관해 보자면, 알레고리란 변증법과는 다른 무엇, 즉 재현의 방식이라고 생각합니다. 알레고리가 중요한 이유는, 비록 우리가 상황의 역사적 가변성에 충실하고, 변화에 대한 낡은 내러티브를 타파하려고 노력하면서 새로운 내러티브를 발견하고, 모순을 인식하고 등등에 대해 이야기해도, 우선 이런 목표들 중 어느 것도 실제로는 물건이 아니었기 때문입니다. 따라서 두번째 문제는 이런 현상들을 어떻게 묘사할 것인가, 그것들이 정말로 물건이 아닌 이상 그것들에 대한 의식을 어떻게 형성할 것인가입니다. 바로 그것이 알레고리가 등장하는 대목입니다. 왜냐하면 우리가 어떤 상황이 있다는 것을 믿는다고 해도 상황 자체는 우리가 그저 재현하기만 하면 되는 사실주의적인 것이 아니기 때문입니다. 또 우리가 내러티브의 존재를 믿어도 순전한 관계성에 대한 인식 역시 그렇게 쉽지 않다는 것도 그 이유입니다. 세계가 하나의 내러티브 구조를 지니고 있다고 말하는 것이 세상에 대해 단순한 이야기를 할 수 있다거나 현실들을 그대로 이야기로 번역해내는 재현기술이 있다는 의미는 아닙니다. 모순을 주장한다고 해서 지금까지 누군가가 그것을 보았다거나 모순이 무엇이든지 간에 그것을 생생하게 묘사하기가 쉬울 것이라는 의미는 아니지요. 따라서 알레고리에 대한 주장은 더 깊고 근본적으로 상관되는 이런 현실의 재현이 어렵거나 심지어 불가능하다는 점을 강조하는 것입니다. '재현불가능'이라고 말하면서도 주저되는 것은 사실은 불가능하지 않은 것을 불가능하다고 해서가 아니고—실제로 나는 그런 현실을 재현하는 것이 불가능하다고 생각합니다— '불가능성'을 말하는 순간 침묵, 궁극적 불가지성, 세계의 혼돈, 재현불가능성, 불확정성 등에 대해 바람직하지 않은 온갖 방식으로 말하는 여타의 이데올로기들 안으로 흘러들어가버리기 때문입니다. 한마디로 이론적 패배주의로 떨어지고 말지요. 알레고리는 당신이 무엇을 재현할 수 없다는 것을 알면서도 재현하지 않을 수 없을 때 발생합니다.

장 하지만 도시 공간에서 자신이 처한 상황을 파악하고 방향을 잡으려고 노력하는 사람을 은유로 삼은 '인식의 지도 작성'이라는 당신 자신의 개념이 변증법과 알레고리라는 두 영역 사이에 다리를 마련해주는 게 아닌가요?

제임슨 나는 그런 식으로 생각해보지는 않았는데, 흥미로운 표현이네요.

장 당신의 견해에 따르면 변증법적인 사유는 순수하게 '지적' 혹은 사변적 작용일 수는 없고, 경제, 정치, 개인사 등을 포함한 지속적인 투쟁인데요……

제임슨 거기에는 우리 자신의 이데올로기도 포함되겠지요. 네, 그렇습니다. 성공적인 변증법의 표지는 충격, 놀람, 선입견의 해체 등입니다. 진리 혹은 실재(the Real)를 힐끗 볼 수는 있지만, 그때 자신의 이데올로기, 세계에 대한 환상, 소망충족 등이 다시 스며드는 까닭에 다시금 진리에서 벗어납니다. 그 지점에서 정신분석학은 훌륭한 유추를 통해 진리의 순간은 이와 같이 단속적이고 찰나적이고 고통스러운 것이며 우리가 필연적으로 언제나 계속 잃어가면서 단지 또 단속적으로만 얻게 되는 접촉임을 가르쳐줍니다.

그 점이 변증법을 하나의 철학으로 생각하는 것이 잘못인 또 하나의 이유입니다. 아마도 철학에서라면 일단 진리를 발견하면 그것을 기록할 수가 있기 때문이지요. 헤겔은 자신이 그 일을 하고 있다고 생각했고 적어도 그렇게 생각하는 듯 가장했지요. 자본주의는 존재론보다 훨씬 더 복잡합니다. 맑스는 우리가 자본 그 자체를 볼 수는 없음을 알고 있습니다. 따라서 그의 책은 그가 말하듯 매우 흥미로운 문학적 실험, 즉 실재를 얼핏 보기 위해 이것을 일정한 형식으로 어떻게 결합해낼 것인가 하는 서술(Darstellung)이었습니다. 내가 묘사한 대로라면 변증법은 어떤 재현적 종류의 체계적 철학일 수는 없기 때문입니다.

장 중국의 독자들에게 '문화비평'은 주로 제임슨적인 개념으로 1985년에 당신이 방문함으로써 처음 소개되었습니다. 지금은 '문화연구'가 중국, 대만, 홍콩의 학계 일각에서 호응을 얻기 시작했지요. 그들 사이의 관계와 차이는 무엇인지요?

제임슨 그 이야기를 정말 제대로 시작하려면 우선 범위를 미국의 경우로 좁혀 문화연구가 하나의 새로운 학문이라는 점을 먼저 말하는 게 최상의 방법일 거라고 생각합니다. 문화연구는 기존에 우리가 대중문화현상이라고 부른 것을 연구하기 위해 젊은 학자들이 개척한 영역으로, 음악, 텔레비전, 젠더, 권력형태, 민족성 등 전범위에 걸쳐 있습니다. 문화연구는 매우 중요한 개척으로서 그 덕에 지식인들은 소위 '포스트모더니티'에서 등장한 새로운 형태의 일상생활과 더 치열하게 씨름하게 되었지요.

국가적 상황이 일정하게 중요한 역할을 차지하는 다른 나라들의 경우를 보면, 문화연구가 문화사의 관점에서 볼 때 상당히 달라 보이고 문학현상, 과거, 사회운동 등을 포함하기도 합니다. 그래서 미국의 문화연구자들이 다른 나라의 문화연구자들을 만날 때 종종 어떤 긴장이나 충격이 발생하는데, 버밍엄학파에서 처음 문화연구가 전개된 영국과의 경우도 물론 마찬가지입니다. 으레 드는 생각인즉 어떤 특정 분야, 예컨대 여성학처럼 뚜렷하게 역사가 핵심적인 분야들을 제외하면, 과거 중에서 기꺼이 포함시키려는 내용에 비춰 판단할 때 미국인들이 훨씬 덜 역사적이라는 것입니다. 문학과 대중문화 사이, 그리고 옛 미학자들과 새로 등장한 문화연구자들 사이의 논쟁은 그 시도 자체에 깊은 상처를 남겼습니다. 거기에는 분명한 이유들이 있는데 몇몇 이유들은 강단의 구조에서 찾을 수 있고 또 문학이 엘리뜨적인 데 반해 대중문화는 민중적으로 여겨지는 미국의 계급구조에서도 이유를 찾아볼 수 있습니다.

문화연구에 대한 내 생각은 더 젊은 세대의 미국 지식인들이 지닌 생각보다 범위가 넓을지 모릅니다. 그러나 그렇다고 해서 내가 그들이 하고 있는 일의 가치와 그에 대한 관심을 어떻게든 폄하하고 싶다는 말은 아닙니다. 나는 그저 이 일이 매우 미국적이라고 생각할 뿐입니다. 미국 문화의 특수성과 예외성은, 미국인들이 자신들은 보편적이며, 아무튼 우리가 역사의 종언이라고 생각한다는 점입니다. 이 현실 외에 다른 현실은 없거나 아니면 프랑스인들이 하는 일, 중국인들이 하는 일 등 다른 현실들은 문화적으로 결정되는 반면, 미국은 진실하며 보편적으로 인간적이라는 거죠. 따라서 그들은 미국의 현실과 문화에 대해 역사적인 시각을 취할 필요가 없고, 어쩌면 이런 형태의 학문연구에 대해 계급적인 시각조차도 취할 필요가 없지요. 그들은 자신을 살필 때 스스로의 상황을 고려할 필요가 없습니다. 그런 한편, 미국문화가 어떤 일반화할 수 있는 의미로 실제로 후기자본주의라는 것은 분명합니다. 그럼에도 불구하고 미국인들은 후기자본주의 세계로부터 비판적 거리를 취하면서 자신들과 아직 후기자본주의 세계에 이르지 않은 다른 이들에 대해 상대적으로 편협한 태도를 취하지요. 그러면서도 이를 인정하고 싶어하지는 않습니다.

로런스 그로스버그(Lawrence Grossberg), 케리 넬슨(Cary Nelson), 폴라 트리클러(Paula Treicler)가 엮은 비평선집 『문화연구』(*Cultural Studies*)에 대해서는 나도 긴 글을 쓰기도 했습니다만, 그 책을 읽어보면 외국인들, 특히 호주인들이 미국의 편협함에 꽤 놀라워한다는 것을 알게 됩니다. 미국인들은 편협하면서도 스스로를 그렇게 생각하기는커녕 오히려 자신이 곧 보편적이라고 생각한다는 거지요.[3] 문화연구 프로젝트에 대해 조금은 더 변증법적인 자의식을 갖추고 우리 자신을 우리 상황의 구체성 속에 조금 더 위치지을 것을 바랄 정도만큼은 내가 반미적이라고 생각합니다. 우리의 상황은 후기자본주의지만 미국의 후기자본주의이기도 합니다. 이 자본주의가 미국에서 작동하는 방식은 유럽이나 일본에서 작동하는 방식과는 다릅니다. 자기비판적인 성찰성의 결여가 미국 문화연구의 연구범위를 제한한다고 생각합니다. 다시 말해, 그런 성찰성이 없다보니 특정 대상에 대한 분석을 이론과 연관짓는 것이 가로막히지요. 그런 점이 결점이라고 느끼지 않을 수 없습니다. 이런 분석을 행하는 것의 주안점은, 비록 그 자체로 아주 흥미롭고 또 철저히 생각해봐야 할 것이기는 하지만, 분석을 위해 분석하는 데에 그치지 않고 그런 분석들을 이론적인 문제틀과 연결하는 것입니다.

---

3 Fredric Jameson, "On 'Cultural Studies'," *Social Text* 34 (1993) 17~52면 참조.

장 이런 작업들은 꽤 이론적인 것으로 보입니다.

제임슨 그렇습니다. 하지만 이론에 대한 공격과 더불어 오늘날 이론의 상당 부분이 반이론적이 되었거나 아니면 적어도 이론의 포부로부터 멀어졌지요. 이 자리의 인터뷰가 전체적으로 보여주듯 이런 상황을 맑스주의적 틀에, 그리고 맑스주의적 시각에 놓고 보아야 합니다.

장 『쏘셜 텍스트』(*Social Text*)에 발표된 '문화연구'에 대한 글에서 당신은 학내 정치가 문화연구자들의 유일한 정치라고 말했는데요. 그것이 정말 무슨 의미인지요?

제임슨 그 점에 대해서 오해를 사고 싶지는 않습니다. 그런 식의 분석들 다수는 소수민족집단으로부터 나오기 때문에 결국 집단경험으로부터 나오는 셈입니다. 그래서 덧붙이고 싶은 말은, 미국의 학내 정치는 상당히 확장된 의미를 지녀서 캘리포니아의 소수집단 우대정책 논쟁에서 보듯 사회적 긴장을 포함한다는 것입니다. 그렇게 보는 것이 정치를 대학에 반하는 어떤 의미로 축소하지 않고 구체화하는 길이겠지요. 어느정도까지는 이런 문제가 정체성 정치라고 볼 수도 있겠습니다만, 대학 내에서 볼 때는 인정투쟁이기도 합니다. 오늘날 뒤로 밀리고 있을 멕시코계 미국인 연구 프로그램이나 아프리카계 미국인 연구 프로그램, 혹은 여성학 연구 프로그램, 기타 프로그램을 수행하려고 애쓴다면 더 전반적인 사회적 정치를 대학 자체의 틀을 통해 피력하는 셈이 되는 겁니다. E. P. 톰슨은 이런 상황을 개탄하면서 옛 좌파 지식인들은 사라졌고, 이제 남은 이들은 강단이론을 놓고 쌈질을 하는 학계에 속한 사람들뿐이라고 말한 바 있습니다. 그러나 학계 역시, 특히 미국에서는 변화하기도 했고 오늘날에는 학계 자체가 순전히 학계의 문제는 아니지요.

장 알다시피 어제 토론회에서 누군가가 당신을 '빨갱이 칸트'라고 언급했습니다. 포스트모더니즘에 대한 당신의 책에서 결론 장의 처음

몇 페이지를 읽어보면 흥미롭게도 당신이 칸트적인 무엇인가를 말한 것이 눈에 띕니다. 당신은 우리가 나누어 살펴보고 싶어할 세가지 차원에 대해 얘기하고 있습니다. (당신이 음식, 음악, 비디오 등 여러가지에서 포스트모더니즘적인 것을 좋아한다고 인정할 때처럼) 취향 혹은 판단의 차원, 분석의 차원, 끝으로 가치평가의 차원이 있다고 하셨지요.

제임슨　그게 아니라 그 사항은 앞서 우리가 말하던바, 즉 '자아'에서 벗어나 문화적·사회적 현실과 기타 의미의 현실들을 더 미학적이거나 직접적으로 경험할 수 있을 방법들과 관계가 있다고 생각합니다. 다시 말해서 내가 볼 때 취향의 차원은 우리 내부에서 우리가 자신도 모르게 어떤 종류의 문화현상에 매력을 느끼는 것을 포착하는 차원입니다. 갑자기 싸이버펑크가 나타납니다. 그러면 우리는 무언가 새롭고 중요한 것이 여기서 벌어지고 있다고 이해합니다. 대개 우리는 이 새로운 것들을 좋아하기도 하지요. 그 경험이 부정적일 수도 있겠습니다만, 사람들이 좋아하지도 않는 것에서 좋은 성과를 내는 일이 흔하지는 않다고 봅니다. 따라서 취향의 순간은 자신 내의 새로운 인식을 포착하고 새로운 욕구를 깨닫는 순간입니다. 그다음 분석의 순간은 취향이 기능하는 방식을 관찰하는 순간입니다. 예컨대 새롭게 발생한 이것이 무엇인지, 왜 그것이 발생했는지, 이 새로운 것을 가능케 한 조건은 무엇인지, 왜 특정한 시기에 싸이버펑크가 미국의 문화생활에 들어오게 되는지 말입니다. 그것이 분석이라고 부를 수 있을 차원이 되겠지요. 분석은 그 소설의 형태, 그 소설이 우리 자신, 그리고 우리의 상황과 맥락에 무슨 관계가 있는지를 결정하려고 노력하는 것입니다. 그다음이 평가의 차원으로, 역사적인 시각이 전개되는 단계입니다. 평가는 당장 맞닥뜨린 것들에 대해서는 불가능할지 모르나 나중에는, 예컨대 싸이버펑크가 후기자본주의의 표현인지 아니면 그에 대한 저항인지, 즉 복제인지 아니면 비판인지 판단을 내리는 것이 가능할 수도 있습니다.

인식이나 사고의 과정을 그렇게 인위적으로 쪼개볼 수 있을 것 같습니다. 그러나 나는 그와 같은 공식을 결코 고집하지는 않습니다. 이러한 공식이 더 전통적이고 심지어 칸트적인 미학 양식으로, 분명 피해야 할 어떤 것으로 빨려들어갈 수 있다는 점에서 어쩌면 당신의 말이 맞을지 모르겠다는 생각이 듭니다.

장 하지만 그 공식을 오늘날의 다양한 입장들과 대조 병렬된 일종의 칸트적 차별화로 보는 것도 흥미롭지 않을까요?

제임슨 그 공식이 칸트적이라면, 차이는 역사에 대한 서구적이고 포스트모던한 강조에 있을 겁니다. 다른 말로 나는 어떤 영원하거나 무시간적인 것에 기반을 두고 평가하고자 한 적이 없고, 내게 평가란 오로지 역사적 변화의 관점에서만 있을 뿐입니다. 아마 그 점 때문에 칸트적 체계가 불가능하겠지요.

장 지리정치학적으로 볼 때, 철학에서 이론으로 이동하고 어쩌면 그다음에 이론에서 현대문화에 대한 비판적 분석으로 이동한 것은 유럽에서 북미대륙으로 권력이나 생산성이 이동한 것과 평행을 이룹니다. 이런 과정, 그리고 이런 과정에서 당신 자신이 한 역할을 어떻게 묘사하고 싶은지요?

제임슨 스스로를 그렇게 인식하면서 편안해하기란 아마 가장 곤란하지 않을까 싶습니다. 알다시피 우리 미국인들은 이론의 관점에서 볼 때 일종의 전동벨트였다고 생각합니다. 예컨대 프랑스 이론이 처음에 영국을 거쳐 미국으로 들어온 것은 벤 브루스터(Ben Brewster)의 알뛰세르 번역이 버소(Verso) 출판사에서 나오면서였어요. 따라서 당시에는 영국이 적어도 우리에게는 일종의 전파자 역할을 했습니다. 지금은 우리가 중국에 그런 기능을 하고 있는 게 아닌가 생각합니다. 따라서 우리가 1970년대에 그 모든 것을 발견함으로써 느꼈던 흥분을 오늘날에는 당신들이 더 집중된 형식으로 느끼고 있지요. 그것이 즉시 전달되니까요.

이론과 실천 사이에 새로운 분업이 일어났다고 생각하는 입장들이 있다는 걸 압니다. 제3세계는 실천을 하고 텍스트를 생산해내는 반면, 제1세계는 이론을 제공하고 그에 대해 생각하는 거지요. 하지만 세계의 다른 지역들에서 나오는 매우 특정한 형태의 이론들이 점증하고 있습니다. 지금 그런 일이 발생하는 가장 두드러진 예가 인도의 하위문화 연구입니다. 그런 한편, 미국은 자신이 무엇을 하고 있는지도 모르므로 이론생산의 중심이 못되지만 사람들이 산업생산의 중심이 영국에서 미국으로 옮겨갔다는 식으로 생각하기 때문에 미국에 일종의 상황적인 기득권이 있다고 생각합니다.

그러나 다른 한편으로 이론과 실천 사이의 분화를 또한 경제적인 관점에서 고려해야 한다고 확신합니다. 어쨌거나 지금 전세계로 후기자본주의가 수출하는 주요 품목은 미국문화니까요.[4] 따라서 그 문화에 대한 이론은 필연적으로 그것〔후기자본주의—옮긴이〕을 뒤쫓게 되지요. 사람들은 이런 제국주의적인 문화수출품과 그에 대한 이론들 자체를 언제나 구별할 수 있습니다. 좋든 나쁘든 이것은 미국의 생산물, 즉 오락과 문화가 지배하는 세계를 반영해야 합니다. 나는 죄의식에 사로잡혀 자신을 비난하는 데 반대하고, 그래서 솔직한 심정으로 나는 우리가 우리 자신의 이론들을 수출하지 않아야 한다거나 문화적 제국주의자여서 유감이라며 늘 가슴을 치면서 한탄한다거나 해서는 안 된다고 생각합니

---

4 Fredric Jameson, "Globalization and Political Strategy," 앞의 책, 49~68면; "Notes on Globalization as a Philosophical Issue," 앞의 책 54~77면 참조.

다. 미국에는 우리가 특권적 견해를 지닌, 분석해봐야 하는 것들이 있습니다. 우리가 정치적·문화적 지식인으로서 우리의 작업에 대해 생각해보자면, 우리가 달성해야 할 특정한 종류의 중요한 비평임무가 있으며, 정말이지 이것들은 미국 바깥에서는 이뤄질 수가 없습니다.

장　후기자본주의로 인해 조직화되는 동력으로서 비판적이고 정치적인 지식인들의 전지구적 연합전선 형성을 기대할 법합니다. 하지만 지금까지 그렇게 진행된 것으로 보이지는 않습니다. 서구와 비서구 사회의 차이뿐만 아니라 다양한 국가적·지역적·국지적 정치가 진정으로 세계적인 방식으로 생각하는 것을 가로막고 있는 듯합니다. 그 문제에 어떻게 접근하시겠습니까? 그런 연합전선이 가능하고, 나아가 바람직하다고 생각하시는지요?

제임슨　글쎄요. 전지구적 노동운동이 아직 출현하지 않았듯이, 진정으로 국제적인 지식인연합이 아직 존재하지 않는다는 것이 놀라운 일은 아닙니다. 하지만 사업과 금융센터들이 서로와의 연계, 특히 교환과 거래를 가속화하는 것을 가능하게 한 기술을 마찬가지로 지식인 네트워크들이 붙잡지 않는다면 그게 놀라운 일이겠지요. 사실 이런 일은 이미 진행되고 있으며, 근대나 제국주의 시대의 경우에 비해 오늘날에는 전세계 모든 곳의 다른 나라들에서 벌어지는 운동과 지적인 활동에 대해 훨씬 더 많이 인식하고 있다고 생각합니다.

이와 함께 초국가적인 문학작품, 작가, 지적인 인물 같은 것도 물론 출현합니다. 분명 데리다나 쌀만 루슈디 같은 사람들은 국제교류의 차원에서 살아가면서 연구하는데, 이 차원은 다양한 국가적 연계를 포함하지만 그것들 모두와도 구별됩니다. 이 점은 과거에 '세계문학'이라고 불린 것에 상응하는 새로운 형태로 보일지 모르겠습니다. 관례적으로 '세계문학'은 직접적인 국가적 맥락을 넘어서 다양한 국가의 청중들에게 호소한 고전들을 포함하는 것으로 이해되었습니다. 하지만 내 생각에 그 의미는, 예컨대 여러 인물 중에서 괴테가 세계문학을 선구적으로 주창했을 때 그 표현이 의미한 것과 딱히 같지는 않습니다. 그가 이 주제에 대해 남긴 몇 안 되는 단편적인 텍스트들을 살펴보면 그가 염두에 두고 있는 것이 지적 네트워크 자체, 그리고 새로운 양태의 지적·이론적 상호연관 관계였음을 깨닫게 되는데, 구체적으로 보자면 당시에 주목받은 국민적 신문들과 더불어 『에딘버러 리뷰』『르뷔 데 되 몽드』 등의 위대한 정기간행물들이 강조하던 지적 네트워크였음을 알게 됩니다. 괴테 자신이 바이마르(Weimar) 시절에 이것들을 읽었지요. 괴테에게는 상호 의사소통이 국가적 규모의 지적인 교류에 새로이 접근해간다는 것이 역사상 최초로 있는 일로 보였고, 그는 이 새로운 접근에 대해 세계문학(Weltliteratur)이라는 표현을 만든 거지요. 그러나 이 표현은 지금의 새로운 전지구적 맥락에서는 더이상 그렇게 적절해 보이지는 않습니다. 오늘날에는 이와 같은 종류의 것이 훨씬 더 광범위한 규모로 출현하고 있지만, 그 발전을 북돋우려면 특별한 주의를 기울일 필요가 있다고 믿습니다. 문학 자체의 경우와 마찬가지로 이 경우도 국가적 맥락에서 솟아나 모든 이에게 이용 가능할, 즉각적으로 보편적인 이념들을 생산해내는 것을 의미하지는 않습니다. 세계문학은 국가적 맥락들 제각각을 매개하고 관통하는 것을 의미하지요. 이는 사실상 우리가 다른 국가의 상황에 위치한 지식인들과 대화한다고 할 때, 국내 지식인과 외국 지식인 자체는 국가적 상황들 혹은 우리가 일컬은 바 국민문화들 사이의 접촉을 위한 매개일 뿐임을 의미합니다.

타자의 상황에서 발생하는 지적이거나 미적인 사건들 그 어느 것을 이해하기 위해서도 우리는 이런 상황들을 관통해 가야 합니다. 그다음에 여기에서 나오는 것은 지적인 활동의 진정한 비교이지, 보편적 인간성이라는 어떤 공허한 의미에서 그 활동을 탈맥락화해서 절대성으로 승화시키는 것이 아닙니다. 이것은 분명 우리에게 알아가며 공감하는 엄청난 노력을 부과하며 또한 불균등과 비교불가능성의 문제를 제기합니다. 그리고 이 때문에 특정한 대상이나 항목에 대한 외국의 위신가치(威信價値)를 미리 그 안으로 넣을 수 있는 대단히 복잡한 등식들을 고안해야 합니다. 한편으로 그 일에는 전세계의 좌파적 시각들을 연결하는 데 있어서 엄청나게 풍부한 세부작업이 요구될 것입니다. 일시적인 정치적·사회적 비관주의에도 불구하고, 또 집단적 실천의 영역에서 이뤄질 수 있는 것이 겉보기에는 무력화된 듯함에도 불구하고, 내가 보기에 지금은 우리가 한동안은 부지런히 생산적으로 움직일 수 있을 지적 활동의 거대하고 매우 풍성한 영역이 좌파에 존재하는 시기입니다.

장   시간 내주셔서 대단히 감사합니다.

스리니바스 아라바무단 ·
란자나 칸나와의
인터뷰

당신이 전체 이력에 걸쳐 대화해온 특정 맑스주의에 대한 질문으로 시작하고 싶습니다. 넓게 보아 당신의 이론들은 서구 맑스주의의 전통, 특히 프랑스-독일계에 위치한다고 자주 언급된 바 있습니다. 싸르트르, 루카치, 브레히트, 마르쿠제, 블로흐, 벤야민이 당신에게 매우 중요한 것은 분명합니다. 알뛰세르는 중요한 매개인물로 보이는데, 비록 방금 언급한 다른 이들에 대해서보다 덜 공감적이기는 하나 당신은 그를 깊이 끌어들입니다. 그렇지만 그람시나 레이먼드 윌리엄스 같은 소위 문화적 맑스주의자의 경우, 특히 그들의 몇몇 개념이 소위 포스트맑스주의에 이르면서 당신의 흥미가 줄었다고 하는 게 맞지 않을까요? 그리고 당신의 접근방법을 원숙한 헤겔적 방법이라고 특징짓는 것에 대해서는 어느 정도나 동의하시는지요? 또한 당신의 개념 장치에 의미심장하게 더해진 러시아, 중국, 제3세계의 맑스주의 이론가들이 있는지도 궁금합니다.

제임슨 '서구 맑스주의자'는 1973년에 페리 앤더슨이 제안한 용어인데, 대체로 나는 나 자신을 그렇게 생각하지는 않습니다. 어쩌면 나는 그보다는 경제근본주의자에 가깝습니다. 어쨌든 서구 맑스주의자라는 개념은 (창시자인 루카치를 제외하고는) 전형적이지 않은 공산주의자나 뜨로쯔끼주의자를 특징짓는 개념으로, 일을 도모할 때 명백한 정당-정치적 특성을 배제하면 무슨 일이 일어나는지 보여주자는 것이었습니다. 서구의 맑스주의를 특징짓는 것은 다음의 세가지 뚜렷한 요소들이라고 말하고 싶습니다. 첫째, 정신분석의 포함입니다. 둘째, 엥겔스에 대한 의심입니다. 엥겔스는 맑스주의를 근본적으로 변화시켜 하나의 철학, 심지어 소위 변증법적 유물론이라는 형이상학으로 만들어버렸습니다(이 점은 또한 사람들이 과학과 자연변증법에 대해 빅토리아적 반감을 지니게 된 이유를 설명해줍니다). 셋째, 문화와 이데올로기에 대한 압도적인 강조입니다. (카를 코르슈라는 소홀히 다뤄진 탁월한 인물이 지닌 위력과 관련해 말하자면, 서구 맑스주의자들 중 어떤 이에게는 '역사주의'라는 말을 덧붙일 수 있을지도 모르겠습니다만, 어쨌든 변증법적 유물론에서 역사적 유물론으로의 회귀는 그런 전반적인 변화를 함축합니다.) 나는 정말이지 이런 사항들을 모두 인정합니다만, 현대의 맑스주의라면 순전히 문화비평, 혹은 이런저런 정신분석학적 세계관으로 빠져들어가는 것을 막는 것이 중요하다고 느낍니다. 따라서 나는, 무엇을 강조하든 그것이 경제 문제에 있어서 어느 특정 신념을 택하는 것과 완벽하게 양립 가능했다는 점과, 실제로 어느 특정 입장을 강조하더라도 그와 더불어 계급투쟁이 어디에나 존재하며, 자본 자체가 균등하지 않고 간헐적이기는 해도 지속적으로 팽창하면서 아주 분명하게 언제나 노동비용을 낮추고 이윤을 극대화하며 경쟁에 대응해야 하는 필요에 의해 추동되기 때문에 역동성을 지닌다는 점을 늘 주장해왔습니다. 자본주의의 이런 특징들은 냉전시기와 분간이 어려운 안개 속 같은 다양한 사회민주주의 운동 및 정부들 때에도 때때로 그랬지만, 완전히 전지구화된 지금의 상황에서 다시금 더 분명하고도 불가피하게 드러났지요. 그래서 비록 창조적 운동으로서의 맑스주의를 처음 접한 계기가 1950년대 프랑스의 정신, 특히 싸르트르의 사례로부터였지만, 초창기에도 나는 언제나 맑스주의가 옳다고 느꼈습니다. 그 10년의 끝무렵에 벌어진 꾸바혁명은 당시의 내게 맑스주의가 집단운동이자 문화적으로 생산적인 힘으로서 건재하다는 것을 입증해주었지요. 그러나 1950년대 중반에 베를린에서 공부할 때 나는 루카치를 정말 많이 (그리고 브레히트도 꽤) 읽었습니다. 프랑크푸르트학파에 대해 말하자면, 그들 역시 언제나 탁월한 변증법 수행자들로서 수면 위에 나타나 있었지요. 내가 헤겔주의자냐구요? 내가 헤겔 변증법의 동반자인 것은 분명하지만, 철학적 의미에서의 어떤 원숙한 헤겔주의자는 아닙니다. 그처럼 원숙한 헤겔주의자들이 오늘날 아직도 정말로 존재하기는 합니다만!

윌리엄스와 그람시에 대해 말하자면, 나를 다소 머뭇거리게 하는 것은 바로 그들 모두가 지닌 아주 감탄할 만한 점, 즉 그들이 활동하고 투쟁한 구체적 상황에 대한 헌신입니다. 그러나 바로 이렇게 영국이나 웨일스, 이딸리아나 씨칠리아의 상황을 우선적으로 하기 때문에 이 이론가들은 초강대국의 이론가들에게는 덜 유용합니다. 또한 나는 그런 이단적이거나 적어도 대립각을 세운 맑스주의들이 그 자체로 완성되고 자율적인 체계가 되는 경향에 대해 경고하고 싶기도 합니다. 따라서 나는 토대와 상부구조의 구분에 대한 윌리엄스의 비판을 따를 수가 없습니다. 왜냐하면 토대와 상부구조의 구분이 내게는 어떤 정통적인 해결책이 아니라 우리와 늘 함께 있는 해석의 문제를 위한 명칭이기 때문입니다. 또한 나는 내 대단한 친구인 볼프강 프리츠 하우크(Wolfgang Fritz Haug)가 '헤게모니'를 어떤 새롭고 독창적인 맑스주의적 개념으로 내세우며 우리를 특별히 그람시적인 철학으로 몰아가는 것에도 동조할 수가 없습니다. 그런 점에서 나는 신좌파로 불리는 어떤 것을 딱히 대표하지는 않는다고 생각합니다.

아라바무단　말이 나온 김에 더 이야기를 하자면, 남아시아의 맥락에서 나온 하위주체연구(Subaltern Studies)에 대한 그람시의 주요한 기여나 영향은 그가 정말 아주 다른 맥락으로 이동해간 하나의 상황이 아닌지요?

제임슨　글쎄요. 내가 느끼기에 그람시가 하위주체성 개념을 통해 의도했던 것은 단지 씨칠리아만이 아니라 북부까지 이딸리아 전체 노동계급 상황의 틀에 적용되는 노동계급의 습관을 지칭하기 위해서인데, 이 습관에는 복종과 존경뿐만 아니라 충분한 교양과 정치의식의 결여도 포함되었지요. 이 습관의 극복이 노동계급운동의 존재이유라는 것이었습니다. 반면에 내가 볼 때 인도에서의 하위주체성은 사실 노동계급과 대비되는 농민계급을 지칭하기 위해 고안된 것이고, 라나짓 구하(Ranajit Guha) 등이 밝혀낸 사실은 농민봉기의 역동성, 그리고 산업노동자와 대비되는 농민운동 특유의 정치의식과 관계가 있었습니다. 그렇기 때문에 하위주체와 관련된 용어 이상으로 무엇이 이전되었는지는 모르겠습니다. 에르네스또 라끌라우와 샹딸 무페(Chantal Mouffe)가 헤게모니라는 용어를 사용하는 맥락에 대해서도 같은 말을 하고 싶습니다. 그들이 지적한 것과 마찬가지로 헤게모니는 원래 레닌의 용어였습니다. 어쨌거나 나는 그들이 그람시가 염두에 둔 것과 꼭 같은 종류의 정치를 의미한다고는 생각하지 않습니다. 흥미롭기는 하지만 그들의 작업이 하나의 전거로 그람시에 기대고 있다는 점은 전혀 믿을 만하지 않습니다.

칸나　싸르트르, 그리고 그와의 관계에 대해 더 구체적인 것을 묻

334

고 싶습니다. 당신은 1985년에 「싸르트르 이후의 싸르트르」(Sartre after Sartre)라는 글에서 "유감스럽지만 불가피하게 싸르트르는 그 자체로 고문서 전공(專攻)을 가리키는 명칭이 되었다"고 썼습니다. 당신 자신의 작업이 싸르트르와의 연계를 통해 어떻게 형성되어 오늘에 이르렀는지를 반추하면서 어느 지점에 싸르트르의 미래를 설정할지 말해줄 수 있을지 궁금합니다. 알랭 바디우(Alain Badiou)에 대한 현재의 관심을 보면 싸르트르의 어떤 사유방식이 다소 되돌아온 듯한데요. 그게 아니면 바디우에 대한 관심이 마오주의에 대한 관심의 부활에 더 가깝다고 보시는지요? 또는 그 두가지가 연관되어 있는 것인지요? 파농(Frantz Fanon)에 대한 특정 탈식민주의적 관심의 경우에도 싸르트르의 존재론이 꽤 강조됩니다. 그리고 그렇게 보는 것이 지나치게 라깡적인 파농 독해에 대한 하나의 저항으로 자리잡았지요(예컨대 헨리 루이스 게이츠 주니어Henry Louis Gates Jr.는 호미 바바Homi Bhabha의 독법 이후 파농이 얼마간 검은 라깡이 되었다고 언급했습니다). 그렇다면 라깡과 싸르트르 둘 다에 대한 당신 자신의 관심을 전제할 때 그들을 그런 식으로 서로 맞세우는 것이 현명하지 못하다고 생각하시는지요? 또한 당신은 싸르트르와의 연계를 통해 형성된 작업, 그리고 싸르트르의 작업에 담긴 것과 같은 심오한 주의주의(主意主義, voluntarism)가 오늘날의 세계에서 가능성이 있다고 보시는지요? 아니면 지금은 그저 현재의 상황과 인간행동의 잠재성 사이의 분리 상태가 너무 심각할 뿐인 것인지요? 혹은 오늘날의 싸르트르주의는 그런 종류의 주의주의와 다르게 표출될까요?

제임슨 네, 싸르트르가 문서보관소, 또는 이를테면 전공 영역으로 들어갔다고 했을 때 내가 의미했던 것은, 이미 1960년대에 구조주의자들이 전후 프랑스에서 그 당시 진정으로 가장 중요한 단 하나의 사유와 철학의 동향이었던 싸르트르의 존재론에 대항하여 아주 광범위한 운동을 전개했다는 점입니다. 그들은 이 운동을 다양한 방식으로 매우 철두철미하게 했는데, 나는 그게 완전히 잘못된 것은 아니라고 생각해요. 다시 말하면, 그들은 개인의 의식을 강조한 싸르트르의 데까르뜨론에 문제를 제기하고 언어와 사회 등 개인의 의식에 깊이 박혀 있는 더 커다란 구조들에 상당히 더 큰 강조점을 두기를 원했습니다. 그들은 또한 경험에 관한 현상학적 관념들에서 벗어나 다른 종류의 구조적인 개념들로 옮겨가고자 했고, 내 생각에는 매우 환영할 만한 방식인데, 우리를 경제적인 혹은 무의식적이고 비경험적인 종류의 구조 쪽으로 돌려놓기를 원했습니다. 그 지점이 라깡뿐만 아니라 알뛰세르가 접목해 들어간 곳입니다. 이후 싸르트르에 대해 페미니스트적 공격과 비판이 일었는데 나는 늘 이런 공격과 비판이 괴롭고도 불필요하게 훈계적이며 또 이상하게도 엉뚱한 것이라고 생각해왔습니다. 싸르트르를 성차별주의자로 보는 생각은 내가 볼 때 괴기스러울 정도입니다. 아무튼 그런 생각 또한 분명히 깊은 영향을 미쳤습니다. 내 견해로는 현재 싸르트르에 대한 사후 평가는 소위 구성주의에 달려 있습니다. 비록 거의 완전히 무시되었지만, 싸르트르의 유산은 주체와 정신이 사회적·역사적으로 구성된다는 주장에 상당히 살아 있습니다. 너무 늦게 나오는 바람에 실제로 원래의 싸르트르적 혹은 존재론적 운동의 일부가 되지는 못했지만 충분히 탐험할 만한 것으로 남아 있는 또 하나의 지점이 『변증법적 이성 비판』인데, 여기에는 집단 형성과 동력에 관한 온갖 종류의 고무적인 생각들이 담겨 있습니다. 이 책은 분명 완전히 발전된 철학적 체계가 아니며 정치적인 체계조차도 아닌데다, 이 책이 기획하는 듯 보이는 정치가 근본적으로 소집단 정치, 게릴라정치이므로 비판하고 싶은 것도 많습니다. 하지만 싸르트르는 여전히 탐구할 것이 많고, 들뢰즈가 마침내 싸르

336

트르를 언급하거나 각주로 달 때—내 생각에 그의 원숙한 저작(『앙띠 오이디푸스』*L'anti-Oedipe*, Gilles Deleuze & Felix Guattari, 1972)에서 단지 두 차례 언급하고 있을 뿐이긴 하지만—그가 지칭한 것은 『변증법적 이 성 비판』인데, 그것은 이 책이 분명하게 전쟁기계와 면대면 집단에 대 해 말해주는 게 있기 때문입니다. 나는 사실 아직도 의식과 자유에 대 한 싸르트르의 분석을 고수하고 있지만, 최근에는 이런 종류의 존재론 은 사람들의 철학적 관심이 되지 않습니다. 우리는 싸르트르의 초기 정 치, 그리고 결의주의(decisionism)에 관한 외견상의 주의주의를 포함해 그 모든 것의 상당 부분이 이를테면 극단적 상황 자체와 얼마나 연관이 있는지 기억해야 합니다. 극단적 상황들은 민족해방운동에도 있었지만 2차대전 당시 독일의 점령과 프랑스의 저항이 전형적이었습니다. 이후 에도 서구인들이 그런 종류의 상황에 직면해야 했는지는 모르겠습니다 만. 그런 의미에서 보자면, 싸르트르적 영웅론은 주로 해외의 다양한 매 체와 냉전시기의 반체제주의자들 같은 주인공들에게서 그 예를 찾으려 는 경향이 있었습니다. 따라서 존재론적 싸르트르를 적용할 예를 많이 못 찾은 데에는 이유가 있는 거지요. 나는 싸르트르 철학의 정말 독창적 인 부분은 타자(the Other)에 대한 발견이며, 이 독창성이 『변증법적 이 성 비판』에서 보이는 것과 같은 형태의 집단행동에서 찾아볼 수 있는 독창성과 연장선상에 있다는 점을 말하고 싶습니다. 나는 『존재와 무』 (*L'Être et le néant*, Jean Paul Sartre, 1943)에서, 하이데거에게 빚지지 않은 개 념인 시선(the Look)에 대한 부분을 읽고 잊어버릴 수 있는 사람은 거 의 없으리라고 생각합니다. 실제로 하이데거는 타자와의 조우에 관해 서는 만족스러운 개념을 갖고 있지 않지요. 그리고 비록 시선 개념이 꼬 제브를 거쳐 멀게나마 헤겔의 주인과 노예의 변증법으로 연관되기는 합니다만 실은 그것도 아닙니다. 바로 여기에서 파농이 나왔습니다. 왜

나하면 파농이 말하는 폭력이 상당 부분 타자에 대한 싸르트르적 관계의 일부분이기 때문인데, 여기서 그 관계는 헤겔식의 주인-노예 상황으로 다시 옮겨집니다. 그러나 파농적 폭력은 주인과 노예의 변증법에 소위 구원적 폭력이라는 결과물을 제공하는데, 이 구원적 폭력은 헤겔에 없고 사실 그런 형식으로는 싸르트르에게도 없는 것입니다. 초기의 라깡 역시 싸르트르에게서 매우 강한 영향을 받았지요. 라깡의 처음 다섯개 세미나, 어쩌면 처음 아홉개나 열개의 세미나를 읽은 이라면 누구나 그와 같이 편재하는 존재론적 혹은 싸르트르적 문제틀에 깊은 인상을 받지 않을 수 없을 겁니다. 라깡이 싸르트르에 대해 뿌리 깊이 적대적이라고 생각하는 것은 역사적인 맥락에 어긋나는 오독입니다. 이제 오늘날의 싸르트르에 대해 말해보자면, 과연 누가 알겠습니까? 싸르트르는 위대한 팸플릿 집필자로서 놀라운 수사와 강력한 언어를 보여줍니다만, 그의 정치적 저작에 관심을 보이는 이는 보지 못했습니다.

아라바무단 당신이 포스트모더니즘에 대해 진단하고 기술(記述)한 것이 포스트모더니즘을 기리려는 정치적 충동과는 다르다는 것을 알리기 위해 상당히 노력했음에도 불구하고, 그 현상에 대한 풍부하고 자세한 분석들은 여러 독자들을 혼란스럽게 했지요. 어디선가 당신은 분석작업과 관련해 그 분석대상을 좋아하는 것이 크게 도움이 된다고 언급한 것 같습니다. 실제로 포스트모더니즘에 대한 당신의 분석을 보면 적어도 생각하는 과정에서 맛볼 수 있는 미학적 즐거움이 상당하다는 것을 알게 되지요.[1] 또한 당신은 포스트모더니즘을 '후기자본주의의 문화논리'라고 묘사하지만, 어떤 이들에게는 포스트모더니즘이 때때로 미국 특유의 산물과 다름없어 보이기도 합니다.

---

1 이 책의 장 쉬동과의 인터뷰 참조.

제임슨 분석, 더 적절히 표현하자면 전반적인 이데올로기 분석을 하는 데 있어서 가장 생산적인 위치는 내부로부터라고 생각합니다. 따라서 진정 당신 자신, 자신의 취향, 그리고 자신의 시대적 요구들이 무엇인지에 관한 이데올로기 분석이 이뤄져야 철저한 분석이 수행되는 것이지, 맑스주의적 정치·문화 전통이 행하곤 했던 적대적이고 비난조의 분석행태로는 되지 않습니다. 분명 이데올로기 분석은 오늘날에도 여전히 적절합니다만, 이제는 그것이 다른 종류의 논쟁을 함축하고 또 다른 종류의 목표들을 적시하고 있다고 생각합니다. 따라서 그런 의미에서 나의 저작은, 뭐랄까, 포스트모더니티에 대한 일정한 평가로부터 이루어졌습니다. 나는 그 평가가 지금의 시대정신이나 시대양식 내부로부터 우리 자신의 상황을 반영하는 것이어야 한다고 생각합니다. 시대정신이나 시대양식이라는 것은 정신적으로나 육체적으로 우리가 벗어날 수 있는 것이 아닙니다. 이 말은 교외로 나가 공동체를 건설하거나 아미시(Amish)교도처럼 포스트모던한 사회에서 물러나 사회 전체, 후기자본주의와 완전히 무연한 무엇인가를 행하는 것이 훨씬 더 어려워진다는 말입니다. 왜냐하면 그동안 외부세계는 대부분이 근대화하고 심지어 탈근대화한 만큼 이곳에서 동일한 현상이 진행되지 않는 곳을 찾는 게 쉽지 않기 때문입니다. 따라서 당신의 질문은 비판적 거리의 문제이기도 한데, 보통 이 표현은 대상으로부터 벗어나 그것을 바깥에서 본다는, 특정 형태의 은유적이거나 실제적인 거리를 의미했습니다. 이런 문화적 지배소를 안으로부터 보아야 합니다. 그런 이유로 이데올로기 분석에는 분명 판단, 그리고/또는 '반대'와 '비판'이라는 문화적·정치적 문제가 복잡하게 얽혀 있습니다. 포스트모더니즘이 미국 특유의 산물이라는 견해와 관련해서 보자면, 그렇습니다. 물론 나는 이것이 미국에 의해 만들어져 정말 전지구적으로 된 첫번째 양식이라고 생각합니다. 왜냐하면 갖가지 이유로 포스트모더니즘이 미국문화의 상품중심성과 연관되고, 어떤 점에서는 우리가 대중문화를 만들어냈다는 것도 사실이니까요. 이 대중문화는 민중문화도 아니고 키치도 아닌 반면 다른 한편으로는 하나의 산업이자 완전히 새로운 문화양식이기도 하지요. 게다가 우리가 세계의 초강대국이자 이 모든 문화적 활동의 수출국으로서 지금처럼 막강한 영향력을 지니고 있다는 이유도 있습니다. 하지만 나는 자본주의가 전지구적 체제로서 이 시점에 갖는 논리와 그것의 독특하고 미국적인 변형을 분별하기 위해 계속 노력해야 한다고 생각합니다. 여기에 다시금 보편과 특수의 변증법이 들어오는데, 이는 맑스가 처음으로 본격적이고 고전적인 형태를 띤 영국의 자본을 다룰 때도 이미 그러했었지요. 그래요, 우리는 그 순간의 자본이 지닌 문화적 구체성을 고려하고 왜 그것이 발전한 특권적인 지역이 영국이었는지 설명해야 합니다. 하지만 그럼에도 불구하고 이 두가지를 나눠놓고 보아야 합니다. 이를테면 유럽이 포스트모던한 경향을 따라잡을 가능성을 배제해서는 안 되겠지만, 그들이 매우 느리게 포스트모던이 된 더할 나위 없는 이유들이 있었습니다. 전통적으로 일본은 새로운 형태의 포스트모던을 찾아온 멋진 사냥터였고, 그런 점이 분명하게 이해가 됩니다. 그러나 일본은 초강대국이 아니며 현재 문화, 그리고 문화양식들과 실천들을 미국과 같은 방식으로 수출할 수 없습니다.

칸나 방금 당신이 말한 것을 듣고 나니 궁금한데요. 당신, 그리고 당신의 비평과 유사한 비평이 처한 불가피한 위치에서 어떤 잠재성과 문제가 나온다고 보는지, 또 미국에서 출현했지만 당신이 '전지구적'이라고 생각하게 된 포스트모더니즘에서 어떤 잠재성과 문제가 나온다고 보는지 좀 얘기해주실 수 있을까요? 당신은 대안적인 미래가 선진국보다는 전지구적인 시대의 개발도상국에서 나타날 것이라는 판단 때문에 어느정도 비판을 받았을 텐데요. 새로운 국제주의들이 미국에서 적절하게 형성될지, 아니면 정말 어떤 다른 곳에서 형성될 수 있으리라고 생각하시는지요? 혹시 국제주의와는 생각의 방향이 전혀 다른 것인가요?

제임슨　글쎄요, 토론을 위해 분명히 하려면 정치적인 것과 문화적인 것을 구별해야 하리라고 생각합니다. 그 점에서 우리는 정말이지 레이먼드 윌리엄스를 떠올려 잔여적인 것과 신생의 것에 대해 말할 수 있겠지요. 잔여문화는 새로운 형태의 자본주의적 발전에 대해 언제나 필연적으로 저항하며, 잔여문화가 발견되는 상당수의 장소들은 전통적인 농민층을 지니고 문화적 측면을 포함해서 더 오래된 생산양식을 보존할 수 있는 나라들이라고 생각합니다. 따라서 비록 세계의 거의 모든 지역에서 위협에 처해 있긴 합니다만 그런 전통이 보존된 곳에서는 탈근대화 과정에 대한 문화적 저항이 있는 것이 분명합니다. 그 어떤 것이라도 옛 문화로 되돌아갈 수 있다고 생각할 수 있다면 좋겠습니다만, 유토피아적 성격을 띤 것이 후기자본주의에서 나타난다면 그 유토피아는 더 소박한 전원적 형태로 돌아가기보다는 앞으로 나아가 정보사회의 동력을 인정하고 전유해야 한다고 생각합니다. 나는 미국이 정치를 포함해서 진정으로 신생인 어떤 것을 선구적으로 개척하기에 좋은 위치에 있다고 생각해본 적이 없습니다. 전지구화에 대한 어떤 지속적인 반대운동이 등장한다면 그것은 미국의 젊은층으로부터, 그리고 부실한 노동조합 문제와 이런 전과정에 맞서 대응할 필요로부터 나오겠지요. 그러나 그 운동은 국제적이어야 합니다. 그리고 (미국에서) 우리가 처한 위치가 진정으로 신생인 어떤 것을 주도하기에는 모든 면에서 매우 보잘 것 없기 때문에, 다른 나라, 다른 종류의 사람들이 주도를 하게 되리라고 생각합니다. 중심은 무슨 대안이 나오기에는 최악의 장소입니다. 오늘날 어떤 새롭고 긍정적인 정치가 미국에서 나오리라는 생각은 무지개연합(rainbow coalition)²이 포기되고 나서는 현실성이 희박해졌으니까요.

칸나 그런데, 당신이 말한 두세가지 것들을 좀더 깊이 따라가면서 우리가 알고 싶었던 것은 전지구화 과정에서 동시적으로 존재하는 서로 다른 생산양식들과 이것들을 단일한 모더니티라는 관점에서 이해할 수 있는 방법입니다. 나는 단일한 모더니티라는 개념이, 예컨대 지금까지보다 더 많은 여성들, 당연하겠지만 특히 제3세계 여성들이 지금 산업화된 노동의 형태로 고용되고 있다는 사실을 분석하는 데 어떤 의미가 있는지 궁금합니다. 그러니까, 비록 모더니티는 단일하더라도 다수 형태의 노동이 존재하고 가치와 인간다움을 이해하는 다수의 방식이 있지 않을까요? 당신은 대안적 모더니티나 토착적 모더니티 등의 개념으로 차이를 개진하는 것이 문화분석이라고 제시하는 듯 보이는데, 이 차이들이 당신의 분석에서는 다소 제한적으로 다뤄지는 것 같습니다. 당신은 자본의 기존의 전진운동에 대한 대안이 진정하고 유일한 대안일 수 있으리라고 보니까요. 하지만 산업화된 노동의 외주화 등과 같은 이런 차이들은 노동과 가치 등에서의 차이를 보여주는 듯합니다. 그런데도 여기서의 차이라는 것이 단지 문화적 차이이기만 한지요? 빈번하게 분석의 대상이 되는 문화적 차이들은 또한 자본과의 차별적 관계에 대한 것이기도 하지 않은가요?

제임슨 글쎄요, 그 점에 대해서는 내가 다소 암울한 시각을 지닌 게

---

2 무지개연합은 무지개/푸시(Rainbow/PUSH)를 가리키는데, 1971년 설립된 오퍼레이션 푸시(Operation PUSH)와 1984년에 설립된 전국민 무지개연합(National Rainbow Coalition)이 1996년에 합쳐진 조직이다. 모두 제시 잭슨(Jessie Jackson)이 설립하고 이끌었으며, 소수인종, 빈부격차, 소농과 실업 등 다양한 사회·정치적 문제들에 대해 대중의 의식을 각성시키기 위해 활동한다──옮긴이.

확실하다는 생각이 듭니다. 분명 나는 문화적 차이를 가리는 것이 대안 사회를 만드는 데 꼭 충분하지는 않으며, 미국의 예가 보여주듯, 포스트 모더니티가 그런 종류의 문화적 차이들을 아주 간단하게 흡수할 수는 없지만 그 차이들이 '디즈니화'라고 부를 법한 독특한 미국의 문화전략 으로 편입되는 경향이 있다는 생각을 품고 있었습니다. 무슨 말이냐 하면 완전한 모더니티에서나 포스트모더니티에서, 혹은 고전적 자본주의 거나 후기자본주의거나 간에, 문화적 독특성, 국가적 특수성, 사회전통 들을 강조하면서 이것들을 마찬가지로 상품으로 바꿔버리고 마치 디즈 니가 자신의 재능을 활용해 창출해낸 모조된 다양한 미국적 스타일들 전체를 내다팔듯이 내다파는 경향이 있다는 겁니다. 그런 의미에서 디 즈니화는 전지구화와 포스트모더니티의 부분이라는 생각입니다. 예컨 대 20세기 초의 중국을 생각해볼 수 있습니다. 거기에는 특정한 방식으 로 옷을 입고 특정한 종류의 삶의 방식을 유지하며 유교 텍스트들을 가 장 중요하게 여기는 진짜 전통주의자들이 있는데, 이들은 가능한 한 서 구를 몰아내기를 원하는 사람들입니다. 반면, 그들에 반대하는 근대화 주의자들도 있습니다. 이는 지금 꽤 많은 나라에서 벌어지는 고전적인 종류의 투쟁인데, 오랜 전통을 갖고 있으며 자본주의가 최근에야 뚫고 들어가 식민화한 대부분의 나라의 경우에는 정말 그렇지요. 그와 같은 전통주의자들이 아직도 주변에 있다고는 더이상 생각하지 않습니다. 심지어 현재의 이슬람운동조차도 반자본주의적인 경우는 드뭅니다. 나 는 또한 그 전통적인 종교의 진정성에 대해서도 의구심이 있는데, 혹시 모르지만 그 점에 대해서는 나중에 이야기를 나누지요. 어쨌든 그런 이 유로 나는 자본주의 발전의 바로 그 논리에 따라 전통적인 민족문화의 잔여요소들이 상품이 되는 순간이 온다고 생각합니다. 대안적 모더니 티라는 이론이 제시하는 바는 다른 국민국가, 다른 국가적 상황에서는 디즈니화에 대한 대안적인 방법들이 있을 수 있으며, 제품을 문화적으로 특수한 방식으로 포장하면 디즈니랜드의 바로 그 형태가 브라질식, 인도식, 중국식으로 될 수 있다는 것입니다. 그러나 유감스럽게도 그 과정은 동일하리라고 생각합니다. 따라서 대안적 모더니티 같은 개념을 강조하는 것은 대개 정치적인 것을 피해 우회하는 것이라는 생각도 들곤 합니다. 이제 우리는 이미 보편과 특수 사이의 간극에 대해 이야기한 셈입니다. 어떤 형태의 자본주의 발전도 특수하고 구체적인 형태를 띠어야 할 것이기 때문에 자연히 그것이 발생한 나라의 특징들을 띨 겁니다. 따라서 이는 전세계 모든 곳에 걸쳐 후기자본주의가 미국의 후기자본주의와 똑같지는 않다는 것을 의미합니다. 바로 그런 이유로 미국의 후기자본주의는 자본주의의 보편적 형태가 아니고 단지 또 하나의 특수화, 혹은 사례일 뿐이지요. 그러나 그렇다고 해서 문제가 정말 달라지는 것은 아니며, 내가 볼 때는 대안적 모더니티라는 개념이 전지구적 상황에서 우리가 직면한 종류의 정치·경제 문제들, 이를테면 초국가적 공동체, 이윤동기의 재도입, 아니면 복지국가의 파괴 같은 문제들을 해결하는 데 유용하게 기여하는 것으로 보이지는 않습니다. 연루된 국가들 각각에서 아무리 뚜렷하게 구별되는 형식과 역사들을 띠더라도 대안적 모더니티는 모두 경제전선에서 벌어집니다.

칸나　　내가 특히 관심이 있는 것은 성적 노동분업을 우리가 이해하는 방식입니다. 이와 관련해서 나중에 정말 하고 싶은 질문도 있는데요, 아무튼 딱히 미국의 경우는 아니지만 특히 제3세계의 경우 현재 정말이지 너무나 많은 여성들이 산업화된 노동력의 형태로 존재하는 듯 보이고, 자본의 움직임이 여성과 남성에 영향을 미치는 방식에는 뚜렷한 차이가 있는 것 같습니다. 성차 문제에 대해 당신이 어떤 생각을 지니고 있는지, 괜찮다면 단일한 모더니티의 문제와 관련하여 어떤 생각인지 궁금합니다.

제임슨 글쎄요, 자동화, 컴퓨터 등과 같은 미래의 새로운 정보생산에 있어서 미국 노동계급은 주로 제3세계 여성들로 구성될 터이고, 한편으로 옛날 프롤레타리아식으로 수동 조절레버를 조작하는 사람들은 어쨌거나 분명 한창때의 80퍼센트 정도밖에 되지 않는 서비스를 혼자 돌아다니며 제공하는 수리공들이 될 겁니다. 아무튼 이것이 그 상황을 바라보는 하나의 방법입니다. 나는 또한 미국에서 최저임금 직업에 이렇듯 여성 고용이 점증하는 양상이 필연적으로 남성들, 특히 젊은 흑인 남성의 구조적 실업을 불러온다고 말하고 싶습니다. 그런 점들이 모두 함께 진행되는 까닭에, 새로운 노동계급 정치는 전반적인 여성 억압뿐만 아니라 특정 국가, 특정 형태의 여성 억압이 가지는 특수한 특징들을 다루어야 하고 궁극적으로 이런 다양한 상황에서의 여성의 문화적 위치 전체를 다루어야 합니다. 이런 방식으로 새로운 노동계급 정치는 어느 국가의 조직적이거나 정치적인 운동의 부분을 이루리라고 생각합니다. 그다음에 여기에 가족, 사회재생산, 가사의 문제가 더해지겠지요. 고전적인 시기에는 작업장에 여성들이 더 적었기 때문에 아마도 눈에 덜 띄었을 그런 것들이 지금 문제로 남아 있습니다. 그런데 그것들은 모두 문화적인 것 못지않게 근본적으로 경제적·정치적인 것의 일부이기도 합니다.

아라바무단 당신이 보편과 특수의 관계에 대해 이야기할 때 이미 부분적으로는 언급했다고 생각합니다만, 아직 당신이 좀더 언급해주었으면 하고 바라는 측면들이 있어서 그 문제를 좀더 논의해봤으면 합니다. 당신의 동료 해리 하루투니언(Harry Harootunian)은 최근의 글에서 포스트모더니즘이 당신에게 점차 과도하게 공간화되어버린 것에 대한 우려를 밝혔습니다. 당신이 제시한 바에 따르면 모더니즘이 뭔가 불완전한 근대화와 연관되는 경향이 있던 반면, 포스트모더니즘은 어떤 완전한 근대화와 연결됩니다. 그런가 하면 어느 지점에서는 포스트모더니즘이 시간성의 종말을 알리는 일종의 기반 조성 같은 것을 지칭하는 듯합니다. 실제로 당신은『크리티컬 인콰이어리』(Critical Inquiry)에 「시간성의 종말」(The End of Temporality)이라는 글을 쓰기도 했지요. 그러나 자본주의는 전략적 이득을 취하기 위해 불균등을 발생시킬 필요가 있지 않습니까? 또한 근대화 자체와 관련해서 오늘날의 세계에 존재하는 광대한 격차를 감안하면 완전한 근대화라는 것을 위해 당신이 그런 경우를 과장하고 있는 것은 아닌지요?

제임슨 내가 일깨우려던 것은 경향성인데, 이는 늘 까다로운 문제지요. 그런데 내가 그런 과도한 정식화를 통해 특별히 주목하고자 했던 것은 정신적 주체의 성격, 그리고 사회에서의 존재적 경험 등과 관련해 변화라는 관점에서 누구라도 말했을 법한 내용입니다. 현재 불균등은 분명 존재합니다. 그런 한편, 지금은 이런 불균등이 전세계에 퍼져 있고 이 점이 불균등을 세계시장의 틀에서 다룰 수 있는 이유가 되는데, 미국에서는 경험상의 동질화가 상대적으로 큽니다. 그런 발전에 대해 서로 다른 여러가지 방식으로 이야기할 수 있을 테지만, 내게는 공간성이 가장 유용해 보입니다. 예컨대 미국에서 지방과 대도시의 분리는 사라졌습니다. 미디어의 표준화 덕택에 우리가 미국 어디에서나 중심에 있다는 생각은 또다른 종류의 공간화입니다. 내 생각은 공간이라는 슬로건이 이런 현상으로 들어가는 하나의 길이며 모든 종류의 새로운 가능성, 새로운 묘사, 새로운 문제들을 열어놓았다는 것이었습니다. 분명 우리는 모두 여전히 시간 속에서 살고 있으니 새삼스럽게 그렇다고 주장할 필요는 없다고 생각합니다만, 너무나 많은 시간 관련 언어가 이전 시기에 온갖 효과를 가리키기 위해 이미 사용되었기 때문에 마치 어휘상의 전환 같은 것이 필요한 듯 보였고, 공간이라는 용어가 그 변화를 더 잘 제시하리라고 느꼈지요. 이런 공간적인 의미의 함축 중 어떤 것은 딱히 은유적이지는 않습니다. 즉각적 의사소통, 시장에서 이뤄지는 거래들의 사실상의 동시성 등은 새로운 종류의 공간적 동시성 속에서 실제로 일어납니다. 그러나 나는 이 묘사에 대한 개별적인 비유들을 옹호하는 데 관심이 없습니다. 그럼에도, 내가 보기에 사람들이 포스트모더니즘은 끝났다, 포스트모더니티는 끝났다, 그 모든 게 9·11사건을 계기로 종결되었다고 말하는 것은 그 용어가 의미하는 바를 완전히 오해하고 있음음을 드러낸다는 것입니다. 즉 특정 포스트모던 양식과 건축이 다른 것들로 대체된 지 오래라는 것이 이렇게 완전히 새로운 포스트모더니티의 경제구조, 즉 내가 보기에는 전지구화 자체가 변했다는 것을 의미하는 것은 결코 아닙니다. 쌍둥이빌딩 공격에서 표출된 유형의 반미운동 증가가 그 상황에 변화를 가져온다고 보지는 않습니다. 포스트모던한 갈등, 포스트모던한 투쟁, 포스트모던한 전쟁처럼 아마도 알-카에다(Al-Qaeda)가 벌인 일의 상당 부분은 진정 포스트모던한 게 아닌가 싶습니다. 해결될 필요가 있는 새로운 질문 주제들을 던져주긴 했지만요.

아라바무단 이 주제와 관련해 당신을 제대로 이해하고 있는지 확인하고 싶습니다. 당신이 말하는 바에 따르면 공간으로의 전환은 어느정도는 부분적으로 시간을 대체하기 위한 것이 아니라 실제로는 효과적인 분석을 위해 사용된 적이 없는 일종의 시각을 더하기 위한 것입니다. 어떤 의미에서 보자면 당신은 시간성에 공간적 시각을, 즉 포스트모더니즘 같은 것을 통해 등장한 공간적 시각을 그저 더하기만 합니다. 에른스트 블로흐는 어떤 종류의 공간화에 대해서도 미심쩍어했으며, 시간의 은유들에 나타나는 바 변화나 혁명에 대한 어느 개념에도 핵심적인 시간성을 강조하길 원했는데요, 블로흐 같은 이에게는 당신이 어떤 반응을 보일지 궁금하군요.

제임슨 사회과학과 그밖의 이론에서 근본적으로는 공간에 대한 새로운 강조이자 공간적 분석방법에 대한 새로운 탐색이었다는 점이 공간 개념이 지닌 하나의 특징 — 그리고 내 생각에는 이야말로 더 변증법적인 지점 — 입니다. 이런 탐색의 출현이 우연이 아닌 이유는 사람들이 포스트모더니티 자체에서 적합한 연구대상을 발견하기 때문이지요. 그것들이 불려나온 것은 바로 사물의 논리 때문이라는 겁니다. 나는 포스트모던을 하나의 슬로건으로 추천하고 싶은 마음은 정말 없습니다. 나 자신을 포스트모던 사상가로 생각하지도 않고요. 나는 사람들이 왜 이 단어에 염증을 내는지 이해할 수 있습니다. 하지만 이론에 있어서 유행의 변화는 또한 의미심장한 징후이기도 하며, 모든 종류의 기록에서 공간성으로 이동한다는 것은 정말 내게는 세계 자체, 즉 자본주의가 작동하는 방식상의 중요한 변화이자 그 결과로, 미학, 소위 고급예술의 영역은 말할 것도 없고 일상의 삶과 문화가 조직되는 방식에서 발생하는 중요한 변화를 표시해주는 것으로 보입니다. 그래서 포스트모더니티의 객관적인 정치경제적 양상이 전지구화라는 것을 발견했을 때 내게는 그 점이 매우 중요했습니다. 나는 이 포스트모더니티와 전지구화가 동일하며, 동일한 것에 대해 이야기하는 서로 다른 기호일 뿐이라는 점을 주장하고 싶습니다. 이 말은 **포스트모던**이라는 용어가 충분하지 않다는 불만을 달리 표현하는 것일지도 모르겠습니다만.

아라바무단 공상과학소설에 대한 최근 저서 『미래의 고고학』(*Archaeologies of the Future*, 2005)에서 당신은 공간화와 관련해 우리가 방금 제기한 몇몇 문제들을 다루는 듯합니다. 우리의 호기심을 끄는 대목은 대부분의 문화담론이 다양한 형태의 역사주의와 현재주의(presentism) 사이에서 왔다 갔다 하는 경향이 있는 때에 미래의 고고학이라는 개념을 제기했다는 점입니다. 비록 우리 둘 다 공상과학소설장르를 아주 잘 알고 있지는 않지만 몇가지 질문을 던지고 싶습니다. 한가지는 공상과학소설의 하나의 부분집합으로서 유토피아라는 흥미로운 명칭과 관계되는데요. 나는 당신이 이것을 다코 수빈(Darko Suvin)으로부터 가져왔다고 생각합니다. 당신이 이 개념의 함의를 전지구적 관점에서 부연해주셨으면 합니다. 특히 우리가 생각하는 바는 지금 자본주의적으로 선진국이거나 혹은 인도나 중국처럼 발전하고 있는 세계의 많은 지역들에 공상과학소설이 상대적으로 없다는 점입니다. 중국의 무협 판타지가 유사한 기능을 담당할까요? 하지만 당신은 공상과학소설과 더 일반적으로 판타지라고 할 수 있는 것 사이의 경계 허물기에 정말로 반대하는 듯 보입니다. 영화의 경우 볼리우드(Bollywood)나 심지어 대안적인 인도영화를 봐도 할리우드에 상응하는 공상과학소설에 대한 집착을 찾아볼 수 없습니다. 비록 흥미롭게도 사티야지트 레이(Satyajit Ray)[3]가 상당수의 공상과학소설을 쓰기는 했습니다만, 이런 생각들을 영화로 실현하려고 애쓰지는 않았지요.

제임슨 나는 그게 대체로 사실이라고 생각합니다. 내가 아는 한 한국에서 몇몇 공상과학영화가 나온 바 있습니다. 왕 자웨이(王家卫) 감독의 「2046」(2004)도 부분적으로는 이 분야 전반으로 진입해 들어간 것으로 말할 수 있을 겁니다. 서양의 전통이라는 맥락에서 보자면 공상과학소설은 쥘 베른(Jules Verne)에서 1920년대에 걸쳐 내내 싸구려 통속소설과 모험이야기들에 기반을 두어왔고 아마 그와 같은 공상과학소설의

---

3 사티야지트 레이(Satyajit Ray, 1921~92)는 인도의 영화감독이자 작가. 「길의 노래」(Panther Panchali, Songo of the Road, 1955), 「아파라지토」(Aparajito, 1956), 「아푸의 세계」(The World of Apu, 1959)의 '아푸 3부작'으로 세계적인 주목을 받았다——옮긴이.

형식이 없다면 형식 자체가 수입되어야 할 텐데, 그랬다면 그것은 국민문학에서 유기적으로 발전해 나온 것이라기보다는 오히려 제트족의 포스트모던한 영향을 더 드러내게 되겠지요. 여기서 살펴보아야 할 또다른 것은 역사소설의 역할입니다. 나는 역사소설이 하나의 보완적인 형식이라고 보는데, 이 형식을 통해 시간과 과거에 대한 사유는 완전히 새로운 문학적 형식의 실천을 불러일으켰고, 이는 부상하는 미래의 동력에 대한 감지가 공상과학소설이라고 부르는 형식을 낳은 것과 꼭 같습니다. 역사소설은 또한 집단적 시간성의 리듬, 즉 국가적인 상황에서 역사가 경험되는 방식과 관계가 있습니다. 또한 그와 마찬가지로 그 장르 특유의 조건들과 순수하게 문학적이고 언어적인 조건들을 꽤 강하게 설정합니다. 지금 나는 수빈이 제시했듯 유토피아가 공상과학소설을 통해 가장 잘 드러나는 이유는 유토피아가 정체된 장르가 아니기 때문이라고 생각합니다. 비록 역사적으로 산재하는 유토피아들에서 보듯 몇몇 장르적 제약들이 있기는 하나 유토피아는 다양한 지역과 다양한 순간에 나타나고 사라집니다. 그런데 미래의 타자성을 사고하는 전혀 새로운 형식적 시도를 특징적으로 보여주는 것이 공상과학소설이라는 장르입니다. 따라서 유토피아가 다루는 문제들이 정치적·사회적 발전의 결과에 따라 다시 깨어나고, 사회질서상 적시에 체계적 변화인 혁명이 다시 가시화되면, 그런 미래의 가능성들을 생각하는 데 가장 금방 이용 가능한 형식이 공상과학소설의 형식입니다. 따라서 어떤 면에서는 모더니티에서 공상과학소설이 유토피아적 충동을 표출하는 가장 만족스러운 수단으로 기능합니다. 하지만 공상과학소설 연구에서 매우 혁명적인 수빈의 제안을 이해하는 데에는 단지 한가지 길만 있을 뿐입니다. 판타지에 대해서는, 그래요, 나는 그것이 공상과학소설과는 장르상 완전히 다른 방식으로 정의되어야 한다고 생각합니다. 판타지는 훨씬 더 오래된 종류의 이야기 방식이고, 내게는 재미가 훨씬 덜 합니다. 비록 판타지 역시 다른 방식으로 인간세상의 권력과 인간세상의 생산을 반영한다는 것이 내 생각입니다만.

아라바무단 유토피아를 공상과학소설의 한 부분집합으로 지칭하려는 움직임에 대해서 나는 아직도 주저하게 됩니다. 그것은 기계파괴 운동에는 유토피아적 요소가 없다는 의미가 아닌지요? 그렇다면 간디(Mahatma Gandhi), 똘스또이, 러스킨(John Ruskin), 또는 산업화와 기술 자체를 악마적인 것으로 보는 20세기 농민 유토피아들은 어떻게 되는 건지요? 또 맑스주의는 자본보다는 인간의 목적을 향상하기 위해 자연에 대해 필요한 조작을 강구하는 까닭에 기술-유토피아주의와 분리될 수는 없지 않나요?

제임슨 글쎄요, 자본주의 이전 사회나 유토피아들을 상정하는 공상과학소설이 수없이 있으니 그런 종류의 (일단 설명해보자면) 퇴행적인 내용이 공상과학소설의 틀과 불일치하는 것은 전혀 아닙니다. 실제로 나는 그것이 근대적인 것과 기술적인 것에 대한 강력한 (그리고 가치있는) 일종의 낯설게하기라고 생각합니다. 나 자신은 이와 같은 소위 '퇴행적 유토피아들', 즉 목가적 유토피아들에 대해 개인적으로 상당히 공감합니다. 그런데 정치적으로 정말 문제가 되는 것은 목가적 유토피아들이 역사적으로 퇴행적이라는 것이 아니라, 현재의 자본주의 발전을 감안하면 일종의 파국과 크게 다르지 않은 이런 상황들로 되돌아갈 가능성이 없다는 겁니다. 혁명들은 종종 파국에서 일어나고, 또 고도의 문명이 파괴되면서 당신이 언급하는 경향을 따라 일종의 농본적이거나 목가적인 사회가 유토피아적으로 재건되는 숱한 공상과학소설의 시나리오가 있습니다. 그러나 이것이 정치 프로그램일 수 있다고는 생각하지 않습니다.

아라바무단　『미래의 고고학』에서 당신이 표현했듯이 '유토피아라고 불리는 욕망'이 미래로부터 흔적을 찾는 고고학을 함축한다면, 당신은 (시대착오anachronism라기보다는) 시대 거스르기(catachronism)에 대해 시간과 공을 들인다는 의미에서 데리다와 같은 부류에 속하게 됩니다. 데리다의 '다가올 민주주의'라는 개념은 벤야민의 '희미한 메시아적 특성' 개념에서 나왔습니다. 그런 한편 차이점들도 눈에 띄는데요, 당신은 총체성의 미래에 대한 다양한 상상에 더 매료되어 있는 것으로 보이는 반면, 데리다는 언제나 그 직전에서 멈추는 듯 보입니다. 이런 차이가 무언가 의미심장한 점을 드러내는지요?

제임슨　글쎄요, '희미한'(weak)이라는 단어에 대해서부터 대답을 해야겠군요. 내가 볼 때는 근본적으로 희미한, 즉 바띠모(Gianni Vattimo)[4]의 정신에 따라 의도적으로 희미한, 또는 점진적 발전을 통해 미래에 대한 어떤 강력한 이미지를 투사하는 것은 어려워 보입니다. 그렇다고 해서 그 점이 반드시 데리다가 말하는 것들을 배제하지는 않는다고 생각합니다. 진정 급진적인 민주주의를 성취하기 위해서는 삶의 하부구조와 조직뿐만 아니라 문화에 있어서 모든 종류의 것들이 변해야 할 테니까요. 따라서 그가 주장한 희미함은 보이는 것처럼 정말 그렇게 점진적이지는 않습니다. 그러나 '와해'(disruption)로서의 미래라는 나의 개념은 이것과는 완전히 구별되는 삶의 방식에 대한 더 강력한 이미지들을 만들어내는 것을 전제하고, 또 사람들이 그저 체제를 고치느

---

4 잔니 바띠모(Gianni Vattimo, 1936~)는 이딸리아의 철학자, 정치가. 『근대성의 종말』(*La fine della modernita*, 1985)의 영역본 *The End of Modernity: Nihilism and Hermeneutics in Post-modern Culture* (1991)를 비롯해 그의 많은 저서가 영어로 번역되었고 최근에는 싼띠아고 짜발라(Santiago Zabala)와 함께 『해석학적 공산주의: 하이데거에서 맑스까지』(*Hermeneutic Communism: From Heidegger to Marx*, 2011)를 냈다―옮긴이.

라 사소한 일로 땀을 빼기보다는 이에 대한 근본적인 대안을 상상하기 시작하기 위해 실험적 사고를 활용할 수 있으리라는 것을 전제합니다. 데리다가 염두에 두고 있는 또다른 것은 어쩌면 공산주의의 메시아적 전통, 혹은 스딸린과 여타 '구원적인' 지도자들의 유령과 관계가 있습니다. 대중영합주의에 대한 분석을 진전시키는 것은 여전히 논의의 의제라고 생각합니다만, 근본적인 단절 없이 이런 변화들에 대해 생각하기는 어렵다는 것을 압니다. 그것은 일반적으로 혁명적이고 집단적인 격변을 의미하지요.

아라바무단 우리는 또한 유토피아와 미래의 문제에 조금 다른 방식으로 접근하고 싶습니다. 렘 쿨하스의 놀라운 글 「정크스페이스」 (Junkspace)에 대해 당신이 답한 글 「미래도시」(The Future City)에서 두어 문장을 인용하고자 합니다.

> 글쓰기는 (…) 공성망치이며 (공간, 주차, 쇼핑, 노동, 식사, 건축 등) 우리 존재의 모든 형태를 관통해 흐르는 동일함을 두드리고 때리고 또 때려서 색깔 너머, 질감 너머에 존재하는 자기들 자체의 표준화된 정체성, 심지어 이제는 더이상 과거의 플라스틱, 비닐, 고무마저도 아닌 형태 없는 밋밋함을 인정하게 하는 신열에 들뜬 반복이다. 문장은 이런 반복적인 주장의 굉음이자 공간의 공허함 자체를 두드리는 것이다. 문장의 에너지가 지금 예고하는 것은 돌진하여 신선한 대기를 맛보고 구원의 행복을 느끼며 시간과 역사를 다시 돌파하며 절정에 올라 구체적인 미래로 진입하는 것이다.

비평은 타인의 경험을 대신하는 것인가요, 아니면 이 구절들이 제시하는 것으로 보이듯 그것 자체가 바로 유토피아의 수행인가요?

제임슨 그렇습니다. 물론 나는 쿨하스 자신의 스타일과 그가 동원하는 이런 종류의 강렬한 풍자적 충동에 대해 말한 것이었습니다. 그의 스타일이나 풍자적 충동은 모두 환경을 규탄하면서 어떤 의미에서는 전유하기도 합니다. 이를테면, 그가 아름다운 건축물이나 예전의 건축 기준들에 모종의 향수를 느끼며 회귀하기보다는 이 모든 것들에 대해 어떤 새로운 유토피아적 대체물을 제공하는 한 그렇다는 말이지요. 따라서 이렇게 하면 문학상의 유토피아들이 줄 수 있는 효과들을 묘사할 수 있거나 적어도 그 유토피아들이 우리가 표준적인 세계에서 살아가면서 지니는 그 모든 습관, 그 모든 공간과 제도 들에 저항할 수 있는 힘을 결집시키기 위해 필요한 방식을 묘사할 수 있을 것이라고 생각합니다. 그러나 정말 이것은 내가 책에서 해결할 수 있는 문제는 아니고, 내게는 여전히 모호하거나 심지어 이율배반적인 것으로 남아 있습니다. 즉 오늘날의 유토피아들이 재현적이 아닌 이상 그것들이 생각해볼 어떤 새로운 공간을 제공해주지는 않지만, 유토피아라는 바로 그 이념을 새롭게 재창안하려는 노력을 정말 함축하고 있기는 하다는 것입니다. 예컨대 푸리에의 저작은 에세이, 삽화, 내러티브, 분석의 잡동사니이며 이것들의 상당 부분은 분명 산만하거나 내러티브도 없지만, 모두 이러한 미래를 여는 공성망치를 구성하는 방식으로 결집되어 있습니다.

칸나 나 또한 당신에게 렘 쿨하스에 대한 글에 나오는 것에 대해 묻고 싶습니다. 그 글에서 당신은 건축이 '오뙤르'(auteur)[5]에 기반을 둔

---

5 영화비평에서 '저자'(author)에 해당하는 프랑스어의 '오뙤르'는, 비록 영화제작이 자본주의산업의 과정이고 그 과정상 숱한 간섭요인들이 작용하지만 개인의 창조적인 비전을 담아 영화를 제작한 감독을 가리킨다. 이들 '오뙤르'의 영화는 흔히 '작가주의' 영화로 불린다. 더 나아가 이 명칭은 다양한 분야에서 진지한 창조적 열정을 자신의 작업에 쏟아넣는 거장을 가리키는 말로 확장되어 사용된다──옮긴이.

분석을 반기는 유일한 미적 형식으로 남아 있다고 말합니다. 왜 그럴 수 있는지에 대해 조금 더 생각해봐주실 수 있을지요? 다른 매체, 장르, 양식보다 어떻게든 더 오뙤르에 중심을 둔 분석이 요구되는 근대성의 틀을 건축이 간직하고 있다고 생각하는지요? 건축은 근본적으로 파편화가 덜한가요, 아니면 예컨대 당신이 혼성모방과 파편화가 포스트모던 건축과 영화의 특징이라고 말했음에도 불구하고 무슨 이유에서인가 덜 파편적인 종류의 분석을 건축이 요구하는 건가요? 당신 자신은 일종의 오뙤르 영화분석을 선호하거나 적어도 그에 아주 관심이 있는 것으로 보입니다. 오뙤르에 대한 이런 관심에 대해 덧붙일 이야기가 있는지요? 오뙤르 영화분석은 당신이 포스트모더니즘에서 포기하고 싶지 않은 (어쩌면 차이나 탈주체화에 넘겨주고 싶지 않은) 잠재적 혁명주체를 암시하는지요?

제임슨 아주 흥미로운 질문인데, 그에 대해 내가 철저하게 생각해 보지는 않은 듯합니다. 오뙤르에 대한 비판은 구조주의나 정신분석이론의 관점에서 행해진 중심화된 주체에 대한 공격만은 아니고 실은 독재자, 그리고 결코 노동계급은 아닌 중심적인 정치주체, 더 흔히는 스딸린이나 다른 위대한 혁명지도자에 대한 공격이기도 했습니다. 지금 내 관점에서 보자면, 그것은 작가들의 위계를 불가능하게 만들고 더이상 한가지의 정전을 조장하지는 않는 예술의 텍스트화였습니다. 하나의 예술전시에 이어 다른 예술전시가 이어지다가 이 모든 것이 갤러리의 뒷방으로 사라집니다. 문서보관소에는 사람들이 읽을 수 있는 것보다 더 많은 소설과 책 들이 분명 있습니다. 그런 것과 정말 구별되는 것이 개별 건축물, 특히 초대형 건축물의 경우입니다. 초대형 구조물은 도시에 저항하도록 계획되지만 도시는, 특히 오늘날에는 똑같은 방식으로 복구 가능하지는 않지요. 하지만 이런 초대형 건물들은 한편으로는 자신들의 자율성을 유지하도록 계획됩니다. 내 친구 피터 아이젠만 같은 오뙤르들의 말을 들어보면 건물들이 오늘날에는 30년 정도만 존속하도록 지어져서 그후에는 사라질 거랍니다. 그의 입장에서 이 말은 너무 겸손한 말일 겁니다. 사실 수많은 건물들이 급하게 지어졌다가 2,3년 만에 허물어집니다만, 그게 문제의 본질이라고 생각하지는 않습니다. 나는 위대한 단일 건물이 도시의 소우주이자 대체물이라는 생각은 정치세계에 대한 모더니스트적인 개념, 그리고 그 안에서 모든 것이 표현될 수 있는 단일하고 위대한 작품에 대한 모더니스트적인 개념을 여전히 간직하고 있다고 봅니다. 그렇다고 할 경우, 과거에는 오뙤르라는 개념과 예술가 특유의 개성과 스타일이라는 개념을 부여하는 데 도구적 역할을 해주던 스타일의 범주들이 사라졌음에도 불구하고 위대한 건축가들이 오늘날 오뙤르로 남아 있게 해주는 건 바로 단일 건물에 대한 그러한 생각이겠지요. 그렇습니다. 생각건대 나는 여전히 오뙤르 비평에 향수를 느낍니다. 그 모든 것이 익명성, 익명적 텍스트성이나 텍스트화 안으로 사라져버렸다고 보고 싶지는 않습니다. 그리고 아마 포스트모더니티에서 내가 경험한 하나의 특징일 텐데, 오뙤르 비평으로 인해 익명성으로의 소멸 등의 시각에 더 부정적이고 비판적인 입장이지요. 오늘날에도 가능하기만 하다면 문학에서 어떤 훌륭한 오뙤르를 발견하는 것은 분명 고무적인 일입니다. 아마 주변에 오뙤르가 그렇게 많지는 않겠지요. 그러나 내가 볼 때 이것은 영화에서 아주 큰 문제가 되었습니다. 적어도 전세계 예술영화의 관점에서 보자면 정말 오뙤르의 재연이 일어나고 있다는 것을 알게 되었기 때문입니다. 그 예로 언급할 수 있는 인물이 알렉산더 쏘꾸로프(Aleksander Sokurov)나 왕 자웨이인데, 내 생각에 이들은 종교적인 모더니즘 개념, 안드레이 따르꼽스끼(Andrei Tarkovsky)와 여타 위대한 본격 모더니스트 영화제작자에게서 볼 수 있는 종류의 미학적 절대성을 더이상 특징적으로 드러내지 않는 사람들입니다. 오늘날 작품의 자율성 개념은 영화에서 대부분 살아남아 있고 그런 집단적인 운동과 새로운 흐름이 사라진 가운데서도, 다시 말해 전세계 영화의 무대에서 그런 아방가르드들이 사라졌다고 생각되는 가운데서도 그런 영화제작자들을 위한 자리는 여전히 존재하는 것으로 보입니다. 아직도 그런 개별적인 영화제작자들이 남아 있는데 그들의 작품은 예전 모더니스트들의 정전을 정말 닮았습니다. 쏘꾸로프나 왕 자웨이만이 아니라 빅터 에리스(Victor Erice), 라울 루이즈(Raul Ruiz), 아바스 키아로스타미(Abbas Kiarostami), 차이 밍량(蔡明亮), 벨라 타르(Béla Tarr), 쿠마 샤하니(Kumar Shahani), 마니 카울(Mani Kaul) 등도 그렇고 내가 굉장히 감탄하는 다른 이들도 더 있는데, 이들의 존재 자체가 내게는 수수께끼입니다. 이처럼 오뙤르들이 영화 분야에 남아 있는 것은 문화의 시간성에 비해 뒤늦은 영화의 시간성과 상당히 관계가 있을지 모릅니다. 혹은 전세계적 관객대중이 등장하면서 상업적인 유형과 더불어 이런 유형의 제작에도 여지가 남아 있는지도 모르지요. 여기에는 영화제들로 인한 상업적 도움도 분명 있을 테고, 세계화 덕에 이렇게 더 불가사의한 인물들이 계속 재정지원을 받는 것이 가능해졌지요.

아라바무단 오뙤르에 대한 내 질문에 대한 답변으로 이전에 당신이 말한 것을 다시 언급할까 합니다. 실은 그 대답에 뒤이어 몇가지 질문이 있는데요, 주체에 대한 당신의 개념, 그리고 건축과 비평적 지역성에 대한 개념 등에 관해서입니다. 당신은 오뙤르에 대한 공격이 구조주의와 포스트구조주의 이론에서 내세운 비판일 뿐만 아니라 독재자에 대한 공격이기도 했지만, 노동계급 주체에 대한 공격은 아니라고 말합니다. 왜 아닌지, 달리 말해 혁명적 잠재성이 있는 사람들과 관련해서는 왜 강고하게 통합된 주체라는 개념이 유지되는지 궁금합니다. 그것은 차이의 개념을 문화로 축소한 것이 아닌지요? 그것은 차이의 문제들을 언제나 존재의(ontic) 차원으로 축소해 존재론적인(ontological) 것에는 결코 도전을 제기하지 않는 것이 아닌지요? 차이에 대한 정말 도전적인 질문들, 즉 우리가 보통 너무나 자주 전제하는, 그리고 혁명적 잠재집단을 개념화하는 데에 있어서 어쩌면 너무나 자주 전제하는 그런 존재론적 틀을 실제로 위협할 수 있을 질문들을 회피하는 것이 아닌지요? 내가 볼 때는 맑스주의적 국제주의의 어떤 미래 개념도 만일 미래의 유토피아들에 계급 위계를 다시 입힐 의도가 아니라면 의식구조에 관한 근본적인 질문들을 제기하는 그런 급진적 타자성 이념을 띠어야 하지 않을까 싶습니다.

제임슨 나는 사람들이 종종 의식의 문제와 순수하게 문화적인 문제들을 혼동하거나 혹은 당신이 뜻한 바에 비춰—이렇게 되면 당신의 질문이 약간 바뀌는데—문화적인 문제들이 이 모든 것, 즉 의식, 노동과정, 경제적 생산의 문제들을 가로지른다는 점을 이해하지 않으려는 경향이 있다고 생각합니다. 따라서 그런 의미에서 주체에 관한 그 질문들역시 오늘날의 기술, 정보기술 등의 변화와 결국 관련이 됩니다. 지금문제가 되는 것은 탈구조주의자들이 때때로 느슨하게 말하는 주체의폐기나 주체의 죽음이라기보다는 오히려 새로운 종류의 주체임이 분명합니다. 하지만 차이라는 슬로건에 대해 내가 느끼는 문제는 바로 내가방금 전에 언급한 어떤 '미끄러짐'인데요. 다시 말해, 다문화주의 등에서처럼 이 슬로건은 순수하게 문화적인 의미로 슬그머니 미끄러져 떨어져버리는 경향이 있어서 적어도 내게는 그 차이를 정치경제와 연관해 파악하는 것이 쉽지 않습니다. 의식과 관련해 보자면, 어느 면에서는후기자본주의가 우리에게 이미 그 일을 하고 있다고 생각합니다. 그 경제체제가 그 자체의 개인주의를 폐기하는 것으로 끝나지 않았다면 주체의 죽음에 대한 구조주의적 혹은 탈구조주의적 판단은 없겠지요.

아라바무단 종교에 관한 일련의 질문들로 옮겨갈까 합니다. 당신이 알레고리와 네겹의 중세해석학에 관심을 지니고 보나벤처호텔에서 단떼(Alighieri Dante)의 '어두운 숲'(selva oscura)을 환기한 까닭에 최근 미국 현대어문협회 정기간행물(*PMLA*)에서는 당신의 종교적 무의식에 대한 토론이 벌어졌지요. 그럴 만한 무언가가 있는지요? 만일 그렇다면, 비록 당신이 가톨릭교도로 자란 것은 물론 아니지만 당신의 종교적 무의식과 거기에 함축된 정서가 세속화된 가톨릭의 특성을 띤다고 보아도 될까요? 나아가, 어쩌면 당신이 종교에 대해 직접적으로 쓸 때는 아닌지요? 논쟁의 여지가 있겠지만 오늘날 탐욕의 신에 대한 숭배에 대항해 적어도 어느정도는 맞설 힘 가운데 세계에게 가장 큰 것이 종교 아닌지요? 논쟁의 여지가 있는 진술인 줄은 알지만 그렇게 주장하는 이들도 있습니다. 이슬람 정치와 전지구적 근본주의들의 흥기, 그리고 일신론적·다신론적·정신주의적 등 전범위에 걸친 종교부흥에 대해 생각하시는 바가 있는지요?

제임슨 글쎄요, 내 이름은 아일랜드계가 아니고 스코틀랜드계입니다. 비록 내 선조들 중에는 독일인과 함께 아일랜드계도 있지만요. 어쨌거나 정말 가톨릭교도가 되는 것은 아마 이른 나이부터 하나의 제도로서의 교회와 더불어 살아왔는가, 그리고 교회의 위계질서와 성직, 성직자의 위계와 제의 등이 내부적으로 어떻게 작동하는지를 경험했는가에 달려 있겠지요. 그런 점에서 나는 아닙니다. 오히려 나는 나 자신을 막스 베버의 훌륭한 표현대로 '종교적으로 장단을 못 맞추는' 사람이라고 생각합니다. 진정한 종교적 경험을 한 바가 전혀 없고 여전히, 이 말이 가리키는 의미가 있다면 말이지만, 무신론자입니다. 하지만 이렇게 말하는 것은 상황을 묘사하는 그다지 흥미로운 방식은 아니겠지요. 차라리 내게는 종교적인 유혹이 없다고 말해야 할 듯싶습니다. 맑스주의가 실제로는 하나의 종교라는 비난에 대해서는, 글쎄요, 만일 누군가가 다가와서 사람이 희망과 미래와 맺는 관계, 그리고 정치적·사회적 가능성들에 대한 신념과 맺는 관계라는 것은 근본적으로 종교적인 것이라고 말한다면, 그렇게 말할 수 있겠지요. 내가 어떤 절대적인 것을 정말 지니고 있다는 데에는 동의하겠습니다.

아라바무단 끼어들어도 된다면, 버트런드 러셀(Bertrand Russell)의 『서양철학사』(*History of Western Philosophy*, 1945)에도 그런 잘 알려진 순간이 있지요. 거기서 그는 교회가 공산당이며 혁명은 재림이고 맑스는 예수, 레닌은 사도 바울 등으로 끊임없이 이야기합니다. 그는 이렇게 전체적으로 일련의 유추를 탐색합니다. 하지만 물론 유추는 때때로 사람들이 정말 그랬으면 하고 바라는 방식과 직접적으로 유사하지는 않지요.

제임슨 문제는, 내 경우에는 종교적인 것에 대한 어떠한 존재론적인 의식도 수반되지 않는다는 점입니다. 또한 사실 그런 주장을 뒤집어 다양한 종교들이 정말은 결국 세속의 역사가 될 것에 대한 흐릿하고 모호한 전조이자 혼란스럽고 비유적인 기대라고 주장할 수도 있을 겁니다. 따라서 맑스주의가 하나의 종교라고 주장하는 것처럼 그저 아무렇지 않게 종교가 맑스주의를 앞질러 보여준다고 말할 수도 있을 겁니다. 그것이 절대자와 연관되어 있다는 점을 인정하느냐 마느냐 하는 것에는 개의치 않습니다. 그러나 내 작업은 실제로 전혀 종교적이지 않다고 말하고 싶습니다. 그런데 미국문화 연구의 커다란 실패들 중의 하나가 그들이 미국의 종교가 미국 대중문화의 한 부분이기도 하다는 점을 이해하지 못한다는 점이라고 코넬 웨스트가 말하는 것을 들은 일이 있습니다. 나도 그 점을 알고는 있는데, 내가 그와 관련해 더 이론적인 결론들을 이끌어낼 수 있는 위치에 있다면 좋겠군요. 정통파적 신념의 어떤 원동력은 집단적 원동력 전체의 한 부분으로 이해할 필요가 있습니다. 그러려면 금기가 무엇이며 금지가 무엇인지 반추할 필요가 있을 겁니다. 이것들이 한 집단의 구성원들이 자기 자신과 지도자들에게 자신들이 정말 그 집단의 구성원임을 증명하는 방법이지요. 즉 그들은 소속되어 있다는 기호로 어떤 것들을 희생해야 한다는 것입니다. 신도들의 머릿속에서는 우리의 머릿속에서와는 다른 무엇이 일어나는 까닭에, 신앙을 그 자체로 본질로 실체화하거나 구체화하여 그 신앙을 문자 그대로 소외시킨다고 상상하는 식의 타자에 대한 사고로부터 최소한 벗어나야 합니다. 우리는 신앙을 무엇인가 다른 것, 신도의 머릿속에서 진행되는 이해 불가능한 것으로 만들어버립니다. 그러나 신앙이라는 것은 어떤 이는 가지고 다른 이는 못 가진 그런 종류의 심리적 음조가 아닙니다. 무엇에 대한 정통파적이고 독단적인 주장은 신앙의 특징이 아니며 오히려 집단이 그 응집, 그 자격을 강화하면서 비회원을 배제하는 방식의 한 특징이라고 생각합니다. 이런 것들은 특별히 종교적인 동력, 혹은 신앙과 연관된 동력이라기보다는 집단적 동력입니다. 의식 그 자체는 어디서나 정말 똑같고 결코 특별한 특징을 띠지는 않습니다. 오히려 의식은 자아, 즉 의식의 대상인 자아에 대해 생각하는 방식입니다. 지금도 찬탄해야 마땅할 위대한 종교운동들이 있습니다. 해방신학은 매우 위대한 종교운동이었고, 그중 적어도 어떤 것은 지금도 지속되기를 바랍니다. 그들 중 어떤 이들과는 대화를 해본 적도 있고, 그들을 무척 경애하지요. 빈민의 목사들과 민중신학자들의 전투적인 교회는 사람들을 동원하고 변화시키는 예외적인 방식일 수 있으며 예외적인 형태의 정치활동을 발생시킬 수 있습니다. 하지만 내게 종교는 근본적으로 '경배'(religio),[6] 즉 응집된 집단성이 우선적으로 표현되는 방식입니다. 구성주의자로서 나는 홉스봄(Eric Hobsbawm) 같은 이를 따라 전통이라는 것이 현재에 구성되는 어떤 것이어서 심지어 소위 종교적인 전통도 근본적으로는 포스트모던한 산물이라고 믿기 때문에, 어떤 종교적 전통도 정말은 그 자체로는 존재하지 않는다고 생각하는 편입니다. 급진적 이슬람 같은 것은 좌파운동들이 미약하기 때문에 생겨났는데, 이슬람세계 전체에 걸쳐 다수의 좌파운동들이 미국과 그 동맹국들에 의해 파괴되었지요. 급진적 이슬람은 하나의 포스트모던한 운동으로, 그 기미는 아야톨라(Ayatollah)[7]가 근대 매체를 활용한 예외적으로 창조적인 방식들에서 가시화됐지요. 한편, 미국의 경우를 보면 종교는 소위 소수민족의 정체성으로 바뀌었습니다. 따라서 나는 종교운동이란 종교적이지 않으며 특정한 집단의 사람들이 자신을 정의하기 위해 활용하는 포스트모던한 방식이라고 생각합니다. 만일 당신이 세속의 유대인이며 그래서 유대 종교의 모든 전통적인 양식들을 다시 지지하기로 결정한다면, 글쎄요, 그것도 하나의 선택이겠지요. 최초의 소수민족집단들이 이 나라에 올 당시에는 선택의 여지가 없었습니다. 그들은 아무데도 호소할 길이 없이 유형화되었는데, 그것은 인종과 소수민족에 대한 구속이자 억압이었습니다. 하지만 그런 상황은 오늘날 소수민족정치, 혹은 정체성 정치의 상당 부분에는 해당하지 않습니다.

아라바무단 오늘날의 종교부흥이 소위 신전통주의의 다양한 형태라는 당신의 설명은 매우 흥미롭고 대개 그렇다는 확신이 듭니다. 종교부흥은 완전히 근대적입니다. 마치 아주 오래된 것들을 계속 유지하는

---

6 라틴어로 'religio'는 성스러운 것에 대한 존경과 신에 대한 경배를 의미한다──옮긴이.

7 'ayatollah'는 이란의 회교 시아파 종교지도자를 일컫는데 여기서는 아야톨라 루홀라 호메이니(Ayatollah Ruhollah Khomeini)를 가리키는 것으로 보인다──옮긴이.

체하지만, 막상 따져보면 전혀 그렇지 않습니다. 오늘날의 이슬람 근본주의, 시온주의, 서로 다른 종류의 기독교 근본주의들, 인도의 경우 근대성의 산물인 파시스트적 힌두교 우파들에 대해 사람들이 그렇게 주장했지요. 하지만 정치언어로서의 종교에 대해 조금 더 얘기하고 싶습니다. 왜냐하면 이 여러 지역들에서 좌파가 도륙당했을 때 생기는 공백을 바로 종교가 메우기 때문입니다. 그런 한편, 종교는 그 자체를 신전통주의자로 제시하면서 그것이 적어도 세속적 의미에서의 정치보다 더 높은 위치에 있거나 달라서 경계 바깥에 위치하기 때문에 세속주의자들로부터 배척당한다고 말합니다. 하지만 숱한 다양한 방식으로 그것은 비밀리에 정치작업을 수행하는 것으로 보입니다.

칸나 한가지 덧붙이고 싶은데요. 내가 볼 때는, 그래요, 좌파가 이런 많은 지역들에서 참패를 당한 것이 분명하지만, 예컨대 알제리에서처럼 많은 지역들에서 사회주의 정부의 일종의 부패가 드러나고 아무런 사회복지사업도 제공되지 않을 바로 그때 '이슬람 해방전선'(FIS, Islamic Salvation Front)이 진입해 들어가서 사회복지사업과 후생의 관점에서 좌파의 자리를 정말 실제적으로 차지했다는 것도 사실입니다. 따라서 종교집단을 놓고 좌파니 우파니 하는 구분들이 허물어지지요. 그런 종류의 종교집단들과 연계된 종류의 사회운동의 특징을 묘사하는 데 좌파, 우파 등의 용어들은 더이상 적절하지 않은 건지요?

제임슨 뒤로 돌아가서 민족주의운동에 대해서도 정확히 같은 말을 할 수 있습니다. 그 운동들 또한 숱한 계급적 열정들과 역동성을 흡수하고 전유하여 그것들이 표출되도록 하는 동시에 주의를 빗나가게 합니다. 바로 그 지점이 문제입니다. 민족주의운동들은 해방신학과 비교할 때 어느 정도로 계급적 열망들을 진정으로 표현할까요? 또 민족주의운동들이 계급적 열망을 대체해놓고는 자신은 그밖의 다른 것에 이용되도록 허락하는 정도는 얼마나 될까요? 내 생각에 이 문제들 중 하나는 사회적 양분화, 즉 두 세력이 갈등하는 상황으로 나아가는 동향과 관계가 있을 겁니다. 그 문제는 갈등을 표현하는 수단에 있어서 무엇이 존재하는가로 향합니다. 때때로 우리는 **종교적**이라는 말보다는 **신앙고백적**이라는 말을 쓸 수 있는데, 이는 아마도 그 말이 상황을 분명히 해주기 때문이라고 생각합니다. 북아일랜드에서는 이런 신앙고백에 계급적인 것을 포함, 여타의 열정들과 민족감정이 담깁니다. 신앙고백이 그런 열정이나 감정을 위해 이용되는 수단이며 다른 수단은 여의치 않다는 거지요. 내가 이라크나 인도네시아 등지에서 공산당들이 대규모로 와해되었다고 말할 때 염두에 두는 것은, 집단적인 표현과 그것을 대행하는 이용 가능한 전달수단 하나가 지워지고 유일하게 남은 것이 종교적인 것이었다는 점입니다. 이란에서와 같은 종교운동들과 전세계 곳곳의 민족주의운동들이 모두 지닌 모호성은 그것들이 집단적인 계급적 열정을 흡수하는 순간 그 열정이 전환되어 원래와는 달리 대체로 복고적이거나 보수적인 기능들로 유용될 수 있다는 점입니다. 이슬람 급진주의 같은 것은 극히 모호한데 그 이유는 공산당들이 종말을 고한 이후 세계화에 반대하는 어떤 진정으로 새로운 전세계적 운동이 형성되기 전에 이슬람 급진주의가 반미주의, 그리고 서구와 자본주의에 대한 저항의 유일한 수단을 대표했기 때문입니다. 그러나 그들은 자본주의를 반대하지 않습니다. 따라서 내가 볼 때 그들은 마침내 정말로 권력을 획득해도 세계체제에 어떻게 대응해야 할지 모르며, 그것에서 벗어나기 위한 전략을 지니고 있지 않습니다(세계체제에서 벗어나는 것이 가능할지에 대한 질문은 차치하고 말입니다). 그러나 분명 그 운동은 중동 젊은 이들의 정치적인 욕구를 채워줍니다. 이슬람 급진주의는 그들에게 정치적 열정을 선사하며, 당신이 말하듯 모든 종류의 사회·교육·복지사업을 제공하기도 합니다. 내 견해에서 보자면, 이런 정치의 궁극적 기능은 머지않아 반자본주의적 프로그램을 표현하고 실행하는 방법을 제공해주는 것이었습니다. 그런데 그렇게 하지 않는다면 그만큼 이슬람 급진주의는 왜곡되고 온갖 종류의 다른 방향으로 나가게 되지요. 근대 민족주의가 일종의 사회주의적 동력을 편입함으로써 힘을 이끌어내지만 그때조차 민족주의적 프로그램이나 기획의 경계를 넘어가길 원치 않기 때문에 더이상 나아갈 수 없다는 문제점을 보여준 이가 파르타 차테르지(Partha Chatterjee)였다고 생각합니다. 우리가 이슬람에 대해 이야기할 때 그 점이 여전히 두드러지는 교훈이지요. 물론, 이란의 경우 그 점은 뿌리 깊은 열정을 지닌 이란 민족주의가 그들 자신의 꽤 독특한 종교를 통해 스스로를 표출하며 지속되었다는 증거이기도 하지요.

칸나 그 점에 대해 부연하자면, 그런 양상이 나타나는 것이 딱히 종교를 통해 민족적 감정들을 떠받치는 순간들은 아니라는 점 또한 사실인 것으로 보입니다. 왜냐하면, 당연하게도 국가들, 아니 정확히 말해 연방들의 와해와 연루된 듯한 종교적·민족적 연합관계들이 많고 이전의 유고슬라비아와 구소련 등에서도 그러해서, 새로운 종교적 혹은 민족적 관계들이 이런 종류의 와해의 순간에 유난히, 그리고 유난히 폭력적이고 인류 학살적인 방식으로 나타나는 듯 보이기 때문입니다. 연방이나 국가의 와해에 수반하는 듯한 이런 종류의 폭력을 이해하는 것과 관련해서 보자면, 당신은 현재 진행 중인 일들이 부분적으로 어떤 점에서는 더이상 지속적으로 권력을 유지할 장소가 없기 때문이라고 생각하시는지 궁금합니다. 이렇듯 여러 종류의 폭력으로 와해된 양상을 이해하는 데 벤야민의 권력과 폭력 구분이 아직도 유용한지에 대해 생각해보려는 것입니다.

제임슨 달리 말해 질서의 적법한 원천이 없다는 거지요. 그런데 어떤 점에서는 그 점이 여기에 반영되어 있습니다. 행동을 위한 정치적 수단이 없기 때문에 종교부흥, 그리고 새로운 종파들의 그 모든 광신과 함께 폭력이 발생합니다. 그러나 나는 이에 대해 조금은 더 사회학적으로 접근하여 청년실업 인구의 상당수에게 폭력은 하나의 삶의 방식임을 이해해야 한다고 생각합니다. 사람들은 북아일랜드에 대해 이렇게 말해왔습니다. 아프가니스탄, 그리고 어쩌면 지금의 이라크에서도 게릴라투쟁이 앞이 안 보이는 삶의 방식임은 분명한 사실입니다. 그런 종류의 군사행동에 대안을 제공해주는 것은 어떤 것도 제안된 바가 없습니다. 군사적인 것 자체가 과거에는 얼마나 그런 양상을 띠었는지, 또 그 군사적인 것의 일부가 되겠다고 선택한 사람들에게 어느 정도의 공동체와 신명을 제공했는지 잊지 말아야 합니다. 따라서 이런 운동들 전체가 첨가의 형식을 띠며 변화해온 양상, 즉 그것들이 어느 한 목적을 위해 시작되어 그다음에 새로운 기능들이 거기에 추가되는 양상을 염두에 두어야 합니다. 그것들은 일종의 자율성을 획득하고 그 자율성에 기초하여 지속되는데, 그 자율성은 그다음에 전혀 다른 또 하나의 기능, 즉 스스로를 계속 진행시키면서 동시에 상황을 영속시키는 기능을 낳게 됩니다. 이 운동들은 반드시 자신의 원래의 출발점을 지키지는 않고 다른 것들처럼 제도가 되기 때문에 이 운동들이 전개되는 방식의 주기적 리듬을 분석해야 합니다. 그리고 권력 대 폭력에 대한 벤야민의 물음은 제도에 관한 문제이기도 하다고 생각합니다. 권력과 통치가 전세계에서 스스로의 적법성을 상실하는 한에서는 그 두가지를 구별하는 것이 불가능해진다고 말하고 싶습니다. 미국 경찰의 야만성, 그리고 미국의 도시에서 다양한 시민들이 경찰력에 대해 보이는 태도를 보면, 이것들이 진정으로는 더이상 적법한 권력으로 간주되고 있지 않음을 알게 됩니다. 아니, 아주 정확하게 말하자면 옳든 그르든 일종의 군사적 점령

366

으로 간주되고 있음을 알게 되지요.

아라바무단 같은 주제에 대해 더 이야기하되 시선을 약간만 돌려서 당신의 포스트모더니즘에 관한 책의 결말에 대해 생각해보고자 합니다. 거기서 당신은 첨단기술, 퇴폐주의, 근본주의의 관계에 대해 논의했습니다. 당신은 어떤 종류의 첨단기술이 유사종교적이라고 제시하는 한편, 퇴폐주의를 자본주의의 타자라고 봅니다. 다시 말해서 퇴폐주의는 자본주의에 앞서면서도 그 이후에도 올 가능성이 있기에 자본주의가 자신이 거기로 타락해 들어가는 것을 막기 위해 끝없이 노력한다고 말입니다. 이런 설명은 예컨대 오늘날의 이슬람 근본주의가 서구를 퇴폐적이고 무력하다고 보는 인식과 혹시 관계가 있다면 어떤 관계가 있는지요? 아니면 전혀 다른 것인지요?

제임슨 내가 보통은 쓰지 않고 또 19세기 말 그 단어의 본고장에서는 매우 다른 묘미가 있는 게 분명한 **퇴폐**라는 단어를 사용해서 유감입니다. 내가 의미한 것은 단순히 안락한 중산계급 사회의 습관으로, 이들은 생계수단, 직업, 복지 등과 관련해 세계 다른 지역의 국민들이 직면한 한층 더 고통스러운 경제 문제들을 실제로 마주할 필요가 없다는 것이었습니다. 그것이 젠체하고 자기만족적인 미국의 상으로 주변에 질시와 분노를 일으켜서, 끔찍한 일이 우리에게 닥쳤을 때 우리의 불행을 고소해하는 마음이 들게 한다는 취지였지요. 따라서 그것은 지정학적인 계급감정, 즉 부자와 빈자의 전지구적 상황에 대한 계급적 반응이 아닐까 하는 생각이 듭니다. 미국문화의 퇴폐성, 그것은 더이상 내부에서는 내리기 어려운 종류의 판단이 아닐까 싶습니다. 확신하건대 만일 우리에게 다른 종류의 문화를 가질 가능성이 있다면, 이런 숱한 사치와 소비지상주의가 방종이며 다른 방식으로 살아야 한다고 말할 수 있을지도 모릅니다. 기름을 많이 먹는 차들, SUV 차량들, 소비지상주의 전반

등 그런 것들을 나는 집단적 중독이라고 부르고 싶습니다. 당신들도 목격하듯 '테러와의 전쟁'이 시작됐을 때 대통령이 하지 않은 일이 많았는데, 그중 하나가 미국국민들에게 아무런 희생도 요구하지 않았다는 것입니다. 그는 말했지요. 국민들이여, 외출해서 더 많이 사고 쇼핑을 계속해서 경제기구가 계속 돌아가게 해야 한다고 말입니다. 역사상 어느 전쟁지도자가 자국민들에게 그렇게 말했을지 의문입니다. 무척 놀라운 일이지요. 그게 아마도 퇴폐적이라고 부를 수 있는 것이겠지요. 그러나 그것이 매우 유용한 용어인지는 모르겠어요.

아라바무단　첨단기술을 일종의 유사종교적인 것으로 보는 것에 대해서는 어떤가요?

제임슨　글쎄요. 나 자신이 컴퓨터를 사용하기 전에 목격한 것은 모든 사람이 정말 종교적 열광 같은 상태에 빠져버렸다는 것입니다. 남들이 이 놀라운 것을 쓰도록 개종시키려고 다들 열렬히 애쓰면서 그것의 온갖 이점을 비롯해 자신들이 아침에 잠자리에서 빠져나오자마자 어떻게 이메일을 했으며 옛날과는 얼마나 다른 방식으로 글을 쓰고 있는지를 말했지요. 그리고는 이제 이 바이러스를 외국인, 특히 동유럽인들에게 감염시킵니다. 첨단기술에 대한 이런 부러움이 동유럽을 자본주의로 돌아서게 하는 데 일정한 역할을 했다고 나는 확실히 믿습니다. 포스트모던한 이 모든 새로운 종류의 정보기술들을 획득하려는 열정이 정말 지나치게 열광적인 것은 여기에 함축된 것이 단지 새 자동차 같은 어떤 물건을 추가로 더 사는 것이 아니기 때문입니다. 이 과정은 실제 포스트모던 자체의 소비에 이르렀습니다. 그것은 자본주의와 역사의 새로운 단계에 걸맞은 가장 선진적인 용품을 상징적으로 전유하는 것입니다. 그리고 실제로 맑스가 상품의 종교적 구조에 대해 말했던 것과 똑같이 정말 종교적인 양태로 벌어졌다고 생각한 정보기술의 상징적 소비도 있었지요.

아라바무단 종교적인 것에 대한 논의를 막 마무리하고 있는 참이니 간단히 묻겠습니다. 테러리즘과 자살폭탄의 증가에 대해 생각해보신 바 있는지 궁금합니다. 왜냐하면, 어떤 이들은 테러리즘과 자살폭탄을 종교적 극단주의와 연관지으려 하는 반면, 다른 이들은 새로운 형태의 무정부주의라는 관점에서 생각하고 있기 때문입니다. 자살폭파범에게 는 대안이 없습니다. 반드시 상황을 변화시킨다는 기약도 없이 그저 스스로의 목숨을 끊는 것이니까요. 여기서 세번째로 생각해볼 수 있는 것은 군사적 비대칭입니다. 정규전을 벌일 수는 없기 때문에 폭력을 가하는 유일한 방법은 네트워크를 파괴하는 것인데, 이는 어떤 시각에서는 미약하거나 자멸적일지 모르나 다른 시각에서는 의미심장하겠지요.

제임슨 또 하나 생각해볼 것이 육체의 역할인데 이에 대해서는 마이클 하트(Michael Hardt)가 글을 쓴 게 있지요. 스마트 폭탄[8]과 비행기 사이에 존재하는 일종의 변증법 같은 건데요. 비행기는 지상에 있는 사람들과 육체 그 자체의 움직임은 볼 수조차 없습니다. 이 젊은이들을 매료하는 것은 하우어리(houri)[9]가 존재한다는 따위의 그런 바보 같은 포스트모던한 천국의 약속이 분명 아닙니다. 그것은 매우 구체적으로 싸르트르적인 존재론적 선택이지요. 일반적으로 이런 종류의 무기는 다름 아니라 야전군대에 대적할 수 있는 군대가 없기 때문에 활용해야 하는 정보화 정치의 일부분입니다. 그러나 이런 경우에 그것은 한번의 행위에 의한 선전활동보다는 조금은 더 큰 의미를 띤 것으로 보입니다. 그것이 이스라엘에서든 이라크에서든 일상의 삶을 집요하게 방해하니까

---

8 레이저 광선이나 기타 진로를 유도하는 전자장치를 부착해 목표물만을 정확하게 명중시키는 폭탄—옮긴이.
9 이슬람교의 천국에 존재한다는 순수하고 아름다운 처녀—옮긴이.

요. 식민주의자가 평화로운 존재를 영유할 수는 없게 하겠다고 지속적
으로 확신시킨다는 말이지요. 이렇게 한다고 해서 당장 하나의 전투에
서 이길 수는 없겠지만 결국에는 점령자로 하여금 떠나게 만들 수 있다
는 점에서 아마 식민점령과 연관될 일종의 전략일 겁니다. 얼마나 현실
적이든 혹은 비현실적이든 간에 그것이 목적이라고 생각합니다.

칸나 알레고리와 그것이 유토피아에 대해 지니는 관계에 대해, 특
히 그것이 뽈 드만의 알레고리 개념과 어떻게 관계되고 또 관계되지 않
는지에 대해 당신에게 묻고 싶습니다. 또 그 질문을 윤리와 정치의 관
계와 다소 연관된 방식으로 묻고 싶습니다. 『독서의 알레고리들』에서
드만은 다음과 같이 말했습니다. "알레고리가 언제나 윤리적이라고 할
때, 윤리적이라는 이 용어는 두개의 서로 구별되는 가치체계들의 구조
적 간섭을 지칭한다. (…) 윤리적 범주는 그것이 언어적인 반면 주관적
이지 않는 한 명제적이다(즉 가치라기보다는 범주이다). (…) 윤리적
조성(調聲)에 이르는 과정은 초월적 명제에서 나온 결과가 아니라 지
시적 형태의, 따라서 믿을 수 없는 언어적 혼란이다. (…) 윤리(아니, 윤
리성ethicity이라고 해야 할 것이다)는 다른 무엇보다 추론적인 양태이
다."[10] 드만의 경우 가치체계들, 그리고 더 중요하게는 범주체계들에 존
재하는 바로 그 분리상태를 강조하는 것으로 보입니다. 그와 연관된 것
으로는 리오따르의 분쟁(differend) 같은 개념도 있습니다. 비록 후자가
아마 기호체계와 다른 약분불가능성 사이의 분리와 더 관계가 있겠습
니다만. 하지만 알레고리의 잠재성 같은 것, 그리고 알레고리가 암시하
는 듯한 욕망에 대해 논할 때, 당신은 분리 같은 개념들에서 한 발짝 물
러나려는 것인지 어떤지 궁금합니다. 내가 흥미를 느끼는 것은 『미래의

---

10 Paul de Man, *Allegories of Reading* (New Haven: Yale UP 1979) 206면 참조.

고고학』의 「유토피아와 그 이율배반」(Utopia and Its Antinomies)이라는 장입니다(당신은 마르끄 앙주노Marc Angenot와 문학사에 대한 글에서는 약간 다르게 기술했는데 그에 대해서도 흥미를 느낍니다). 그 장은 토머스 모어(Thomas More) 이래의 유토피아 전통이, 당신이 표현하듯 "문학사에 대체로 암시적으로 남아 있는 차이들을 내부화하거나" 흡수하는 방식에 대한 것입니다. 그래서 이것을 보면서 떠오른 몇가지 질문을 드릴까 합니다. 하나는 당신의 독법이 드러내는 방식입니다. 그 독법은 드만이 조명한 종류의 분리들을 흡수하는 방식에 있어서 유토피아적이라는 것입니다. 두번째는 알레고리와 유토피아가 어떻게 관계를 맺는가 하는 것입니다(유토피아는 미래에 대한 알레고리인가요?). 세번째는 윤리적인 것의 범주, 혹은 드만이 '윤리성'(ethicity)이라고 언급한 것에 대한 것인데, 이 윤리성은 종종 텍스트의 독자성 문제와 연관됩니다. 텍스트의 독자성 문제는 전통의 이념이 휩쓸고 지나가면서, 당신이 말했듯 논쟁이라는 것이 분리로서보다는 더 바흐찐적인 대화 안으로 흡수되는 바람에 사라진 것이지요. 당신에게도 '추론적인 양식'의 '윤리성'이 존재하나요?

제임슨 나는 드만을 그런 의미로 이해하지 않습니다. 그것은 매우 풍부하고 암시적인 구절이라서 내가 그에 대해 직접 언급할 수 있겠다는 생각은 들지 않습니다. 어쩌면 매우 불완전한 독법일지 모르겠습니다만 나는 언제나 드만의 알레고리를, 이데올로기적이거나 의사소통적인 언어 사용에 대립되는 문학적인 언어 사용을 지칭하는 방법이라고 이해해왔습니다. 어떤 텍스트가 성찰적으로 스스로를 지칭하는 방식을 특징적으로 묘사한 것으로 말입니다. 그는 이런 구조적인 개념을 매우 복잡한, 내 생각에 부분적으로는 변증법적인 방식으로 활용합니다. 내 식으로 하자면, 이를테면 과학과 이데올로기 혹은 하나의 텍스트가 주체의 위치와 관계짓는 방식 사이를 구별하는 것이 될 것이라고 생각합니다. 나는 알뛰세르를 따라 과학은 주체 없는 글쓰기인 반면 이데올로기는 상당 부분 주체의 위치지음이어서 거기에는 지식보다는 의견이 담긴다고 생각합니다. 또한 여기에서 우리는 언어적 혹은 문학적 수준에서 전개되는 인식(espisteme)과 의견(doxa)의 차이를 찾아볼 수도 있습니다. 그러나 나 자신은 이런 것들에 그런 식으로 접근하고 싶지는 않습니다. 내게 윤리의 문제는 분명 이데올로기의 문제이지만 무엇보다 선과 악을 구별하는 문제라고 생각하며, 이 점에서 나는 싸르트르의 사상, 즉 악이 안락을 확보하고 선은 자아의 양심을 확보하는 방식이라는 그의 사상으로 상당히 되돌아갑니다. 푸꼬는 싸르트르를 결코 언급하지 않지만 나중에 이런 대립을 발전시켰다고 생각합니다. 내가 말하고 싶은 것은 윤리적인 것은 언제나 나쁜 신념의 이런 종류의 전개이며, 이를 통해 무엇을 타자로 외화하고 악이라고 딱지를 붙인다는 것입니다. 따라서 윤리적인 범주들이 동원될 때마다 우리는 무엇인가 다른 것이 작동하고 있다고 의심하고, 어떻게든 언어적 관점에서 이런 범주들을 해체해야 한다고 생각합니다. 분명히 말하지만 나는 문학의 윤리라든가 언어의 윤리 등에 몸을 맡길 생각은 없습니다. 그에 관한 많이 논의된 싸르트르의 범주가 진정성인 것 같습니다. 하지만 알레고리는 내게 상당히 다른 것입니다. 내 생각에 그것은 레비-스트로스의 『야생의 사고』(*La pensée sauvage*, 1962)와 관계가 있습니다. 나는 재현의 문제가 있을 때 알레고리가 발생한다고 생각합니다. 알레고리는 궁극적으로 재현 불가능한 것들, 즉 근본적으로는 총체성의 재현에 대한 하나의 해결책입니다. 따라서 분명 알레고리의 본거지는 신학이나 종교적 담론의 역학인데, 그 이유는 이것들이 재현 불가능한 것들을 설정하기 때문입니다. 정치적 혹은 사회적 재현의 많은 예에서도 개인으로서의 우리들 중 어느 누가 사회적 동력 전체를 파악하거나 그 지도를 그리기가 매우 어렵다는 의미에서 알레고리가 역시 활용되기도 합니다. 그러나 알레고리라는 단어를 쓰는 데 따르는 문제 중 하나는 A가 C를 지칭하고 B가 D를 지칭한다는 식의 일대일 관계를 의미하기 위해 이 단어를 쓰도록 우리가 수세기 동안 훈련받아왔다는 점입니다. 반면에 나는 구조적인 종류든 혹은 비유적인 독특한 종류의 반복 불가능한 해결책을 위해서든 이 단어를 따로 남겨두어야 한다고 생각합니다. 집단성, 혹은 국가와 국민 같은 더 커다란 정치적 실재나 심지어 운동이나 집단들을 다루려고 노력할 때마다 우리는 재현불가능성에 봉착하게 됩니다. 그리고 그때 우리는 그런 것들이 어떻게 재현되었는지 살펴보아야 합니다. 그러도록 창안되거나 동원된 유형의 알레고리를 밝혀내기 위해서 말이지요. 단지 다양한 의인화만을 다루는 것은 아니지요. 이것이 내가 알레고리를 사용하는 방식과 전통적인 쓰임새 간의 근본적인 차이의 하나인데, 전통적인 개념은 언제나 의인화의 개념에 매우 과도하게 의존했지요. 물론 내 생각에 이것은 오늘날의 알레고리 이론들 역시 대부분 피하려고 하는 것이겠지만요.

아라바무단　답변의 말미에 당신이 말한 것을 따라가볼까 하는데요. 정치적 재현의 논리 없이 정치가 정말 존재할 수 있을까요? (지금 당장도 이에 관련해서는 상당히 많은 논쟁들이 있다는 것을 압니다.)

제임슨　오, 나는 그렇게 생각하지 않습니다. 그 상황을 낱낱이 파악해야 한다고 생각합니다. 말하자면 그 상황을 지어내야 한다는 거지요. 그러는 사이 상황을 인식하고 묘사하고 또 작용하는 다양한 힘들을 평가하게 되는데, 글쎄요, 이렇게 되면 이미 재현이자 알레고리겠지요. 현재 우리의 정치적 문제는 전지구화가 분명 훨씬 더 복잡한 재현적 문제라는 사실에 있습니다. 따라서 오늘날의 정치 어디에서건 그런 문제들에서 달아날 수 없다는 것은 분명하지요.

아라바무단 글쎄요. 최근에 떠오르는 문제들, 이를테면 다수대중 등에 대한 이론들과 관련해서 드는 생각인데, 정당과 같은 것의 매개적 역할을 어느 지점에서 우회할 수 있는 방법이 있을지 궁금합니다.

제임슨 분명 국민, 다수대중, 국가, 군중 같은 그런 집단적인 단어들은 모두 재현들이고, 전체 의지라는 것도 마찬가지입니다. 그것들은 모두 재현할 수 없는 무언가의 모형을 만들려는 시도들이라고 생각합니다.

아라바무단 그러나 어떤 이는 이것들이 재현(Darstellung)이기보다는 표현(Vorstellung)이라고 주장하지 않을까요?

제임슨 나는 그런 구분을 인정하지 않는데, 아마 나의 재현 개념이 표현을 포함하고 있어서일 겁니다. 하지만 어쨌든 내게 그런 개념들은 언제나 재현을 함축하며 또 함축해야 하는 것으로 보입니다. 왜냐하면 예컨대 당신도 다수대중이라는 것으로부터 만들어내려고 노력하는 그런 개념을 국민이나 국가의 개념, 혹은 우리가 이 자리에서도 언급해야 할 사회계급이라는 개념과 차별화하고 있기 때문입니다. 그런 개념들은 실제로는 서사요 재현적인 영상(映像)들이기 때문에 어떻게 그 문제를 피할 수 있을지 모르겠습니다. 이제 정당의 문제를 보면, 정당은 하나의 매개로 간주되었습니다. 그것은 다른 문제입니다. 그것은 국회 체계에서와 마찬가지로 다른 의미의 재현, 즉 정치적 재현(vertreten)의 문제에 닿아 있습니다. 매개라는 말이 사람들이 더이상 사용하고 싶어 하는 말이 아니라 해도, 어떤 종류든 간에 매개로부터 벗어날 수 있다고 보기는 어렵습니다.

칸나 (이전의 페미니즘을 이은) 맑스주의적 페미니즘과 더 새로운 생산양식에서의 성차 문제에 대해 질문이 있습니다. 『정치적 무의식』에 대한 긴 서론의 역할을 하는 「해석에 대하여」에서 당신은 맑스주의적 페미니즘 내의 논쟁들에 대해 언급하면서 "성차별주의와 가부장적 특성들을 인류 역사상 가장 오래된 생산양식에 특정한 종류의 소외가 침전되어 살아남은 것으로 파악하는 것"이 중요하다고 제시했습니다. 당신은 새로운 형태의 성차와 새로운 형태의 성별 노동분업이 새로운 생산양식과 함께 이런저런 방식으로 나타나리라고 생각하시는지요? 아니면 성차 문제는 그것이 (1970년대에 페미니스트들에 의해 정식화되어 이제는 더 널리 확산된 정서적 노동의 경우처럼) 미래지향적인 경우든 아니면 생산양식상의 다양한 계기들이 이전 시기로 눈을 돌린 채 뒤늦게 존재하는 것으로든 늘 시차 속에 놓여 있는 건지요?

제임슨 그래요. 사회가 발전하면서 나타나는 온갖 종류의 새롭고 차별적인 젠더 현상들이 있다고 확신합니다. 추측건대 젠더, 성적 특질, 성차별주의에 대한 어떤 논쟁들은 한편으로는 유토피아에서의 일상생활이 어떠할지 자세히 그려보거나 실험적으로 설계해보길 원한다는 점에서 유토피아적이라고 생각하고 있습니다. 그러나 여기에는 두 종류의 유토피아적 정치 사이의 긴장이 있습니다. 한편에서는 오늘날의 많은 페미니즘들이, 자매관계든 무엇이든 하나의 집단성이 스스로를 긍정하는 집단의식의 형식들이었음이 분명해 보입니다. 그런 페미니즘은 분리주의와 몇몇 형태의 레즈비언 페미니즘에서 보이는 것과 같은 더 공공연한 분리독립으로 향하는 경향이 있습니다(이는 모든 종류의 인종적·소수민족적 정치에도 적용되는 이원성입니다). 다른 한편에서는 절대적 평등, 몰성성(gender-blindness)이 대안이 될 텐데, 여기에서는 남성과 여성이 모든 종류의 방식에서 평등하며 정치의 목적은 차이를 강조하기보다는 제거하는 것이 되겠지요. 강조하는 것이 집단의 구체성이든 아니면 평등에 대한 어떤 보편적 요구이든 간에, 전략과 문학의 상당 부분은 이 문제로 향해 있습니다. 예컨대 노동운동에서는 후자, 곧

평등에 대한 요구여야 할 것으로 추정합니다. 여기에서 특정한 종류의 젠더정치와 계급정치 사이의 긴장이 발생하는데 때때로 이것들은 양립 불가능한 것으로 보였지요. 이것은 또한 정치적인 문학에서 마주치는 다른 종류의 재현적 혹은 문학적 문제와 연관되어 있습니다. 당신은 집단의 억압상이나 아니면 그것의 영웅적 행위를 강조할 수 있습니다. 억압상을 강조할 경우 어느 면에서는 그 집단의 유약함, 그리고 그 집단이 상황을 극복하는 데 실패했음을 강조하는 셈이 됩니다. 만약에 영웅적 행위를 강조하면 정말은 존재하지 않거나 아직 존재하지 않는 어떤 비현실적인 정치적 가능성들을 투사하는 게 되지요. 따라서 그것들 사이에서 균형을 잡는 것은 매우 어렵습니다. 그런 의미에서 페미니스트운동과 숱한 다른 비계급적 운동들 사이에는 구조적인 유사성이 존재합니다. 나는 미래의 정치는 특정 사회 내에서의 젠더에 따른 노동분업에 상당히 의존하리라는 점을 말하고 싶습니다. 나는 후기자본주의가 소비상의 평등을 설정하고 있다는 점 외에 어떤 문제가 있다고는 생각하지 않습니다. 후기자본주의가 그같은 시장의 평등을 획득할 수 있을지 어떨지 모르고 그럴 가능성은 내가 볼 때 비현실적입니다만, 어쨌든 간에 후기자본주의는 가능하면 많은 다른 종류의 사람들에게 자신의 생산품을 팔기를 원하지요. 이것은 각 집단이 특정한 수요를 지닌 특정한 종류의 소비자로 직접 호명되는 일종의 틈새 마케팅이어서, 포스트모던한 상황에서는 자본주의의 균일화 효과, 그다음에는 이를테면 이차적인 특징들의 재활성화, 이 둘 모두가 존재합니다.

칸나 그와 연관된 이야기를 조금만 덧붙이자면, 맑스주의적 페미니즘의 중요성에 대해 생각하면서 전지구적 규모와 연관지어 그 범주에 대해 생각해보고 싶습니다. 맑스적 페미니즘은 그 문제를 내부 영역으로 돌리는 듯 보입니다. 한 국가의 국내 영역이든 아니면 가정의 영역이든 간에 말이지요. 나는 이렇게 된 부분적인 이유가 1970년대 맑스주의적 페미니즘의 전성기 때 그것이 상당 부분 당시에 진행되던 일종의 내부적 대화에 국한되었기 때문이라고 생각합니다. 물론 로자 룩셈부르크(Rosa luxemburg)[11]와 알렉산드라 꼴론따이(Alexandra Kollontai)[12] 같은 인물들은 다양한 방식으로 그들의 많은 동시대인들보다 국제적인 문제에 더 주의를 기울였고, 스피박을 제외하면 맑스주의적 페미니즘 전통에 있는 이후의 인물들과 비교해보아도 더 그런 편이었습니다. 스피박 같은 인물이 많지는 않으니까요. 따라서 내가 궁금한 것은 장차 로자 룩셈부르크 같은 이런 초기 인물들이 관심을 받으며 다뤄지게 될지입니다. 예컨대『자본의 축적』(*Die Akkumulation des Kapitals*, 1913) 같은 텍스트의 주장은 지금 같은 자본주의의 시기에도 여전히 유효한가요? 그것은 아직도 생각해볼 유용한 텍스트인지요?

제임슨 그렇지요. 그것은 또한 초기의 혹은 원시적 자본축적이 신세계의 식민화에 의존한, 이를테면 제3세계적 사건임을 주장한 첫번째 텍스트였습니다. 그 점에서 그녀의 책은 오늘날의 어떤 종류의 상황분석에 있어서도 여전히 근본적인 부분으로 남아 있습니다. 그렇지만 일국 단위의 페미니즘은 최근에 보았듯 엄청나게 변증법적인 측면을 지닙니다. 미국인들이 전세계를 돌아다니며 자기네 여성들이 얼마나 평등하고 자유로운지 자랑하고 그런 이유로 전쟁에 휘말린 이라크, 이란, 시리아의 여성들에게 자기들이 그들의 대변인이자 대표자들이라고 설

---

11 로자 룩셈부르크(Rosa luxemburg, 1871~1919)는 폴란드 출신의 독일 맑스주의자이자 혁명가.『자본의 축적』의 부제가 "제국주의에 대한 경제적 설명에 대한 하나의 의견 제시"(Ein Beitrag zur ökonomischen Erklärung des Imperialismus)였다──옮긴이.

12 알렉산드라 꼴론따이(Alexandra Kollontai, 1872~1952)는 러시아 혁명가로 쏘비에뜨 정부에서 최초의 여성각료이자 여성대사를 지냈다──옮긴이.

명하고 있으니까요. 나는 이와 같이 서로 다른 종류의 페미니즘들의 협동은 지정학, 그리고 자국민주의와 상당히 얽혀 있다고 생각합니다. 내가 말하고자 하는 것은 계급의 경우에도 해당되는 어떤 단발성의 정치가 전지구적 정치의 다른 주제들과 연계되지 않으면 그런 종류의 일차원적인 방식으로 드러나리라는 것입니다. 만일 당신이 인종, 젠더, 그리고 계급을 바라보면, (비록 달갑지 않은 말이겠지만) 총체적인 정치가 유일한 해결책임을 깨닫게 됩니다. 이 말에 반대하는 사람들이 있다는 것을 압니다만, 예컨대 제시 잭슨(Jesse Jackson)의 무지개연합도 상당히 총체적인 사업계획이었음을 지적할 수 있습니다. 잭슨은 여성에 대해 말할 때면 언제나 노동계급의 여성과 인종을 언급했으며 인종에 대해 말할 때는 또 늘 계급이나 젠더를 언급했는데, 이 모든 것이 동시에 이루어져야 했던 것이지요. 지정학적 상황에서는 국적, 국민적 분열, 국민적 자긍심과 치욕 등의 전체적 배경을 그 일부로 포함할 수도 있겠습니다만, 분명한 것은 이 용어들 중 어떤 것에서도 전세계 국민들 모두를 단일한 방식으로 포괄할 어떤 즉각적으로 동질화하는 정치운동을 찾아볼 수는 없다는 겁니다. 나는 이것이 여전히 구성되어야 할 정치운동이라고 생각합니다. 그것들은 동맹에 바탕을 두고 있고 온갖 종류의 복잡한 재현적 역동성을 지니고 있습니다. 젠더건 인종이건 혹은 계급이건, 그것들 중 어느 것도 다른 것을 당연한 것으로 전제할 수는 없습니다. 그것들은 독특한 종류의 보편주의이면서 또한 다양한 상황과 특정한 방식에 따라 이해되어야 합니다. 지젝이 주장하듯 헤겔에게 있어서 보편은 언제나 예외이며, 보편의 순수한 구현은 결코 있을 수 없고, 이 보편에 도달하는 것은 언제나 그 예외들을 통해서입니다. 정치에도 마찬가지로 적용되지요.

　　아라바무단　삶정치적(biopolitical) 영역은 사회와 정치경제에 대한 맑스주의적 접근에 어떻게 새로운 도전을 제기하는지요? 일단 외화된 자연이 다 소모되고, 살아 있으나 노동하지 않는 육체가 하이데거적 '상비자원'이 될 때 무슨 일이 일어나나요? 이런 새로운 주장이 노동의 소외에 대한 초기 맑스주의의 설명과 질적으로 다른지요?

제임슨 내가 종교에 대해 표현한 바와 같은 망설임을 먼저 표하고 싶은 마음입니다. 다시 말해, 만일 완전히 새로운 삶정치라는 것이 질적으로나 양적으로 이전에 존재한 계급정치 등과 다르고 그 자체로 완전히 새로운 종류의 정치라고 주장된다면, 그것은 주의를 딴 데로 돌리게 하려는 일종의 눈속임이 아닐까 의심해야겠지요. 빗금을 그어 하나의 용어로 쓰자면 포스트모더니티/전지구화에서의 현상황에 대한 어떤 인식도 수정된 육체의 조건들, 즉 우리가 이전에 언급했듯 노동의 양태, 현재의 정보화된 노동과 낡은 방식의 노동과의 차이, 도시의 위기가 존재하는 형식 등 육체가 시간적으로 존재하는 방식을 분명 고려해야 합니다. 삶정치의 생태학은 초국가적 거대기업들, 의약품에 대한 그들의 통제, 정치적 규제와 오염 같은 것의 규제에 대한 그들의 저항과 관련된 생태학입니다. 이러다보면 이렇게 저렇게 자본주의 자체의 그 구조로 되돌아가게 되지요. 하지만 어쩌면 오늘날 이런 자연재앙들은 앞과 같은 상황들을 더 가시적으로 표현해주는 것일지 모르겠습니다. 비록 정보와 매체의 독점이 그런 근본적인 원인들로 돌아가는 것을 막고는 있습니다만 말이죠. 그런데 삶정치는 생태학을 포함할 텐데, 특정 생태학의 입장에서 최근의 홍수들과 재앙들, 전지구적 온난화, 지구 행성 전반과 자연의 쇠락, 열대우림의 소멸 등과 같은 모든 사실들을 감안해서 이런 원인들이 정치적 조직화에 이르는 더 나은 길인지 아닌지에 대해서는 언제나 전술적인 질문이 있을 수 있겠지요. 이것들이 구식 노동문제가 하지 않은 방식으로 대중을 동원하는 정치적 재현이든 아니든 간에 말입니다. 하지만 그 경우에도 계급 문제를 피할 수 있다고 생각하지는 않습니다. 생태학이 정치적 안건이 된 1960년대를 보면 그것이 정치적인 집단과 비정치적인 집단을 갈라놓았음을 알 수 있습니다. 다른 것은 몰라도 생태학적 정치를 매우 기꺼이 하고자 하는 수많은 중산층 사람들이 있었습니다. 그런 식으로 계급 문제들을 정말로 비껴갈 수 있다고는 생각하지 않으나 분명 생태학적인 것과 삶정치적 문제 전체는 새롭고 포스트모던하지요.

아라바무단　생태론에 대해 간단히 덧붙이고 싶은 게 있습니다. 생태론이 정치로서 가지는 복합성은 그것이 매우 극우적인 형태의 보존으로 쏠리거나 자신의 소비를 확보하려고 다른 사람들의 소비를 막는 쪽으로 이끌릴 수 있다는 것입니다. 이는 때때로 제1세계의 생태운동들이 종종 제3세계 지역들의 파괴와 어떻게 관계되는지 하는 문제이기도 합니다. 제3세계 지역의 파괴는 바로 이 지역 국민들에게조차 엄청나게 큰 문제임이 분명하건만 생계 등 기타 많은 문제들이 뒤엉켜 제3세계에서 강력한 생태운동이 일어나기 매우 어렵습니다. 이는 이를테면 더 선진적이거나 발전한 나라 안에서 이뤄지는 생태운동과는 대조적인 현상입니다.

제임슨　그리고 그런 상황은, 예컨대 생태운동이 어떤 부문을 통제하고자 하나 그런 통제로 수많은 직업들이 사라져서 노동자들이 그 변화에 저항하는 나라에서는 노동운동과 함께 벌어지기도 합니다. 여기에서 강조할 필요가 있는 그밖의 특징을 들자면 진정한 세계정부라는 것이 없다는 점입니다. 본고장의 약과 약초 들을 특허출원하는 것이든 가격과 보조금을 다양하게 규제하는 것이든 간에 다양한 조약들은 모두 위장된 방식들인데, 이를 통해 제1세계는 잠재적인 원료들을 모두 자신이 통제하려고 강제적으로 시도합니다. 비록 쿄오또의정서가 '자유세계'의 중심부가 생태학적 정치에 저항하고 있음을 조명하는 데 유용한 것은 분명하지만, 이런 문제들을 진정으로 해결하는 것이 쿄오또 의정서 같은 조약에 의해서만이 아님을 이해하는 것이 매우 중요합니다. 아마 당분간은 가장 적극적인 조치를 우선적으로 제안하는 것은 생태학적 쇠락에 의해 위협받는 나라들의 동맹이겠지요. 만일 그런 동맹을 상상할 수 있다면 그 동맹은 자본의 출처에 크게 의존하게 될 터이고, 바로 그런 이유로 베네수엘라가 미국에는 매우 위협적인 존재가 됩니다. 비서구 지역 가운데 예외적으로 베네수엘라는 석유로 많은 돈을 벌어들여서 다른 나라들에는 없는 일정한 자율성을 지니고 있기 때문입니다.

아라바무단　바로 미국의 뒷마당인 라틴아메리카에서 최근에 사회주의가 흥기하는 것은 굉장한 아이러니가 아닌지요? 동유럽에서 공산주의가 몰락하고 중국이 자본주의를 포용하면서 자본주의의 승리가 울려퍼진 지 얼마 되지도 않아서 말입니다.

제임슨　그렇지요. 지금은 이 나라들에서 자본주의가 정말 무슨 의미인지 분명해지고 있는 순간인데, 특히 이들 국가의 유일한 기능이 투자와 이윤을 증대하는 것이라고 보는 의무적 개발 이데올로기의 틀에서 볼 때 분명해지리라고 생각합니다. 따라서 그들은 이제 자유시장 정책이 경제가 재건되지 못하게 가로막은 방식을 이해할 수 있는 더 나은 입장에 있습니다. 이들의 경제는 독재와 파시즘에 의해 손상을 입은 게 분명하지요. 또 규제되지 않은 시장이 실업을 발생시키고 사회복지 체계를 약화하거나 제거하는 것을 전제하는 방식을 이해하는 데 있어서도 마찬가지입니다. 이렇게 이 국민들은 오늘날 일종의 전지구화에 반대하는 정치의식에 이르게 됩니다. 그리고 급진적인 정당들 사이에는 극단적인 구조적 간극이 있습니다. 이 정당들은 기껏해야 사회민주주의적일 수 있을 뿐이고, 실제로 다름 아닌 바로 자신들의 정치 이데올로 기들, 그리고 토지가 없는 이, 실업자, 새로운 중산층 실업자 들 같은 새롭게 자각한 집단들의 요구에 의해 완전히 무력화되었습니다.

칸나 여기서 조금 논의를 바꿔서 세계문학에 대한 질문을 하나 하겠습니다. 나는 당신이 세계문학, 세계영화, 전지구적 미학과 지정학적 미학 등의 형성을 통해 세계를 이해하는 방식에 관심이 있습니다. 당신이 세계문학과 세계영화를 생각할 때 그 각각의 범주들에 있는 '세계'가 동일한 것인지요? 그리고 그와 관련된 또다른 질문인데, 세계문학 범주가 그렇게나 많이 정식화되는 일들이, 항상 학문적 좌파라고는 할 수 없을지 모르나 정치적으로는 좌파인 쪽으로부터 지금 이루어지고 있는 이유가 무엇이라고 생각하는지요? 예컨대 프랑꼬 모레띠(Franco Moretti)의 연구, 『뉴 레프트 리뷰』에 최근에 실린 빠스깔 까사노바(Pascale Casanova)의 연구, 특히 비교문학 개념과 관련해 개진된 가야트리 스피박의 '행성성'(planetarity) 개념, 전세계 영화와 문학에 대한 당신 자신의 백과사전적 지식, 그리고 듀크 대학의 문학 프로그램 같은 데서 비교문학의 전분야에 대한 생각을 당신이 개진한 방식 들은 모두 우리들 중 많은 이들이 비교와 문학 둘 다를 이해하는 방식들을 변화시키는 데 기여했습니다. 내가 궁금한 것은 세계문학과 세계영화의 개념과 관련해서 이런 종류의 발전이 좌파 쪽에서 나오게 된 이유가 무엇인가 하는 점입니다.

제임슨 우선, 기업이나 대기업은 다른 분야에서와는 달리 문학 그 자체에 대해서는 그렇게 많이 투자하지 않습니다. 따라서 문학에서 우파는 정전, 위대한 저서들, 전통적인 문학적·문체적 가치 등에 대한 예술을 위한 예술식의 옹호, 즉 일종의 미학주의로 축소되었습니다. 그러니 정말이지 세계의 다른 지역에 대한 관심은 거의 없을 수밖에 없지요.

그러나 언어라는 것은 이런 연관 속에서 생각해야 한다고 생각합니다. 언어 자체를 볼 때 가장 놀라운 것들 중 하나는 영어가 보편적 공용어, 혹은 세계언어로 확산된 것인데, 이게 영어와 영문학 생산에 좋은 도움을 준 바는 극히 적다고 생각합니다. 영화의 경우는 자막이 있으니까 어느정도는 이런 문제점을 넘어섭니다. 하지만 세계문학이 살아남으려면 여전히 지역적 상황, 그리고 지역의 언어에 깊이 뿌리를 내리고 있어야 한다는 점에서 이런 상황은 세계문학에도 장애가 됩니다. 예컨대 영어가 그 지역언어 중 하나인 인도 같은 경우가 아니면, 그 텍스트들에 존재하는 무언의 지식은 상당 부분 잃어버릴 수밖에 없는 번역물을 대해야 합니다. 한편으로 학생들이 두세가지의 외국어를 알아야 한다고 주장할 수는 있지만 비유럽어들은 습득하기가 매우 어렵습니다. 만일 그것들 중 하나를 배우면 그 자체로 아마 특별한 성취가 되겠지요. 따라서 이 점에서 문학이 어떤 새로운 국제적 현실들의 매개로 지속되는 데에는 이미 근본적인 장벽이 있습니다. 그래서 나는 문학이 위기에 처했거나 지역주의의 입장들로 퇴행했다고 생각하는데, 이런 상황은 영화의 경우에는 적어도 지금까지는 그다지 적용되지 않을지 모릅니다. 나는 언제나 괴테의 세계문학 개념을 상기하고자 하는데, 그가 의도했던 것은 세계의 고전들을 모두 모으는 것이 아니었습니다. 비록 당시 그런 일도 진행되고 있었고 샤쿤탈라(Shakuntala)[13] 이야기가 셰익스피어와 함께 번역되고 있기는 했습니다. 또 당시 세계에는 실제로 식민주의에 의해 개방된 곳으로부터 나온 위대한 예술품들이 축적되기도 했지요. 그러나 괴테의 관심은 예컨대 『르뷔 데 되 몽드』와 『에딘버러 리뷰』 등 주

---

13 힌두교 신화에서 두샨타(Dushyanta)의 아내이자 황제 바라타(Bharata)의 어머니로 인도 서사시 『마하바라타』(*Mahabharata*)에 등장한다──옮긴이.

목할 만한 저널들에서 표현된 것처럼 지식인들 사이의 접촉을 향해 있었습니다. 괴테가 세계문학이라는 말로 의미한 것은 그런 종류의 전파(傳播)로서, 현재의 전지구화한 사회를 처음으로 예측한 사례를 보여주는 것이 아닐까 싶습니다. 우리가 그런 기술을 당장 활용할 수 있는 유일한 영역은 바로 그런 종류의 전파지대들, 그리고 정치적인 면이나 그 밖에 다른 면에서 이뤄지는 지식인들 사이의 접촉에 있고, 그 영역이야말로 정치와 정치운동 분야에서 아직 도래하지 않은 네트워크를 창출할 수 있는 곳입니다. 내 생각에는 지금 이것이 이 새로운 체제에서 새로운 종류의 세계문학에 대해 가질 수 있는 가능성들 중의 하나입니다. 내가 하고픈 또다른 제안은 한 국가의 상황에 놓인 독자들은 다른 국가의 상황에서 나온 텍스트들과는 직접적인 관계를 가질 수 없다는 점과 관계됩니다. 내가 볼 때 이는 훨씬 더 복잡하게 매개된 과정으로, 다른 국가의 상황에서 나온 작품들이 번역될 수 있는 한 그것들의 가치와 입장들을 파악하기 위해서는 먼저 다른 국가의 상황에 대한 이해를 거쳐야 합니다. 물론 번역이 완벽할 필요는 없습니다. 나는 번역이 하는 일이, 설령 가능하거나 생각해볼 수 있는 일이라고 해도, 다른 텍스트의 의미들을 문자 그대로 옮기는 것이 아니라 다른 언어의 이국성(異國性) 및 그 언어가 할 수 있는 것을 어느정도 전해주고, 그 다른 언어의 낯섦뿐만 아니라 능력들을 어느정도 전해주는 것이라는 발터 벤야민의 생각이 마음에 듭니다. 번역은 당신 자신의 국민언어의 변형을 통해 그런 점을 전해줍니다. 나는 그 점이 매우 마음에 듭니다. 내게 번역은 우리에게 필요한 다른 나라의 현실들에 이르는 일종의 통로인 듯 보입니다. 달리 말해, 우리는 그 현실들이 우리의 현실과는 얼마나 다른지 알아야 합니다. 미국에 있는 우리는 믿을 수 없을 정도로 편협한 위치에 있는데, 분명 미국은 세계에서 자기 바깥의 일에 가장 관심이 없고, 대체 무슨 일이 벌어지고 있는지 가장 모르며, 다른 사람들이 사는 방식과 그들이 직면해 있는 문제들에 관해 가장 호기심이 없는 나라들 중의 하나입니다. 마치 우리는 그 문제들을 모두 해결했고 자유의 궁극적인 이상을 향한 어떤 헤겔적인 세계역사에서 우리 미국이 마지막 단계이기나 하듯이 말입니다. 따라서 이런 지방적 편협성으로부터 미국의 대중들을 흔들어 깨워 그들에게 다른 사람들은 다른 우선적 고려사항들, 다른 경험, 다른 필요와 딜레마와 모순들을 지니고 있고 우리가 여기서는 꿈조차 꾸지 않을 사정들에 직면해 있다는 인식을 얼마간 전달해줄 수 있는 무엇, 그것이 내게는 세계문학의 매우 귀중한 목적으로 보입니다.

아라바무단 세계문학에 대해 당신이 한 말을 따라가다보니 어쩌면 이론 자체도 세계문학에 있어서 일종의 하위장르로 간주할 수도 있겠다는 생각이 들었습니다. 그런 소견에 입각해 내가 묻고 싶었던 것은 책들 자체가 오늘날 아직도 계속 읽히는 방식에 대해 당신이 어떻게 생각하는가 하는 점입니다. 독서는 여전히 똑같은 방식으로 진행될까요? 라디오, 영화, 텔레비전, 인터넷 등 낡았거나 새로운 미디어가 문학의 한 형태로서의 이론 자체에 도전을 제기하는 방식들에 대해 생각하시는 바가 있는지요? 또한 그 과정에서 참신성, 속도, 노후화 등의 새로운 벡터들이 도입되기도 합니다. 대학출판사 편집자들에 따르면 대부분의 학술서, 심지어 가장 성공적인 저서의 경우도 출판된 지 첫 12개월이 지나고 나면 거의 팔리지 않는답니다. 당신도 아시다시피, 사회 전체가 집중력 결핍과 과잉행동장애를 겪고 있기 때문에 책들을 훨씬 더 짧게 만들라는 상당한 압력이 있지요!

제임슨 상품화의 보편적 과정을 피할 수 있는 것은 아무것도 없습니다. 그리고 이것이 이론에서도 치명적으로 벌어지기 시작합니다. 모든 이론에는 상품명이 붙지요. 존재하지도 않는 가짜 운동들이 만들어집니다. 작가들의 사상은 다양하게 물화된 방식으로 주제화되고, 그다음에 이론이 고를 수 있는, 그러나 또한 도저히 나란히 있을 수 없는 품목들이 함께 진열된 일종의 슈퍼마켓으로 극화되어, 그런 방식으로 소비됩니다. 우리는 상품화의 논리를 내적 논리로 지닌 사회에서 살며, 이런 양상은 모든 것이 경향적으로 상품화되고 출판은 조금씩 거대독점에 포섭되고 책과 영화는 근본적으로 마케팅이 미리 정해놓은 종류의 이윤을 위해서만 생산되는 포스트모더니티의 시대에서는 더더욱 그렇습니다. 이런 거대한 사업을 진행하는 관료들이 이전의 예술작품들의 내용이나 판매가능성, 그리고 구식 출판업자들이나 심지어 독립적인 영화제작자들의 자율성에 대해 결정권을 지니고 있습니다. 여전히 흥미로운 소설, 흥미로운 영화, 흥미로운 이론이 계속 나오리라는 것은 의문의 여지가 없습니다. 하지만 일단 지정학적 차원을 끌어들이면 모든 것이 달라집니다. 세계의 다른 지역들에서 영화제작을 공동지원하기 시작했다는 점에서 영화는 가능성이 있는 하나의 해결책을 보여줍니다. 문학이나 이론에서는 아직 그런 것이 없긴 하지만 그럼에도 불구하고 국제적인 네트워크를 통해서 상황이 그런 식으로 다시 전개될 수 있으리라고 생각해볼 수 있을 듯합니다. 하지만 이와 같은 이론의 위기가 의미하는 또다른 것은, 아도르노가 말한 바 비판적 시각이 오래전에 사라지고 부정의 정신이 소멸되었다는 것입니다. 실증주의가 지배하면서 비판적 사고가 경험적 사고로 대체되고 존재하는 모든 것, 오늘날에는 다소간 시장체계인 무엇에 투항하는 일이 벌어지고 있다고 생각하는데요. 우리가 실용적-경험적 요인의 견인력과 시장논리를 과소평가해서는 안 된다고 생각합니다. 분명히 집단들과 네트워크들이 여기에서 차이를 만들어낼 수 있고, 여기나 그밖의 다른 곳에서 좌파문화를 건설하거나 재건하기 위해 노력하는 일의 핵심 중 하나는 기업문화와 이윤중심 체제에 대한 평형추 혹은 대항세력의 점진적 발전입니다.

아라바무단 당신이 방금 이론에 관해 제시한 답변을 듣자니, 에드워드 싸이드(Edward Said)라는 인물이든 아니면 그람시 등의 유기적 혹은 토착적 지식인 개념이든 간에, 어떤 사람들이 여전히 고수하고 있는 것과 같은 방식으로 당신이 지식인상에 대해 생각하는 바가 있는지 궁금합니다. 내게는 점점 더 지식인의 마지막 보루가 대학인 듯싶은데 여기에는 학문적 자유에 대한 개념이 얼마간 존재하지요. 아니면 어쨌든 사람들이 유기적 지식인의 흥기나 발견에 관해 매우 강하게 감응한 특정 지점에서라면 여전히 이런 믿음에 대한 가능성이 존재할까요?

제임슨 아직도 그와 같은 사람들, 미래의 촘스키들, 미래의 급진적 지식인들에게 그런 장소가 존재하기를 희망합니다. 나는 자유로운 지식인이 소멸됐다거나 그들이 대학에 의해 흡수됐다거나 하는 유행하는 탄식을 믿어본 적이 없습니다. 미국의 대학체계는 1960년대에 팽창해서 역사상 그 어느 때보다도 모든 계급으로부터 훨씬 더 많은 사람들을 받아들인 매우 중요한 사회적 기관으로 변모했습니다. 따라서 대학은 연구자의 연구가 대학원과 학부 차원에 정치적으로 의지해야 하는 정치적인 포럼이자 장소가 되었습니다. 따라서 나는 대학의 그런 사회적 변모를 개탄하는 몇몇 지식인들의 반지성주의를 공유하지 않습니다. 다른 한편, 내 생각에 훨씬 더 불길한 것은 대학의 상업화입니다. 무슨 말이냐면 대학의 훨씬 더 많은 부문들이 대기업의 하청을 맡는가 하면 종종 대기업의 연구를 공짜로 해주기 때문에 대학에 대한 국가 지원이 이런 대기업 자체를 위한 보조금이 되는 경향이 있다는 겁니다. 제약 분야든 아니면 농업이나 그밖의 다른 분야든 간에 말이지요. 우리 자신의 특권적 위치는 인문학에서 큰돈을 벌려는 사람이 아무도 없고 따라서 대기업이 우리를 인수하고 보조금을 지급하는 데 큰 관심이 없다는 바로 그 사실에서 나옵니다. 교육기구를 위한 다양한 제안들은 그다지 성공적이지 못했지요. 고등학교와 초등학교의 경우는, 글쎄요, 여기는 문제가 달라서 이 부문의 엄청난 교재시장에 기업들이 관심을 갖고 있음은 확실합니다. 하지만 인문학은 개발이 덜 된 교육과정이며 그런 점에서 우리는 여전히 약간의 자유를 지니고 있습니다. 우리가 무슨 말을 하든 정말로 상관하는 이가 아무도 없기 때문인 거죠. 그것은 부정적이기도 하지만 긍정적이기도 하지요.

칸나 사실, 음악에 대해서도 당신에게 질문할 게 있습니다. 어느 면에서 이 질문은 당신이 방금 전에 말한 몇몇 사안들과 관련됩니다. 왜냐하면 특정 형태의 음악에 대해 대안적인 정치가 당연히 있을 수 있고 또한 이것 역시 커다란 사업임이 매우 분명하기 때문입니다. 내가 묻고 싶은 질문은 그와는 약간 다른 방향인데, 더 일반적으로는 음악과 당신의 관계에 대해서입니다. 어쩌면 내가 잘못 알고 있을지 모르겠습니다만, 내가 아는 한 당신이 음악에 대해 쓴 바가 많지 않다는 것이 어느 면에서는 뜻밖입니다. 당신이 지속적으로 관심을 갖는 파운드나 브레히트는 모두 오페라에 손을 댄 바 있고 아도르노의 저작들 중에는 음악에 대한 것이 상당하지요. 또 당신이 자끄 아딸리(Jacques Attali)의 『노이즈』 (Noise, 1985)에 쓴 서문을 보면 "새로운 사회구성체의 전조가 될 역사적 발전을 예언적으로 공포하는 식으로 상부구조가 앞질러 보여줄 가능성"이라는 관점에서 그가 음악을 이해하는 방식을 특히 주목하여 평가하고 있는 듯합니다. 따라서 딱히 당신 자신은 음악을 분석하는 게 아니면서 음악과 관련된 인물들에 끌리는 이유에 대해 얘기해주실 수 있는지 궁금합니다.

제임슨 음악은 분명 미국문화, 그리고 포스트모더니티 전반의 가장 중요한 요소 중의 하나입니다. 사람들은 언제나 음악을 듣습니다. 음

388

악은 사람들을 둘러싸고 있는 새로운 공간적 형식입니다. 나 자신이 그런 점을 비롯해 음악 전반에 대해 글을 쓸 수 있다면 하고 바라기도 합니다. 그러나 그러려면 현재의 음악적 기술들을 마스터해야 합니다(뭐랄까 와인 감별에서의 전문용어들 같은 것 말이지요). 또한 개별 음과 음색을 환기할 수 있는 명석하고 감각적인 언어를, 이를테면 위대한 시(詩) 비평가가 어법이나 개별 단어선택이 지닌 말해지지 않은 가치를 분명히 표현해내는 방식으로 체득해야 합니다. 그것은 내가 감탄하기는 하지만 갖고 있지는 않은 재능이지요.

칸나   조금만 더 이야기할 수 있다면, 나는 여전히 당신이 (꼭 음악 자체는 아니라도) 음악적인 인물들에게 그렇게 매력을 느낀 이유가 흥미롭습니다. 나는 모릅니다만, 아도르노의 산문에 일종의 음악성이 있다고 생각하는지요? 혹은 그가 시간과 공을 들이며 온통 음악에 둘러싸여 있기 때문에 실제로 다른 비전을 띠는 작품이 나왔고 그 점을 당신이 언급한 건지요? 더 나아가 오페라에 대한 파운드의 관심과 연구, 브레히트의 경우는 어떤가요?

제임슨   음악에 관한 아도르노의 저작들에 내가 감탄하는 이유는 이것들이 매우 유용한, 뭐랄까, 추상화된 형태의 변증법적 사고를 제시해준다고 생각하기 때문입니다. 음악은 너무나 비재현적이어서 쇤베르크(Arnold Schönberg) 같은 이들에 대해 쓴 것들을 보면 그가 펼쳐내는 변증법을 볼 수 있는데, 이는 소설의 내용을 다뤄야 할 때는 하게 되지 않을 방식이지요. 나는 음악을 형이상학적인 독립체이며 일종의 비구상적인 열반으로 봐달라는 철학의 요청에 대해서는 의심스럽다고 보는 입장입니다. 이런 미학을 독일의 전통에서 때때로 감지할 수 있지요(정말이지 이런 식으로 음악의 가치를 매기는 것은 사실 독일적 전통이라고 생각합니다).

칸나　마지막 질문인데요, 당신은 현재 모든 이들이 시작보다는 종 말에 너무나 관심을 갖고 있다고 생각하는데 그 이유에 대해 조금 들어 보고 싶습니다.

제임슨　하지만 사람들이 그래서는 안 되겠지요. 갈레아노(Eduardo Galeano)[14]가 한 말을 떠올려보세요. 그는 상황이 너무나 나빠 우리가 비관주의라는 사치를 누릴 겨를이 없다고 했지요. 우리 주변 어디서나 움트고 있는 시작들이 있고 그것들이 무엇인지 밝혀주어야 합니다. 예 컨대 씨애틀에서 시작된 새로운 반세계화 또는 대안적 세계주의 운동 들, 그리고 포스트모더니티 내에서도 온갖 종류의 흥미진진한 예술적 발전들이 있습니다. (모더니즘과의 단절이 이루어져 이제 모더니즘은 과거의 것이 되었으니까요.) 한편으로 세계의 불균등 발전은 그런 점에 서 매우 유리한 점도 있습니다. 왜냐하면 제1세계가 아무리 불모적이 되었다고 해도 온갖 다른 지역들에서는 보편적인 상품화에도 불구하고 흥미로운 경향들이 솟아나고 있으니까요. 지금은 매우 흥미로운 시기 입니다.

---

14 에두아르도 갈레아노(Eduardo Galeano, 1940~)는 우루과이의 언론인이자 작가로 저서로는 『불의 기억』(*Memoria del fuego*, 1982~86) 삼부작 등이 있다──옮긴이.

그린, 레너드(Leonard Green) 코넬대와 로체스터대에서 영문학을 가르쳐왔다. 뉴욕에 거주하면서 현역 예술가로 활동하고 있다.

대니어스, 쎄라(Sara Danius) 스웨덴 웁살라대 문학 교수이며 쇠데르퇴른대에서도 미학을 가르치고 있다. 베를린 고등학술연구소 연구원 및 미시건대 방문교수 역임. 저서로 『모더니즘의 감각들: 기술, 인식, 미학』(*The Senses of Modernism: Technology, Perception, and Aesthetics*) 『세계의 산문: 상황을 가시화하는 기술과 플로베르』(*The Prose of the World: Flaubert and the Art of Making Things Visible*)가 있다.

마친, 오라시오(Horacio Machin) 텍사스 앤젤리노주립대 방문교수. 라틴아메리카 문화, 문화연구, 지적인 변화 등에 대한 여러 논문이 있으며 『행진과 라틴아메리카』(*Marcha y America Latina*)의 공동편집자이다. 『지식인들: 리버플레이트 지역의 문화번역자들』(*Intellectuals: Cultural Interpreters in the River Plate Region*) 출간 예정.

백낙청(白樂晴) 1974년에 민주헌법을 주장해 강제해직된 5년간을 제외하고

1963년에서 2003년 정년퇴임 때까지 서울대 영문학과에서 가르쳤다. 여전히 활동적인 문학비평가이자 (그가 1966년에 창간한) 한국의 문예와 지성을 이끈 계간지『창작과비평』의 편집인이다. 2005년 이래 (2000년 남북한 최초의 정상회담에서 발표된) '6·15공동선언'실천 남측위원회 상임대표를 역임하고 명예대표로 있다.

스테판슨, 앤더스(Anders Stephanson) 컬럼비아대 역사학 교수로 미국의 대외정책관계사 등을 가르치고 있다. 이 주제와 관련해 언젠가 '최소한의 도덕' (Minima Moralia)을 쓰고자 한다.

스픽스, 마이클(Michael Speaks) 작가, 교육가, 디자인전략 컨설턴트. 현대예술, 건축, 도시디자인, 시나리오 기획 등에 대해 출판과 강연을 해오고 있다. 로스앤젤레스 소재 남캘리포니아 건축연구소의 대학원 프로그램 전담책임자이자 '메트로폴리탄 리서치 디자인 대학원 프로그램'의 기초를 세운 책임자. 예일 예술대학원 그래픽디자인학과와 하바드대, 컬럼비아대, 미시건대, 베를라허 연구소(Berlage Institute), UCLA, 델프트 공대(TU Delft)와 아트센터 디자인대학의 건축 프로그램에서 가르치고 있다. 문화저널『폴리그래프』 (*Polygraph*)의 창립 편집장이자 뉴욕『애니』(*ANY*)의 전임 편집장이며 현재 『아키텍처럴 레코드』(*Architectural Record*)의 객원편집위원이다. 로스앤젤레스에 기반을 둔 다자인전략 자문회사 '디자인 스토리즈'(Design Stories)를 이끌고 있다.

아라바무단, 스리니바스(Srinivas Aravamudan) 듀크대 영문학 교수이자 존 홉 프랭클린 인문학연구소(John Hope Franklin Humanities Institute) 소장으로 18세기 영문학과 탈식민주의 연구가 전공이다. 저서로『트로피코폴리턴: 식민주의와 작용, 1688-1804』(*Tropicopolitans: Colonialism and Agency, 1688-1804*, 이 책으로 2001년 현대어문학협회MLA가 우수한 학문적 성취를 보인 연구자의 첫번째 저서에 수여하는 상을 수상)『구루 영어: 국제어에서 남아시아의 종교』(*Guru English: South Asian Religion in a Cosmopolitan Language*)가 있다.

아부제나, 모나(Mona Abousenna) 카이로 아인 샴스대 교수. 브레히트 및 민족주의에 대한 저서가 있다.

알톤시, 아바스(Abbas Al-Tonsi) 아랍언어학에 대한 다수의 저서 및 이데올로기와 내러티브 형식에 대한 저서가 있다.

욘손, 스테판(Stefan Jonsson) 작가, 학자, 스웨덴의 주도적 신문 『다옌스 뉘헤테르』(*Dagens Nyheter*)의 선임 문학비평가. 듀크대 문학프로그램을 졸업한 뒤 로스앤젤레스의 게티연구소(Getty Research Institute) 연구원 및 미시건대 방문학자를 역임했다. 컬럼비아대 출판사에서 『대중의 약사(略史): 세번의 혁명, 1789, 1889, 1989』(*A Brief History of the Masses: Three revolutions, 1789, 1889, 1989*)를 펴냈다.

장 쉬둥(張旭東) 뉴욕대 동아시아학과장이자 중국 비교문학 교수. 저서로 『개혁의 시대의 중국 모더니즘』(*Chinese Modernism in the Era of Reforms*) 『포스트소셜리즘과 문화정치』(*Postsocialism and Cultural Politics*) 『중국의 20세기 마지막 10년』(*The Last Decade of China's Twentieth Century*)과 중국어 저서 『전지구화시대 문화의 인식체계: 서구 보편주의 담론에 대한 역사비판(全球化時代的文化認同: 西方普遍主義話語的歷史批判)』이 있다. 발터 벤야민의 『샤를 보들레르』(*Charles Baudelaire*)와 『일루미나치온』(*Illuminations*)의 중국어 역자이며 프레드릭 제임슨의 『후기자본주의의 문화논리』(*The Cultural Logic of Late Capitalism*)의 편역자이다.

칸나, 란자나(Ranjana Khanna) 듀크대 마거릿 테일러 스미스 여성학소장(Margaret Taylor Smith Director of Women's Studies) 및 영문과·문학프로그램·여성학연구의 부교수. 저서로 『어두운 대륙: 정신분석학과 식민주의』(*Dark Continents: Psychoanalysis and Colonialism*) 『알제리 컷: 1830년에서 지금까지의 여성과 재현』(*Algeria Cuts: Women and Representation, 1830 to the*

Present)이 있다.

컬러, 조너선(Jonathan Culler) 코넬대 '클래스 1916'(Class of 1916) 영문학·비교문학 교수로 『다이어크리틱스』(*Diacritics*) 편집장을 역임했다. 현대이론에 대한 저서로 『구조주의 시학』(*Structuralist Poetics*) 『해체주의에 대하여』(*On Deconstruction*) 『문학이론에 대한 아주 짧은 소개』(*Literary Theory: A Very Short Introduction*) 『이론에서의 문학성』(*The Literary in Theory*)이 있다.

클라인, 리처드(Richard Klein) 코넬대 프랑스어과 교수이자 『다이어크리틱스』 전임 편집장. 비평·비평이론에 대한 논문과 『담배는 숭고하다』(*Cigarettes Are Sublime*) 『지방을 먹어라』(*Eat Fat*) 『보석이면 다 된다』(*Jewellery Talks*) 등의 저서가 있다.

하피즈, 싸브리(Sabry Hafez) 런던대 동양·아프리카학 대학원 근대아랍 비교연구 교수로 아랍문학과 내러티브 이론에 대한 많은 저서와 논문을 집필했다.

홀, 스튜어트(Stuart Hall) 수년 동안 버밍엄 문화연구소의 중심인물이었고 1997년 영국 개방대학(Open University)에서 은퇴한 뒤로 『뉴 타임즈』(*New Times*)의 공동편집장을 역임했다. 『갱생에 이르는 험난한 길』(*The Hard Road to Renewal*) 『제의를 통한 저항』(*Resistance Through Rituals*) 『모더니티의 형성』(*The Formation of Modernity*) 『문화적 정체성의 문제들』(*Questions of Cultural Identity*) 『문화적 재현과 의미화 실천』(*Cultural Representations and Signifying Practices*) 등 많은 저서와 논문이 있다.

제임슨을 읽는 이유

제임슨을 읽는 하나의 이유는 그가 '진리' '총체성' '변혁' 등의 말이 희미해진 포스트모던한 세계에 맞서 이러한 새로운 전지구적 상황에 합당한 어떤 답, 대안을 제시해줄 새로운 말들, 새로운 언어를 끊임없이 찾아나서는 탐험가이기 때문이다. 이 탐험의 과정에서 그가 거친 '언어 변환'의 긴 목록은 무원칙적인 다원주의가 아니다. 그의 궤적은 자본주의세계, 그리고 그에 맞선 지식세계의 궤적과 맞물려 있는 것으로 보인다. 정돈하고 통일하고 동일성을 찾아나서는 노력을 의심하며 차이만을 강조하는 세계, 끽해야 영화를 보는 시간 이상으로 무엇엔가 골몰하는 것이 불가능한 시대에 제임슨이 자신의, 그리고 지식사회의 중요한 모든 관심사들을 연결하는 어떤 내적 통일성의 실마리가 이 인터뷰들을 통해 확인된다.

대화

"인터뷰는 두 목소리가 이루어낸 작품으로, 최상일 때 [질문자의] 호기심과 [답변자의] 언명 사이의 멋진 대비를 드러내며, 이따금 의견을 같이할 때의 열광, 기지 넘치는 변조(變調)와 함께 양측의 단호한 입장 피력, 거듭되는 재고(再考), 체계적 정리에서 오는 만족, 그리고 대체로 주고받는 대화 템포에서의 생생한 변화를 제공해준다."(23면)

이와 같은 제임슨 자신의 말은 인터뷰의 멋진 특징을 잘 전달한다. 그런가 하면, 인터뷰 과정에서 특정 개념이나 진술이 그 맥락이 사상된 채 매력적인 '의견-상품'이나 캐치프레이즈로 고착되는 일종의 '물화'의 양상에 대해서도 제임슨의 시각은 예리하다. 이런 현상을 제임슨은 '언어의 악화(품질 저하)'라고 부른다. 실은 제임슨이 지적한 상황이 인터뷰에서만 일어나는 것은 아닐 터이다. 그럼에도 불구하고 이 인터뷰들은 제임슨이라는 한 탁월한 개인을 중심으로 한 문답 이상으로, 묻는 이와 답하는 이를 둘러싼 민족(국가)적 상황들의 접점을 확인하고 이를 확장하는 국제주의, 또한 지식인들 간의 새로운 전세계적 연결망을 구성하려는 노력의 결실이다.

후기자본주의와 포스트모더니즘

제임슨은 근대 이후 자본 중심으로 펼쳐진 세상의 흐름을 자본 진화의 세 단계에 따라 국민적 자본주의, 19세기 말엽의 독점적·제국주의적 자본주의, 2차대전 이래 오늘날의 전지구적 후기자본주의로 파악하고, 그에 상응하는 일정한 문화형식과 의식의 형태 들을 리얼리즘, 모더니즘, 포스트모더니즘으로 일목요연하게 정리한다.

후기자본주의 사회는 소비사회, 미디어 사회, 다국적 사회, 탈산업사회, '스펙터클(호화로운 구경거리) 사회' 등으로 다양하게 불린다. 이 사회의 동력은 역사의 망각, 즉 과거와 상상 가능한 미래의 억압을 위해 강렬하게 작동한다. 자본의 세번째 운동은 자본의 논리에 저항하는 듯 보이는 최후의 영역인 미학, 문화, 무의식, 정신 등의 영역 안으로 철저히 밀고들어간다. 그에 따라 거기에 살아남은 비자본주의적 혹은 전(前) 자본주의적 고립영역을 최종적으로 합리화, 근대화, 산업화, 상품화, 식민화하는 양상이 벌어진다. 하지만 제임슨은 이를 문화의 종말이 아니라 문화 본령의 엄청난 팽창조건으로 보면서, 이제 바야흐로 전면적인 싸움이 시작되었다는 인식을 보인다.

이 무지막지한 시대의 문화논리가 포스트모더니즘이다. 그러나 제임슨은 포스트모더니즘이 고도의 진지함을 결여하고 있다는 이유로 부도덕하고 경박하다고 비난하지 말고, 그렇다고 그것을 어떤 놀랍고 새로운 유토피아의 등장이라고 찬양하지도 말자고 제안한다. 그는 포스트모더니즘에서 나타나는 역사의식의 상실이라는 부정적인 현상을 비판하되, 포스트모더니즘이 모더니즘 언어보다는 훨씬 더 많은 사람들이 접근할 수 있는 하나의 문화실험이며, 아주 광범위한 방면에서 진행된 문화화라고 인식한다. 모더니즘 이후에 스토리텔링이 귀환하고, 다양한 형식을 통해 상대적으로 대중적이고 민주화된 양상이 포스트모더니즘을 통해 표출되고 있다고 보는 것이다.

포스트모더니즘을 전체적으로 놓고 보면서 하나의 역사적 상황으로 대처할 필요를 강조하는 제임슨의 태도를 간명하게 보여주는 말은 일방적 비난이나 일방적 찬양도 아닌 '자기비판'이다. 그에게 포스트모더니즘은 '남'이 아니다. 이를 상찬하거나 아니면 도덕적인 방식으로 재단하는 이론들은 생산적이지 않다. 우월한 바깥의 공간을 달리 설정하여 '남'을 탓하기보다는 모든 것에 대한 비판을 '자기'비판으로, '안으로부터의' 비판으로 수행해야 한다는 것이다. 그는 포스트모더니즘에 대한

'비판적 거리'보다는 그것을 '뚫고 지나가기'를 원한다. 그는 지금 당장 부정적으로 보이는 것들 역시 역사적으로 놓고 볼 때는 제 몫의 역할을 담당하는 '진리의 계기'라고 파악한다. 지금까지 빚어진 모든 모순을 직시하고 최악을 알아야 무슨 일을 할 수 있을지 볼 수 있다고 본다.

당장 눈에 띄는 '단일한' 정치적 노선, 그 '신기루'의 즉각적인 결과와 만족으로부터 거리를 둔 채 모든 것들을 '쓸어마시는' 제임슨의 지적 식욕은 그야말로 형이상학파 시인들처럼 왕성하다. 그는 고급문화의 걸작뿐만 아니라 대중문화, 문화생산 전반, 그것과 관계된 사회적 생산 전반, 한마디로 삶 전체에 속속들이 편재한 문화를 탐구하며, 모든 것들 사이에 숨겨진 연관을 찾아 장기적인 싸움을 수행한다.

제임슨이 보기에 포스트모더니즘이 끝나거나 포스트모더니즘적 질문들이 고갈될 가능성은 매우 희박하다. 다름 아니라 전지구화가 포스트모더니티와 다르지 않을 뿐더러, 포스트모더니티의 하부구조의 다른 얼굴이기 때문이다. 전지구화가 미국 자본주의를 명징하게 폭로한 지금, 흥미진진한 지적 임무들이 새로 열리고 지식인의 소명 자체가 새롭게 창안된다는 것이 제임슨의 입장이다.

제임슨의 장기적인 싸움에 독자들이 제각기의 상황에서 가까이서 멀리서 동참한다고 할 때, 이런저런 물음들을 던져보는 것이 의미가 있을 것이다. 예컨대, 제임슨은 특정 문화형식과 의식의 형태가 문화적 지배소라고 해서 그것이 품고 있는 저항의 형식들이 배제되는 것은 아니라고 본다. 그러나 정말이지, 포스트모더니즘을 후기자본주의의 문화'논리'로 파악할 때 이는 해당 자본주의 이데올로기와는 어떤 차이가 있는가? 모더니즘은 제국주의적 자본주의의 문화'논리', 그리고 리얼리즘은 국민적 자본주의의 문화'논리'일까? 그렇다면 왜 그렇고 아니라면 왜 아닐까? 세 단계 자본주의의 연속성에 걸맞은 이 세 문화형식과

398

의식의 형태들 사이의 연속성이 있다면 그것은 무엇일까? 없다면 왜일까? 후기자본주의가 더욱 순수한 형태의 자본주의라면 포스트모더니즘은 더욱 순수한 형태의 모더니즘, 혹은, 엉뚱한 질문일지 모르지만 모더니즘은 더욱 순수한 형태의 리얼리즘, 그리고 포스트모더니즘은 더더욱 순수한 형태의 리얼리즘이라는 도식이 성립할까? 독자들이 제각기 질문들을 풀어놓는 과정에서 이 인터뷰들은 전지구적인 씸포지엄이 되리라 생각한다.

재현

제임슨은 막연하게 재현이 리얼리즘과 같은 것이라고 여기면서 이 말들만 나오면 무조건 나쁜 것이라고 생각하고 탈중심화된 주체 등을 통해서 혁파하려고 드는 것이 서구의 경향이라고 비판한다. 그에게 재현은 여전히 화두로 보인다. 제임슨에게 재현은 과거와 미래 사이에 있는 어떤 균형, 다시 말해 지금까지 이용 가능한 모든 자산을 활용하여 현재까지 이룬 것을 보여주되 오지 않은 미래를 상상하게 해주는 계기이다.

제임슨은 작품에서 메마르고 활력 없는 '사실들'의 목록을 추려 지나간/가고 있는 역사를 어떻게 재현하고 있는지 맞춰보려고 하기보다는 작품에 다가와 작품을 거쳐 미래로 나갈 미래의 흔적 혹은 단서를 찾고 있다. 그는 작품, 공상과학소설, 유토피아 내러티브, 미디어, 영화, 대중문화, 음악, 건축물, 도시, 시간과 공간을 차지한 모든 것, 오늘날 자본주의의 문화적·이데올로기적 기반을 이루는 모든 요소를 연구대상으로 삼아 달려들어 끊임없이 뭔가를 찾는다. 그의 눈은 개별적인 개인들의 삶 자체가 아니라 그것들을 관통해 편재하는, 이를테면 생산양식 같은, 더 깊은 (필연적인) 드라마를 향해 있다. 그의 작업은 현재의 전지구화한 문화가 미래에 대한 생각들을 살아 있게 하는 동시에 그 전략적 이해 관계를 은폐하는 방식들을 밝혀내는 것이다.

이것은 두 가지 차원으로 존재하는 정치(성)과 연관된다. 지금 여기의 저항이라는 실천적인 차원과 그 너머의 진정 새로운 것을 창안하는 유토피아적 차원에서 변증법적으로 정치(성)을 수행하는 것이 유일한 길이라고 판단한다. 지금 '여기'의 의미를 잃지 않되 '저기'의 세계를 응시하고 그린다는 점에서 재현은 묘하게도 알레고리가 된다.

알레고리

제임슨이 대체 '재현'이 가능하기는 한 것인가, 그렇다면 어떤 조건에서 가능한가라는 물음을 놓지 않는 이유는 그것이 후기자본주의로 인한 파편화를 어떻게 '총체적으로' 드러내줄 것인가의 물음과 맞물려 있기 때문이다. 총체성에 대한 제임슨의 관심은 사회적 관계에 깔린 물신화와 파편화를 극복하기 위한 것이다. '자율적'이나 '단절적인' 이미지들 사이, 텍스트들 사이, 연합정치의 정치적 실천들 사이에서 제임슨은 '차이는 관계한다'는 새로운 인식방법을 제안한다. 차이가 거리를 유지하는 힘을 잃지 않은 채 관계적이 되는 방식으로 생각하거나 인식하는 것이 긴요하다는 것이다.

제임슨은 파편들의 근본적 차이를 사상하지 않으면서 그것들을 단일한 정신적 행위 안으로 결합해낼 수 있는 개념적 혹은 미학적 긴장을 알레고리에 담는다. 알레고리는 체계적인 것을 이론화하기 위한 도구이다. 이를 통해 제임슨의 강조점은 예술의 개별적인 경향들 너머 예술경향들 전체로서의 체계에 놓인다. 제임슨은 자본주의의 물신화와 파편화 너머 그와는 근본적으로 다른 대안적 미래, 그리고 그 미래의 사회구성체가 어떠할지를 그려보게 하는 유토피아적 충동과 상상력을 강조한

400

다. 계급, 성, 인종 등 온갖 위계질서에 기인한 현재와 미래의 불안을 떨치고 너와 내가 기쁜 유토피아, 부르주아의 낡은 자아와 오늘날 우리의 조직-사회의 정신분열증적 주체를 넘어, 탈중심화되었으나 정신분열증적이지는 않은 '집단적 주체'가 이룩할 진정한 집단적 삶의 재창출, 이것을 위해 제임슨은 물신화와 파편화를 헤치며 '차이를 관계짓는다'.

번역의 어려움

"당신의 작업을 보다보면 독자들이 그 속에서 거의 백과사전적으로 축적되는 지식을 맞잡고 씨름하고 있는 듯한 느낌도 듭니다. 이렇듯 문장이 촘촘한데다 다루는 지식의 양이 방대하다보니 읽으면 보상이 없지는 않으나 읽기가 참 고됩니다."(78면)

역자는 이 대목에서 꽤 웃었다. 그러나 지금 번역하고 있는 것은 인터뷰, 즉 질량과 밀도가 높은 단어와 구문과 지식이 잔뜩 실린 논문이 아니라 실제 '대화' 아닌가?! 이렇게 빽빽하게 말할 수도 있다는 사실이 새삼 놀랍고 신기하기까지 했다. 페이지마다 거듭 환기되는 이 신기함은 곧 번역의 난감함이 되었다.

촘촘한 문장들의 번역과는 별도로 그 와중에 지속적으로 난감했던 것은 'modern' 'postmodern' 등의 단어들이었는데, 특별한 경우가 아니면 원문 그대로 '모던' '포스트모던'으로 옮겼고 '모더니즘'(modernism) '모더니티'(modernity) '포스트모더니티' (postmodernity) 등도 마찬가지다.

'modern'(그리고 'modernism')의 경우, 그것이 지칭하는 시기와 대상이 폭넓다. 예컨대, "이렇게 포스트모던에 대해 이야기하는 하나의 방법은 그것을 새로운 상황으로, 즉 칸트와 데까르뜨 같은 이들의 훨씬 더 오래된 모더니즘들은 말할 것도 없고 모더니스트들은 마주할 필요가 없던 이미지의 폭격에 다각적으로 적응해야 하는 상황으로 보는 것이 될 겁니다"(235면)라는 대목에서는 'modern'(modernism, modernist)이 17세기, 18세기의 (중세 이후의) '근대'철학자들의 '근대성,' 그리고 19세기 말~20세기 초의 미학적 모더니즘까지 지칭하게 된다. 이런 확장된 의미 때문에 제임슨 자신이 후자의 경우에 '좁은 문학적 의미에서'라는 단서를 따로 붙이는 경우도 있다.

'modernity'의 경우, "만일 모더니티가 1880년대 전지구적 제국주의, 즉 첫번째 제국주의체제가 자리를 잡고 아프리카 등을 분할하던 시기에 근본적으로 제1세계에서 발생했다고 보면, 그 모더니티는 모더니즘이 상징주의에서 발생하던 시기와 정확히 같은 시기에 해당합니다"(264면)와 같은 대목에서의 '모더니티'는 중세 이후의 자본주의적 근대를 지칭하는 포괄적인 근대와는 거리가 있고, 문학예술상의 모더니즘 시기에 해당하는 특성을 일컫는다.

'postmodern'의 경우, 후기자본주의의 정치경제적 측면과 맞닿아 있으면서 그 문화적 논리가 작동하는 측면——그 논리에서 벗어나는('탈') 측면보다는——을 일컫고, 또 오히려 이제는 '포스트모더니티가 끝났다'는 식의 입장에 맞서 자본의 전지구화야말로 포스트모더니티의 경제구조라고 보기 때문에, '후기'근대나 '심화'근대라면 모를까 '탈'근대로 부르기가 곤란하다. 그밖에도 이와 같은 용어들이 자본의 특정 시기와 그 시기의 예술형태와 인식양태를 둘 다 일컫거나 혹은 확장된 의미로 쓰이는 경우들이 있음을 염두에 두고 해당 맥락에 맞춰 이해할 필요가 있겠다.

끝으로 이 용어들과 같은 맥락에서 '리얼리즘'(realism)에 대해 조금 설명을 덧붙이는 게 필요하겠다. 제임슨은 '리얼리즘'을 그가 분류한

402

자본주의 단계에서 첫번째, 즉 '상대적으로 제한된 국민국가적 틀을 지닌 자본주의'에 국한된 예술형식과 인식방법으로 이해한다. 따라서 모더니즘을 거쳐 포스트모더니즘까지 온 마당에 ('재현'이라면 모를까) '리얼리즘'은 핵심적인 관심사에서 멀어진 인상이다. '리얼리즘'에 대한 시각 차이에 따른 토론은 「백낙청과의 인터뷰」의 중요 대목 중 하나이다.

용어 번역상의 애매함과도 연관되므로 「백낙청과의 인터뷰」의 번역에 대해서는 몇마디 부연설명이 필요하겠다. 베를린 장벽이 무너지기 직전인 1989년 10월에 이뤄진 이 대담은 『창작과비평』 1990년 봄호에 백낙청 선생님의 번역으로 처음 수록되었고, 2007년에 『백낙청 회화록』 2권에 재수록되었다. 이런 상황을 고려하여 이번 번역에서는 1989년 당시 제임슨의 발언 중 *Jameson on Jameson*에서 생략된 두어 대목을 뺐을 뿐 백낙청 선생님의 번역을 그대로 실었으며, 이 대담의 옮긴이 주도 백낙청 선생님의 것이다. 대담자 자신의 손을 거쳐 우리말 육성이 그대로 들려오는 글을 놔두고 영어 인터뷰를 따로 번역하는 게 어색한 일일뿐더러 다른 인터뷰들에서는 부각되지 않은 사실주의, 모더니즘, 포스트모더니즘, (그리고 리얼리즘) 등의 용어를 둘러싼 제임슨과 백낙청 선생님의 입장 차이가 당시의 번역에서 잘 드러나고 있기 때문이다. (관심있는 독자는 『백낙청 회화록』 2권 「맑시즘, 포스트모더니즘, 민족문화운동」의 '덧글'을 찾아보셔도 좋겠다.) 물론, 여기에 연관된 문제는 적절한 번역용어를 찾는 일 이상의 문제일 것이며 독자들로부터 큰 관심을 끌지 않을까 싶다. 번역을 그대로 쓰도록 허락해주신 선생님께 감사드리며 누가 되지 않기를 바랄 뿐이다.

번역의 즐거움

이 책의 번역은 어렵기는 했으나 즐겁고 고마운 작업이었다. 위암 수술로 한동안 손을 대지 못했던 이 번역을 다시 집어들고 한땀 한땀 정성을 들이자 몸과 마음이 정리되고 깊어졌다. 그야말로 무한세월 기다려주고 세심하게 다듬어준 창비에는 진정 감사하다는 말밖에 드릴 말이 없다. 서투른 번역 문제는 오롯이 나의 탓이다. 독자들의 꼼꼼한 지적은 앞으로 큰 도움이 될 것이다.

늘 힘이 되어주는 가족과 존경하는 스승님, 방송대 교수님들, 그리고 열정적으로 배우면서 밝고 건강한 에너지를 사회에 펼쳐내는 수많은 우리 학생들에게 감사드린다.

2013년 겨울
신현욱

| 찾아보기 |

문화적 맑스주의와 제임슨

세계 지성 16인과의 대화

초판 1쇄 발행／2014년 1월 10일
초판 3쇄 발행／2018년 11월 19일

지은이／프레드릭 제임슨
옮긴이／신현욱
펴낸이／강일우
책임편집／정편집실
펴낸곳／(주)창비
등록／1986년 8월 5일 제85호
주소／10881 경기도 파주시 회동길 184
전화／031-955-3333
팩시밀리／영업 031-955-3399 편집 031-955-3400
홈페이지／www.changbi.com
전자우편／human@changbi.com

한국어판 ⓒ (주)창비 2014
ISBN 978-89-364-8585-6 93300